THOMAS HOBBES

Elemente der Philosophie
Erste Abteilung
Der Körper

Übersetzt, mit einer Einleitung
und mit textkritischen Annotationen
versehen und herausgegeben
von Karl Schuhmann

FELIX MEINER VERLAG
HAMBURG

PHILOSOPHISCHE BIBLIOTHEK BAND 501

Die Deutsche Bibliothek – CIP-Einheitsaufnahme

Hobbes, Thomas: Elemente der Philosophie / Thomas
Hobbes. – Hamburg : Meiner
  Einheitssacht.: Elementa philosophiae ⟨dt.⟩
Abt. 1. Der Körper / übers., mit einer Einl. und mit text-
kritischen Annotationen vers. und hrsg. von Karl Schuh-
mann. – 1997
(Philosophische Bibliothek ; Bd. 501)

INHALT

THOMAS HOBBES
Der Körper

Erster Teil. Berechnung oder Logik

Zweiter Teil. Erste Philosophie

Dritter Teil.
Verhältnisse von Bewegungen und Größen

Vierter Teil. Physik oder die Phänomene der Natur

* Gekürzte Kapitel sind durch Asterisken gekennzeichnet.

EINLEITUNG

1. Hobbes' philosophische Anfänge

Thomas Hobbes (1588-1679), der ab dem achten Lebensjahr in seinem Heimatort Malmesbury (Wiltshire, Westengland) Unterricht in den klassischen Sprachen erhalten hatte, studierte ab 1603 noch nicht ganz fünfzehnjährig in Oxford die gängige aristotelische Schulphilosophie (vor allem Physik und Logik). Nach Studienabschluß im Februar 1608 als Baccalaureus Artium mit Zusatzfakultas zur Abhaltung von Vorlesungen über die aristotelische Logik trat er in den Dienst des Barons von Hardwick, William (I.)[1] Cavendish (1552-1626), und zwar als Tutor seines gleichnamigen Sohns William II. (1590-1628), mit dem er sich – zunächst wohl noch in der Absicht, sich für eine Universitätslaufbahn weiterzuqualifizieren – im Juli 1608 für kurze Zeit in Cambridge einschrieb. 1614-1615 begleitete er den fast Gleichaltrigen auf dessen »grand tour«, der bei jungen englischen Adligen zum Abschluß ihrer Erziehung üblichen Bildungsreise auf den Kontinent. Hier mußte er feststellen, in wie geringem Ansehen das von ihm erlernte Schulwissen in den von seinem Schützling frequentierten kultivierten Kreisen Frankreichs und Italiens stand. Zurück in England, gab er denn auch – nun nicht länger Hauslehrer, sondern Sekretär des jungen Adligen – die Philosophie auf und verwandte zwei volle Jahre auf die Lektüre der klassischen griechischen und lateinischen Dichter und Historiker. Im August 1618 wurde der Baron von Hardwick in den Rang eines Grafen von Devonshire erhoben und trat damit auch formell in den innersten Kreis des höfischen Adels ein. Für Hobbes dürfte dies einen baldigen Kontakt mit

---

[1] Da schon der Vater, dann auch wieder Sohn und Enkel dieses William Cavendish gleichfalls William hießen, pflegt man sie durch Zusatz römischer Ziffern zu unterscheiden.

dem Lordkanzler Francis Bacon bedeutet haben, für den er später wiederholt Sekretärsfunktionen ausübte. Jedenfalls sind schon für Ende 1618 erste naturwissenschaftliche Aktivitäten im Sinne Bacons bezeugt: Hobbes beobachtete einen im Sternbild Waage erschienenen Kometen. Dennoch bewegte er sich auch weiterhin im humanistischen Fahrwasser. Wohl 1627 schrieb er ein Gedicht von mehr als 500 lateinischen Hexametern über einen Landausflug der Familie Cavendish; 1629 erschien seine dem kurz vorher verstorbenen William II. Cavendish gewidmete englische Übersetzung von Thukydides' *Geschichte des peloponnesischen Kriegs*. Ebenfalls in die zwanziger Jahre könnte aber auch der Vorfall zu datieren sein, daß anläßlich einer Diskussion mit einigen Gelehrten über die Natur der Sinneswahrnehmung ihm der Gedanke durch den Kopf schoß, Sinneswahrnehmung bestehe in Bewegung, so daß alle Unterschiede des Wahrgenommenen ihren Grund in dessen unterschiedlichen Bewegungen bzw. in deren unterschiedlicher Wirkung auf die inneren Bewegungen unserer Sinnesorgane hätten. Diesem Prinzip, demzufolge der erste Ausgangspunkt aller Erscheinungen und somit auch der aller Erklärung der Erscheinungen in bestimmten Bewegungen liege, ist Hobbes dann sein Leben lang treu geblieben.

Nach dem vorzeitigen Tod seines Brotherrn wurde Hobbes Ende 1628 aus dem Dienst der Familie Cavendish entlassen. Kurz darauf ereignete sich der entscheidende Umschwung in seinem Denken. In der Bibliothek eines Edelmanns sah der Vierzigjährige eine Ausgabe der *Elemente* Euklids liegen, die zufällig bei dem Hobbes sicher wohlbekannten pythagoräischen Lehrsatz aufgeschlagen war. Doch hier las er zum ersten Mal den unumstößlichen Beweis für die Wahrheit dieses Satzes, wie sie aus den vorhergehenden Sätzen unwiderleglich hervorging. Wissenschaft nach strenger Methode, hieß das, war denn doch möglich, jedenfalls sofern sie sich am Vorbild der Geometrie orientierte.

1630 wurde Hobbes wieder in den Dienst der Familie Cavendish aufgenommen, und zwar als Hauslehrer des Sohns seines verstorbenen Herrn, William III. Cavendish (1617-1684), mit dessen Haushalt er dann zeitlebens mehr oder weniger eng verbunden blieb. Aufgrund seiner neu erwachten philosophischen Interessen trat er offenbar sogleich auch in näheren Verkehr mit zwei weiteren Mitgliedern der Familie, Sir Charles Cavendish (1595-1654), einem bescheidenen Amateurmathematiker, und seinem für wissenschaftliche, vor allem experimentelle und mechanische Fragen ebenfalls recht aufgeschlossenen Bruder William Cavendish, dem Grafen (ab 1643 Marquis, ab 1665 Herzog) von Newcastle (1593-1676). Fest steht, daß er noch im gleichen Jahr ihnen gegenüber seine Theorie entwickelt hat, derzufolge Licht und Ton, ja überhaupt alle Vorstellungsbilder nichts als Bewegungen im Gehirn seien. Die Vermutung ist nicht von der Hand zu weisen, daß der Graf von Newcastle Hobbes zur schriftlichen Ausarbeitung dieser Ideen veranlaßte. Jedenfalls ist auf 1632/33 das erste Ergebnis des neuen Hobbesschen Denkens zu datieren, ein Manuskript, für das sich von seinem ersten Herausgeber Ferdinand Tönnies her[2] die Bezeichnung *Short Tract* [Kurzer Traktat] eingebürgert hat.[3] In den drei Teilen dieses Texts – auf »Prinzipien« folgen Sätze mit ihren Beweisen, letztere oft im Stile Euklids gehalten – bestimmt Hobbes die wirklichen Dinge als Substanzen, die entweder aktiv andere bewegen oder selber passiv bewegt werden, wobei ihr Bewegungsaustausch die Form notwendiger Verursachung annimmt. Manche dieser Wirkursachen (die Lichtquellen) senden, wie Hobbes mit einem scholastischen Ausdruck hier noch sagt, korpuskulare »Species« aus, die sich zum Auge hinbewegen und in uns Erscheinungsbilder erzeugen, indem sie unsere Lebensgeister in Bewegung setzen.[4] Auch das Begehren des Guten wird ganz nach dem mechanistischen Schema der Ortsbewegung verstanden: gut ist, was uns zu

---

[2] Vgl. Thomas Hobbes, *The Elements of Law Natural and Politic. Edited with a Preface and Critical Notes by Ferdinand Tönnies*, London 1889, S. 193-210.

[3] Zur Authentizität dieses Manuskripts vgl. Karl Schuhmann, »Le *Short Tract*, première œuvre philosophique de Hobbes«, *Hobbes Studies* 8 (1995), S. 3-36.

[4] Bald darauf hat Hobbes diese Specieslehre aufgegeben. Vgl. die Kritik daran in *De Corpore*, V.4. – Auf *De Corpore* wird im folgenden meist durch einfache Angabe der Kapitel- (in römischen Ziffern) und Artikelnummer (in arabischen) hingewiesen.

sich hinzieht. Damit entwickelt Hobbes, modern gesagt, eine *philosophy of mind* in naturphilosophischem Rahmen, und dieses Interesse muß als Hobbes' philosophische Ausgangsfrage gelten. Die Einbettung der Lehre vom Menschen in die allgemeine Naturphilosophie ist eine bleibende Sichtweise seiner Philosophie.[5] Was diesen allgemeinen Rahmen betrifft, ist festzuhalten, daß schon im *Short Tract* Begriffe und Themen auftauchen (Unmöglichkeit einer Wanderung der Akzidentien, Identifikation der hinreichenden mit der notwendigen Ursache, Reduktion alles Wirkens auf Bewegung, Verursachung ausschließlich durch ein berührendes äußeres Bewegtes), die zum Grundstock der Kapitel VIII-X von *De Corpore* gehoren und insofern zum ältesten Kern von Hobbes' Denken zählen. Betont sei, daß entgegen der später anzusetzenden eher phänomenalistischen Interpretation des Akzidensbegriffs, wie sie etwa in der offiziellen Definition in VIII.2 auftritt, gerade in diesen Kapiteln weithin noch der eher realistisch gefärbte Akzidensbegriff des *Short Tract* vorherrscht (so schon in VIII.22-24), der ja auch für Hobbes' Ursachenbegriff (definiert als Aggregat von Akzidenzien) charakteristisch ist.

Die »grand tour« nach Frankreich und Italien, die Hobbes von 1634 bis 1636 mit William III. Cavendish unternahm, war für die weitere Ausbildung seiner Philosophie von entscheidender Bedeutung. Nicht so sehr wegen eines Besuchs im November 1635 bei dem nach Arcetri bei Florenz verbannten Galilei, den Hobbes wegen seiner physikalischen Bewegungslehre überaus hochschätzte, sondern weil Hobbes schon vorher während eines zehnmonatigen Aufenthalts mit seinem Zögling in Paris die Bekanntschaft des gleichaltrigen katholischen Ordensgeistlichen Marin Mersenne (1588-1648) und des um ihn versammelten Kreises von Wissenschaftlern gemacht hatte. Dieser Kontakt war vielleicht durch den schon eine Zeitlang in Paris weilenden englischen katholischen Royalisten Sir Kenelm Digby (1603-1665) vermittelt worden, der auch mit Descartes befreundet war und später

---

[5] Vgl. Kapitel XXV von *De Corpore*, das Eröffnungskapitel der Physik. Prinzipiell führt Hobbes damit aristotelisches Erbe fort.

verschiedene naturphilosophische Werke verfaßt hat. Die Klosterzelle Mersennes, des »Sekretärs des gelehrten Europa«, bildete außerdem dank der ausgedehnten Briefkontakte des Mönchs mit den unterschiedlichsten Wissenschaftlern vieler Länder die Drehscheibe der progressiven europäischen Forschung. Hobbes trug damals in diesem Kreis seine auch in *De Corpore*, XXII.18 und XXVIII.12 aufgenommene mechanistische Erklärung der Rückversetzung eines gespannten Bogens in seine vorige Lage vor. Auf der Weiterreise nach Italien beschäftigte er sich nicht nur mit Naturbeobachtungen (vgl. XXVIII.18), sondern auch mit Problemen der Wahrnehmung und Optik; dazu hielten ihn Fragen der politischen Theorie in Atem. Auf der Rückreise ab Juni 1636 wieder in Paris, stellte Hobbes dem Kreis Mersennes seine gleichfalls mechanistische Erklärung der Vermögen und Leidenschaften der Seele vor, d.h., wie es in der sog. Prosabiographie von Hobbes heißt, »welche Bewegungen Sinneswahrnehmung, Verstand, Erscheinungsbilder und die sonstigen Eigenschaften der Lebewesen hervorzubringen vermögen« (OL I, XIV).[6] Hobbes' spätere Autobiographie in Versen konstatiert dazu, daß er »seit dieser Zeit unter die Philosophen gerechnet wurde« (OL I, XC). Diese Reputation geht also primär auf seine naturphilosophischen, nicht seine politischen Ideen zurück. Spätestens seit damals unterschied Hobbes auch zwischen Wissenschaften, die (wie etwa die Mathematik) eine eindeutige Beweisführung zulassen, wogegen man in anderen, die (wie die Physik) mit kleinsten und deshalb nicht wahrnehmbaren inneren Bewegungen von Körpern befaßt sind, »es zu nicht mehr bringen kann als zu Meinungen von der Art, daß keine gesicherte Erfahrung sie widerlegen kann, und daß daraus durch korrekte Schlußfolgerung nichts Widersinniges gefolgert werden kann«.[7] Deswegen wird auch

---

[6] Hobbes' Werke werden im folgenden im Text selbst zwischen Klammern nach den besten verfügbaren Ausgaben, aber unter Angabe der Band- und Seitenzahl der Standardausgabe von William Molesworth (London 1839-1845) zitiert, wobei die fünf Bände der *Opera Latina* mit OL und die elf der *English Works* mit EW abgekürzt werden.

[7] Brief an den Grafen von Newcastle vom 8. August 1636 (Thomas

noch in *De Corpore* die Methode sicherer Beweisführung in den ersten drei Teilen des Werks von den bloß wahrscheinlichen Beweisen des vierten Teils, der die Physik enthält, unterschieden (vgl. XXV.1 und XXX.15). Überhaupt ist dieser Umstand der Grund für Hobbes' zweigliedrige Definition der Philosophie als der Erkenntnis unweigerlich erfolgender Wirkungen im Ausgang von der Erkenntnis ihrer Ursachen sowie andererseits bloß möglicher Ursachen im Ausgang von der Erkenntnis gewisser Wirkungen (I.2, VI.1, XXV.1).

2. Zur Entstehungsgeschichte von *De Corpore*

Schon im Verlauf der genannten Reise dürfte Hobbes sich zu einer Gesamtdarstellung seiner Philosophie in drei Hauptabteilungen entschlossen haben, die er in Anspielung auf die *Elemente* Euklids unter den Titel *Elementa Philosophiae* [Elemente der Philosophie] zu stellen gedachte. Wo Euklid allerdings nur eine einzige Wissenschaft, die Geometrie, dargestellt hatte, beabsichtigte Hobbes eine Gesamtdarstellung der Elemente (Anfangsgründe) *aller* Wissenschaften, die (in dieser Reihenfolge) von den Naturkörpern im allgemeinen, sodann von einem bestimmten Körper, dem Menschen, und schließlich von einem besonders wichtigen Aspekt menschlichen Daseins, vom Menschen als Staatsbürger, handeln sollte. Zwar hat er, wie er im Rückblick auf diese Reise sagt, damals »nichts aufgeschrieben, keine Entwürfe zu Papier gebracht« (OL I, LXXXIX). Ab Oktober 1636 wieder daheim in England und dank der herannahenden Volljährigkeit seines Zöglings von seinen Erzieherpflichten befreit, wollte er dies jedoch baldmöglichst nachholen. Die Bedingungen waren dafür aber zunächst nicht günstig. Dennoch war er immerzu mit der Frage beschäftigt, »wie seine Gedanken zu verbinden seien«, und »trug sich Tag für Tag das Material dafür zusammen« (OL I, XC). Diesbezüglich ist an das zu erinnern, was

Hobbes, *The Correspondence*, Oxford 1994, Bd. I, S. 33). – Brief- und sonstige Daten werden im folgenden ausschließlich nach dem gregorianischen Kalender gegeben.

Hobbes' späterer Verehrer und Freund John Aubrey (1626-1697) über die Entstehung des *Leviathan* berichtet hat: Hobbes pflegte sein Nachdenken jeweils auf eine einzige Frage zu konzentrieren; die Ergebnisse trug er dann jeweils an der passenden Stelle des vorher konzipierten großen Gesamtrahmens ein.[8] Ähnlich ist auch die Entstehung der *Elementa Philosophiae* und insbesondere von *De Corpore* zu denken. Das Buch wurde, wie manche unzutreffenden Querverweise und sonstige Unstimmigkeiten nahelegen, nicht in einem Zug niedergeschrieben, sondern Hobbes hat einzelne Gedankengänge größeren thematischen Zusammenhängen, wie sie durch die Kapiteltitel vorgegeben waren, einverleibt und so aus Einzelausführungen ein (nicht immer in sich stimmiges) Ganzes komponiert. Wie Hobbes 1646 rückblickend selber berichtet, hat er die *Elementa Philosophiae* ab 1637 »ausgeführt, ordnungsgemäß eingerichtet, bedächtig und mit Umsicht aufgezeichnet« (OL II, 151).

Eine mehr oder weniger druckfertige Ausarbeitung dieser wohl auf das gesamte Feld der *Elementa Philosophiae* bezüglichen Notizen nahm aber mehr Zeit in Anspruch, als Hobbes zunächst veranschlagt hatte. Zu erwarten ist, daß er sein Augenmerk in erster Linie auf die Fertigstellung der Logik, des Anfangsstücks der Ersten Abteilung und des Vorhofs aller anderen Wissenschaften, gerichtet haben dürfte. In der Tat fragte Dibgy, der sich noch in Paris aufhielt, am 17. Januar 1637 brieflich bei ihm an, ob er »in seiner Logik« von den Vorstellungsweisen auszugehen gedenke, die alle Menschen, gelehrte wie ungelehrte, teilen, oder aber von »Definitionen, die aus einer tiefen Einsicht in die Dinge selbst gezogen sind«. »Mich dünkte«, fügt er hinzu, »als wir darüber sprachen, tendierten« Sie in letztere Richtung«. In der Tat kommen für Hobbes nur eindeutig auf die benannten Dinge bezogene Definitionen als Ausgangspunkte wissenschaftlichen Schlußfolgerns in Frage (III.9, VI.13). Im gleichen Brief bittet Digby Hobbes noch, ihm alles zukommen zu lassen, was er darüber

---

[8] *Aubrey's Brief Lives. Edited from the Original Manuscripts and with a Life of John Aubrey by Oliver Lawson Dick*, 3. Aufl., London 1975, S. 151.

zu Papier bringe.[9] Hobbes' Publikationsabsichten waren also
kein Geheimnis. Zu ihrer Ausführung kam es aber, wie gesagt,
nicht sofort. Noch am 21. September 1637 erinnert Digby den
Freund an sein Versprechen, »daß Sie mich, sobald Sie irgendein Stück Ihrer Logik fertig haben, es sehen lassen«.[10]
    Wie weit Hobbes' Arbeit in den beiden folgenden Jahren
gediehen war, läßt sich nicht mit Sicherheit sagen. Jedenfalls
dürfte ein Konzeptmanuskript der Logik und der Ersten Philosophie in Hobbes' Nachlaß, also des Ersten und Zweiten
Teils von *De Corpore*, das heute in Chatsworth (Schloß des
Grafen von Devonshire südlich von Sheffield, Derbyshire)
unter der Signatur A 10 aufbewahrt wird,[11] aus dem Jahr
1639 stammen. Die Logik besteht darin schon aus sechs Kapiteln der gleichen Thematik wie später im veröffentlichten
Werk: auch das ein Hinweis darauf, daß Hobbes zunächst
eine Rahmeneinteilung vornahm, die er dann Stück für Stück
ausführte. Der Text der ersten fünf Kapitel wurde dabei weithin wörtlich in spätere Textfassungen bzw. letztendlich in *De
Corpore* übernommen, obwohl in A 10 Satzteile und ganze
Sätze des gedruckten Werks noch fehlen; ca. 30 im Druck
vorhandene Artikel dieser fünf Kapitel sind in diesem Manuskript noch nicht einmal im Ansatz vorhanden. Das Methodenkapitel VI von A 10 sodann hat mit dem veröffentlichten
Text zwar einiges Wortmaterial gemein, weicht aber insgesamt stark davon ab. Nicht nur ist es viel kürzer, sondern auch
erheblich einfacher strukturiert. Hobbes bespricht darin die
Methode der Forschung, die von den Sinnen auszugehen und
durch Vergleich verschiedener Körper die Entstehung ihrer
Eigenschaften zu studieren habe. Weiter bestimmt er das Lehren als Beweisen im Ausgang von Definitionen (vgl. VI.12)
und warnt vor zirkulären Schlüssen (vgl. VI.18). Die Erste
Philosophie sollte einem Inhaltsverzeichnis im Manuskript

---

[9] Hobbes, *The Correspondence*, Bd. I, S. 42 f.
[10] A. a. O., S. 50.
[11] Veröffentlicht in Thomas Hobbes, *Critique du De Mundo de Thomas
White. Introduction, texte critique et notes par Jean Jacquot et Harold Whitmore Jones,* Paris 1973, S. 463-510.

zufolge aus zwölf von VII-XVIII durchnumerierten Kapiteln bestehen, von denen allerdings XVI und XVIII in A 10 unausgeführt blieben: auf Kapitel XV folgt sofort XVII, wonach das Manuskript mit einigen leeren Blättern endet. Dabei verhalten sich die Kapitel VII-XII zu den entsprechenden in *De Corpore* wie schon die Kapitel I-V. Doch fehlen aus diesen sechs Kapiteln nur 6 Artikel noch völlig. Dies bestätigt, daß der Kern der Ersten Philosophie von Hobbes schon recht früh konzipiert wurde. Kapitel XIII (»Proportion«) entspricht nur entfernt einigen Artikeln von *De Corpore*, XIII (»Analogismus oder dasselbe Verhältnis«), ist aber inhaltlich durchaus mit dem gedruckten Text verwandt. Die Kapitel XIV (»Gerade und Kurve«) und XV (»Winkel, Parallelismus und Asymptosie«) von A 10 kommen ebenfalls nur entfernt mit Themen aus *De Corpore*, XIV (»Gerade, Kurve, Winkel und Figur«) überein, welches Kapitel in den Artikeln 12 und 19 übrigens die Natur der Parallelen und Asymptoten bespricht. In dieses Kapitel (vgl. XIV.22) ist später offenbar auch ein Ersatzstück des geplanten Kapitels XVI (»Figur und Ähnlichkeit von Figuren«) eingegangen. Das ausgeführte Kapitel XVII (»Das Vermögen beweglicher Dinge bei der Beschreibung von Raumabschnitten«) und der Titel von XVIII (»Geradlinige Figuren«) erinnern von der Thematik her (Verhältnisse gleicher, wachsender und schrumpfender Bewegungen und Größen) in etwa an die Kapitel XVI und XVII von *De Corpore*. Aber im einzelnen besteht keine Übereinstimmung zwischen den beidseitigen Lehrsätzen und ihren Beweisen. Anzumerken ist noch, daß die genannten Kapitel in A 10 den Abschluß der Ersten Philosophie darstellen, wogegen die ihnen mehr oder weniger entsprechenden Kapitel in *De Corpore* sich im Dritten Teil des Werks über die Verhältnisse von Bewegungen und Größen finden.

Obwohl A 10 keinen Entwurf der Physik enthält, darf doch als sicher gelten, daß sie im Rahmen dieser Konzeption durchaus vorgesehen war. Nicht nur enthält das Manuskript ganz ähnlich wie später *De Corpore* Hobbes' zweigliedrige Definition der Philosophie als »Erkenntnis der Eigenschaften von Körpern im Ausgang von ihren Erzeugungsweisen und umgekehrt *der möglichen Erzeugungsweisen im Ausgang von den erkannten Eigenschaften*«,[12] womit die Physik von Wissenschaften wie der Ersten Philosophie oder der Geometrie unterschieden werden soll. Sondern das Methodenkapitel sagt auch, Erzeugung bestehe in Bewegung, »und so muß man beim Herantreten an *die Phänomene der Natur* ihre Ursachen bzw. Erzeugungsweisen mittels der Berechnung irgendeiner Bewegung darlegen, soweit dies eben *möglich* ist«.[13] »Physik oder *die Phänomene der Natur*« ist schließlich der Titel des Vierten Teils von *De Corpore*, innerhalb dessen nach Hobbes nur *mögliche* Erzeugungsweisen der gegebenen Fakten aufgewiesen werden können.

Zusammenfassend ist zu sagen, daß Hobbes 1639 die Kernsätze seiner Logik weitgehend entwickelt hatte und daß seine Erste Philosophie in ihren zentralen Kapiteln den Stand von *De Corpore* praktisch schon erreicht hatte. Weiter ist festzuhalten, daß der spätere Dritte Teil des Werks (»Verhältnisse von Bewegungen und Größen«) noch nicht als selbständiger Teil vorgesehen war, sondern seine Entsprechung in den Schlußkapiteln der Ersten Philosophie fand. *De Corpore* war also nicht auf vier, sondern nur auf drei Teile angelegt. Für den letzten Teil, die Physik, dürfte Hobbes zwar schon einiges Material besessen haben, aber offenbar war seine Bearbeitung noch nicht bis zum fortgeschrittenen Stadium der beiden anderen Teile gediehen, weshalb sich eine Ausarbeitung damals nicht lohnte.

Was Hobbes zur Abfassung des genannten Konzeptmanuskripts veranlaßt hat, ist nicht bekannt. Es könnte aber sein, daß er hier die Summe seiner bisherigen Arbeit an der geplanten Ersten Abteilung der *Elemente der Philosophie* ziehen wollte, bevor er sie unterbrach. Jedenfalls hat er wohl Ende 1639 auf Wunsch des Grafen von Newcastle mit der Ausarbeitung des im Mai 1640 fertiggestellten Manuskripts *Elements of Law* [Elemente des Gesetzes][14] begonnen, welche Darstel-

---

[12] A. a. O., S. 463.

[13] A. a. O., S. 472. Hervorhebung vom Vf.

[14] Man beachte den Gleichklang des Titels mit dem der *Elementa Philosophiae*. Die *Elements of Law* verstehen sich damit indirekt als eine auf den Begriff des Gesetzes, einen Zentralbegriff der politischen Phi-

lung der Lehre vom Menschen und vom Bürger insofern in die damalige politische Situation Englands einzugreifen bestimmt war, als Abschriften des Werks unter den zunehmend monarchiekritischen Parlamentariern kursierten. Da hier also das Material der Zweiten und vor allem der Dritten Abteilung der *Elementa Philosophiae* die Grundlage der Darstellung bildete, finden sich darin begreiflicherweise kaum Parallelen zum späteren *De Corpore*. Lediglich einige Definitionen (des Zeichens, Merkzeichens, Namens und Satzes) begegnen, die den in Kapitel II und III von *De Corpore* gebotenen entsprechen. Wenn Hobbes die Diskussion logischer Fragen entschuldigend abbricht mit der Bemerkung: »Alles, was hier über Namen und Sätze gesagt wurde, ist zwar unentbehrlich, aber bloß langweilige Rede, und hier ist nicht der Ort für die gesamte Kunst der Logik« (EW IV, 24), so weist das darauf hin, daß er über eine umfassendere Darstellung der Logik zwar verfügte, aber keinen Anlaß sah, sie den Parlamentariern zuzumuten, an welche die *Elements of Law* sich richteten. Bemerkt sei noch, daß dieses Werk viel Material über das menschliche Erkennen und Begehren enthält, das sich u. a. in *De Corpore* XXV wiederfindet. Dieses Kapitel, das sich offenbar aus den Materialien der Zweiten Abteilung vom Menschen speist (vgl. XXV.13) und insofern nicht in jeder Beziehung in *De Corpore* Heimrecht hat, zählt von seinem Inhalt her jedenfalls zum ältesten Bestand der *Elementa Philosophiae*.

Nach diesem Intermezzo nahm Hobbes offenbar die Weiterarbeit an seinem Gesamtplan wieder auf, und zwar, indem er zur Grundlegung des Schlußteils von *De Corpore*, der Physik, als erstes seine schon seit längerem vorbereitete Optik niederschrieb als den wichtigsten Teil der Lehre von der Funktion der Sinne, die unseren einzigen Zugang zu den in der Natur vorhandenen Körpern darstellen (vgl. VI.6). Das entsprechende, in einer wohl für Charles Cavendish bestimmten Reinschrift vorliegende Manuskript,[15] das sich als

losophie, beschränkte Teilausführung des Gesamtplans der Hobbesschen Philosophie.

[15] Herausgegeben von Franco Alessio unter dem Titel »Thomas

eine Zweite Abteilung versteht, setzt ein mit einem Artikel über die bei der Untersuchung der Naturdinge anzuwendende Methode im Unterschied zu der der übrigen Wissenschaften. Thematisch und von seiner Position her entspricht dies dem Text von XXV.1, mit dem dieser Artikel übrigens einiges Wortmaterial gemein hat. Festzuhalten ist auch, daß das genannte Manuskript sich zu Anfang dreimal[16] auf Sätze beruft (»Alles Wirken ist Ortsbewegung im Wirkenden«, »Jede, selbst die leiseste Bewegung eines Körpers, der auf einen anderen auftrifft, veranlaßt den Teil, auf den er auftrifft, zurückzuweichen«), die in einer vorhergehenden Ersten Abteilung bewiesen worden seien. Obwohl sie von ihrem Zuschnitt her eindeutig in den Rahmen der Ersten Philosophie gehören, finden sie sich beide bemerkenswerterweise nicht im Konzeptmanuskript A 10 noch in einer der sonstigen bekannten Fassungen der Ersten Philosophie.[17] Aus all dem ergibt sich zum einen, daß Hobbes, wie schon angedeutet, ganz wie die aristotelische Schulphilosophie die Logik als Grundlage aller anderen Wissenschaften verstand (vgl. I.9), wogegen nur die Erste Philosophie und die Physik im eigentlichen Sinne konstitutive Teile (die »Erste« und »Zweite Abteilung«) des geplanten *De Corpore* ausmachen. Zweitens ist zu sagen, daß der Inhalt der Ersten Philosophie sich offenbar noch in Entwicklung befand, obwohl Hobbes von ihr kaum eine neue Ausarbeitung, gar in Reinschrift, besessen haben dürfte, in die zusätzliches Material aufgenommen war. Und drittens sollte die Optik das in sich geschlossene Anfangsstück der Physik bilden, wogegen sich im veröffentlichten Werk opti-

---

Hobbes: Tractatus opticus«, *Rivista critica di storia della filosofia* 18 (1963), S. 147-228. Die gängige Bezeichnung für diesen Text ist »Tractatus opticus II«. Nicht auszuschließen ist, daß Hobbes diesen Text deswegen so detailliert ausarbeitete, weil er Charles Cavendish ebenfalls ein Werk anbieten wollte, nachdem er eben erst für seinen Bruder, den Earl von Newcastle, die *Elements of Law* geschrieben hatte.

[16] A. a. O., S. 148 und 151.

[17] Der zweite Satz findet sich wieder in *De Corpore* XV.2, der erste wurde erweitert zu dem allgemeineren Satz, daß alle *Veränderung* Bewegung sei (vgl. IX.9).

sche Themen über verschiedene Kapitel verstreut finden (vor allem in Kapitel XIX, XXIV, XXV und XXVII); die eigentliche Darstellung der Optik wurde in die Zweite Abteilung der *Elementa Philosophiae*, die vom Menschen handelt, versetzt. Das besagt indessen nicht, daß das genannte Manuskript für *De Corpore* ohne Bedeutung geblieben wäre. Ganz im Gegenteil stellt das Kapitel XIX des Werks weithin eine Ausarbeitung von Sätzen dar, teilweise unter Einschluß ihrer Beweise, die sich in den ersten dreizehn Artikeln von Kapitel II dieses Manuskripts finden.

Das genannte optische Manuskript blieb unabgeschlossen. Einer der Gründe dafür war wohl, daß die *Elements of Law* sich inzwischen ganz anders auszuwirken begannen, als Hobbes und sein Auftraggeber es gehofft hatten. Im November 1640 eröffnete nämlich das neue, noch weit königsfeindlichere Parlament die Untersuchung gegen Personen, die sich öffentlich für die Monarchie ausgesprochen hatten. Hobbes, der wohl nicht ohne Grund ein Verfahren gegen sich befürchtete, ergriff überstürzt die Flucht nach Paris in den vertrauten Kreis Mersennes. Dort scheint es ihm ein Hauptanliegen gewesen zu sein, sich als der führende Philosoph seiner Zeit, u. a. im Gegenzug zum steigenden Ruhm von Descartes, zu etablieren. Dies tat er, indem er, wohl mit tatkräftiger Unterstützung von Mersenne, als erste größere Arbeit *De Cive* [Der Staatsbürger], die am weitesten zur Reife gediehende Dritte Abteilung der *Elementa Philosophiae*, 1642 als Privatdruck für den Mersenne-Kreis und somit für die gelehrte Welt herausbrachte. Begreiflicherweise erlaubt dieses Werk keine näheren Einblicke in den damaligen Stand der Vorarbeiten zu *De Corpore*.

Seiner Autobiographie in Versen zufolge hat Hobbes nach dem Erscheinen von *De Cive* die nächsten vier Jahre (also die Zeit zwischen Sommer 1642 und Sommer 1646) »Tag und Nacht«, d. h. ohne sich sonstigen größeren Arbeiten zuzuwenden, mit den Überlegungen zu der Frage verbracht, in welcher Form *De Corpore* zu schreiben sei. »Ich verglich die Massen der Körper miteinander und erwog, was die Formunterschiede« der Dinge, die wir sehen, hervorbringt« (OLI, XCI). Das scheint auf Beschäftigung nur mit der Physik, ins-

besondere der Optik hinzuweisen. Sehr wahrscheinlich hat er
aber zunächst einmal eine neue, siebzehn Kapitel starke Redaktion des inzwischen umfangreicher gewordenen Materials
der Logik und Ersten Philosophie hergestellt, und zwar in
einer Fassung, die er damals als inhaltlich abgeschlossen betrachtete. Die neue Bearbeitung kam in den Kapiteln II-V
und VII-XII dem später veröffentlichten Text schon recht
nahe; Hobbes hat in den zwölf Jahren vor dem Erscheinen
von *De Corpore* daran keine wesentlichen Änderungen mehr
vorgenommen. Wohl als er mit diesen Vorbereitungen fertig
war und sich der Physik zuzuwenden begann, erschien im
September 1642 in Paris das Werk *De Mundo Dialogi tres* [Drei
Dialoge über die Welt] von Thomas White (1593-1676).
White, ein englischer katholischer Priester, der gemeinsam
mit Digby ein philosophisches Programm zur Versöhnung
der christlichen Religion mit der neuen Kosmologie (Theorie
der Erdbewegung und Entdeckungen mit Hilfe des Fern-
rohrs) verfolgte, hatte in diesem Werk die Endlichkeit der
Welt in Raum und Zeit einschließlich ihrer Schöpfung durch
Gott als erste Ursache gelehrt, die Erdbewegung für relativ
erklärt und das Glück des Menschen zum Ziel von Schöpfung
und Vorsehung erhoben. In vielen Einzelfragen (Trägheits-
satz, Kometenentstehung, Ebbe und Flut) hatte er dabei die
einschlägigen Auffassungen Galileis bekämpft. Offenbar weil
er selber eine abgeschlossene Physik in absehbarer Zeit nicht
vorzulegen vermochte, benutzte Hobbes nun die Gelegenheit
einer kritischen Diskussion dieses Werks dazu, seine eigene
Position in Logik und Erster Philosophie anhand der Ergebnisse seiner neuen Arbeit, dazu auch die Erkenntnisse seiner
Physik, soweit sie bis zu diesem Zeitpunkt vorlagen, darzustellen, um sich so dem Kreis um Mersenne nicht nur als
führender Staatsphilosoph, sondern auch als Naturphilosoph
zu empfehlen. Tatsächlich arbeitete er zwischen Ende 1642
und Mitte 1643 ein umfangreiches Manuskript aus,[18] das
zwar als Kritik an White konzipiert, über weite Strecken aber
nur Hobbes' eigene Philosophie darzustellen bestimmt ist.

[18] Veröffentlicht in Hobbes, *Critique du De Mundo de Thomas White*,
S. 104-438.

Dieses Manuskript *De Motu* [Über Bewegung] – der volle, an die der Kapitel VII und VIII von *De Corpore* erinnernde Titel dürfte *De Motu, loco et tempore* [Über Bewegung, Ort und Zeit] gelautet haben[19] – scheint in Paris tatsächlich für kurze Zeit zirkuliert zu haben. Mersenne selber aber nahm es bald unter Verschluß, da es wegen seiner radikalen Thesen über die Unerkennbarkeit Gottes und die Entbehrlichkeit eines immateriellen Seelenbegriffs bei der Erklärung der Lebensvorgänge viel zu gefährlich war, als daß es auch nur als Privatdruck hätte veröffentlicht werden können. *De Motu* ist als Zeugnis für den Zustand des Projekts *De Corpore* in den Jahren 1642/ 43 umso wertvoller, als offenbar sogar Hobbes selber keine Abschrift des Werks zurückbehielt – das einzige bekannte Exemplar des Texts stammt aus dem Nachlaß von Mersenne, wo es erst dreihundert Jahre später entdeckt wurde. Ein Einfluß dieses unveröffentlicht gebliebenen Texts auf Hobbes' spätere Arbeiten ist nicht festzustellen und auch nicht anzunehmen. Zwar gehen die relativ zahlreichen Bezugnahmen auf Whites Werk, die sich ohne Namennennung in *De Corpore* finden, nicht auf *De Mundo* selber, sondern offenbar auf zusammenfassende Notizen seiner Gedankengänge zurück, die auch in *De Motu* Eingang fanden.[20] Aber die Kritiken daran lassen sich mit den entsprechenden Kritiken in *De Corpore* nicht in direkte Verbindung bringen.

Wie schon die *Elements of Law*, enthält auch *De Motu* bezüglich der Logik vor allem in *De Corpore*, II und III anzutreffendes Material. Dafür sind die Kapitel VII-XII der Ersten Philosophie umso besser repräsentiert, und zwar in der neuen, kurz vorher fertiggestellten Fassung. Ganz wie diese enthält *De Motu* allerdings auch noch einige Gedanken, die Hobbes später fallengelassen hat. So soll auch noch *De Motu*, XXIII.14-15 und 21 zufolge der Berührungswinkel eines

---

[19] Zum Titel dieses oft als »Anti-White« bezeichneten Manuskripts vgl. Karl Schuhmann, »Hobbes dans les publications de Mersenne en 1644«, *Archives de Philosophie* 58 (1995), Bulletin Hobbes VII, S. 2-7.

[20] Deswegen wird unten in den Annotationen zu *De Corpore* den Hinweisen auf Whites *De Mundo* auch die entsprechende Parallelstelle in *De Motu* beigegeben.

Kreises mit einer Tangente keine Quantität besitzen, wogegen Hobbes jedenfalls ab *De Corpore*, XIV.16 in dieser Frage
gerade die entgegengesetzte Auffassung vertritt.

Aus dem projektierten physikalischen Teil von *De Corpore*
finden sich in *De Motu* Entsprechungen vor allem für das
schon erwähnte Eingangskapitel XXV der Physik und für Kapitel XXI (heute im Dritten Teil) mit seiner Darstellung der
einfachen (kreisförmigen) Bewegung. *De Motu* zeigt übrigens,
daß diese Idee, die in *De Corpore* zur Erklärung fast sämtlicher
physikalischer Phänomene eingesetzt wird, ursprünglich nur
zum Zwecke einer Erklärung der Erdbewegung konzipiert
worden war. An physikalischen Einzelerklärungen, die von
den in *De Corpore* gebotenen allerdings meist abweichen, sind
in *De Motu* zu nennen die des Schießpulvers, der Schwere, des
Flüssigen, des Parallelismus der Erdachse sowie der Mondbewegung. Daß es sich dabei nicht bloß um ad hoc ersonnene
Erklärungen handelt, welche durch die von White in seinem
De Mundo vorgegebenen Themen veranlaßt wurden, zeigt
sich beispielsweise daran, daß Hobbes erklärt, er beschäftige
sich mit Whites Irrtümern in der Frage der Erdbewegung
nicht so sehr, um sie zu widerlegen, als »um meine eigene
diesbezügliche Auffassung vorzustellen«.[21] Daß er also offensichtlich über eigene Aufzeichnungen zu physikalischen Fragen verfügte, die er nach Bedarf in die Darstellung von *De
Motu* einarbeitete, erhellt auch aus der Bemerkung, Zug sei
rückführbar auf Stoß, »welcher Sachverhalt oben in Kapitel , Art. zur Genüge auseinandergesetzt worden ist«.[22]
Kapitel- und Artikelangabe fehlen; Hobbes vermochte offensichtlich die gemeinte Stelle im Manuskript nicht zu identifi-
zieren. Kein Wunder, kommen eine solche These und ihr
Beweis doch in dem ganzen Werk nicht vor, sondern beides
wird erstmals in *De Corpore*, XXII.12 faßbar. Das besagt aber
nicht, daß Hobbes damals über eine auch nur halbwegs abgeschlossene und veröffentlichungsreife Physik verfügt hätte.
Im Gegenteil, er gesteht in *De Motu* ausdrücklich, daß er derzeit keine oder doch zumindest keine befriedigende Erklä-

[21] Hobbes, *Critique du De Mundo de Thomas White*, S. 226.
[22] A.a.O., S. 320.

rung von Dichte, Schwere, Magnetismus, der Gezeiten, Kometen und der Exzentrizität der Erdbewegung sowie der Mondbewegung zu bieten wisse. Im Falle der Kometen ist es dabei geblieben (*De Corpore*, XXVIII.17). Von der Schwere sagt Hobbes in *De Motu*, eine vollständige Offenlegung ihrer Natur scheine ihm unmöglich.[23] In *De Corpore* betont er zwar, daß »noch niemand erklärt« habe, wie der Fall schwerer Körper vor sich gehe (XXX.2), gibt dann aber selber eine Erklärung, die er für befriedigend hält. Auffällig ist auch die Bemerkung in *De Motu*, wer einen einsichtigen Erklärungsgrund für das Dichte und Dünne anzugeben wisse, »schließt meines Erachtens in der Tat das Innerste der Physik auf«,[24] wogegen *De Corpore* zufolge die Lösung dieses Problems »für die Philosophie nicht von sonderlichem Gewicht ist« (XXX.1). Das Hauptproblem hat sich, vielleicht infolge seiner Unlösbarkeit, zum Randproblem gewandelt.

Die nächsten Einblicke in die Entwicklung von *De Corpore* verdanken wir Charles Cavendish, der im Juli 1644 mit seinem Bruder, dem Marquis von Newcastle, aus England zunächst nach Hamburg geflohen war, wo er u. a. den deutschen Naturphilosophen Joachim Jungius (1587-1657) kennenlernte. Am 27. Dezember 1644 schrieb Cavendish von Hamburg aus dem in Amsterdam lehrenden, mit ihm ebenso wie mit Hobbes befreundeten Mathematiker John Pell (1610-1685), Hobbes habe ihm brieflich Hoffnung gemacht auf »seine Philosophie« – ein unter Hobbes' Freunden gängiger Ausdruck nicht für die *Elementa Philosophiae* insgesamt, sondern für *De Corpore*. Hobbes sei eben dabei, sie in Ordnung zu bringen, »aber«, fügt Cavendish hinzu, der Hobbes gut genug kannte, »ich fürchte, das wird noch viel Zeit in Anspruch nehmen«.[25] Hobbes könnte damals mit Aufzeichungen zur Physik, in erster Linie wohl zur Optik, beschäftigt gewesen sein. Schon im Sommer 1644 hatte Mersenne als Buch VII

---

[23] A. a. O., S. 181.

[24] A. a. O., S. 123

[25] *Correspondance du P. Marin Mersenne, Religieux Minime*, Bd. XIII, hrsg. von Cornelis De Waard und Armand Beaulieu, Paris 1977, S. 287 f.

der »Optik« seiner *Universae Geometriae Mixtaeque Mathematicae Synopsis* [Abriß der gesamten Geometrie und der angewandten Mathematik] den sog. »Tractatus Opticus I« von Hobbes über Refraktion veröffentlicht (OL V, 217-248); Thesen, die mit den Sätzen VIII, XII und XIII dieses Werks verwandt sind, hat Hobbes in *De Corpore*, XXIV.5-7 übernommen. Wahrscheinlicher aber ist, daß er zunächst die Anstükkung weiterer Kapitel (darunter des als Kapitel XXII veröffentlichten) an die Fassung der Ersten Philosophie von 1642 betrieb und diesbezügliche Entwürfe verfaßte.

Am 20. April 1645 trafen die beiden Brüder in Paris ein; Cavendish erkundigte sich offenbar sogleich nach dem Stand von Hobbes' Arbeit. Jedenfalls findet sich das Datum »26. April 1645« inmitten einer Reihe nachgelassener loser Notizen Cavendishs – u. a. Exzerpte aus der Logik und der Ersten Philosophie, insbesondere aus den Kapiteln III-VIII und XII-XIII –, die man seit Arrigo Pacchi als »Harl. A« zu bezeichnen pflegt.[26] Diese Notizen setzen ein mit den Definitionen von Bewegung, Ort, Raum, Zeit und Körper und erinnern damit wenigstens teilweise an einen Brief Cavendishs an Jungius vom 11. Mai 1645, in dem er diesem mitteilt, er habe in Paris »einige Blättchen aus Hobbes' Erster Philosophie durchgelesen«, aus denen er dann die Definitionen von Bewegung, Ort, Raum und Körper zitiert.[27] Bei diesen »Blättchen« handelt es sich um die Neufassung der Logik und Ersten Philosophie von 1642, aus der auch die Exzerpte in Harl. A geschöpft sind. Interessant ist, daß Harl. A aus Kapitel VI der Neufassung, offensichtlich als Beispiel für die Methode der Forschung, eine Erarbeitung des Ortsbegriffs überliefert, die ähnlich strukturiert ist wie das entsprechende

---

[26] Beschrieben und benannt sind diese und die im folgenden zu erwähnenden Manuskripte Cavendishs, die heute im British Museum in dem Manuskriptbündel der Signatur Harleian (abgekürzt: Harl.) MS 6083 aufbewahrt werden, bei Arrigo Pacchi, *Convenzione e ipotesi nella formazione della filosofia naturale di Thomas Hobbes*, Firenze 1965, S. 20 ff. »Harl. A« umfaßt die Blätter 196-197 von Harl. 6083. Ob allerdings der ganze Text dieser Blätter vom 26. April 1645 stammt, ist fraglich.

[27] *Correspondance de Mersenne*, Bd. XIII, S. 444 f.

Beispiel des Lichtbegriffs im veröffentlichten Werk (VI.10):
Der Ort kann kein Körper, aber auch nicht Akzidens eines
Körpers oder seiner Umgebung sein und ist also ein Erscheinungsbild. Ebenfalls am 11. Mai 1645 gab Cavendish übrigens auch Pell einen kurzen brieflichen Bericht über Hobbes'
Arbeit: »Ich fürchte, es wird noch lange dauern, bis Herr
Hobbes etwas veröffentlicht. Soweit ich es gelesen habe, gefällt es mir sehr gut. Er kommt jeden Tag ein Stück voran, hat
aber noch recht viel zu tun.« Unter diese Weiterarbeit fällt
offensichtlich auch ein von Cavendish diesem Brief beigelegter neuer Satz von Hobbes über die Ziehung von Tangenten
an Kegelschnitte, zu dessen Beweis Hobbes auf einen anderen, »in seinem geplanten Werk bewiesenen« zurückgreift,
daß nämlich »das arithmetische Mittelglied zwischen denselben Außengliedern größer ist als das geometrische«.[28]

Hatte Cavendish bis Mitte Mai 1645 Hobbes' Reinmanuskript zur Logik und Ersten Philosophie hauptsächlich nur
durchgelesen, so hat er es (evtl. erst im August des Jahres, als
Hobbes sich einige Wochen in Rouen aufhielt) doch lang genug in Händen gehabt, um sich ein umfangreiches Exzerpt
daraus anzufertigen. Dieses »Harl. C« genannte Manuskript[29] spiegelt die Logik (Kapitel I-VI) und Erste Philoso-

[28] A. a. O., S. 443. In Cavendishs sogleich zu besprechendem Exzerpt
aus Hobbes' Logik und Erster Philosophie in der Fassung von 1642 (auf
die hier angespielt wird) findet sich letzterer Satz in Kapitel XIII.15
(Hobbes, *Critique du De Mundo de Thomas White*, S. 496), im veröffentlichten Werk in allgemeinerer Fassung in XIII.26.

[29] Es umfaßt die von Cavendish fortlaufend von 1-24 paginierten
Blätter 198-201 und 204-211, dazu die unpaginierten Blätter 194-195
und 202-203 von Harleian MS 6083. Das Manuskript ist als ganzes unveröffentlicht. Der Schluß der Ersten Philosophie ist abgedruckt bei Jean
Jacquot, »Un document inédit. Les notes de Charles Cavendish sur la
première version du ›De corpore‹ de Hobbes«, *Thalès* 8 (1952), S. 33-
86, die von A 10 abweichenden Teile sind wiedergegeben in Hobbes,
Critique du De Mundo de Thomas White, S. 463-513. – Auf »Harl. B«
(= Harl. 6083, Bl. 71-74) wird im folgenden nicht näher eingegangen,
da es sich bei den darin enthaltenen Notizen lediglich um Abschriften
der entsprechenden Exzerpte in Harl. A bzw. C handelt. Bemerkenswert ist innerhalb der lateinischen Notizen von Harl. B allerdings, daß

phie (Kapitel VII-XVII) in der Fassung von 1642 prinzipiell in ihrem damals erreichten Gesamtumfang wider. Im Vergleich zu dem in A 10 faßbaren Plan ist das dortige XVI. Kapitel über die Lage von Punkten (vgl. *De Corpore*, XIV.20) und Figuren (vgl. XIV.22) ausgeführt, der Plan eines eigenen XVIII. Kapitels über geradlinige Figuren (also Dreiecke, Vierecke und sonstige Vielecke) dagegen fallengelassen, wie ihm denn auch im veröffentlichten Werk so gut wie nichts mehr entspricht. Aus Kapitel I hat Cavendish sich lediglich Hobbes' zweigliedrige Definition der Philosophie notiert. Die Kapitel II-IV sind gegenüber A 10 jeweils gegen Ende erweitert. Die Kapitel V-XII sind in beiden Fassungen weithin vergleichbar, allerdings ist Harl. C vor allem in Kapitel VIII viel ausführlicher. Auch in den mathematischen Kapiteln XIII-XVII bringt Harl. C viel neues Material, wobei, wie gesagt, das ganze (kurze) Kapitel XVI neu geschrieben ist. Insgesamt steht Harl. C sowohl vom Inhalt der Kapitel I-V und VII-XII wie von der Formulierung der betreffenden Textstücke her dem veröffentlichten Text begreiflicherweise näher als A 10. Leider hat Cavendish das Methodenkapitel VI meist nur in Stichworten (teilweise offenbar die Summarien) exzerpiert, so daß dessen Weiterentwicklung gegenüber dem Text von A 10 nicht hinreichend faßbar wird. Jedenfalls handelte Hobbes darin zunächst von der Forschungs- sowie der Lehrmethode der Naturphilosophie und stellte dann die Erste Philosophie vor als die Lehre von den allgemeinsten Akzidentien der Körper, die sich primär mit unseren Erscheinungsbildern der Dinge, nicht mit den Dingen selbst beschäftigt. Danach sei zur Physik als der Wissenschaft von den besonderen Körpern überzugehen (vgl. VI.4-6). Die Darstellungsmethode der Staatswissenschaft − wir stehen schließlich in der Zeit nach der Drucklegung von *De Cive* − sei dieselbe wie die der Na-

zu Beginn des letzten Blattes sich drei englische Sätze über das Verstehen von Namen und Sätzen sowie das Wesen des Schlußfolgerns finden, denen in (den Manuskripten zu) *De Corpore* nichts entspricht, die aber mit den diesbezüglichen Bestimmungen in *De Motu*, XXX.21 textlich verwandt sind.

turwissenschaft.[30] Auffällig ist, daß Cavendish sich in den alten Schlüsselkapiteln VIII-X von elf Artikeln (darunter VIII.19-22) nur oder fast nur die Summarien notiert hat. Zwar hatte er offensichtlich von vornherein keine vollständige Abschrift des Hobbesschen Texts vornehmen wollen, sondern war seinen Interessen entsprechend selektiv vorgegangen. Dennoch könnte dieser Umstand evtl. darauf hindeuten, daß in Hobbes' Manuskriptvorlage manches Material, das in hinreichend ausgearbeiteter Form seit langem vorlag, in der Neufassung nicht eigens abgeschrieben, sondern auf älteren Blättern belassen worden war, wobei die Stelle seiner Einfügung durch die zugehörige Summarie bezeichnet war. Jedenfalls zeigt das Vorkommen von Summarien ebenso wie einiger Querverweise innerhalb des Texts, daß dieser nicht nur wie in A 10 in Kapitel, sondern auch schon in Artikel unterteilt war, die übrigens denen des gedruckten Texts (jedenfalls in den Grenzen der genannten Übereinstimmung beider) weitgehend entsprechen.

Zwischen Herbst 1645 und Frühjahr 1646 schrieb Hobbes in der Absicht auf eine Verwendung im Rahmen von *De Corpore* ein umfangreiches Manuskript mit dem Titel »A Minute or First Draught of the Optiques in Two Parts. The First of Illumination. The Second on Vision« [Ein Konzept oder erster Entwurf der Optik in zwei Teilen: der erste über die Lichtentstehung, der zweite über das Sehen] als seine endgültige Darstellung der Optik nieder. Zwar verfaßte er den Text auf Wunsch seines Gönners, des Marquis von Newcastle, zunächst auf englisch und bezeichnete ihn deswegen auch nur als einen ersten Entwurf, beabsichtigte aber, ihn »nachher auf lateinisch«, also in der gängigen internationalen Wissen-

---

[30] Vgl. die Summarie von VI.7 (»Die Methode der Staats- wie auch der Naturwissenschaft, die von der Sinneswahrnehmung zu den Ausgangspunkten der Wissenschaft geht, ist analytisch; die von den Ausgangspunkten aus ist dagegen synthetisch«), welcher der Inhalt dieses Artikels, der ausschließlich von der Staatsphilosophie handelt, allerdings nur zum Teil entspricht. Die Summarie scheint also aus einer früheren Fassung dieses Artikels, die der von Cavendishs Exzerpt entspricht, übernommen bzw. versehentlich stehengeblieben zu sein.

schaftssprache, in geglätteter Form zu veröffentlichen.[31]
Doch zunächst schob sich eine andere Aufgabe dazwischen.
Samuel Sorbière (1615-1670), ein Freund von Hobbes aus
dem Pariser Mersenne-Kreis, der seit 1642 in Holland lebte
und gute Verbindungen zu den dortigen Verlegern besaß,
hatte sich im Frühjahr 1646 in Paris aufgehalten und auf der
Rückreise Hobbes' Handexemplar von *De Cive* mitgenom-
men, um die Drucklegung des Buchs zu besorgen. Hobbes
schrieb nun ein »Vorwort an die Leser« zu dem Werk, in dem
er von seinem Plan berichtete, »die ersten Elemente« der Philosophie in drei Abteilungen in der Weise darzustellen, »daß
die erste vom Körper und seinen allgemeinen Eigenschaften«
handle. »Daher enthält die erste Abteilung die Erste Philosophie und einige Elemente der Physik; in ihr werden die
Beschaffenheiten von Zeit, Ort, Ursache, Beziehung, Proportion, Quantität, Figur und Bewegung berechnet« (OL II, 150).
Abgesehen von der auch hier nicht eigens genannten Logik
sind also Erste Philosophie und Physik immer noch die zwei
Hauptbestandteile des geplanten Werks. Für die Erste Philosophie werden Themen aus den späteren Kapiteln VII-IX
und XI-XIV angeführt, wobei in Übereinstimmung mit dem
damaligen Zustand der Manuskripte noch der Titel »Proportion« statt des späteren »Analogismus oder selbiges Verhältnis« verwendet wird.[32] Für die Physik wird nur unspezifisch
vom Studium der Bewegung gesprochen[33] sowie die Veröf-

---

[31] Elaine Condouris Stroud, *Thomas Hobbes' A Minute or First
Draught of the Optiques. A Critical Edition*, Ann Arbor 1983, S. 77 (Widmungsbrief des Werks an den Marquis von Newcastle).

[32] Beide Titel kommen insofern aufs Gleiche hinaus, als Hobbes noch
in seiner *Examinatio et Emendatio mathematicae hodiernae* [Prüfung und
Berichtigung der heutigen Mathematik] von 1660 sagt, in diesem Kapitel würden »alle Lehrsätze des fünften Elements von Euklid und
einige andere, nicht weniger herrliche« bewiesen (OL IV, 125). Das V.
Buch der *Elemente* Euklids enthält die Proportionenlehre.

[33] Schon der Widmungsbrief von *De Cive* vom 1. November 1641
hatte die Physik allgemein als die Wissenschaft »von der Bewegung«
bezeichnet (OL II, 137), und das gleiche tut noch das Spätwerk *Lux
Mathematica* [Mathematisches Licht] von 1672 (OL V, 147). Diese Bestimmung geht auf Aristoteles zurück.

fentlichung lediglich »einiger Elemente« in Aussicht gestellt. Neben den Einzelerklärungen physikalischer Phänomene, über die Hobbes damals verfügte, sollte offensichtlich die Optik des *First Draught* ihren hauptsächlichen Inhalt ausmachen und damit den Anspruch einer umfassenden Naturphilosophie einlösen helfen. Hobbes beabsichtigte nun, sich im August 1646 mit einem Freund aus dem Mersenne-Kreis, Thomas de Martel (gest. nach 1679), in dessen Heimatort Montauban in Südfrankreich zurückzuziehen, um dort innerhalb einiger Monate *De Corpore* fertigzustellen. Dazu veranlaßte ihn einerseits das Drängen der Freunde, andererseits aber auch, daß er selber von der »Festigkeit und Stärke« seiner Optik so sehr überzeugt war,[34] daß er sie so schnell wie möglich auf lateinisch herausbringen wollte. Daß Hobbes für die druckreife Ausarbeitung des Werks nur einige Monate veranschlagte, erklärt sich daraus, daß die Logik und Erste Philosophie in der Fassung von 1642 so gut wie fertig vorlagen, die Optik nur einer bessernden lateinischen Übersetzung bedurfte und die übrige Physik aus Hobbes' einschlägigen Manuskripten wohl vor allem ausgehoben und im einzelnen geordnet werden mußte.

Zur beabsichtigten Fertigstellung des Werks kam es aber so wenig wie zu der geplanten Reise. Anfang Juli 1646 war der Prinz von Wales, der spätere König Charles II., nach Paris gekommen, wo er für einige Zeit im Exil residierte. Hobbes nun erhielt den ehrenvollen Auftrag, dem Prinzen Mathematikunterricht zu erteilen. Damit war die Möglichkeit einer ungeteilten Konzentration auf das Werk dahin. Cavendish hatte zwar im Oktober noch an Pell geschrieben hatte, seines Erachtens bleibe Hobbes »genug freie Zeit, um mit seiner Philosophie fortzufahren«,[35] mußte im Dezember aber sein Urteil revidieren: »Ich fürchte, Herr Hobbes wird seine Physik dieses Jahr nicht beenden und veröffentlichen«.[36] Wie sich

---

[34] Brief an Sorbière vom 1. Juni 1646 (Hobbes, *The Correspondence*, Bd. I, S. 132).

[35] Brief vom 12. Oktober 1646 (*Correspondance de Mersenne*, Bd. XIV, S. 534).

[36] Brief vom 7. Dezember 1646 (a. a. O., S. 663).

Hobbes' Arbeit, insbesondere an der noch auszuarbeitenden Physik,[37] im Jahr 1647 im einzelnen gestaltete, ist nicht bekannt. Jedenfalls bat Sorbière, der nach der Dritten Abteilung der *Elementa Philosophiae* zumindest auch die Erste schnell zum Druck zu befördern hoffte, Hobbes sowohl im August wie im Oktober des Jahres, ihm *De Corpore* entweder ganz oder doch einen Teil davon (Sorbière dachte an die auf englisch schon fertiggestellte Optik) zur Drucklegung zu übersenden.[38] Auch er hatte also offenbar keine nähere Nachricht über Hobbes' konkrete Fortarbeit an dem Werk. Dies u. a. auch deswegen, weil Hobbes Mitte August sehr schwer erkrankte und vor Jahresende kaum wieder zu wissenschaftlicher Arbeit in der Lage war. »Wäre nicht die Krankheit dazwischengekommen«, schrieb er Sorbière am 27. November 1647, »so hätte ich, glaube ich, den Ersten Teil der Philosophie, der vom Körper handelt, fertigbekommen. Wie die Sache aber jetzt aussieht, können Sie diesen Teil gegen Pfingsten erwarten«, also in etwa auf die Jahresmitte 1648 hin.[39]

Doch auch diese Prognose sollte sich nicht bewahrheiten, da Hobbes im Frühjahr 1648 Zeuge eines Experiments wurde, das eine der Grundannahmen seiner Physik und insbesondere seiner Optik umstürzte. Diesbezüglich ist daran zu erinnern, daß Hobbes' mechanistischer Theorie der Lichtentstehung zufolge leuchtende Körper wie die Sonne in Wahrheit pulsierende Bewegungen von unwahrnehmbar hoher Frequenz und ebenso unwahrnehmbar kleiner Schwingungsweite vollziehen, sich also fortwährend rhythmisch geringfügig ausdehnen und ebenso schnell wieder zusammenziehen. Durch ihre Ausdehnung üben sie Druck auf das

---

[37] Der damals mit Hobbes noch nicht persönlich bekannte Pariser Arzt Guy Patin (1601-1672) hatte diesbezüglich am 1. Dezember 1646 an Sorbière über Hobbes geschrieben: »Ich hatte gehört, daß er sich ganz auf Fragen der Physik verlegt hat, weiß aber nicht, ob das irgendwann erscheint« (a. a. O., S. 660).

[38] Briefe an Hobbes vom 12. August und 4. Oktober 1647 (Hobbes, *The Correspondence*, Bd. I, S. 161 f.).

[39] A. a. O., S. 164.

Medium (etwa die Luft) aus, und dieser Druck pflanzt sich fort bis zum Auge und weiter über die Nervenbahnen in Hirn und Herz, wo er aufgrund des Widerstands dieser Organe nach außen zurückgeworfen und dabei als Lichtglanz empfunden wird. Das Medium übt seinerseits einen gewissen Widerstand gegen den Druck des leuchtenden Körpers aus, wodurch ein Rückstoß auf ihn entsteht, der ihn etwas zusammendrückt, was nun im Körper selbst eine neue Reaktion nach außen hin zur Folge hat. Dieses Modell der Lichtentstehung setzt einerseits die Existenz kleiner Hohlräume voraus, in die hinein sich der leuchtende Körper ausdehnen bzw. aus denen er sich wieder zurückziehen kann. Nun wurde die Existenz des Vakuums von der gängigen aristotelischen Schulphilosophie so wenig wie übrigens von Descartes zugestanden; Hobbes hat dementsprechend in all seinen optischen Schriften zwischen 1637 und 1646, in denen er diese Theorie verteidigt, die Möglichkeit des Vakuums ausdrücklich postuliert. Zum andern setzt diese Auffassung zwischen dem Medium und dem Auge ein ununterbrochenes Volles voraus. Denn träte auf dem Weg vom einen zum andern irgendwo ein Vakuum auf, so würde der Druck des leuchtenden Körpers nicht weitergeleitet und es käme keine Lichtempfindung zustande. Nun hatte Torricelli in seinem berühmten Barometerversuch (beschrieben in XXVI.4) gezeigt, daß sich in einem geschlossenen Glaszylinder offenbar ein Vakuum herstellen läßt. Im Mersenne-Kreis hatte der Mathematiker Gilles Personne de Roberval (1602-1675) dieses Experiment Ende 1647 dahingehend variiert, daß er oben in dem mit Quecksilber gefüllten Zylinder eine leere, glattgestrichene Fischblase befestigte. Floß nun das Quecksilber nach unten ab und entstand oben im Zylinder ein Hohlraum, so sah man die Fischblase sich ausdehnen. Das besagte aber, daß der Lichtstrahl, der etwa von einer hinter dem Glaszylinder postierten Kerze ausging, sich durch das um die Fischblase herum befindliche Vakuum hindurchbewegen mußte, um geradewegs von der Kerze kommend ins Auge des Betrachters zu fallen. Licht bedurfte also nicht, wie Hobbes stets postuliert hatte, eines Mediums als des Trägers der vom leuchtenden

Körper ausgehenden Druckwellen, sondern pflanzte sich offenbar auch durch das Leere hindurch fort.

Noch am 17. Februar 1648 hatte Hobbes an Mersenne, der ihm von diesem Experiment berichtet hatte, geschrieben, er halte in Sachen der Lichtentstehung zwar nach wie vor am Vakuum fest, eine Fortpflanzung des Lichts durch das Leere hindurch scheine ihm aber unmöglich. Man müsse darum genau darauf achten, ob die Lichtstrahlen statt durch das Vakuum hindurch ihren Weg nicht vielleicht kreisförmig durch das Material des runden Zylinders nähmen.[40] Hobbes versuchte also das für seine Theorie erforderliche volle Medium zu retten. Etwa im März dürfte er nun einer Ausführung des Experiments beigewohnt haben, bei der er sich von der Richtigkeit von Mersennes Behauptung überzeugen mußte. Damit sah er sich vor eine Alternative gestellt. Entweder er hielt an der Idee der pulsierenden Lichtquellen und somit an der Annahme des Leeren fest; dann mußte er den Gedanken der Bewegungsfortpflanzung im Medium aufgeben. Oder aber er gab das Leere auf und verzichtete auf seine bisherige Theorie des leuchtenden Körpers. Angesichts dessen, daß Hobbes zufolge alle physikalische Erklärung mit der Ansetzung bestimmter Bewegungen operieren muß und Bewegung als ein Akzidens unbedingt eines Trägers bedarf, war vorauszusehen, daß er sich für die zweite Lösung entscheiden und nach einer neuen Bewegungsart im leuchtenden Körper als Ursache der im vollen Medium anzusetzenden Bewegung umtun würde. In *De Corpore*, XXVII.2 fand er diese Bewegungsart in der Ansetzung einer einfachen kreisförmigen Bewegung. Tatsächlich warf Hobbes das Ruder schnell entschlossen herum und wurde wohl schon im April 1648 entschiedener Plenist.[41] Das Leere in Torricellis Zylinder war

---

[40] A. a. O., S. 166.

[41] In einem Brief vom 17. (19.?) April 1648 schreibt Charles Cavendish aus Paris über Robervals Experiment: »Eine in diesem Vakuum aufgehängte Blase war so perfekt wie nur irgend möglich zu sehen, weshalb dort, wie ich und verschiedene andere hier unterstellen, irgendein Körper vorhanden sein muß, der die Aktion des Lichts zum Auge hin übermittelt« (Charles Webster, »The Discovery of Boyle's Law, and the

nur scheinbar leer. »Alle von Ihnen und anderen mit Quecksilber durchgeführten Experimente«, schrieb er am 25. Mai
1648 an Mersenne, »beweisen nicht, daß es ein Leeres gibt,
weil die subtile Materie, die sich in der Luft befindet, dabei
zusammengepreßt wird und durch das Quecksilber wie durch
jeden anderen flüssigen oder geschmolzenen Körper hindurchgehen wird«.[42]

De Corpore trägt die Spuren dieses Umschwungs insofern
noch an sich, als in der älteren Ersten Philosophie das Leere
nicht anders behandelt wird wie andere für die Naturerklä-
rung erforderliche Grundbegriffe auch (vgl. z. B. VIII.6 und 9
– letzterer Artikel geradezu eine Verteidigung des Leeren –,
dazu XV.4 und 7), in der Physik dagegen (XXVI.2-4) seine
Existenz rundum abgestritten wird.[43] Zunächst aber besagte
dieses Umdenken, daß die Physik nicht wie geplant ausgeführt werden konnte, da ihr Prunkstück, die kohärent und
detailliert ausgearbeitete Optik des *First Draught,* in ihrem ersten Teil über die Lichtentstehung nicht mehr unbesehen
übernommen werden konnte. Zwar tritt im Kapitel XIX von
De Corpore eine Anzahl von Sätzen über die Reflexion von
Lichtstrahlen wieder auf, die im Kapitel IX des ersten Teils
des *First Draught* als bloße Lehnsätze eingeführt sind, um »ihren Beweis anderen oder auch mir selbst an einem anderen

Concept of the Elasticity of Air in the Seventeenth Century«, *Archive for
the History of Exact Sciences* 2 (1962-1966), S. 456). Unter den von Cavendish genannten »verschiedenen anderen« dürfte auch Hobbes
gewesen sein.

[42] Hobbes, *The Correspondence,* Bd. I, S. 172. In seinem *Dialogus Phy-
sicus, sive de Natura Aeris* [Physikalischer Dialog oder über die Natur
der Luft] wird Hobbes sich 1661 nochmals nachdrücklich gegen jede
auf Ansetzung eines Vakuums gegründete Erklärung der von Robert
Boyle (1627-1691) mit der Luftpumpe durchgeführten Vakuumversu-
che wenden.

[43] Bemerkenswert ist, daß im Methodenkapitel, das im allgemeinen
später geschrieben wurde, der scholastische Grundsatz »Die Natur verabscheut das Leere« noch in alter Weise als »weder von sich aus bekannt
noch anderweitig beweisbar« abgetan wird (VI.13), wogegen dem Vorwort an den Leser zufolge »die Natur einen leeren Ort nicht zu ertragen
vermag«.

Ort zu überlassen«[44]. Doch hatte Hobbes diese Sätze nebst einigen ihrer Beweise, wie gesagt, schon in seinem optischen Manuskript von 1640 dargestellt.

Ansonsten disponierte Hobbes insofern um, als er nun nur noch den zweiten Teil des *First Draught* über das Sehen in die Physik einzuarbeiten begann, indem er von diesem Text eine lateinische, teilweise stark umgearbeitete Fassung herstellte, wobei er ihn durch Querverweise an die Erste Philosophie und das spätere Kapitel XXV anschloß. Da der Prinz von Wales Ende Juni 1648 nach Holland gereist war, verfügte Hobbes nun über die dafür erforderliche Zeit. Nachrichten über seine Arbeiten fehlen allerdings bis zum 14. Juni 1649, unter welchem Datum er an Sorbière schreibt, er sei soeben mit der Niederschrift des Werks beschäftigt − »ich wiederhole: mit der Niederschrift. Denn was sein Erscheinen aufhält, ist nicht mehr die Mühe des Forschens nach der Wahrheit, sondern die ihrer Darlegung und ihres Beweises«. Hobbes war sich dessen sicher, *De Corpore* vor Ende des Sommers abschließen zu können, weshalb er schon die für seine Beweise erforderlichen Figuren gravieren ließ, »damit alles druckfertig ist, sobald die Schreibarbeit erledigt ist«.[45] Er hatte also, wie dies auch der spätere Widmungsbrief von *De Corpore* bestätigt, die lateinische Fassung der Optik in sechs Kapiteln soweit beendet und die dazugehörigen Zeichnungen in Kupfer stechen lassen.[46] Das scheint des weiteren zu be-

---

[44] Stroud, *Thomas Hobbes' A Minute or First Draught of the Optiques*, S. 211.

[45] Hobbes, *The Correspondence*, Bd. I, S. 176.

[46] In Hobbes' Nachlaß in Chatsworth befindet sich unter der Signatur A5 ein Manuskriptfragment in Reinschrift (nebst einer gravierten Bildtafel) von zwei optischen Kapiteln (ohne Kapitelzählung), das Teilen des heutigen II. und dem III. Kapitel von *De Homine* entspricht, d. h. aus den ins Lateinische übersetzten zwei Anfangskapiteln des zweiten Teils des *First Draught* kommt und ursprünglich zur 1649 hergestellten Druckfassung der Anfangskapitel der Physik gehörte. Darin findet sich nicht nur der Hinweis von *De Homine* II.4, alles Sinneswahrnehmung sei Bewegung, »wie wir oben gelehrt haben Kapitel *De Corpore* XXV« (OL II, 14) − hier mit deutlich ungeschicktem Zusatz am Ende − noch in der einfachen Form »wie wir oben gelehrt haben«, also im

deuten, daß Hobbes damals insgesamt zum Zwecke der Drucklegung eine Reinschrift der als fertig betrachteten Teile von *De Corpore* herstellen ließ oder jedenfalls doch jener Stücke, die über die ihrerseits als fertig und endgültig betrachtete Reinschrift von 1642 hinaus neu dazugekommen waren. Inwieweit dazu auch über die Optik hinausreichende Kapitel aus der Physik gehörten, ist nicht abzuschätzen. Ebenso läßt sich nur vermuten, wieso es denn doch wieder nicht zur Veröffentlichung der neuen Bearbeitung kam trotz der von Hobbes brieflich geäußerten Zuversicht, welche sich ja auch in einem gewissen Beginn der Drucklegung (Herstellung von Kupferstichen für die Tafeln zur Optik) manifestierte sowie in der Herstellung eines Druckmanuskripts zumindest für die neuen Kapitel. Einer der Gründe dafür könnte werkintern gewesen sein, sofern Hobbes immer mehr geometrisches Material ans Ende der Ersten Philosophie anstückte,[47] wodurch sich zu irgendeinem Zeitpunkt deren Zweiteilung nahelegte durch Abtrennung eines vorwiegend geometrischen Dritten Teils, wie er im veröffentlichten Werk unter dem Titel »Verhältnisse von Bewegungen und Größen« vorliegt. Jedenfalls schrieb Cavendish am 5. Oktober 1649 aus Antwerpen an Pell, er habe vor kurzem von Hobbes aus Paris einen Brief erhalten, »der mir Hoffnung macht, daß wir seine Philoso-

---

gleichen Buch, sondern auch schon der versehentlich nicht auf *De Corpore* umgestellte Hinweis von *De Homine* III.8, »daß die animalischen Lebensgeister, wie wir oben dargelegt haben, nach dem Schlaf in die Außenteile zurückkehren« (OL II, 28). Die gemeinte Stelle ist *De Corpore*, XXV.7.

[47] So wird in Hobbes' Nachlaß unter der Signatur A 4 ein Reinschrifttext des Titels »Philosophia Prima. Caput 19« [Erste Philosophie, Kapitel XIX] aufbewahrt. Dieses umfangreiche Kapitel über die Ziehung von Tangenten und Asymptoten an Hyperbeln, Parabeln und Schraubenlinien, dessen Summarien bei Pacchi, *Convenzione e ipotesi nella formazione della filosofia naturale di Thomas Hobbes*, S. 25 abgedruckt sind, stammt aus der Fassung der Ersten Philosophie von 1649; es nimmt u. a. auf die Kapitel XIII und XVII der Fassung von 1642 Bezug. Ein weiteres kurzes Kapitel über den Schwerpunkt geometrischer Figuren (vgl. XXIII.9) liegt in Abschrift von Charles Cavendish vor als Blatt 324 des schon genannten Harleian MS 6083.

phie nächstes Frühjahr gedruckt haben werden; er schreibt mir von seiner Hoffnung, eine gerade Linie zu finden, die einer parabolischen Linie gleich ist«.[48] In einem Brieffragment, das offenbar zu dem von Cavendish erwähnten Brief gehört, schreibt Hobbes in der Tat, er wolle in seinem »Kapitel über Bewegung eine gerade Linie angeben, die einer beliebigen halbparabolischen Linie gleich ist«.[49] Mit diesem »Kapitel über Bewegung« dürfte kaum ein bestimmtes Kapitel, sondern eher ein eigener, eben der sich abzeichnende Dritte Teil des zukünftigen *De Corpore* gemeint sein. Die Lösung dieses Problems glaubt Hobbes dort übrigens in XVIII.1 gefunden zu haben.[50]

Ein weit wichtigerer Grund, aus dem Hobbes im Herbst 1649 die Arbeit an *De Corpore* unterbrach, war aber zweifellos der, daß ihn die neueste Entwicklung der politischen Situation Englands (Charles I. war am 30. Januar 1649 enthauptet worden) dazu veranlaßte, einem anderen umfangreichen Projekt, nämlich der Abfassung des für das englische Publikum bestimmten *Leviathan*, unbedingten Vorrang zu geben und dafür die Fertigstellung der Physik und somit von *De Corpore* auszusetzen. Der Widmungsbrief des *Leviathan* ist auf den 25. April 1651 datiert. Frühestens von diesem Zeitpunkt an dürfte Hobbes also wieder in der Lage gewesen sein, das im Schlußsatz dieses Werks angekündigte Vorhaben in die Tat umzusetzen, nach dem Studium des politischen Körpers zu seiner »unterbrochenen Betrachtung der natürlichen Körper zurückzukehren« (EW III, 714), d. h. die Ausarbeitung von *De Corpore* wieder aufzunehmen. Doch kaum anders als 1640 in London schoben sich auch 1651 in Paris unerwartete, durch das neue Werk ausgelöste Ereignisse vor die Wiederaufnahme

[48] Helen Hervey, »Hobbes and Descartes in the Light of Some Unpublished Letters of the Correspondence between Sir Charles Cavendish and Dr. John Pell«, *Osiris* 10 (1952), S. 86.

[49] Hobbes, *The Correspondence*, Bd. II, S. 776.

[50] Artikel 13 des genannten handschriftlichen Kapitel XIX der Signatur Chatsworth A4 enthält übrigens die »in Tabellen zusammengestellte Quadratur der Parabel und aller Parabolaster«, also eine Lösung des gleichen Problems.

der Arbeit. Zunächst wurde Hobbes im Sommer 1651 schwer krank, so daß er einem engen persönlichen Freund aus dem früheren Mersenne-Kreis, dem Mathematiker François (Bonneau, Sieur) Du Verdus (1621-1675), wie dieser gegenüber Hobbes sich vier Jahre später erinnert, »das Manuskript Ihrer Werke« – wohl das Reinschriftmanuskript von *De Corpore* in der Version von 1649 – anvertraute mit der Bitte, im Falle seines Todes die letzte Hand daran zu legen und es zu veröffentlichen.[51] Schlimmer war, daß die Lehre des *Leviathan*, der Untertan habe sich der faktischen Staatsmacht zu unterwerfen, im Kreis der im Pariser Exil lebenden Monarchisten als eine Empfehlung interpretiert wurde, sich mit der Macht Cromwells zu arrangieren. Das hatte zur Folge, daß Hobbes der Zutritt zum Hof des in Paris residierenden Prinzen von Wales verweigert, ihm also auch sein Schutz entzogen wurde, was ihn mehr oder weniger zum unerwünschten Asylanten stempelte. Obendrein hatten die heftigen Angriffe des *Leviathan* auf die Riten und Einrichtungen der katholische Kirche Hobbes die Feindseligkeit des französischen Klerus zugezogen, so daß er in eine gefährlich exponierte Position geriet. So blieb ihm auch diesmal wie schon 1640 nur die vorbeugende Flucht. Er setzte sich Ende Dezember 1651 nach London ab, wo er sich dem herrschenden Regime unterwarf. Er mag damals an *De Corpore* weitergearbeitet haben, fest steht aber vor allem, daß er in der Hauptstadt viele Beziehungen zu Größen des geistigen Lebens anknüpfte und selber von »verschiedenen Personen, die sich als Liebhaber der Philosophie und Mathematik bezeichneten« (EW VII, 337 f.), aufgesucht wurde.

Unter ihnen mag auch der unbekannte Verfasser des sog. NLW-Manuskripts[52] gewesen sein. Da Hobbes sich »niemals

---

[51] Brief von Du Verdus an Hobbes vom 23. Dezember 1655 (Hobbes, *The Correspondence*, Bd. I, S. 222). Daß Hobbes sein Manuskript einem Mathematiker übergab, läßt vermuten, daß die mathematischen Kapitel, also der spätere Dritte Teil des Werks, noch einer näheren Bearbeitung bedurften.

[52] Es befindet sich in der National Library of Wales (= NLW) in Aberystwyth, wo es von Mario Rossi entdeckt und in seinem Buch *Alle fonti del*

weigerte, meinen Freunden meine Papiere zu leihen«
(EW VII, 342), kam offenbar auch er in die Gelegenheit, sich
eine Abschrift von Hobbes' Manuskript der Ersten Philosophie anzufertigen. Nicht nur durchsetzte er dabei Hobbes'
Latein bunt mit teilweise hilflos übersetzendem englischem
Wortmaterial, sondern er schickte dem Anfang seines Exzerpts kurioserweise die Abschrift einer weiteren Seite Hobbesschen Texts voran, die übergangslos in das Exzerpt
mündet. Das vorangestellte Anfangsstück scheint ein sepa-
riertes, im Werk dann nicht verwendetes Blatt aus den *Elements of Law* gewesen zu sein, also aus dem Jahr 1639 oder
1640 zu stammen; Hobbes hatte einen Großteil dieses englisch geschriebenen Texts in seine 1650 verfaßte »Answer to
Sir William Davenant's Preface before Gondibert« [Antwort
auf Sir William Davenants Vorrede zu *Gondibert*][53] eingearbeitet (EW IV, 449). Die fünf Blätter des halb übersetzenden
Exzerpts erstrecken sich auf die Kapitel VII, VIII, XI und den
Anfang von XII der Ersten Philosophie. Das Manuskript ist
nicht nur insofern fragmentarisch, als zum Schluß eine unbekannte Anzahl von Blättern verloren ist, sondern trotz der
durchlaufenden, wohl später zugefügten mehrmaligen Paginierung scheint auch aus dem ursprünglichen Konvolut ein
Blatt mit dem Text der Kapitel IX und X verloren zu sein.
Überhaupt hat der Schreiber später, als ihm Hobbes' Manuskript nicht mehr vorlag, in das Fragment eine teilweise
unsinnige Kapiteleinteilung eingetragen, wie auch sonst einige Übersetzungsfehler und eigene Notizen den Eindruck
machen, daß der Schreiber dieses Texts ein Mann von eher
bescheidener wissenschaftlicher Statur war. Auffällig ist allerdings, daß er bei der Erörterung des Akzidensbegriffs mittels

deismo e del materialismo moderno, Florenz 1942, S. 104-119, publiziert
wurde. Neuveröffentlicht in Hobbes, *Critique du De Mundo de Thomas
White,* S. 449-460.

[53] Der Dramatiker und Royalist William D'Avenant (1606-1668)
hatte sich seit 1646 in Paris aufgehalten, wo er in Kontakt mit Hobbes die
beiden ersten Bücher seines heroischen Gedichts *Gondibert* schrieb. Auf
eine vorab veröffentlichte, an Hobbes adressierte Vorrede zu diesem
Gedicht hatte dieser mit einer längeren Betrachtung zur Dichtkunst
geantwortet.

der abstrakten Namen (VIII.2) durchaus zutreffend notiert: »Siehe bei der Einteilung der Namen: konkret und abstrakt«.[54] Das scheint darauf hinzuweisen, daß ihm nicht nur die Erste Philosophie, sondern auch die Logik (vgl. III.3) vorgelegen hatte. Bemerkenswert ist weiter, daß er von VIII.19-21 fast nur die Summarien notierte. Obgleich er darin ausführlicher ist als Harl. C, steht er insofern diesem Manuskript von Cavendish verhältnismäßig nahe. Übrigens dürften in seiner Vorlage kritische Passagen wie die später in VII.2, VII.12 und VIII.5 gedruckten noch nicht enthalten gewesen sein. Dies könnte den Schluß nahelegen, daß das NLW-Manuskript aufgrund der Hobbesschen Reinschrift von 1649 erstellt wurde.

1653 trat Hobbes wieder in den Haushalt des Grafen von Devonshire ein, wo er der sog. »Ergänzung« seiner Biographie zufolge »sich ganz auf die Fertigstellung der Philosophie über den Körper konzentrierte« (OLI, XXXVIII). Das scheint u. a. auf die endgültige Etablierung und Ausarbeitung eines selbständigen Dritten Teils von *De Corpore* hinzuweisen, der übrigens seinerseits eine Umgestaltung des Methodenkapitels erforderte, in das dieser Teil als eigener Schritt in der Abfolge der Wissenschaft einzuordnen war (vgl. VI.6). Zunächst aber entfernte Hobbes die bisher stets für fertig gehaltenen Kapitel des Werks ab Kapitel XIII, indem er sie teilweise (vor allem kürzend) umarbeitete, gutteils aber auch durch neues Material ersetzte, das er in diesen Jahren erst ausarbeitete. Dieser Neueinsatz manifestiert sich im endgültig gedruckten Kapitel XIII insofern, als hier gelegentlich Material aus den beiden vorhergehenden Kapiteln unbemerkt wiederholt wird.[55] Zudem weisen die neuen Kapitel XIII und XIV, die jetzigen Schlußkapitel der Ersten Philosophie, gelegentlich redaktionelle Mängel auf.

Weiterhin hat Hobbes damals, vielleicht angesichts des durch den Einschub eines neuen Dritten Teils erreichten Umfangs des Werks und mehr noch der Frage, was denn für *De Homine* an Stoff noch übrig bleibe, die fertig ausgearbeiteten

---

[54] Hobbes, *Critique du De Mundo de Thomas White*, S. 453.
[55] Vgl. XIII.2 mit XI.4, XIII.3 mit XII.8, XIII.4 mit XI.4.

optischen Kapitel in letzteres Werk transferiert und wohl
auch die Physik fertiggestellt. Wie diese Arbeit sich im einzelnen gestaltete, ist jedoch unbekannt. Jedenfalls dürfte er die
meisten polemischen Bemerkungen gegen andere Autoren,
z. T. im Rückgriff auf eigene frühere Notizen,[56] erst jetzt ein-
geflochten haben.[57] Auch scheint die endgültige Kapitelfolge
innerhalb des Dritten Teils erst damals festgelegt worden zu
sein.[58] Weiter kann die Umstellung von Hobbes' Definition
der Philosophie, die den Manuskripten A 10 und Harl. C, dem
»Vorwort an die Leser« von *De Cive* von 1646 (OL II, 150) und
auch noch dem *Leviathan* von 1651 zufolge (EW III, 664) immerzu vom Körper und seinen *Eigenschaften* gehandelt hatte,
auf die Form, Philosophie sei »Erkenntnis der *Wirkungen bzw.
Phänomene*« (I.2), erst bei der Schlußredaktion des Werks erfolgt sein.[59] Aber dem über 65jährigen Hobbes fehlte die
Kraft einer durchgängigen Neugestaltung des I. Kapitels in
diesem Sinn. So blieb nicht nur in I.8 die alte Version stehen,
die Philosophie leite »die *Eigenschaften* im Ausgang von ihrer
Erzeugungsweise« ab, sondern vorher schon bei der Erläuterung seiner Definition, wo es in A 10 geheißen hatte: »*Eigenschaft* des Körpers nenne ich seine Fähigkeit bzw. sein
Vermögen«[60] und nun zu lesen war: »*Wirkungen . . . und Phänomene* sind Fähigkeiten oder Vermögen der Körper« (I.4),
wurde nicht nur die Summarie »Wesen der *Eigenschaft*« nicht

[56] Dies gilt z. B. für die Descartes-Kritiken, ebenso auch für die von
White.

[57] Die spätesten Werke, auf die Hobbes in *De Corpore* Bezug nimmt,
stammen aus 1651 (Widmungsbrief), 1652 (XXVI.1) und 1654 (Widmungsbrief, XXVI.1, XXX.15). Daß diese Bezugnahmen sämtlich an
exponierter Stelle stehen (Widmungsbrief, Eröffnungsartikel eines
Kapitels und Schlußartikel des ganzen Werkes), weist darauf hin, daß
sie erst recht spät zugefügt wurden.

[58] So blieb in XVI.5 ein Verweis auf Kapitel XVIII als auf »das *folgende* Kapitel« stehen.

[59] Die 1668 erschienene lateinische Fassung des *Leviathan* setzt die
genannte Stelle der englischen Erstausgabe dementsprechend um in:
Philosophie ist »Wissenschaft von den *Wirkungen*« der Körper (OL III,
490).

[60] Hobbes, *Critique du De Mundo de Thomas White*, S. 464.

angepaßt, sondern enthält der Artikel selbst versehentlich immer noch ein Beispiel für Eigenschaften statt für Wirkungen und Phänomene. Ähnlich kontrastiert die überholte Summarie von I.5 (»Wie eine *Eigenschaft* aus ihrer Erzeugungsweise abgeleitet wird«) mit dem modernisierten Text dieses Artikels über »die Erkenntnis einer *Wirkung* im Ausgang von der Kenntnis ihrer Erzeugungsweise«.[61]

Zu den neuen geometrischen Kapiteln von 1653/54 zählt sicher auch das fatale Kapitel XX über Kreismessung und die Teilung von Bögen bzw. Winkeln, dessen problematischer Charakter dann die Wirkungsgeschichte von *De Corpore* weithin überschatten sollte. Der Oxforder Astronomieprofessor Seth Ward (1617-1689), einer der späteren Mitbegründer der Royal Society sowie ab 1662 Bischof, hatte schon im Juni 1654, also noch bevor *De Corpore* überhaupt erschienen war, in seiner anonymen Schrift *Vindiciae Academiarum* [Rechtfertigung der Universitäten] öffentlich Bedenken geäußert, weil er gehört hatte, Hobbes habe bekanntgegeben, »daß er die Lösung einiger Probleme gefunden habe, die auf nichts Geringeres als die Quadratur des Kreises hinauslaufen«.[62] Ward sollte mit seiner Bedenklichkeit bekanntlich Recht behalten. Vor allem aber kündigt sich in seinen Bemerkungen schon im voraus die Opposition dreier sich (wie im Falle Wards) oft überschneidender einflußreicher Kreise gegen Hobbes an: der Universitäten, der Kirchenmänner und der späteren Royal Society. Zwar war diese Opposition im Falle von Universität und Kirche durch Hobbes' Angriffe auf sie und seine von den gängigen theologischen Lehrmeinungen abweichenden theologischen Auffassungen im *Leviathan* motiviert, bezog sich dann aber auch auf *De Corpore* als die Grundlage seines Denksystems. Und für die naturwissenschaftlich ausgerichtete Royal Society lag ein Philosoph, der eine ganze Physik in wenige Kapitel preßte, ohne sich lange bei der geduldigen

[61] Das macht auch verständlich, warum Hobbes ein Jahr nach der Publikation von *De Corpore* behaupten konnte, er habe darin die Philosophie definiert als »die Erkenntnis der *Eigenschaften* im Ausgang von der Entstehung« (EW VII, 215).

[62] Seth Ward, *Vindiciae Academiarum*, Oxford 1654, S. 57.

und genauen Beobachtung der entsprechenden Erfahrungstatsachen aufzuhalten (man denke an das Sammelsurium in
Kapitel XXVIII), außerhalb der seinerzeit aufkommenden
neuen experimentellen Forschungsrichtung.

3. Die Erstausgabe von 1655

Am 17. März 1654 ließ Hobbes' Londoner Verleger Andrew
Crooke (gest. 1674) ins Register der Londoner Buchhändler-
gilde »ein Buch, 'Der Elemente der Philosophie' genannt, auf
Lateinisch und Englisch« eintragen.[63] Auffällig ist daran weniger der unvollständige Titel, der zweifellos zu »Der Elemente der Philosophie Erste Abteilung« zu ergänzen ist, als
vielmehr die Absicht, neben dem lateinischen Originalwerk
gleichzeitig eine englische Übersetzung zu veröffentlichen.
Auf dieses Problem wird noch zurückzukommen sein. Zunächst sei jedenfalls festgehalten, daß Hobbes, aus welchen
Gründen auch immer, im Frühjahr 1654 nur den lateinischen
Text in Druck gab. Von der Registrierung bis zum Erscheinen
des Werks sollte aber noch mehr als ein Jahr vergehen. Dies
hauptsächlich wegen der Änderungen, die Hobbes noch während des Drucks vornahm. So erkundigte sich Du Verdus,
dem Hobbes die ausgedruckten Bogen jeweils zugehen ließ
(neue Bücher wurden im 17. Jahrhundert bogenweise gedruckt und in den Buchhandel gebracht), am 20. August 1654
bei ihm, warum denn weitere Bogen ausblieben; »seit dem
Bogen L« habe er nichts mehr erhalten.[64] Der Bogen der
Signatur L enthält grosso modo die Kapitel XVII und XVIII.
Bis dorthin war der Text also fertiggestellt und ausgeliefert,
als der Druck ins Stocken geriet. Auf M beginnt nämlich Kapitel XX über die Kreismessung, und hier hatte Hobbes
zunächst eine bestimmte geometrische, d. h. nur mit Zirkel
und Lineal operierende Quadratur des Kreises drucken las-

---

[63] *A Transcript of the Registers of the Worshipful Company of Stationers;
From 1640-1708 A.D.*, Bd. I, London 1913, S. 416: »a booke called
Elementorum Philosophiae, in Latin and English«.
[64] Hobbes, *The Correspondence*, Bd. I, S. 194.

sen. Das war nun, wie Seth Ward, so u. a. auch John Wallis
(1616-1703), dem Oxforder Professor für Geometrie, zu Ohren gekommen, der ein solches Unterfangen für unmöglich
erklärte. Das Urteil von Wallis, der später ein wichtiges Mit-
glied der Royal Society wurde und zudem in kirchenpoliti-
scher Hinsicht als Presbyterianer ein natürlicher Gegner von
Hobbes war, wurde diesem offenbar hinterbracht. Hobbes
konsultierte darüber wie über die gleichlautenden Urteile
sonstiger Kenner der Materie gewisse Freunde – wen genau,
ist nicht bekannt[65] –, die ihn von der Falschheit seiner Quadratur überzeugten. Er arbeitete darum eine neue, seines
Erachtens verbesserte Quadratur aus und gab sie gegen Frühjahr 1655 anstelle der alten Bogen M und N (sie tragen in etwa
den Text von XIX.1-XXII.5) in Druck. Dabei enthält der
neue Artikel XX.1 unter dem Titel »Eine falsche Kreisquadratur im Ausgang von einer falschen Hypothese« zunächst
eine Zusammenfassung des vorherigen Versuchs (mit dem
Eingeständnis, er hätte ihn »fast als bewiesen veröffentlicht«);
die jetzt für richtig gehaltene geometrische Kreisquadratur
folgt in XX.3. Doch auch dabei sollte es nicht bleiben. Aber-
mals wurde ihm bedeutet, daß auch diese Version fehlerhaft
sei. Hobbes ließ nun aber den betreffenden Bogen nicht mehr
völlig auswechseln, sondern fügte am Ende des schon gesetzten Texts die Bemerkung bei, er habe diese Quadratur ste-
hengelassen, um das Erscheinens des Buchs nicht noch weiter
hinauszuzögern; allerdings möge der Leser, was in diesem
Kapitel »für zuverlässig ermittelt erklärt wurde..., als lediglich nach Art eines Problems gesagt auffassen«. Alles in allem
besteht das Kapitel XX in seiner endgültigen Druckfassung
also hauptsächlich aus einer von Hobbes selbst für falsch und
einer weiteren von ihm zumindest für problematisch erklär-
ten Lösung der Aufgabe: ein Verfahren, das sich für eine
Philosophie, die nach dem Vorbild der Geometrie aus festen
Definitionen unumstößlich wahre Sätze abzuleiten unternimmt, nicht gerade empfiehlt. Hier liegt deutlich ein

---

[65] Zu denken ist u. a. an den Mathematiker William Brereton (1631-
1680), den 3. Baron Brer(e)ton von Leighlin, einen Schüler von John Pell,
der seinerzeit mit Hobbes befreundet war.

Schwachpunkt der Hobbesschen Geometrie, der sie zu An-
griffen darauf geradezu prädestinierte. Zu bemerken ist aber
auch, daß das gängige Bild von Hobbes als hartnäckigem
Kreisquadrierer denn doch einer gewissen Berichtigung bedarf. Hobbes war offensichtlich mehr von der Lösbarkeit der
Aufgabe und vor allem von ihrer Lösbarkeit durch ihn selbst
als von seinen tatsächlichen Lösungen überzeugt.[66]

Eine weitere von Hobbes während des Drucks vorgenommene Änderung besteht jedenfalls darin, daß er im letzten
Augenblick am Ende von Kapitel XVI einen schon gesetzten
20. Artikel über das Zusammentreffen einer geraden Bewegung mit einer kreisförmigen wieder entfernte, weil er, wie
Hobbes sich spater kryptisch ausdruckte, »dem Zweck, fur
den er gedacht war, nicht dienlich war« (EW VII, 257, vgl.
296 f.). Wahrscheinlich war ihm also auch die Richtigkeit dieses Theorems zweifelhaft geworden. Die Seite, die diesen
Artikel trug, ist im veröffentlichten Originalwerk darum als
einzige leer. Weiter scheint Hobbes beim Ersetzen des Bogens
N auch in Kapitel XXI mehr oder weniger starke Änderungen vorgenommen zu haben, wie dies zwei stehengebliebene
blinde Bezugnahmen auf XXI.5 in XXI.11 und XXVII.3,
dazu eine weitere, ebenfalls nicht ganz zutreffende auf
XXI.10 in XXVI.6 nahelegen. Doch läßt sich im einzelnen
dazu nichts feststellen.

Merkwürdig ist übrigens, daß auch in VII.1 ein auffälliger
blinder Rückverweis im Anfangssatz der Ersten Philosophie
auf das inzwischen geänderte Methodenkapitel stehenblieb.
Außerdem wurde dieses Kapitel ebenso wie Kapitel VIII selt-
samerweise ohne seinen schon in Ms. A 10 vorhandenen Titel

---

[66] Hobbes unternahm noch bis 1677 (zwei Jahre vor seinem Tod)
zahlreiche Versuche zur Lösung dieses Problems. Daß π keine rationale
(bzw. daß es eine transzendente) Zahl ist und deswegen eine Kreisquadratur nur mit Zirkel und Lineal unausführbar ist, wurde erst
1770 von Johann Heinrich Lambert (endgültig 1882 von Ferdinand
Lindemann) bewiesen. Für das 17. Jahrhundert bedeutet der Versuch
der Kreisquadratur darum kein prinzipiell verfehltes, auf Mangel an
Sachkenntnis beruhendes Unterfangen. Auch Wallis hat sich gleich
vielen anderen bedeutenden Mathematikern um die Lösung dieses
Problems bemüht.

gedruckt. Ein Problem liegt auch vor beim Titel von Kapitel XII, der im veröffentlichten Werk »Die Quantität« lautet, wogegen das Kapitel selber nach der Definition der Quantität ausschließlich von ihrer *Darstellung* handelt. Dementsprechend hatte schon Ms. A 10 den (auch in vorliegender Übersetzung eingesetzten) zutreffenderen Titel »Die Darstellung der Quantität« geboten.[67] Und während der Titel des Ersten Teils des Werks (»Berechnung oder Logik«) mit großen Lettern über das Kapitel I gesetzt wurde, ist der des Zweiten Teils wie ein gewöhnlicher Kapiteltitel ausgeführt (»Erste Philosophie. Kapitel VII«); der des Dritten Teils (»Verhältnisse von Bewegungen und Größen«) fehlt ganz und findet sich nur in der Kopfleiste der betreffenden Seiten. Dies sowie einige andere Unstimmigkeiten im Druckbild des Werks scheinen darauf hinzuweisen, daß zumindest für die Logik und die Erste Philosophie als Druckvorlage nicht eine neue Reinschrift angefertigt wurde, sondern Teile aus den Reinschriften der vierziger Jahre aneinandergestückt worden waren,[68] wobei

[67] Vgl. Seth Wards zutreffende Bemerkung zur veröffentlichten Fassung: »Kapitel 12 beschäftigt sich ganz und gar mit der Darstellung der Quantität« (*In Thomae Hobbii Philosophiam Exercitatio Epistolica*, Oxford 1656, S. 101).

[68] So ist im Druck von II.2 irrig von der »Gewinnung« statt von der »Weitergabe der Philosophie« die Rede. An dieser Stelle hatte Ms. A 10 richtig »Weitergabe«, welches Wort dort allerdings ein gestrichenes »Gewinnung« ersetzt (Hobbes, *Critique du De Mundo de Thomas White*, S. 464). Der Fehler fand sich also offenbar schon in Hobbes' ursprünglichem Manuskriptmaterial und wurde von ihm bei der Herstellung von A 10 bemerkt, ohne daß er ihn aber in diesen Manuskripten selbst korrigiert hätte. So schlich er sich wohl auch wieder in die Reinschriften der vierziger Jahre ein, die nicht von A 10, sondern den ursprünglichen Manuskripten abhängen. Bemerkenswert ist auch die Definition der vollständigen Ursache in IX.3. Der entsprechende Text in A 10 hatte sie als »die Gesamtheit aller Akzidenzien sowohl [tam] in sämtlichen wirkenden als [quam] in dem leidenden Ding« bezeichnet (a. a. O., S. 481), was offensichtlich Hobbes' tatsächlich beabsichtigte Formulierung war. In der Redaktion von 1642 muß aus »tam… quam« versehentlich ein sinnloses »tam… tam« geworden sein (»die Gesamtheit aller Akzidenzien so sehr [tam] in sämtlichen wirkenden und so sehr [tam] in dem leidenden Ding«), das nicht nur

der Setzer mit dem heterogenen Material nicht immer zu-
rechtkam. Diese Unübersichtlichkeit des Textmaterials sogar
für Hobbes selbst erklärt wohl auch, warum mit XXII.13 und
XXVIII.12 zwei Artikel in den Text gerieten, die denselben
Sachverhalt (Rückversetzung eines gespannten Bogens in
seine ursprüngliche Lage) in der gleichen Weise erklären, und
warum die Definition der Proportionalität (in XI.4 und
XVII.1) gleich zweimal vorgetragen wird. Weiter finden sich
zwei unterschiedliche Definitionen des Einfallswinkels (zu
Anfang von XIX und in XXIV.1, Nr. 8). Überhaupt treten
zwischen den Kapiteln XIX und XXIV thematische Über-
schneidungen auf.[69] Textvertauschungen (in XXV.6,
XXV.13 und XXVII.13), Probleme bei der Zuordnung von
Summarien zu Artikeln (III.13, XV.7) und mit dem Anfang
von Artikeln (III.3, XIV.10, XXIX.4) könnten ebenfalls in
einer ungenügenden Redaktion bzw. Druckvorlage ihren
Grund haben. Fehlerhafte Sätze finden sich für ein Werk, das
nicht hastig hingeworfen, sondern in jahrzehntelangem
Nachdenken erarbeitet wurde, im Drucktext ebenfalls verhältnismäßig oft – zum Teil vielleicht gerade deshalb, weil
verschiedene Textstufen nicht immer zum Ausgleich ge-

in Harl. C übernommen wurde, sondern sich auch im Drucktext findet. Hobbes bemerkte den Fehler im letzten Moment und änderte in
der Liste der Druckfehler, wohl weil er nicht mehr über seine ursprünglichen Manuskripte verfügte, zu ähnlich lautendem »tum…
tum« (»die Gesamtheit aller Akzidenzien einmal [tum] in sämtlichen
wirkenden und dann [tum] in dem leidenden Ding«). Mit Rücksicht
auf Hobbes' eigentliche Absicht wird unten mit »sowohl… als« übersetzt, d. h. »tam… quam« gelesen, welcher Ausdruck richtig in der
Vorwegnahme dieser Ursachendefinition in VI.10 auftritt (und auffälligerweise vorher schon in *De Motu*, XXVII.3, obwohl dieses Werk
prinzipiell von der Reinschrift von 1642 abhängt: Hobbes bemerkte
offenbar auch hier den Fehler, ohne ihn im Original zu verbessern).
Auf die Aneinanderstückung von alten Reinschriftmanuskripten
könnte übrigens auch die Anomalie zurückzuführen sein, daß die Kapitel X, XI und XXX im Druck als einzige nicht auf einer neuen Seite
beginnen, sondern mitten auf dem Blatt gleich hinter dem jeweils vorhergehenden Kapitel gedruckt sind.

[69] Ähnliches gilt auch für VIII.19 gegenüber IX.7, für Stücke aus I.6
gegenüber III.9 und VI.13, schließlich für XV.7 gegenüber XXII.9.

bracht wurden (so vielleicht in V.2), eine letzte Gesamtdurchsicht des Manuskripts, bevor es zum Druck ging, also offenbar
unterblieb. Unter den unzutreffenden Querverweisen fallen
vor allem die in Kapitel XXV auf, wo auf Kapitel IX zweimal
als auf Kapitel VIII und dementsprechend auf Kapitel VIII
als auf Kapitel VII verwiesen wird. Diese Fehlzählung ist
umso verwunderlicher, als schon in Ms. A 10 diese beiden
Kapitel ihre heutige Nummer hinter den sechs Kapiteln der
Logik trugen und von einer Frühfassung der Logik, welche
etwa durch Weglassung des Kapitels I (Die Philosophie) nur
fünf Kapitel besessen hätte (mit entsprechenden Folgen für
die Zählung der nachfolgenden Kapitel), nichts bekannt ist.

Hobbes korrigierte die Druckbogen selbst, und zwar offenbar, wie im 17. Jahrhundert üblich, nicht anhand des Druckmanuskripts oder einer sonstigen Abschrift, sondern rein
sinngemäß.[70] Außerdem fügte er noch eine Druckfehlerliste
bei, die allerdings bei weitem nicht alle Fehler erfaßt. Auffällig ist auch, daß der Ansporn zum Verzeichnen von Fehlern,
je weiter die Korrektur vorrückte, umso mehr nachließ. Im
ganzen Vierten Teil, der Physik, sind gerade noch drei Fehler
verbessert. Alles in allem macht das Buch also einen recht
uneinheitlichen Eindruck. Die lange Entstehungsgeschichte,
verbunden mit Hobbes' genannter Patchwork-Arbeitsme-
thode und wohl auch mangelndem Interesse an einer letzten
konsequenten Gesamtdurchsicht des Druckmanuskripts, das
seinerseits uneinheitlich gewesen sein dürfte, sind dafür ver-
antwortlich zu machen. Nicht zu vergessen auch, daß Hobbes
in dem für damalige Verhältnisse hohen Alter von 67 Jahren

---

[70] So ist in I.4 davon die Rede, Körper seien einander »gleich *oder*
ungleich, ähnlich oder unähnlich«. Der Erstdruck hat dafür ein feh-
lerhaftes »aequale *ut* inaequale, simile *vel* dissimile« [gleich *wie* ungleich, ähnlich *oder* unähnlich]. In Analogie zum zweiten »vel« [oder]
änderte Hobbes das falsche »ut« [wie] in den Errata ebenfalls in »vel«
[oder]. Es ist aber klar, daß »ut« einfach Druckfehler für »aut« [oder]
ist, ganz wie z.B. in VI.8 statt »aliquando« [bisweilen] versehentlich
ein von Hobbes übersehenes »liquando« stehenblieb. Die Zweitauflage von 1668 korrigierte diesen Fehler übrigens, wohl aufgrund
derselben Überlegung wie hier und ohne sich um die Druckfehlerliste
zu kümmern, richtig in »aut«.

stand und wohl kaum in der Lage war, das Werk mit seiner disparaten Thematik gewissermaßen in einem Blick zu übersehen. So verwundert es nicht, daß *De Corpore*, was das Textgewand betrifft, sich nicht als ein großer Wurf aus einem Guß darstellt.

Das Buch ist im Juni 1655 bei Andrew Crooke in London erschienen. Sein Erfolg war allerdings weit geringer, als dies beispielsweise bei *De Cive* der Fall gewesen war. Einmal wurzelte das Werk in der Gedankenwelt des inzwischen aufgelösten Mersenne-Kreises und war insofern eher eine kontinentale Arbeit, als daß es den Interessen der damaligen englischen Gelehrtenwelt entgegengekommen wäre. Bezeichnend dafür ist, daß verschiedentlich Pläne für eine französische Übersetzung gefaßt wurden. Zudem kam das Buch aufgrund seiner jahrzehntelangen Vorbereitung schlichtweg zu spät. Mit Descartes' *Principia Philosophiae* [Prinzipien der Philosophie] von 1644, Digbys *Two Treatises* [Zwei Abhandlungen] vom gleichen Jahr und mehreren Arbeiten von Hobbes' Freund Pierre Gassendi (1592-1655) lagen immerhin schon seit einem Jahrzehnt Entwürfe zur mechanistischen Naturphilosophie aus dem Mersenne-Kreis veröffentlicht vor. Weiterhin war manches aus dem Werk, vor allem was die Logik und Erste Philosophie anbelangt, schon durch den *Leviathan* bekannt geworden (was Hobbes den Vorwurf eintrug, er wiederhole sich hier).[71] Dazu zog die starke Erweiterung der mathematischen Kapitel, bezüglich derer schon vorher Kunde nach außen gedrungen war, die Aufmerksamkeit in einer Weise auf sich, die dem Werk insgesamt eher abträglich war. Denn selbst wenn man von den problematischen Kapiteln XVIII und XX absieht, ist die Mathematik von *De Corpore* eher schlicht und einführend als fortgeschritten und bahnbrechend zu nennen. Schließlich war Hobbes erst mit vierzig zur

---

[71] Vgl. Ward, *In Thomae Hobbii Philosophiam Exercitatio Epistolica*, S. 13 f.: »Er pflegt seine Sachen so zu kauen und wiederzukauen, daß sich meines Erachtens in seinen Büchern (nimmt man jene berüchtigten geometrischen Behauptungen und die physikalischen im Buch *De Corpore* aus) kaum etwas findet, was in den verschiedenen Büchern... nicht zwei-, dreimal wiederholt wird.«

Mathematik gekommen, und Aubrey notierte in einer bekannten Bemerkung, es sei schade, daß Hobbes »das Studium
der Mathematik nicht eher begann, sonst hätte er sich nicht
solche Blößen gegeben«.[72] In dem durch den *Leviathan* aufge-
heizten Klima wurde *De Corpore* damit zum willkommenen
Objekt und Vorwand der Angriffe auf Hobbes.

Unter den Gegenschriften ist vor allem der *Elenchus Geometriae Hobbianae* [Widerlegung der Hobbesschen Geometrie]
von Wallis zu nennen. Als Mathematiker eine unbestreitbare
Autorität, war Wallis persönlich eine wenig angenehme Erscheinung; für Hobbes versprach beides zusammen wenig
Gutes. Dementsprechend ist der um November 1655 erschienene *Elenchus* in der Sache weithin treffend, im Ton aber
vernichtend. Wallis konzentrierte sich hauptsächlich auf den
Dritten Teil von *De Corpore*, insbesondere auf die Kapitel XV-
XX. Seine aggressive Kritik, die auch kleinliche Details nicht
aussparte, verfuhr nach dem Motto, was in diesen Kapiteln
richtig sei, stamme nicht von Hobbes; der Rest sei ohnehin
unhaltbar. Hobbes habe sich mit seinen zweifelhaften geometrischen Künsten nur »dem Spott ausgesetzt«,[73] mit dem
Wallis denn auch nicht spart. Den tieferen Grund für die Heftigkeit seiner Angriffe offenbart Wallis' Brief vom 1. Januar
1659 an den angesehenen Mathematiker und Naturwissen-
schaftler Christiaan Huygens (1629-1695), der nach dem
Erscheinen von *De Corpore* ebenfalls allen Respekt vor Hobbes' mathematischen Fachkenntnissen verloren hatte, sich
selbst aber nicht zu gehässiger Polemik hinreißen ließ. Hobbes habe in seinem *Leviathan* sowohl die Universitäten wie die
Geistlichkeit angegriffen und lächerlich gemacht, als habe die
christliche Welt »nichts von der Religion begriffen, da man
nichts von der Philosophie, und nichts von der Philosophie,
da man nichts von der Mathematik begriffen habe. Es schien
daher unumgänglich, daß jedenfalls irgendein Mathematiker
zum einen auf dem rückläufigen Weg dartue, wie wenig er
von der Mathematik, aus der er seine Zuversicht schöpfte,

---

[72] *Aubrey's Brief Lives*, S. 151.
[73] John Wallis, *Elenchus Geometriae Hobbianae*, Oxford 1655,
S. 134.

begriffen habe; aber auch, daß dies in einer Weise geschehe, daß sein Hochmut uns nicht bange macht, sind wir doch dessen inne geworden, daß er nichts als Gestank und Unflat von sich geben wird«.[74] Hobbes selbst war sich übrigens dessen sehr wohl bewußt, daß es Wallis nur vordergründig um Geometrie und Bewegungslehre ging. »Ich hatte mit allen Geistlichen ganz Englands auf einmal zu tun, denen zu Gefallen Wallis gegen mich schrieb«, berichtete er Sorbière am 8. Januar 1657.[75]

4. Die englische Übersetzung von 1656

Hobbes' Reaktion auf Wallis' Angriffe verlief doppelgleisig. Zum einen nahm er an der englischen Übersetzung von *De Corpore*, die damals für den Druck vorbereitet wurde, gewisse Korrekturen vor, die den Text zu bessern bestimmt waren. Zum andern beantwortete er den *Elenchus* mit einer Streitschrift, in der er einerseits die Fehler von *De Corpore* als Nachlässigkeiten und Versehen herabspielte. Er griff aber auch seinerseits Wallis in einem Ton an, der dem von Wallis angeschlagenen in nichts nachstand. Übersetzung wie Streitschrift erschienen Ende Juni 1656 in ein und demselben Band, wenngleich mit verschiedener Paginierung und bei verschiedenen Druckanstalten hergestellt, unter dem einheitlichen Titel *Elements of Philosophy. The first Section, Concerning Body. To which are added Six Lessons to the Professors of Mathematicks of the Institution of S^r. Henry Savile, in the University of Oxford* [Elemente der Philosophie. Die erste Abteilung: Über den Körper. Hinzugefügt sind Sechs Lektionen für die Professoren der Mathematik der Stiftung von Sir Henry Savile an der Universität Oxford].[76] Die *Six Lessons* werden damit deutlich als eine Zugabe gekennzeichnet.

---

[74] *Œuvres complètes de Christiaan Huygens*, Bd. II, La Haye 1889, S. 297.

[75] Hobbes, *The Correspondence*, Bd. I, S. 428.

[76] Wallis und Ward besetzten die von dem Mathematiker Sir Henry Savile (1549-1622) 1619 in Oxford gestifteten Lehrstühle für Geometrie

Das war aber insofern nur eine halbe Verwirklichung seiner Absichten, als Hobbes offenbar praktisch zeitgleich mit dem Erscheinen von *De Corpore*, also schon vor dem Erscheinen von Wallis' *Elenchus*, wohl u. a. wegen des revisionsbedürftigen Kapitel XX den Plan einer verbesserten Neuausgabe des Originals gefaßt hatte.[77] Deswegen schritt er auch am 25. Oktober 1655 brieflich gegen das Vorhaben von Du Verdus ein, eine von diesem auf der Grundlage der Erstausgabe hergestellte französische Übersetzung zu veröffentlichen.[78] Inzwischen hatte Hobbes auch in Erfahrung gebracht, daß Wallis' *Elenchus* bald erscheinen würde und gedachte wohl ihn abzuwarten, bevor er seine lateinische Zweitauflage herausgab. Im März 1656 waren dann die *Six Lessons* soweit gediehen, daß Hobbes auch von diesem Werk eine lateinische Fassung herzustellen beabsichtigte.[79] Vielleicht wollte er also einen lateinischen Parallelband zum englischen veröffentlichen, der neben *De Corpore* auch die lateinischen *Six Lessons* zur Verteidigung des Werks enthalten sollte. Der Gedanke einer lateinischen Bearbeitung der *Six Lessons* lag ohnehin nahe. Wallis' *Elenchus* war schließlich in Latein gehalten, also der internationalen Gelehrtenwelt zugänglich, und nur eine lateinische Antwort darauf konnte Hobbes' internationales Ansehen retten, wogegen eine bloß englische Replik wirkungslos bleiben mußte. Ja, daß die *Six Lessons* überhaupt auf englisch geschrieben wurden, dürfte dadurch veranlaßt sein, daß die englische Übersetzung von *De Corpore* sich schon im Druck befand, Hobbes bei ihr also lediglich anzuschließen brauchte, wogegen über das Erscheinungsdatum einer ver

---

und Astronomie. Auf Wards *Vindiciae Academiarum* gehen die *Six Lessons* nur kurz ein; das Gros der Angriffe richtet sich gegen den *Elenchus* von Wallis.

[77] Hobbes' Pariser Freund Abraham Du Prat (1616-1660) bittet ihn schon am 4. Oktober 1655 um Zusendung »eines Exemplars der zweiten Auflage« (Hobbes, *The Correspondence*, Bd. I, S. 213), zu der es damals allerdings nicht kam.

[78] Vgl. Hobbes, *The Correspondence*, Bd. I, S. 216. Du Verdus' Übersetzung ist nie erschienen.

[79] Vgl. a. a. O., S. 254 und 269 sowie EW VII, 281.

besserten Neuauflage des Originals noch nicht entschieden
war. *Concerning Body* gibt sowohl für sich selbst wie auch in seinem Verhältnis zu den hauptsächlich im ersten Halbjahr von
1656 verfaßten *Six Lessons* (ihr Widmungsbrief ist auf den 20.
Juni datiert) einige ungelöste Rätsel auf. Gehen wir nochmals
auf Andrew Crookes ursprüngliche Ankündigung einer englischen neben der lateinischen Ausgabe zurück. Daß er im
März 1654 beide zusammen ins Register der Buchhändler-
gilde hatte eintragen lassen, legt die Vermutung nahe, daß
auch die englische Fassung damals schon in Arbeit gewesen
sein dürfte. Dann muß sie aber aufgrund des Druckmanuskripts oder spätestens anhand der frischen Druckbogen, in
jedem Fall aber in enger Absprache und Zusammenarbeit mit
Hobbes verfertigt worden sein. Obwohl Hobbes' Briefwechsel
gerade in der Mitte der fünfziger Jahre besonders dicht ist,
findet sich aber weder darin noch in sonstigen zeitgenössischen Berichten über die damalige Londoner Gelehrtenszene
irgendein Hinweis auf den Fortgang dieser Übersetzung oder
gar zur Person des auf dem Titelblatt von *Concerning Body*
nicht genannten und auch anderweitig nicht bekannten
Übersetzers. Genauer: Das Titelblatt gibt nicht einmal Anlaß
zu der Vermutung, hier sei jemand speziell als Übersetzer am
Werk gewesen. Der Übersetzer führt sich als solcher lediglich
ein in einem kurzen Vorwort gleich nach der Titelseite, in
dem er behauptet, seine Übersetzung hätte eher erscheinen
können, wenn er sie sogleich nach ihrer Fertigstellung in
Druck gegeben hätte. »Aber da ich sie ohne viel Vertrauen auf
meine eigene Befähigung, sie gut auszuführen, unternahm,
hielt ich es für angebracht, bevor ich sie veröffentlichte,
Herrn Hobbes zu bitten, sie seinen Vorstellungen entsprechend nach eigenem Ermessen zu prüfen, zu korrigieren und
einzurichten.« Das klingt ganz so, als sei die Initiative zu dieser Übersetzung vom Übersetzer ausgegangen und habe er
sie gewissermaßen in Privatarbeit durchgeführt; Hobbes
hätte sie erst nachträglich im fertigen Manuskript zu Gesicht
bekommen. Weiter möchte man schlußfolgern, daß sie ohne
das mangelnde Selbstvertrauen des Übersetzers Hobbes vielleicht gar nicht vorgelegt worden wäre. Eine angesichts des

genannten Eintrags vom März 1654, der unmöglich ohne
Mitwissen und Mitwirken von Hobbes erfolgt sein kann, eher
unwahrscheinliche Darstellung.

Wenn man aufgrund dieses Eintrags und der zitierten Behauptung des Übersetzervorworts zumindest soviel sagen
darf, daß 1654/55 ein erster, evtl. unvollständiger Entwurf
der Übersetzung vorgelegen haben könnte, gibt es andererseits doch Gründe, die Übersetzung oder zumindest ihre
Überarbeitung und endgültige Fertigstellung erst in die Zeit
nach dem Juni 1655 (Erscheinungsdatum von *De Corpore*), ja
sogar noch nach dem November dieses Jahres (vermutliches
Erscheinungsdatum von Wallis' *Elenchus*) zu setzen. Dies wird
einmal dadurch nahegelegt, daß *Concerning Body* bis auf wenige Ausnahmen die Druckfehlerliste von *De Corpore* berücksichtigt, was indessen auch dadurch erklärt werden könnte,
daß die englische Fassung schon vor dem Druck direkt von
Hobbes' Druckmanuskript wegübersetzt wurde. Auffälliger
ist eine Stelle in VI.5, an der die englische Übersetzung einen
Halbsatz ausläßt, der in der Originalausgabe von *De Corpore*
in der letzten Zeile von S. 58 steht. Ein solcher Augensprung
könnte so gedeutet werden, daß die Übersetzung überhaupt
erst auf der Grundlage des gedruckten Texts, also nach Juni
1655, abgefaßt wurde. Zudem sagt das Übersetzervorwort:
»Auch wenn Sie einige Stellen erweitert, andere geändert und
zwei Kapitel (das 18. und 20.) fast völlig ausgewechselt finden,
dürfen Sie trotzdem dessen versichert sein, daß der Text, wie
ich ihn Ihnen vorlege, von der eigenen Meinung und Absicht
des Autors in keiner Weise abweicht«, da Hobbes ihn schließlich durchgesehen habe. Die Auswechslung des Kapitels XX
war, wie gesagt, ein Anliegen Hobbes' schon im Juni 1655
gewesen. Unklar ist aber, ob Hobbes nach Erhalt des fertigen
Manuskripts dem Übersetzer einen neuen lateinischen Text
für die Kapitel XVIII und XX zur Neuübersetzung vorlegte,
oder ob er selbst direkt den englischen Text dieser Kapitel zur
Ersetzung der ihm vorgelegten englischen Fassung lieferte.
Viele der sonstigen Änderungen in den mathematischen Kapiteln wurden in Reaktion auf Wallis' *Elenchus* vorgenommen
und mithin erst nach dessen Erscheinen ausgeführt. Sie könnten dann als Korrekturen verstanden werden, die Hobbes an

dem ihm vorgelegten Manuskript der Übersetzung etwa zum Jahresende 1655 vornahm. Nun geben die *Six Lessons* wiederholt Grund zu der Annahme, daß diese Verteidigungsschrift erst nach der Bearbeitung des Texts von *Concerning Body* geschrieben wurde. An einer Stelle berufen sie sich sogar auf Seite und Zeile des Drucktexts von *Concerning Body*, der zu diesem Zeitpunkt zumindest bis zu dieser Stelle (Kapitel XVII.4) also schon vorgelegen haben muß.[80] Dann hätten aber am englischen Manuskript so gut wie alle Änderungen in Reaktion auf den *Elenchus* (die völlig neu geschriebenen Kapitel XVIII und XX zählen in dieser Beziehung nicht) schon vorgenommen und der ganze Text gedruckt sein müssen. Andererseits wurde in *Concerning Body* ein schon gesetztes Blatt der Übersetzung von XVI.17 durch ein anderes ersetzt, um den Beweis dieses Artikels in Reaktion auf Wallis' Kritik im letzten Moment zu ändern. Außerdem schickte der Pariser Mathematiker Claude Mylon Hobbes Anfang Juni 1656 seine Widerlegung eines Hobbesschen Satzes über das Verhältnis zweier Geraden zu einem Parabelast, welcher Satz den beiden Artikeln XVIII.1 und 2 in der neuen englischen Fassung entspricht.[81] Hobbes scheint diesen Satz, evtl. also auch das ganze neue Kapitel XVIII, erst Anfang 1656 ausgearbeitet zu haben. Insgesamt ist also zu sagen, daß sich der zeitliche Ablauf der wohl als ziemlich kompliziert anzusetzenden Erstellung des Druckmanuskripts sowie der Drucklegung von *Concerning Body* nicht eindeutig rekonstruieren läßt.

Wegen seiner Ersetzung zweier Kapitel und der Einfügung von Ergänzungen und sonstigen Änderungen, überhaupt aufgrund seiner Durchsicht und Korrektur des Manu-

---

[80] »Die von Ihnen zitierte Stelle... ist in der lateinischen [Ausgabe] S. 149, Zeile 9, in der englischen S. 188, Zeile 3«. Problematisch ist dabei einmal, daß Wallis entgegen Hobbes' Behauptung überhaupt kein Zitat gegeben hatte, und zum andern, daß die genannten Stellen der lateinischen und der englischen Ausgabe einander nicht genau entsprechen (weshalb in EW VII, 306 dafür andere, ihrerseits unzutreffende Angaben eingesetzt sind).

[81] Abgedruckt in Hobbes, *The Correspondence*, Bd. I, S. 235-237, aber zeitlich falsch eingeordnet und in seinem Zusammenhang mit *Concerning Body*, Kapitel XVIII nicht erkannt.

skripts ist Hobbes zweifellos bis zu einem gewissen Grad als Mitverfasser der englischen Übersetzung anzusprechen. Aber wie weit genau? Auch hierüber läßt sich ein eindeutiges Ergebnis nicht erzielen. Glaubt man dem Vorwort des Übersetzers, so hat er lediglich an dem ihm vorgelegten Manuskript gewisse Änderungen und Einschübe vorgenommen. Zumindest der Plan einer Übersetzung muß bei Hobbes selbst aber, wie gesagt, schon im März 1654 bestanden haben. Andererseits muß der Übersetzer aber noch Anfang 1656 sich in Hobbes' Umkreis aufgehalten haben, da er zum Schluß seines Vorworts mitteilt, die der Übersetzung beigegebenen *Six Lessons* seien nicht von ihm übersetzt worden, »sondern wurden, wie Sie sie hier haben, von Herrn Hobbes selbst auf Englisch geschrieben und diesem Buch beigefügt, weil sie hauptsächlich zu seiner Verteidigung geschrieben sind«. Dies konnte selbstverständlich erst zu Papier gebracht werden, als zumindest die Absicht einer Veröffentlichung der *Six Lessons* als Anhang zu *Concerning Body* feststand. Unter Hobbes' Freunden und Bekannten dieser Zeit läßt sich indessen niemand auch nur halbwegs plausibel als Übersetzer vermuten. All diese Schwierigkeiten einschließlich der komplexen Entstehungsgeschichte der Übersetzung lassen sich noch am ehesten lösen, wenn man annimmt, die Rede von einem Übersetzer – der als solcher, wie erwähnt, nur in dem genannten Vorwort auftritt – sei Fiktion, und Hobbes sei nicht nur in einigen Teilen, sondern insgesamt der Verfasser der englischen Übersetzung.

Vertrackt ist allerdings, daß auch der genaueste Vergleich von *Concerning Body* mit *De Corpore* einerseits und den *Six Lessons* andererseits keine Entscheidung dieser Frage erlaubt. Es finden sich ebenso beachtliche Argumente für die Annahme, Hobbes sei mit dem Übersetzer identisch, wie für die entgegengesetzte, daß es sich dabei um zwei verschiedene Personen handelt, und wohl keines dieser Argumente kann als absolut unanzweifelbar und rundum schlüssig gelten. Für die Identität von Autor und Übersetzer spricht ganz allgemein die gute Qualität der Übersetzung, die so verschiedenen Gebieten wie der Logik, Mathematik und Physik voll gerecht wird. Der Übersetzer, muß man gestehen, kennt sich in Hobbes' Latein-

text bestens aus. Insbesondere in den mathematischen Partien, aber nicht nur dort,[82] hat er Ungenauigkeiten der
Ausdrucksweise zutreffend präzisiert, auch die jeweiligen Beweise anhand der zugehörigen Figuren nachgeprüft und Versehen z. B. bei der Bezeichnung von Punkten, Linien usw.
korrigiert. Er war also mathematisch zumindest so versiert
wie Hobbes selbst. Auch manche Querverweise, die in *De
Corpore* entweder falsch oder doch vage sind, hat er präzisiert
(was übrigens wieder die Vermutung nährt, die Übersetzung
sei anhand des übersichtlichen fertigen Drucktexts, nicht des
zusammengestückten Druckmanuskripts vorgenommen worden). Weiter sind einige systematische Interessen der englischen Fassung erkennbar. So betont sie stärker als das
lateinische Original, beweisen heiße andere lehren (II.3-4,
VI.11-12, VI.17), womit die englische Version, im Gegensatz
zur alten lateinischen, Hobbes' Doktrin auf die Höhe des *Leviathan* hebt.[83] In den gleichen Rahmen gehört, daß die
Übersetzung den primär scholastischen Ausdruck »Modus«
wiederholt umschreibt oder unterdrückt (III.3, VII.3, IX.3).
Insgesamt legt der Übersetzer in manchen Zügen eine intime
Kenntnis von Hobbes' Denken an den Tag, die vor allem
dann frappiert, wenn es sich dabei um relativ unwichtige Details handelt, so daß die Wahrscheinlichkeit, Hobbes habe sie

[82] Beispielsweise auch in III.4, V.2, V.5, VI.18, VIII.20, IX.8, XI.4,
XIV.16, XIV.22, XV.7 und XXII.5.

[83] Vgl. etwa VI.11: Beim Finden der Wahrheit gebraucht man die
Wörter »tanquam notae ad memoriam, non ut verba ad significandum«
[als Merkzeichen zur Erinnerung, nicht wie Worte zur Anzeige], was in
der Übersetzung erläutert wird: »as Markes for the helpe of our Memory,
whereby we register to our selves our own Inventions; but not as Signes
by which we declare the same to others« [als Merkzeichen zur Unterstützung unseres Gedächtnisses, wodurch wir für uns selbst unsere eigenen
Funde registrieren, und nicht als Zeichen, wodurch wir sie anderen gegenüber darlegen]. Das entspricht der Darstellung in *Leviathan*, Kapitel 4: ein Mensch kann »register his invention« [seine Funde registrie-
ren] (EW III, 22) bzw. Kapitel 3: es gibt Namen »whereby men
register their thoughts... and also declare them one to another« [wo-
durch die Menschen ihre Gedanken registrieren... sowie sie anderen
gegenüber darlegen] (EW III, 15).

eigens in ein fremdes Manuskript hineinkorrigiert, eher gering ist. Um hier nur drei Beispiele zu geben: In VI.7 erwähnt Hobbes, der Begriff des Gesetzes lasse sich definieren als »mandatum ejus qui coercere potest« [Gebot dessen, der in die Schranken zu weisen vermag], was übersetzt wird als »command of him or them that have coercive power« [Befehl dessen oder derjenigen, die Zwangsgewalt besitzen]. Nicht nur begegnet – was wenig besagen mag – der Ausdruck »coercive power« [Zwangsgewalt] auch schon im *Leviathan* (EW III, 124 und 131), sondern die Ausdifferenzierung von »ejus« [dessen] zu »of him or them« [dessen oder derjenigen] setzt die Kenntnis von Hobbes' in *De Corpore* nirgends erwähnter politischer Lehre voraus, der Souverän könne entweder eine oder mehrere Personen sein.[84] Hätte Hobbes diese unerhebliche, deswegen ja auch im Original unterlassene Nuancierung[85] im Lauf seiner Durchsicht des Manuskripts der Übersetzung speziell hinzugefügt? In VII.2 wird der Raum definiert als »phantasma rei existentis quatenus existentis« [das Erscheinungsbild eines bestehenden Dings, sofern es besteht], wofür es im Englischen heißt »the phantasm of a thing existing without the mind simply« [das Erscheinungsbild eines außerhalb des Geistes bestehenden Dings schlechthin]. Zwar wird im Original in XXVI.1 eher nebenher gesagt, wenngleich unter ausdrücklicher Bezugnahme auf diese Stelle, der Ort sei das Erscheinungsbild »des schlechthin als solchen angesprochenen Körpers«, obwohl doch in VII.2 im Original vom »Körper schlechthin« nicht die Rede ist. Diese Stelle bestätigt jedenfalls, wie sehr die Definition der englischen Fassung authentischer Hobbes ist. Tatsächlich tritt diese Definition als solche schon in *De Motu* auf, wo es heißt, der imaginäre Raum sei »nichts anderes als das Bild bzw. Erscheinungsbild des Körpers. Des Körpers schlechthin, sage ich.«[86] Es ist kaum vorstellbar, daß jemand anders als Hobbes

---

[84] Vgl. *De Cive*, XIV.13 (OL II, 320 f.), XV.15 (OL II, 345); *Leviathan*, Kapitel XVIII (EW III, 159) u. ö.

[85] Sie fehlt dementsprechend auch in *Leviathan*, Kapitel XXVI, Nr. 8 (EW III, 257).

[86] Hobbes, *Critique du De Mundo de Thomas White*, S. 117.

selbst diese Fassung in *Concerning Body* eingebracht hätte, und
es ist unwahrscheinlich (da es auf sie im Verlauf der Diskussion nicht ankommt), daß er sie in ein Manuskript, das die
ursprüngliche Version von *De Corpore* getreu übersetzt hatte,
hineinkorrigiert hätte. Schließlich ändert *Concerning Body*
zweimal (**XXI**.8, **XXX**.15)[87] die Aussage von *De Corpore*, daß
bestimmte Naturtatsachen in bestimmter Weise zu erklären
sind, dahingehend ab, daß sie in bestimmter Weise erklärt
werden *können*. Damit konformiert sich die Übersetzung Hobbes' Lehre, daß in der Physik nur mögliche Ursachen der
gegebenen Phänomene aufgewiesen werden können, und dies
wiederum, wie die kategorische Ausdrucksweise des Originals
erhellt, an Stellen, an denen die Verwendung der hypothetischen Aussageform nicht um jeden Preis als unumgänglich
zu gelten hat.

Auch einige Züge der *Six Lessons* lassen Hobbes als Verfasser der Übersetzung vermuten. So wird der Titel des Zweiten
Teils »Philosophia Prima« [Erste Philosophie] in *Concerning
Body* ziemlich frei wiedergegeben als »The First Grounds of
Philosophy« [Die ersten Gründe der Philosophie]. Dafür gibt
es indessen eine Parallele in den *Six Lessons*, sofern Hobbes
dort die Begriffsbestimmung vornimmt: »Philosophia prima,
that is, the seeds, or the grounds of philosophy« [Erste Philosophie, d. h. die Samenkörner oder Gründe der Philosophie«
(EW VII, 226).[88] Weiter wird die Summarie von XI.7 »De
principio individuationis« [Das Prinzip der Individuation] in
Concerning Body ziemlich unpassend mit »Of the Beginning of
Individuation« [Vom Beginn der Individuation] übersetzt.[89]
Diese Übersetzung, die als von Hobbes in das Manuskript
hineinkorrigiert anzusehen man Bedenken tragen wird, versteht sich indessen von der Aussage der *Six Lessons* her: »A

---

[87] Die betreffenden Sätze sind in vorliegender Übersetzung, da auf
Einzelerklärungen bezüglich, weggelassen.

[88] Anzumerken ist allerdings, daß in XVII.12 der Terminus »Philosophia prima« mit »the Elements of Philosophy« [die Elemente der Philo-
sophie] übersetzt ist, also mit dem Titel von Hobbes' Gesamtwerk.

[89] In XXX.4 etwa wird »beginning« richtig zur Übersetzung von
»initium« [Anfang] eingesetzt.

principle is the beginning of something« [Ein Prinzip ist der Beginn von etwas] (EW VII, 199). Ein Hobbes, der eben dabei war, dies zu Papier zu bringen, mag auch im Ausdruck »Individuationsprinzip« das Wort »Prinzip« seiner eigenen Diktion entsprechend, wenngleich an dieser Stelle wider den Sinn des Originaltexts wiedergegeben haben.

Doch gibt es auch gewichtige Argumente, die gegen Hobbes' Verfasserschaft sprechen. Zum einen läßt sich kein rechter Grund dafür ausdenken, wieso Hobbes, stammte die Übersetzung von ihm, sie anonym hätte erscheinen lassen. Auch spricht Wallis, der über Interna in Hobbes' Umgebung im allgemeinen recht gut informiert war, in einer Gegenschrift gegen die *Six Lessons* ausdrücklich von »Ihrem Übersetzer«.[90] Dazu kommt, daß, wie in der Forschung schon vor längerem konstatiert wurde, der englische Text »einige merkwürdige Fehler« enthält,[91] die man nicht leicht Hobbes selbst in die Schuhe schieben wird, auch wenn ihre Zahl sich zugegebenermaßen in Grenzen hält (alles in allem läßt sich in dem ganzen Werk ein rundes Dutzend Übersetzungsfehler namhaft machen). Auffällig ist etwa in II.11 die zweimalige Übersetzung von »omne, quodlibet« [jedes, ein beliebiges] durch »All, Every« [alle, jedes], was eindeutig einen Verstoß gegen den Sinn dieser Stelle darstellt. Der eklatanteste Fehlgriff findet sich in VIII.1, wo die Aussage, der Körper sei dem imaginären Raum in der Weise unterlegt, »ut non sensibus, sed ratione tantum aliquid ibi esse intelligatur« [daß sich

---

[90] »In the English, I confesse, your Translator hath a little mended the matter« [Ich gebe zu, daß Ihr Übersetzer die Sache in der englischen [Ausgabe] ein wenig gebessert hat] (John Wallis, *Due Correction for Mr Hobbes. Or Schoole Discipline, for not saying his Lessons right*, Oxford 1656, S. 66). Zu bemerken ist allerdings, daß auch Wallis über die Identität dieser Person sich offensichtlich nicht im klaren war.

[91] Leslie Stephen, *Hobbes*, London 1904, S. 70, Anm. Mary Whiton Calkins, die in ihrer Auswahlausgabe *The Metaphysical System of Hobbes*, Chicago 1905, S. 183-186, einige Seiten des lateinischen und englischen Texts miteinander vergleicht, bezeichnet letzteren als »manchmal ungenau, dann wieder so wörtlich, daß er geradezu plump ist und manchmal sogar eindeutig irreführend« (a. a. O., S. 182).

nicht mittels der Sinne, sondern nur mit Hilfe der Vernunft einsehen läßt, daß sich dort etwas befindet], wiedergegeben wird durch »that it may be understood by Reason, as well as perceived by Sense« [daß man ihn mittels der Vernunft einsehen wie auch mittels der Sinne wahrnehmen kann]. Letzteres widerspricht der durchgängigen Hobbesschen Lehre von der Erkennbarkeit der Körpersubstanz ausschließlich durch die Vernunft und kann nur schlicht als Übersetzungsfehler bezeichnet werden, der mit Hobbes' Lehre unvereinbar ist. Doch ist andererseits zu betonen, daß Hobbes' Latein an dieser Stelle völlig eindeutig ist, so daß man diesen Fehler dem Übersetzer, der sich meist als Mann großer Sprachkompetenz sowohl im Lateinischen wie im Englischen hervortut, ebenso ungern anlasten möchte wie Hobbes selbst. Darum kann hier kaum von etwas anderem als einem Versehen die Rede sein – ein solches könnte aber Hobbes ebensosehr unterlaufen sein wie einem Übersetzer, der ansonsten in Hobbes' Doktrin sich bestens auskennt.

Eher schon sprechen die *Six Lessons* gegen Hobbes' Autorschaft. Es gibt, wie gesagt, Gründe, sie für später als (Hobbes' Revision von) *Concerning Body* verfaßt zu halten. Auffällig ist aber, daß die über vierzig ins Englische übersetzten Zitate aus *De Corpore*, die in den *Six Lessons* vorkommen, fast ausnahmslos von der Übersetzung der gleichen Texte in *Concerning Body*, und zwar zum Teil erheblich, abweichen. Auch terminologische Unterschiede wie die Wiedergabe des Durchlaufens [percurrere] einer Strecke durch »pass (over, through)« und vor allem durch »transmit« in *Concerning Body* fallen auf, sofern in den *Six Lessons* »pass over« und »transmit« überhaupt nicht vorkommen, sondern stattdessen für den gleichen Sachverhalt »run over« gebraucht wird, das sich seinerseits aber in *Concerning Body* nicht findet. Vor allem solche Abweichungen in der Terminologie wird man als ein starkes Argument gegen Hobbes' Verfasserschaft von *Concerning Body* gelten lassen. Doch auch hier ist unklar, wieso Hobbes, dem die englische Fassung bei der Niederschrift der *Six Lessons* offenbar schon vorlag und der sich in diesem Werk auf sie nicht weniger als zwölfmal beruft, sich ihrer nicht bedient hat, was schon um der Einheitlichkeit von *Concerning Body* und der

Six Lessons, die immerhin für einen gemeinsamen Band vorgesehen waren, wünschenswert gewesen wäre.

Angesichts der Unentscheidbarkeit der Frage nach der Verfasserschaft von *Concerning Body* mag man sich auf den Kompromiß zurückziehen, Hobbes einen verhältnismäßig großen Anteil an der Fertigstellung eines ursprünglich von einer anderen Person (wer?) begonnenen Manuskripts zuzuschreiben. Dafür könnten gewisse interne Differenzen der Übersetzung sprechen, etwa der Gebrauch der Pluralform »media« [Medien] in XXV.2 statt des vorher (z.B. in XXII.2 oder XXIV.1-4) auftretenden »mediums« oder die Übersetzung des lateinischen »aequilibrium« [Gleichgewicht] durch das gleichlautende englische »aequilibrium« in XXVI.4 statt des vorher in Kapitel XVII durchgehend gebrauchten »equiponderance«. Doch auch solche Überlegungen tragen nicht weit. Beispielsweise fallen in XX.6, einem Textstück also, das man Hobbes direkt zuschreiben möchte, die Ausdrücke »prime proposition« [erster Satz] und »scientifical« [Wissen erzeugend] auf, die sich in Hobbes' gesamten englischen Schriften nicht wiederfinden.

Nicht nur die Kapitel XVIII und XX hat Hobbes in der Übersetzung neu gefaßt. Entsprechend dem Übersetzervorwort finden sich auch sonst größere Textänderungen, die zweifellos auf ihn zurückgehen. So schrieb er u.a. drei Artikel völlig neu (XIII.16, XV.2, XXI.11) und gestaltete andere um (z.B. XV.2, Nr. 4, XVI.2-4, XXX.11).[92] Alles in allem stellt die englische Version damit zumindest in einigen Kapiteln sowie in kleineren Textteilen eine gewisse Weiterentwicklung des Textzustands gegenüber dem lateinischen Original dar.

[92] Interessant ist in diesem Zusammenhang vor allem XXX.11, wo im Original von »canone, quem appellant sclopetum pneumaticum« [dem Rohr, das man Luftgewehr nennt] die Rede ist und in der Übersetzung von »a Gunne of late invention, called the Wind-Gun« [ein Gewehr *neuerer Erfindung*, genannt die Windbüchse]. Letzteren Ausdruck hatte Hobbes nämlich schon über ein Jahrzehnt vorher in *De Motu* gebraucht bei der Besprechung der Luftkompression »in sclopetis nuper inventis, qui dicuntur ventosi« [in den *neulich erfundenen* Gewehren, die man Luftgewehre nennt] (Hobbes, *Critique du De Mundo de Thomas White*, S. 124).

Zum Schluß sei noch auf die Frage eingegangen, wieso Hobbes denn zumindest ab 1654 den keineswegs selbstverständlichen Plan einer englischen Übersetzung von *De Corpore* überhaupt ins Auge gefaßt und an der Übersetzung jedenfalls mitgewirkt hat. Die *Elementa Philosophiae* waren schließlich als ein rein wissenschaftliches Werk für die Gelehrtenwelt konzipiert, weshalb die Übersetzung einer ihrer drei Abteilungen in die Volkssprache für Hobbes kaum von vordringlicher Bedeutung gewesen sein kann. Entsprechend wurde auch *De Homine* nie ins Englische übersetzt, und an der Übersetzung von *De Cive* war Hobbes nicht beteiligt. Für ein breiteres Publikum hatte er eigene politische Werke auf englisch geschrieben: zuerst die *Elements of Law* und später den *Leviathan*. In letzterem Werk nun hatte Hobbes der Hoffnung Ausdruck gegeben, seine Lehre möge dereinst zum Nutzen des Gemeinwohls an den Universitäten gelehrt werden (EW III, 713). Dazu hätte es natürlich der Abfassung eines Lehrbuchs der Hobbesschen Doktrin in der Universitätssprache Latein bedurft, etwa in der Art, wie *De Cive* eines war. Umgekehrt ist eine englische Darstellung seiner theoretischen Philosophie dann offenbar zu verstehen als abzielend auf den außeruniversitären Unterricht in den angewandten Wissenschaften in der Landessprache, wie er etwa am Londoner Gresham College erteilt wurde. *Concerning Body* sollte vermutlich als eine Art Leitfaden vor allem in den mathematischen und physikalischen Grundlagenfächern dienen. Das mag auch erklären, warum die englische Fassung (z. B. in XIII.16 mit dem Hinweis auf das kaufmännische Rechnen, in XX.1 auf den Nutzen der Geometrie für das Gemeinwohl sowie in XXX.11 mit der detaillierten Beschreibung der Windbüchse) noch mehr als die lateinische den notwendigen Praxisbezug aller Wissenschaft herausstellt.

5. Die *Examinatio et emendatio* von 1660

Hobbes dachte, wie erwähnt, schon beim Erscheinen der Erstauflage von *De Corpore* an die Vorbereitung einer zweiten, vor allem in den mathematischen Kapiteln umgearbeiteten

Ausgabe des Werks. Doch die Hoffnung trog, mit *De Corpore* einen ähnlichen buchhändlerischen Erfolg zu erringen wie 1647 mit *De Cive*, als noch im selben Jahr eine Neuauflage nötig geworden war. Er gab darum offenbar beim Erscheinen von *Concerning Body*, also einer relativ verbesserten Fassung des Werks, diesen Plan auf zugunsten des Projekts einer Gesamtausgabe aller drei Abteilungen der *Elementa Philosophiae* in einem einzigen Band, sobald nämlich *De Homine* fertiggestellt sein sollte. Jedenfalls schreibt Du Verdus am 30. Oktober 1656 an Hobbes: »Ich erwarte Ihren Folioband, in dem Ihre drei Abteilungen der Philosophie sein sollen«.[93] Warum aus all dem nichts, wurde, ist nicht bekannt. Vielleicht scheute der Verleger Crooke das finanzielle Risiko. Jedenfalls beschäftigte sich Hobbes damals und in den Folgejahren vor allem mit der Abfassung polemischer Schriften sowie dann mit der separaten Veröffentlichung von *De Homine* (1658). Erst im Zuge der Vorbereitung seiner im September 1660 erschienenen *Examinatio et Emendatio Mathematicae Hodiernae. Qualis explicatur in Libris Johannis Wallisii Geometriae Professoris Saviliani in Academia Oxoniensi* [Prüfung und Berichtigung der heutigen Mathematik, wie sie sich in den Büchern von John Wallis darstellt, des Savileschen Professors der Geometrie an der Universität Oxford] dürfte Hobbes sich wieder näher mit *De Corpore* befaßt haben. Die sechs Dialoge des neuen Werks polemisieren nämlich vor allem gegen die beiden Bände der *Opera Mathematica* [Mathematische Werke] von Wallis, die 1656 und 1657 in Oxford erschienen waren, und stellen insofern eine neue Runde in Hobbes' Streit mit Wallis dar sowie in der Verteidigung seiner eigenen Mathematik, wie sie vor allem in *De Corpore* vorlag. Das enge Verhältnis der *Examinatio et emendatio* zu *De Corpore* zeigt sich schon darin, daß in ihren ersten beiden Dialogen rund acht Definitionen aus den Kapiteln VI-XIV von *De Corpore* meist wörtlich, wenngleich ohne Quellenangabe, zitiert sind.

Wichtiger ist, daß Hobbes, der offenbar mit seinem baldigen Ableben rechnete (OL IV, 224), in einem Anhang auf fünf Seiten alle von ihm damals für notwendig gehaltenen Verbes-

---

[93] Hobbes, *The Correspondence*, Bd. I, S. 320 f.

serungen von *De Corpore* als eine Art Vermächtnis auflistete. Eingeleitet wird diese Liste von zwei Sätzen (in teilweise unklarem und fehlerhaftem Latein): »Hier folgen einige Berichtigungen der lateinischen Ausgabe des Buchs *De Corpore*, welche Berichtigungen aus der englischen Ausgabe hierhergesetzt werden, damit dieses Buch, sollte es irgendwem einmal der Mühe wert scheinen, es zusammen mit den übrigen Abteilungen in einem Neudruck herauszubringen, in verbesserter Fassung in die Hände der Leser gelangt. Sollte es aber niemandem so scheinen, was soll ich, der ich abtrete, meine Habe behalten?«[94] Das besagt, daß Hobbes an der Idee einer Gesamtausgabe der *Elementa Philosophiae* in einem Band zwar festhielt, aber nicht mehr glaubte, sie selber ins Werk setzen zu können, weshalb er ihre Verwirklichung der Nachwelt anheimstellte. Außerdem erkannte er *Concerning Body* als eine verbesserte Version des Texts an, die zumindest in den von Hobbes eigens bezeichneten Textteilen auch für eine Neuauflage von *De Corpore* maßgeblich sein sollte. Unter den von Hobbes festgehaltenen zehn größeren Veränderungen ist einmal auf den Ersatz von Kapitel XVIII durch eine lateinische Neufassung hinzuweisen, die grosso modo dem in *Concerning Body* veröffentlichten englischen Text entspricht. Bezüglich Kapitel XX war Hobbes dagegen offenbar noch unschlüssig. In der Originalausgabe hatte am Schluß von XIX ein Hinweis auf »das nächstfolgende Kapitel, Art. 3« gestanden, der in *Concerning Body* mit seiner neuen Version von Kapitel XX geändert worden war zu »im folgenden Kapitel«. 1660 wollte Hobbes dagegen nur vage »an anderer Stelle« geschrieben sehen. Er war sich also offenbar noch im Unklaren darüber, ob er es bei der Version von 1656 belassen sollte. Übrigens ordnete er im gleichen Atemzug die Streichung der beiden auf Ward bezüglichen Stellen in Kapitel XX der Originalfas-

---

[94] *Examinatio et emendatio*, London 1660, S. 182: »Quae sequuntur, Correctiones quaedam sunt libri *de Corpore* Latine editi, quorum correctiones ex Editione *Anglica* hic apponuntur, eo fine ut liber ille, si cui dignus videbitur aliquando qui operâ sua, una cum caeteris Sectionibus denuo imprimatur, veniat in manus Lectorum emendatior. Si vero non videbitur, quid mea qui abeo?«

sung von 1655 an, so daß er also offenbar immer noch die
Möglichkeit offenhielt, diesen Text zumindest in Teilen einer
eventuellen Neufassung zugrunde zu legen. Bemerkenswert
ist noch die Angabe, in der Tabelle am Schluß von V.2 solle es
statt »der Name eines Körpers« heißen »der Name eines
Dings«. Denn im Original war von »Körper« überhaupt nicht
die Rede gewesen, sondern hatte es einfach »ein Name« geheißen, wogegen *Concerning Body* dies geändert hatte zu »der
Name eines Körpers, eines Akzidens oder eines Erscheinungsbilds«. Hier muß Hobbes also die Originalausgabe mit
der Übersetzung verwechselt haben, sofern er nicht in sein
Handexemplar des Originals gelegentlich seiner Arbeit an
der Übersetzung zu »Name« den Ausdruck »eines Körpers«
hinzugesetzt haben sollte.

6. Die Zweitauflage von 1668 und die späteren Ausgaben

Eine Neuauflage von *De Corpore* rückte erst in greifbare Nähe,
als Sorbière im Sommer 1663 in London Hobbes einen zwei-
monatigen Besuch abstattete und bei dieser Gelegenheit der
Plan einer Gesamtausgabe von Hobbes' lateinischen Werken
gefaßt wurde. Vielleicht ging diese Idee wie schon seinerzeit
beim Druck von *De Cive* von Sorbière aus, der jedenfalls auch
diesmal gern die Aufgabe übernahm, für eine Veröffentlichung von Hobbes' Gesammelten Werken in Holland Sorge
zu tragen. Insofern erwies er sich als der 1660 von Hobbes
erhoffte Herausgeber einer verbesserten Neuauflage seiner
Schriften. Für die von ihm beabsichtigte Ausgabe bekam Sorbière vom Autor alle benötigten Druckvorlagen zur Verfü-
gung gestellt (darunter auch ein Exemplar von *De Corpore*), die
er nach Amsterdam brachte. Schon am 21. September 1663
konnte er Hobbes mitteilen: »Ich habe Ihre Werke Herrn
Blaeu übergeben. Er wird eine schöne Quartoausgabe davon
machen und viel Sorge auf die Korrektur wenden.«[95] Der
Amsterdamer Verleger Johan Blaeu (1596-1673) beabsichtigte in der Tat, mit dem Neudruck von Hobbes' Werken »ab

---

[95] Hobbes, *The Correspondence*, Bd. II, S. 556.

Ende Januar« 1664 zu beginnen.[96] Aber der Druckbeginn zögerte sich hinaus. Zunächst wollte Hobbes noch einen der polemischen Texte, die der Ausgabe einverleibt werden sollten, umarbeiten. Später verhinderte die in Amsterdam grassierende Pest die Inangriffnahme der Arbeit, und danach brachte der 2. englisch-niederländische Krieg (März 1665 – Juli 1667) die Postverbindung zwischen England und Holland zum Erliegen. Zu guter Letzt wollte Hobbes, u. a. auf vielfältiges Drängen von Freunden, neben den *Elementa Philosophiae* und seinen späteren mathematischen und physikalischen polemischen Schriften (darunter einer revidierten Fassung der *Examinatio et emendatio*) noch eine lateinische Übersetzung des *Leviathan* in die Ausgabe aufnehmen, die er aber erst noch erstellen mußte, weshalb die Veröffentlichung auf sich warten ließ. Erst Ende 1668 erschien bei Blaeu in Amsterdam unter dem Titel *Opera philosophica... omnia* [Sämtliche philosophische Werke] diese große Ausgabe von acht Hobbesschen Werken, die neben *De Corpore* u. a. auch *De Homine* und *De Cive*, also entsprechend dem Plan von 1656 u. a. die gesamten *Elementa Philosophiae* enthält.

Dem Druck von *De Corpore* liegt dabei die Erstausgabe zugrunde. Dies ergibt sich schon aus der Ankündigung sowohl auf dem Vorblatt des Bandes wie in der von Verlagsseite stammenden »Kleinen Vorerinnerung an den Leser«, sofern in letzterer behauptet wird, *De Corpore* bestehe nur aus »drei Büchern«; das Vorblatt spezifiziert, das Werk enthalte »die Logik, die Erste Philosophie und die Physik«. Auch diesmal wurde also der Dritte Teil des Werks ohne seinen Titel »Verhältnisse von Bewegungen und Größen« wiederabgedruckt und darum nicht als eigener Teil des Werks erkannt. Insgesamt wurde der Text beim Verlag der Mitteilung Sorbières entsprechend sorgfältig, wenngleich nicht immer mit Glück[97] auf grammatikalische und Setzfehler hin durchgesehen, wobei auffälligerweise die Druckfehlerliste des Originaldrucks

---

[96] Brief von Sorbière an Hobbes vom 4. Dezember 1663 (a. a. O., S. 573).

[97] Vgl. etwa die verfehlten Änderungen der Zweitausgabe in II.15, III.4, VII.2, VIII.5, XXII.3 und XXX.15.

regellos bald berücksichtigt wurde, bald nicht.[98] Sogar Änderungen wie die im Widmungsbrief von »sechs« schon seit Jahren gedruckten Kapiteln von *De Homine* zu »acht« möchte man dem Korrektor zuschreiben, hatte er doch im gleichen Band auch letzteres Werk mit seinen acht optischen Kapiteln zu veröffentlichen. Ebenso dürfte er es gewesen sein, der in IV.7 das erste Schlußbeispiel ausschrieb, danach dieses Verfahren aber als untunlich unterließ. Und wenn in XII.2 statt »qui determinandi modus *expositio*... dicitur« [Diese Bestimmungsart heißt Darstellung] jetzt »qui determinandi modus *expositionis*... dicitur« [Diese Bestimmungsart heißt die der Darstellung] gedruckt wurde, so gewiß deshalb, weil die Erstausgabe am Zeilenende statt »expositio« [Darstellung] versehentlich »expositio-« mit Trennungsstrich geboten hatte, das der Korrektor unnötigerweise zum Genitiv »expositionis« [der Darstellung] ergänzen zu müssen glaubte. Überhaupt gibt es keine eindeutigen Hinweise darauf, daß Hobbes den Drucktext selber nachgesehen hätte; dies wurde wohl im Verlagshaus in Amsterdam besorgt.[99]

Das besagt aber nicht, daß alle Änderungen der Neuauflage auf Korrektorenhand zurückzuführen seien. Zwar ist nicht in jedem Fall leicht zu entscheiden, ob eine Änderung vom Korrektor oder von Hobbes stammt. Doch darf als sicher gelten, daß niemand anders als Hobbes selbst einige Textstücke der Originalausgabe durch die lateinische Fassung der entsprechenden in der englischen Übersetzung gedruckten Teile ersetzt hat. Dies gilt jedenfalls für die in der *Examinatio et emendatio* namhaft gemachten Stellen. Kapitel XVIII wurde in wörtlicher Übereinstimmung mit dem dort abgedruckten Text, und zwar wahrscheinlich nicht anhand eines Manuskripts, sondern des in der *Examinatio et emendatio* gedruckten

---

[98] Vielleicht teilten sich mehrere Korrektoren in die Arbeit und verfuhren dabei unterschiedlich bzw. lag nur einem von ihnen die Druckfehlerliste vor.

[99] In der ganzen Ausgabe weist lediglich der hier erstmals gedruckte lateinische *Leviathan* ein Druckfehlerverzeichnis auf, während es sich bei allen anderen darin aufgenommenen Schriften prinzipiell um (revidierte) Neudrucke handelt.

Texts nachgedruckt. Auch wurden u. a. einige größere Verbesserungen in XIV.12, XIV.14 und XXIII.9 aus der Liste
von 1660 übernommen. Festzuhalten ist aber, daß auch an
mehreren anderen Stellen Änderungen, die nicht in dieser
Liste verzeichnet sind, so gut wie sicher auf die *Examinatio et
emendatio* zurückgehen. Hier sei nur erwähnt, daß die Aussage
in IV.11 der Originalausgabe über die sog. vierte logische
Schlußfigur, der diesbezügliche Streit sei »eine bloße λογομαχία [Wortstreit] oder ein Streit über ihren Namen«, 1668
ohne ersichtlichen Grund in die Form gebracht wurde, daß es
mit diesem Streit »nicht soviel auf sich hat, wie es scheint«.
Auf dem Hintergrund der *Examinatio et emendatio* versteht sich
diese Änderung indessen ohne weiteres, sofern Hobbes sich
dort dagegen gewandt hatte, philosophische Auseinanderset-
zungen mit der Behauptung abzuwiegeln, es handle sich
dabei um einen bloßen Wortstreit. »Als gäbe es irgendwie eine
Auseinandersetzung, die keine λογομαχία wäre oder irgendwie eine Wahrheit, die nicht Wahrheit der Wörter wäre«
(OL IV, 14).

Gegenüber den beiden vorherigen Ausgaben sowie der
Examinatio et emendatio von 1660 völlig neu und also von Hobbes wohl erst nach diesem Datum eingefügt ist ein Großteil
des Texts von Kapitel XX (alles in allem die vierte Fassung
dieses Kapitels also), weiter auch Stücke von XXVI.10-11 und
verschiedene auf die Erdbewegung bezügliche Bemerkungen
in Kapitel XXX. Am Ende von XXIX.5 wurden übrigens
zwei Abschnitte über den Geschützdonner und den Rückstoß
von Geschützen weggelassen.

All das besagt aber nicht, daß es sich hier um einen durch-
gängig revidierten, nunmehr in befriedigender Letztfassung
vorliegenden Text handelte. Die Neuausgabe druckt nämlich
auch einige Textteile der lateinischen Erstausgabe unverändert ab, die nicht nur den *Six Lessons* zufolge zu bessern,
sondern großenteils deshalb auch in der englischen Übersetz-
zung geändert worden waren. Auch sonstige Verbesserungen
von *Concerning Body* wurden nicht immer aufgegriffen.[100] Insgesamt gewinnt man also den Eindruck, daß das von Sorbière

---

[100] Vgl. etwa XIV.2.4, XVI.1, XVI.17, XIX.3, XXX.11.

an Blaeu übergebene Exemplar von *De Corpore* nicht speziell für den Druck durchgesehen und eingerichtet worden war, sondern daß es sich dabei um ein Exemplar mit einzelnen Einträgen und Beilagen aus verschiedenen Zeiten handelte (hauptsächlich um 1656 im Zusammenhang mit der Vorbereitung der englischen Übersetztung bzw. der *Six Lessons* und um 1660 im Zuge der Niederschrift der *Examinatio et emendatio*). Es dürfte sich mithin um Hobbes' eigenes Handexemplar gehandelt haben, ganz wie dies 1646 bei dem ebenfalls durch Sorbière besorgten holländischen Druck von *De Cive* der Fall gewesen war. In dieses sein persönliches Exemplar hatte Hobbes offenbar eine Anzahl von Verbesserungen eingetragen, andere dagegen durch irgendwelche Zufälle nicht, weshalb die Zweitauflage an manchen Stellen zwar einen entwickelteren Text enthält als die erste und z. T. auch die englische Übersetzung, an anderen dagegen hinter die Übersetzung auf den unzulänglichen Stand von 1655 zurückfällt.

Auffällig ist in diesem Zusammenhang auch noch der neue Beweis des Lehrsatzes von XVII.2, der 1668 einschließlich seiner Lemmata wohl aufgrund eines dem Hobbesschen Handexemplar beigelegten Manuskripts abgedruckt wurde. Am Schluß des schon fertiggestellten Neudrucks der revidierten Fassung der *Examinatio et emendatio* im gleichen Band mußte der Verleger nämlich, wie er dem »geneigten Leser« mitteilt, auf Wunsch des Autors nach Fertigstellung der Druckarbeiten an dieser Schrift noch einen dreiseitigen Zusatz hinzufügen, der ihm von Hobbes erst in letzter Minute übermittelt worden war.[101] Dieser Zusatz nun (nachgedruckt in OL IV, 190-193) ist fast wörtlich identisch mit dem neuen Beweis von XVII.2, so daß dieses Textstück im Rahmen der Ausgabe von 1668 als einziger Text zweimal vorkommt. Hobbes muß also nicht nur das Originalmanuskript dieses Texts noch besessen haben, sondern zwischen 1663 und 1668 auch vergessen haben, daß es für die Neuauflage von *De Corpore*

---

[101] Dies evtl. in Reaktion auf einen Brief von Blaeus Sohn an Hobbes vom 9. Dezember 1667, in dem er um die Einlieferung eventueller Korrekturen ersucht hatte (Hobbes, *The Correspondence*, Bd. II, S. 693 f.).

schon verwendet hatte (auch das übrigens ein Indiz dafür, daß er keine Korrektur dieser Neuauflage gelesen hat).

Die Ausgabe von 1668 war die letzte zu Hobbes' Lebzeiten. Danach wurde *De Corpore* erst wieder 1839 in London im Rahmen der von William Molesworth veranstalteten Gesamtausgabe von Hobbes' Werken, und zwar in Band I der *Opera Latina*, veröffentlicht.[102] Für diese Ausgabe wurde die Zweitauflage von 1668 als ausschließliche Textgrundlage gewählt. Der Text wurde insgesamt durchgesehen und (etwa bei der Gestaltung der Titel der vier Teile des Werks oder der Kursivierung von Beispielen) einheitlich eingerichtet. In vielen Fällen wurden z. T. wichtige Textbesserungen vorgenommen,[103] ohne daß dies jedoch angegeben wäre. Die Molesworth-Ausgabe ist insofern ein wichtiges Instrument für die Konstitution eines verläßlichen Texts. Dennoch finden sich nicht nur (z. B. in III.3, VI.13, XV.2, XVII.12 und der Summarie zu XXI.1) alte Fehler auch in dieser Ausgabe wieder, sondern es schlichen sich auch gegen dreißig meist kleinere neue Versehen ein.[104] Einige Male vermochte Molesworth allerdings, da ihm die Manuskripte A 10 und Harl. C noch unbekannt waren, korrupte Textstellen nicht überzeugend zu heilen; einmal (XII.6) griff er zu ihrer Besserung sogar auf eine Rückübersetzung aus *Concerning Body* zurück.

Dieser englische Text von 1656 wurde von Molesworth ebenfalls 1839, und zwar in Band I seiner Ausgabe von Hobbes' *English Works*, neu gedruckt.[105] Bei dieser Gelegenheit

---

[102] Nachdruck Aalen 1962, zweiter Nachdruck Aalen 1966.

[103] Z. B. in III.14 oder in der Zufügung einer Summarie zu XV.7. Auch die Weglassung der Fehlinformation »im 8. Artikel des vorigen Kapitels« in XXVII.3 ist unter die Textbesserungen zu rechnen.

[104] Wo z. B. Hobbes in I.7 vom Nutzen der Philosophie, »imprimis vero Physicae et *Geometriae*« [und zwar vor allem der Physik und der Geometrie] spricht, wird dies in OL I zu »imprimis vero physicae et *geometricae*« [und zwar vor allem der physischen und der geometrischen]. In III.4 ist versehentlich statt von »calorem, lucem« [Wärme, Licht] von »colorem, lucem« [Farbe, Licht] die Rede. In den Summarien zu XXVIII.9 u. 11 wurden unnötige Änderungen vorgenommen.

[105] Nachdruck London 1992. – Wenn in XIX.7 statt »vertical angle« [Scheitelwinkel] sinnloses »verticle angle« (EW I, 282) auftritt und in

wurde nicht nur die Rechtschreibung vereinheitlicht und modernisiert, sondern auch der Text an etwa dreißig (wiederum unverzeichneten) Stellen korrigiert. Dafür wurde offenbar u. a. die für OL I vorbereitete lateinische Ausgabe zu Rate gezogen. Bemerkenswert ist aber, daß EW I der einzige Drucktext ist, der für die Summarie der Artikel 5 und 6 von Kapitel XXIII richtig »aus dem Verhältnis« liest statt »aus dem umgekehrten Verhältnis« und in XXV.2 »Kapitel IX, Art. 7« statt »Kapitel VIII, Art. 7«: Fehler, die sich sowohl in allen lateinischen Ausgaben als auch in der Übersetzung von 1656 finden.

7. Zur vorliegenden Übersetzung

Aus dem Vorhergehenden ergibt sich nicht nur, daß auch die Zweitauflage von 1668 nicht schlechthin als Ausgabe letzter Hand gelten kann, sondern, mehr noch, daß keine einzige der je erschienenen fünf Ausgaben des Werks – drei lateinische von 1655, 1668 und 1839, dazu zwei englische von 1656 und ebenfalls 1839 – als einheitlicher Gesamtausdruck von Hobbes' diesbezüglichen Gedanken und als von ihm in jeder Beziehung endgültig approbierter oder doch zumindest als endgültig intendierter Text gelten kann. Ja, nicht einmal das ursprüngliche Druckmanuskript stellte uneingeschränkt den Endzustand von Hobbes' damals beabsichtigtem Drucktext dar, da auch in ihm offensichtlich Fehler enthalten waren. Zwar kann es keinem Zweifel unterliegen, daß jene Teile der Zweitauflage, die solche der Erstauflage ersetzen und mit hinreichender Sicherheit auf Hobbes statt auf Korrektorenhand rückführbar sind, als sein letztes Wort zur Sache gelten dürfen. Aber gerade in den mathematischen Partien bietet oft der englische Text die letzten Formulierungen, wogegen der lateinische von 1668 dahinter zurückfällt, da Hobbes es aus irgendwelchen Gründen (darunter wohl solchen seines Alters) versäumte, den Text von 1655 für den Neudruck in eine kor-

---

XX.2 statt »canon of sines« [Sinusregel] falsches »canon of signs« [Zeichenregel] (EW I, 292), scheint dies darauf hinzuweisen, daß das Druckmanuskript für die englische Ausgabe diktiert wurde.

rektere und somit endgültige Fassung zu bringen. Oft wurde, wie gesagt, 1668 noch nicht einmal die Druckfehlerliste von 1655 berücksichtigt. Wenn also beispielsweise der längere Einschub, der 1656 in XV.2 neu eingefügt wurde, 1668 nicht wieder auftritt, so muß dies nicht unbedingt daran liegen, daß Hobbes ihn denn lieber doch nicht in die Gesamtausgabe seiner Werke als kanonisch aufgenommen sehen wollte. Wahrscheinlicher ist vielmehr, daß er (etwa wegen der Arbeit an den *Six Lessons*) nicht sogleich eine lateinische Version dieses Textstücks in sein Handexemplar einlegte, so daß 1663, als er dieses Exemplar Sorbière übergab, ihm dieser wie auch praktisch alle sonstigen Differenzpunkte zwischen der lateinischen Ausgabe von 1655 und seinen eigenen Hinzufügungen zur englischen schlicht nicht mehr vor Augen stand. Vielfach sind es also höchstwahrscheinlich kontingente Gründe, aus denen bestimmte Formulierungen in den verschiedenen Druckfassungen auftreten bzw. nicht auftreten. Einige Male (so in XI.5 und XVI.1) bieten sogar die *Six Lessons* und nicht eine der beiden zu Hobbes' Lebzeiten veranstalteten Ausgaben von *De Corpore* bzw. seines englischen Pendants *Concerning Body* den korrektesten Text – um von den Textkorrekturen in OL I bzw. EW I ganz zu schweigen.[106] Aber nicht nur die späteren Drucke, sondern auch die den Drucken voraufliegenden Manuskripte (in erster Linie A 10 und Harl. C) verdienen Beachtung, da sich einige Male in ihnen korrekte Textformen noch vorfinden, die durch irgendwelche Schreibversehen den Erstdruck nicht mehr erreicht haben, so daß seither bestimmte Fehler durch die verschiedenen Ausgaben von Original und Übersetzung hindurch fortgeschleppt wurden.

Um ein Beispiel zu bringen, das für die vorliegende Übersetzung zwar nur begrenzt relevant ist, das Problem des zu

---

[106] Obwohl für die vorliegende Übersetzung unerheblich, sollte doch zumindest im Vorbeigehen darauf hingewiesen werden, daß an einigen wenigen Stellen (vor allem in den mathematischen Kapiteln) weder *De Corpore* noch auch *Concerning Body* oder die *Six Lessons*, sondern der *Elenchus* und sogar die *Due Correction* von Wallis den besten Text bieten.

übersetzenden Originaltexts aber umso anschaulicher hervortreten läßt: Im Druck von 1655 heißt es in XII.6 fehlerhaft, zur Darstellung der Geschwindigkeit sei u. a. erforderlich die Darstellung von »illud spatium, quod a mobili« [jener Raum, der vom Beweglichen]. Das Druckfehlerverzeichnis ergänzte dies kontextgemäß zu »illud spatium, quod a mobili... *percurritur*« [jener Raum, der vom Beweglichen durchlaufen wird]. Die englische Übersetzung gab dies, wohl im Rückgang auf das Druckfehlerverzeichnis, mit »that space which *is transmitted* by the body« [jener Raum, der von dem Körper durchquert wird] wieder. Die Zweitauflage dagegen ließ das Druckfehlerverzeichnis außer Betracht und bot darum wieder den verstümmelten alten lateinischen Text, den Molesworth seinerseits, offensichtlich unter Anleihe bei der englischen Fassung, zu »illud spatium, quod a mobili... *transmittendum est*« [jener Raum, der vom Beweglichen... zu durchqueren ist] vervollständigte. Der von Hobbes beabsichtigte richtige Text muß aber »illud spatium, quod a mobili... *conficitur*« [jener Raum, der vom Beweglichen zuwege gebracht wird] gelautet haben, welches die von Ms. A 10 gebotene ursprüngliche Textfassung darstellt. Im Erstdruck oder evtl. schon in einer der vorherigen Reinfassungen war offenbar »conficitur« versehentlich ausgefallen, das nun in den verschiedenen Ausgaben verschieden ersetzt wurde (bzw. nicht ersetzt wurde).

Als Textbasis für die vorliegende Übersetzung wurde darum nicht eine bestimmte Ausgabe gewählt. Ihren Ausgangspunkt bildet vielmehr die kritische Ausgabe von *De Corpore*,[107] die im genauen Vergleich sämtlicher Ausgaben und einschlägigen Manuskripte, der *Six Lessons* und der *Examinatio et emendatio*, von Wallis' *Elenchus* und *Due Correction* sowie unter Zuhilfenahme eigener Emendationen erstellt wurde. Doch wurde diese Ausgabe, die prinzipiell eine solche des lateinischen Texts ist und die englischen Fassungen daher nur als Varianten berücksichtigen kann, nicht einfach übersetzt. Vielmehr wurde ein Verfahren gewählt, demzufolge

---

[107] Hobbes, *Elementorum Philosophiae Sectio Prima De Corpore. Introduction, texte critique et notes par Karl Schuhmann*, Paris 1998.

nicht von einem einheitlichen Gesamttext ausgegangen wird,
sondern für jeden Textpassus (bis herunter zu den einzelnen
Satzteilen und Wörtern) ein eigener Basistext konstituiert
wurde, der die jeweilige Letztfassung des betreffenden Textstücks darstellt. Dieser am Maßstab der Letztfassung orientierte Basistext ist insofern hybrid, als angesichts der Unein-
heitlichkeit der verschiedenen Bearbeitungsphasen des Texts
je nach Textstück ein lateinischer oder englischer Text als von
Hobbes letztintendiert zu gelten hat. Allerdings läßt sich oft
nicht mit hinreichender Sicherheit entscheiden, ob die vielfach genaueren oder auch näher erläuternden Änderungen
von *Concerning Body* gegenüber den untereinander gleichlautenden Auflagen von *De Corpore* von 1655 und 1668 tatsächlich den letztautorisierten Textstand darstellen. Um hier der
Willkür vorzubeugen, wurde in solchen Fällen jedesmal kon-
servativ zugunsten des lateinischen Texts entschieden. Der
dergestalt konstituierte Text ist dennoch nicht als an einen
bestimmten Zeitpunkt gebunden zu denken (etwa als Text der
Jahre 1655 oder 1668), sondern besitzt ein zeitliches Profil,
das sich jenachdem zwischen 1639 (vermutliches Abfassungs-
datum von Ms. A 10) und den Emendationen des Übersetzers
(1996) erstrecken kann. Der in dieser Weise hergestellte Basistext bildet die Grundlage der vorliegenden Übersetzung.
Alle übersetzungsrelevanten Textvarianten wurden, sofern es
sich nicht um eindeutig erkennbare Druck- und Übersetzungsfehler in den englischen Ausgaben oder um Druck- und
Satzfehler in den lateinischen handelt, in Anmerkungen
(ebenfalls in Übersetzung) mitgeteilt, was eine durchgehende
Lektüre nur der lateinischen bzw. nur der englischen Fassung
jederzeit erlaubt.[108] Eigene Emendationen sind kenntlich als

---

[108] Zu betonen ist allerdings, daß durchaus nicht alle Textunter-
schiede, welche die englische Übersetzung dem lateinischen Original
gegenüber aufweist, deswegen schon als Varianten gelten können. Solche
Abweichungen (für heutiges Ermessen selbst größere) verdanken sich
nämlich weithin den im 17. Jahrhundert üblichen Übersetzungstechni-
ken, welche von denen des 20. Jahrhunderts, also auch von denen der
vorliegenden Übersetzung, oft erheblich abweichen (vgl. dazu die grund-
legende Studie von Frederick M. Rener, *Interpretatio. Language and
Translation from Cicero to Tytler*, Amsterdam – Atlanta, GA, 1989). Je-

Abweichungen vom Text sämtlicher Manuskripte und Drucke.

Die folgenden Abkürzungen finden Verwendung:

A	Lateinische Erstauflage (London 1655)
B	Lateinische Zweitauflage in den *Opera Omnia* (Amsterdam 1668)
A B	*A + B*
E	Englische anonyme Übersetzung (London 1656)
A E	*A + E*
A E B	*A B + E*
OL I	Edition des lateinischen Texts in Band I der von Molesworth herausgegebenen *Opera Latina* (London 1839)
EW I	Edition des englischen Texts in Band I der von Molesworth herausgegebenen *English Works* (London 1839)

An Manuskripten wurden die oben beschriebenen Mss. Chatsworth A 10 und Harl. C herangezogen (die Mss. Harl. A, Harl. B und NLW enthalten keine übersetzungsrelevanten Varianten).

Die Anmerkungen haben nicht nur textkritische, sondern auch erläuternde Funktion. Insbesondere entschlüsseln sie Anspielungen des Texts auf bestimmte Autoren und Quellen, soweit diese namhaft gemacht werden konnten. Dabei wurden die (wenigen) Ergebnisse der bisherigen Forschung kritisch berücksichtigt. Auch bieten die Anmerkungen, wo immer dies nötig schien, kurze Realerklärungen, die den Bedürfnissen des heutigen Lesers entgegenkommen sollen. Zudem stellen Querverweise Zusammenhänge innerhalb des Werks heraus.

Alle Hinzufügungen des Übersetzers in Hobbesschen Texten sind [in eckige Klammern] gesetzt. Dies gilt insbesondere für die Übersetzung griechischer Ausdrücke, die gelegentliche Doppelübersetzung desselben lateinischen Ausdrucks sowie für die Ergänzung unvollständiger Sätze.

doch wurden Zweifelsfälle bevorzugt als Varianten beurteilt und daher mitgeteilt.

Die Übersetzung stellt sich das Ziel einer möglichst getreuen Wiedergabe von Hobbes' Text und der darin zur Verhandlung gelangenden Sachverhalte. Nicht Eleganz und Kürze sind beabsichtigt, sondern Genauigkeit und Zuverlässigkeit. Besonderer Wert wurde auf die Wiedergabe von Fachausdrücken (termini technici) sowie der für die argumentative Struktur wichtigen Konjunktionen gelegt; dies möglichst im Sinne der in Hobbes' Gesamtwerk erkennbaren kohärenten Terminologie. Einer nachvollziehbaren und inhaltlich klaren Ausdrucksweise wurde gegenüber bequemer Wortwahl der Vorzug gegeben. Darum wurde beispielsweise *conatus* nicht, wie vielfach üblich, mit »Conatus«, sondern mit »(Bewegungs)Ansatz«, *phantasma* nicht mit »Phantasma«, sondern mit »Erscheinungsbild« und *principium* nicht mit »Prinzip«, sondern mit »Ausgangspunkt« wiedergegeben. Konsistenz der Übersetzung wurde selbstverständlich erstrebt, ließ sich aber nicht immer durchhalten. Beispielsweise mußte *actio* je nach dem Zusammenhang als »Wirken«, »Einwirkung« oder »Handlung« und *potentia* als »Vermögen«, »Wirkenkönnen« oder im scholastischen bzw. auch mathematischen Sinn des Terminus als »Potenz« übersetzt werden.

Bei der Übersetzung wurden die erstmals 1915 erschienene deutsche Auswahlübersetzung von Max Frischeisen-Köhler,[109] die annotierte italienische Gesamtübersetzung von Antimo Negri[110] sowie die italienische Übersetzung der »Logik« durch Arrigo Pacchi[111] zu Rate gezogen. Die englische Übersetzung von 1656 wurde durchgehend als Kontrollinstanz

---

[109] Thomas Hobbes, *Vom Körper* (Elemente der Philosophie I), 2. Auflage des unveränderten Nachdrucks von 1949, Hamburg 1967. Frischeisen-Köhler benutzt als Textgrundlage die englische Übersetzung in EW I und den lateinischen Text in OL I.

[110] Thomas Hobbes, *Elementi di Filosofia. Il corpo – L'uomo*, Torino 1972, S. 59-489. Negri übersetzt auf der Grundlage von OL I.

[111] Thomas Hobbes, *Logica, libertà e necessità*, Milano 1969, S. 19-94. Auch Pacchi geht von OL I aus. – Die englische Neuübersetzung der »Logik« durch Aloysius Martinich (Thomas Hobbes, *Computatio sive Logica. Logic*, New York 1982) konnte, da sie ohne Kenntnis des historischen Umfelds der Hobbesschen Terminologie gearbeitet wurde, außer Betracht bleiben.

verglichen. Gleich der Übersetzung Frischeisen-Köhlers ist auch die vorliegende zweite deutsche Übersetzung (immerhin die erste Übersetzung in eine moderne Sprache, die hinter die Ausgaben von Molesworth zurückgeht) lediglich eine Auswahlübersetzung, auch wenn sie weit mehr Textmaterial enthält als jene. Weggelassen wurden lediglich die Beweise mathematischer Sätze[112] nebst den dazugehörigen Zeichnungen (die betreffenden Sätze selbst nur dann, wenn sie ausschließlich anhand von Zeichnungen verständlich sind), obendrein auch die meisten Einzelerklärungen physikalischer Phänomene, sofern darin nicht Darlegungen allgemeiner Art eingearbeitet sind. Alle Auslassungen sind durch [...] angezeigt.

Die zahlreichen Kursivierungen des Originals sind, sofern es sich dabei um Hervorhebungen handelt, ebenfalls kursiv wiedergegeben, kursiv gedruckte zitatähnliche Textstücke dagegen wurden in Anführungszeichen gesetzt. Funktionslose Kursivierungen wurden unterdrückt.

Die vorliegende Übersetzung wurde im Rahmen des Forschungsprogramms des Groupement de Recherche-988 »Centre Thomas Hobbes« des CNRS (Paris) erstellt. Horst D. Brandt, Cees Leijenhorst, Bernhard Ludwig, Siegmund Probst und Elisabeth Schuhmann sei gedankt für ihre kritische Lektüre des Manuskripts und hilfreiche Vorschläge zur Textbesserung. Besonderer Dank gebührt Miriam Goudappel, José Medina und Yves Charles Zarka für vielfache Hilfe bei der Besorgung von Textmaterial sowie Peter Day, dem Konservator von Hobbes' Nachlaß in Chatsworth, für tatkräftige Unterstützung durch die großzügige Bereitstellung von Kopien der einschlägigen Hobbesschen Manuskripte.

---

[112] Geometrische Probleme (Konstruktionsaufgaben in XVI.13-14, XVIII und XIX.8) sind im Unterschied zu den Theoremen (Lehrsätzen) an ihrer infinitivischen Formulierung kenntlich.

LITERATURVERZEICHNIS

Bibliographien

Macdonald, Hugh, und Hargreaves, Mary: Thomas Hobbes. A Bibliography, London 1952 (Primärbibliographie).

Stumpf, Richard: »Hobbes im deutschen Sprachraum – Eine Bibliographie«, in: Reinhard Koselleck und Roman Schnur, Hobbes-Forschungen, Berlin 1969, 287-300.

Collier, Peter: »Hobbes-Bibliographie 1968-1978«, in: Bernard Willms, Der Weg des Leviathan, Berlin 1979, 183-230.

Hinnant, Charles H.: Thomas Hobbes. A Reference Guide, Boston, Mass. 1980.

Sacksteder, William: Hobbes Studies (1879-1979): A Bibliography, Bowling Green, Oh. 1982.

Garcia, Alfred: Thomas Hobbes: Bibliographie internationale de 1620 à 1986, Caen 1986.

Seit 1988 erscheint in der Zeitschrift Archives de Philosophie jährlich das »Bulletin Hobbes« (laufende Bibliographie mit Besprechungen).

Editionen und zeitgenössische Schriften

Hobbes, Thomas: Elementorum Philosophiae Sectio Prima De Corpore, London 1655.

Moranus, G. (und André Tacquet): Animadversiones in Elementorum Philosophiae Sectionem I. De Corpore editam a Thoma Hobbes Anglo Malmesburiensi, Brüssel 1655.

Wallis, John: Elenchus Geometriae Hobbianae, Oxford 1655.

Ward, Seth: In Thomae Hobbii Philosophiam Exercitatio Epistolica, Oxford 1656.

Elements of Philosophy, The first Section, Concerning Body. Written in Latine by Thomas Hobbes of Malmesbury. And now translated into English. To which are added Six Lessons to the

Professors of Mathematicks of the Institution of S^r. Henry Savile, in the University of Oxford, London 1656.

Wallis, John: Due Correction for Mr Hobbes. Or Schoole Discipline, for not saying his Lessons right, Oxford 1656.

Hobbes, Thomas: Examinatio et Emendatio Mathematicae Hodiernae. Qualis explicatur in Libris Johannis Wallisii Geometriae Professoris Saviliani in Academia Oxoniensi. Distributa in sex Dialogos, London 1660.

−: Opera philosophica, quae latine scripsit omnia. Ante quidem per partes, nunc autem, post cognitas omnium objectiones, conjunctim et accuratius edita (enthält u. a. Elementorum Philosophiae Sectio Prima De Corpore), Amsterdam 1668.

−: Elementorum Philosophiae Sectio Prima De Corpore (Thomae Hobbes Malmesburiensis Opera philosophica, quae Latine scripsit, omnia, hrsg. von William Molesworth, Bd. I), London 1839.

−: Elements of Philosophy. The First Section Concerning Body (The English Works of Thomas Hobbes of Malmesbury, Now First Collected and Edited by Sir William Molesworth, Bd. I), London 1839.

−: Critique du De Mundo de Thomas White. Introduction, texte critique et notes par Jean Jacquot et Harold Whitmore Jones, Paris 1973 [= De Motu] (enthält auch (Teil-)Drucke der Mss. A 10, Harl. C und NLW).

−: The Correspondence, hrsg. von Noel Malcolm (The Clarendon Edition of the Works of Thomas Hobbes, Bd. VI und VII), Oxford 1994.

−: Elementorum Philosophiae Sectio Prima De Corpore. Introduction, texte critique et notes par Karl Schuhmann, Paris 1998.

Sekundärliteratur

Vorbemerkung. Die ältere Literatur zu Hobbes' theoretischer Philosophie ist oft unzureichend, da sie vor der Entdeckung der Manuskripte zu De Corpore (auch von De Motu) geschrieben wurde; die neuere wird oft durch falsche Datierungen dieser Manuskripte beeinträchtigt oder ruht zum Teil auf unzulänglichen Fundamenten (ausschließlich Übersetzungen). Aufnahme eines Titels in die nachfolgende selektive Bibliographie besagt darum in erster Linie, daß er charakteristisch ist für den (oft unbefriedigenden) Stand der Hobbes-Forschung, bei der im allgemeinen die französische derzeit federführend ist. Als Gesamtdarstellung der theoretischen Philosophie ist Frithiof Brandts Buch von 1928, obwohl vielfach veraltet, noch immer unerreicht.

Baruzzi, Arno: »Thomas Hobbes: Strukturelle Einheit von Körper und Methode«, in: Josef Speck (Hrg.), Grundprobleme der großen Philosophen. Philosophie der Neuzeit I, Göttingen 1979, 74-100.

Bernhardt, Jean: »Genèse et limites du matérialisme de Hobbes«, Raison présente 47 (1978), 41-61.

–: »Nominalisme et mécanisme dans la pensée de Hobbes«, Archives de Philosophie 48 (1985), 235-249 und 51 (1988), 579-596.

–: »Grandeur, substance et accident: une difficulté du De Corpore«, in: Yves Charles Zarka und Jean Bernhardt (Hrg.): Thomas Hobbes. Philosophie première, théorie de la science et politique, Paris 1990, 39-46.

–: Hobbes (Coll. Que sais-je?), Paris 1994².

Brandt, Frithiof: Thomas Hobbes' Mechanical Conception of Nature, Copenhague – London 1928.

Breidert, Wolfgang: »Les mathématiques et la méthode mathématique chez Hobbes«, Revue internationale de philosophie 33 (1979), 415-431.

Cassirer, Ernst: Das Erkenntnisproblem in der Philosophie und Wissenschaft der neueren Zeit, Bd. II, Berlin 1922, 46-70 (ND Darmstadt 1994).

dal Pra, Mario: »Note sulla logica di Hobbes«, Rivista critica di storia della filosofia 17 (1962), 411-433.

Dangelmayr, Siegfried: Methode und System. Wissenschaftsklassifikation bei Bacon, Hobbes und Locke, Meisenheim am Glan 1974.

de Jong, Willem R.: »Hobbes' Logic: Language and Scientific Logic«, History and Philosophy of Logic 7 (1986), 123-142.

Dießelhorst, Malte: Ursprünge des modernen Systemdenkens bei Hobbes, Stuttgart 1968.

Engel, S. Morris: »Analogy and Equivocation in Hobbes«, Philosophy 37 (1962), 326-335.

–: »Hobbes's ›Table of Absurdity‹«, in: Keith C. Brown (Hrg.), Hobbes Studies, Oxford 1965, 263-274.

Esfeld, Michael: Mechanismus und Subjektivität in der Philosophie von Thomas Hobbes, Stuttgart-Bad Cannstatt 1995.

Fiebig, Hans: Erkenntnis und technische Erzeugung. Hobbes' operationale Philosophie der Wissenschaft, Meisenheim am Glan 1973.

[Frischeisen-]Köhler, Max: »Studien zur Naturphilosophie des Th. Hobbes«, Archiv für Geschichte der Philosophie 16 (1903), 59-96.

Gargani, Aldo G.: Hobbes e la scienza, Torino 1983[2].

Grant, Hardy: »Hobbes and mathematics« in: Tom Sorell (Hrg.), The Cambridge Companion to Hobbes, Cambridge 1996, 108-128.

Hübener, Wolfgang: »Ist Thomas Hobbes Ultranominalist gewesen?« Studia Leibnitiana 9 (1977), 77-100.

Hungerland, Isabel C., und Vick, George R.: »Hobbes's Theory of Language, Speech and Reasoning«, in: Thomas Hobbes, Computatio sive Logica. Logic, New York 1981, 7-169.

Isermann, Michael: Die Sprachtheorie im Werk von Thomas Hobbes, Münster 1991.

Jesseph, Douglas M.: »Of Analytics and Indivisibles: Hobbes on the Methods of Modern Mathematics«, Revue d'Histoire des Sciences 46 (1993), 153-193.

Jones, Harold W.: »A Seventeenth-Century Geometrical Debate«, Annals of Science 31 (1974), 307-333.

Kodalle, Klaus-M.: »Sprache und Bewußtsein bei Thomas Hobbes«, Zeitschrift für philosophische Forschung 25 (1971), 345-371.

Krook, Dorothea: »Thomas Hobbes' Doctrine of Meaning and Truth«, Philosophy 31 (1956), 3-22.

Laird, John: Hobbes, London 1934 (ND New York 1968).

Levi, Adolfo: La filosofia di Tommaso Hobbes, Milano 1929.

Malherbe, Michel: Thomas Hobbes ou l'œuvre de la raison, Paris 1984.

—: »Hobbes et la doctrine de l'accident«, Hobbes Studies 1 (1988), 45-62.

—: »Hobbes et la fondation de la philosophie première«, in: Martin Bertman und Michel Malherbe, Thomas Hobbes. De la métaphysique à la politique, Paris 1989, 17-32.

Minerbi Belgrado, Anna: Linguaggio e mondo in Hobbes, Roma 1993.

Neri, Demetrio: »La teoria delle definizioni in Hobbes e in Spinoza«, in: Daniela Bostrenghi (Hrg.), Hobbes e Spinoza. Scienza e Politica, Napoli 1992, 71-112.

Pacchi, Arrigo: Convenzione e ipotesi nella formazione della filosofia naturale di Thomas Hobbes, Firenze 1965.

Pécharman, Martine: »Individu et nom propre selon Thomas Hobbes«, Philosophie 23 (1989), 22-36.

−: »Philosophie première et théorie de l'action selon Hobbes«, in: Yves Charles Zarka und Jean Bernhardt (Hrg.): Thomas Hobbes. Philosophie première, théorie de la science et politique, Paris 1990, 47-66.

−: »La logique de Hobbes et la ›tradition aristotélicienne‹«, Hobbes Studies 8 (1995), 105-124.

Peters, Richard: Hobbes, London 1956.

Probst, Siegmund: Die mathematische Kontroverse zwischen Thomas Hobbes und John Wallis, Stuttgart 1997.

Reik, Miriam R.: The Golden Lands of Thomas Hobbes, Detroit 1977.

Riedel, Manfred: »Kausalität und Finalität in Hobbes' Naturphilosophie«, in: ders., Metaphysik und Metapolitik. Studien zu Aristoteles und zur politischen Sprache der neuzeitlichen Philosophie, Frankfurt am Main 1975, 192-217.

Robertson, George Croom: Hobbes, Edinburgh und London 1901 (ND Grosse Pointe 1970).

Rossini, Gigliola: Natura e artificio nel pensiero di Hobbes, Bologna 1988.

Schuhmann, Karl: »Geometrie und Philosophie bei Thomas Hobbes«, Philosophisches Jahrbuch 92 (1985), 161-177.

−: »Le vocabulaire de l'espace«, in: Yves Charles Zarka (Hrg.), Hobbes et son vocabulaire. Études de lexicographie philosophique, Paris 1992, 61-82.

−: Hobbes: Une chronique. Cheminement de sa pensée et de sa vie, Paris 1997.

Sorell, Tom: Hobbes, London und New York 1986.

Talaska, Richard A.: »Analytic and Synthetic Method According to Hobbes«, Journal of the History of Philosophy 26 (1988), 207-237.

Tönnies, Ferdinand: Thomas Hobbes. Leben und Lehre, Stuttgart 1925³ (ND, mit Einleitung von Karl-Heinz Ilting, Stuttgart-Bad Cannstatt 1971).

−: Studien zur Philosophie und Gesellschaftslehre im 17. Jahrhundert, hrsg. von E. G. Jacoby, Stuttgart-Bad Cannstatt 1975.

Watkins, J. W. N.: Hobbes's System of Ideas. A Study in the Political Significance of Philosophical Theories, London 1965 (ND London 1973).

Weinreich, Hermann, Über die Bedeutung des Hobbes für das naturwissenschaftliche und mathematische Denken, Borna-Leipzig 1911.

Weiß, Ulrich, Das philosophische System von Thomas Hobbes, Stuttgart-Bad Cannstatt 1980.

Zarka, Yves Charles: »Empirisme, nominalisme et matérialisme chez Hobbes«, Archives de Philosophie (1985), 177-233.

—: La décision métaphysique de Hobbes. Conditions de la politique, Paris 1987.

—: »Langage et pouvoir«, in: ders , Hobbes et la pensée politique moderne, Paris 1995, 65-123.

—: »First philosophy and the foundation of knowledge« in: Tom Sorell (Hrg.), The Cambridge Companion to Hobbes, Cambridge 1996, 62-85.

THOMAS HOBBES

DER KÖRPER

MEINEM HOCHZUVEREHRENDEN HERRN,
WILLIAM GRAF VON DEVONSHIRE,[1]
DEM ALLERTREFFLICHSTEN MANN

Endlich überreiche und widme ich Ihnen, allertrefflichster Herr, die (nach dem Erscheinen der dritten)[2] mit starker Verzögerung fertiggestellte erste Abteilung der Elemente der Philosophie, des künftigen Denkzeichens meiner Dienstfertigkeit sowie Ihres Wohlwollens gegen mich: ein dem Umfang nach schmales, aber randvolles und, falls Gutes für ansehnlich gelten dürfte, recht ansehnliches Büchlein. Sie werden finden, daß es einem aufmerksamen und in den Beweisführungen der Mathematiker wohlgeübten Leser – Ihnen also – leicht verständlich und durchsichtig ist; auch daß es fast zur Gänze neu ist, ohne indessen durch seine Neuheit irgendwie Anstoß zu erregen. Ich weiß, daß jener Teil der Philosophie, der sich mit Linien und Figuren beschäftigt,[3] uns von den Alten wohlausgebildet und zugleich als ein besonders treffliches Muster jener wahren[4] Logik hinterlassen worden ist, mittels derer sie ihre so herrlichen Lehrsätze aufzufinden und zu beweisen vermochten. Weiter weiß ich, daß die Hypothese der täglichen Erdbewegung erstlich von den Alten erdacht worden ist, aber auch, daß sie und die daraus herstammende Astronomie, also die Physik des Himmels, von den Philosophen der Folgezeit in den Schlingen leerer Worte erdrosselt wurde. Deshalb glaube ich, daß der Anfang der Astronomie (sieht man von den Beobachtungen ab) nicht weiter zurückzuverlegen ist als bis zu Nikolaus Kopernikus, der im letztvergangenen Jahrhundert die Lehrmeinungen des Pythago-

---

[1] William Cavendish (1617-1684), der 3. Earl von Devonshire, dessen Hauslehrer (u. a. in Mathematik) Hobbes von 1631-1638 gewesen war.

[2] *De Cive* [»Der Staatsbürger«], 1647 in Amsterdam erschienen, nachdem es 1642 in Paris in erster Auflage als Privatdruck erschienen war.

[3] Die Geometrie.

[4] »wahren« fehlt in *E*.

ras, des Aristarch und Philolaos erneuert hat.[5] Nach ihm hat in unseren Tagen, als die Erdbewegung schon anerkannt und daraus sich die schwierige Frage nach dem Fall schwerer Körper ergeben hatte, Galilei im Kampf mit dieser Schwierigkeit uns als erster die Natur der Bewegung als das Tor zur allgemeinen Physik[6] eröffnet.[7] Dies in dem Maße, daß auch das Zeitalter der Physik offenbar nicht über ihn hinaus zu rechnen ist. Endlich hat William Harvey, der Leibarzt der Könige James und Charles und (meines Wissens) der einzige, der zeit seines Lebens eine neue Lehre unter Überwindung der Mißgunst unumstößlich aufgestellt hat, die Wissenschaft vom menschlichen Körper, den nutzbringendsten Teil der Physik, in seinen Büchern von der *Bewegung des Bluts* und der *Zeugung der Tiere* mit bewundernswertem Scharfsinn aufgedeckt und dargestellt.[8] Vor all diesen Männern gab es in der Physik nichts Sicheres außer den Versuchen, die jeder für sich anstellte, und den Naturgeschichten, sofern man sie, die nicht sicherer sind als die Staatsgeschichte, überhaupt als sicher bezeichnen darf. Aber nach ihnen haben Johannes Kepler,

---

[5] Aristarch von Samos (ca. 310-230 v. Chr.) war Heliozentriker; Philolaos von Tarent (2. Hälfte des 5. Jh. v.Chr.), ebenfalls Pythagoräer, lehrte die Bewegung von Erde, Mond, Sonne und Planeten sowie der sogenannten »Gegenerde« um ein Zentralfeuer. Nikolaus Kopernikus (1473-1543) hatte sich in der Vorrede zu *De revolutionibus orbium caelestium* (Nürnberg 1543; 3. Aufl. Amsterdam 1617) auf Philolaos als seinen Vorgänger berufen.

[6] Statt »Physik« in *E* hier und in der Folge oft »Naturphilosophie«.

[7] Vgl. Galileo Galilei (1564-1642), *Discorsi e dimostrazioni matematiche intorno a due nuove scienze attenenti alla mecanica e i movimenti locali*, Leiden 1638. Die obige Stelle ist Galileis Selbstbeurteilung im 3. Tag, Theorem II, Zusatz, des Werks nachgebildet, er habe »den Eingang und die bisher den spekulativen Geistern verschlossene Pforte geöffnet«.

[8] William Harvey (1578-1657), Verfasser der *Exercitatio anatomica de motu cordis et sanguinis in animalibus*, Frankfurt 1628, und der *Exercitationes de generatione animalium*, Amsterdam 1651. Hobbes war mit Harvey befreundet, der ihm in seinem Testament einen kleineren Geldbetrag vermachte.

Pierre Gassendi und Marin Mersenne[9] die Astronomie und allgemeine Physik, und haben insbesondere Erfindungsgeist und Rührigkeit der Mediziner, also der wirklich Naturkundigen, vor allem aber unserer hochgelehrten Männer aus dem Londoner Kollegium,[10] die besondere Physik des menschlichen Körpers in verhältnismäßig geringer Zeit außerordentlich vorwärts gebracht. Die Physik ist also eine neue Erscheinung. Aber die Staatsphilosophie ist es noch weit mehr; ist sie doch nicht älter (ich sage das auf Angriff hin,[11] und damit, die mich mißgünstig anfeinden, wissen mögen, wie wenig sie erreicht haben) als das Buch, das ich selber über den Staatsbürger geschrieben habe. Wie aber das? Gab es bei den alten Griechen etwa keine Philosophen, weder Natur- noch Staatsphilosophen? Gewiß gab es Leute, die so genannt wurden, wie Lukian bezeugt, der sie lächerlich gemacht hat;[12] wie auch etliche Staaten bezeugen, aus denen sie wiederholt durch öffentliche Verordnungen verbannt wurden. Aber deswegen gab es nicht notwendig Philosophie. Im alten Griechenland trieb sich eine Art Gespenst herum, das wegen seiner an der Oberfläche haftenden Würde (denn innerlich war es voll Be-

---

[9] Vgl. Johannes Kepler (1571-1630), *Astronomia nova Αἰτιολογη-τος, seu Physica coelestis*, Prag 1609 (enthält die beiden ersten Keplerschen Gesetze); Pierre Gassendi (1592-1655), 4 Briefe *De Apparente Magnitudine Solis humilis et sublimis*, 2 Briefe *De Motu impresso a Motore translato*, alles Paris 1642 (die beiden letzteren Briefe hatte Hobbes im Manuskript gelesen und Gassendi zur Publikation gedrängt), dazu 3 Briefe *De proportione qua gravia decidentia accelerantur*, Paris 1646; Marin Mersenne (1588-1648), *Cogitata physico-mathematica*, Paris 1644, und *Novarum observationum physico-mathematicarum Tomus III*, Paris 1647. Mit Gassendi und vor allem mit Mersenne war Hobbes eng befreundet.

[10] Das Royal College of Physicians.

[11] Hobbes' 1651 erschienener *Leviathan* war u. a. 1652 von Robert Filmer, 1653 von Alexander Ross und 1654 von Seth Ward angegriffen worden. Hier wie auch an späteren Stellen dürfte Hobbes sich vor allem auf Ward beziehen.

[12] Der Rhetor Lukian von Samosata (ca. 120-180 n. Chr.) verspottete die Philosophen u. a. in seinen Dialogen *Das Gastmahl* und *Der Eunuch*.

trug und Unflat)[13] der Philosophie in etwa ähnlich sah, so daß unbedachte Leute es für die Philosophie hielten und bald dem, bald jenem seiner öffentlichen Lehrer anhingen, auch wo diese untereinander uneins waren. Diesen Lehrmeistern überließen sie der Weisheit wegen ihre Kinder, wobei letztere gegen hohes Honorar nichts anderes lernten als Streitgespräche zu führen und unter Vernachlässigung der Gesetze über jede Frage jeweils nach eigenem Gutdünken zu entscheiden. Als in jenen Zeiten die ersten Kirchenlehrer (nach den Aposteln) heranwuchsen und den christlichen Glauben gegen die Heiden mittels der natürlichen Vernunft zu verteidigen suchten, fingen sie auch ihrerseits an zu philosophieren und den Lehrmeinungen der Heiligen Schrift manche Lehrmeinungen aus den Schriften der heidnischen Philosophen beizumischen. Und zwar ließen sie zunächst einige weniger schädliche Lehrsätze aus Platon zu. Dann aber übernahmen sie auch aus den Büchern der *Physikvorlesung* und der *Metaphysik* des Aristoteles viel Ungereimtes und Falsches und übergaben so gewissermaßen unter Einlassung des Feindes die Feste des christlichen Glaubens. Seit der Zeit hatten wir anstatt der θεοσεβεία [Gottesfurcht] die sogenannte »scholastische« θεολογία [Gotteslehre, Theologie], die zwar auf einem festen Fuße, nämlich der Heiligen Schrift, einherschritt, aber auch auf einem verfaulten, nämlich jener Philosophie, die der Apostel Paulus »nichtig« genannt hat;[14] er hätte auch sagen können, »verderblich«. Denn sie hat in der christlichen Welt unzählige Streitigkeiten in Religionssachen und aus diesen Streitigkeiten erwachsende Kriege erregt. Sie gleicht ganz der Empusa beim athenischen Komiker.[15] Diese galt in Athen nämlich als böser Geist von wandelbarer Gestalt mit einem Erz- und einem Eselsfuß und wurde, wie man glaubte, von Hekate[16] gesandt, um den Athenern drohendes Unheil anzu-

---

[13] Nach Matthäus 23,25.

[14] Kolosserbrief 2,8.

[15] Aristophanes, *Die Frösche*, V. 293 f. Tatsächlich entnimmt Hobbes seine Information über die Empusa aber nicht direkt aus Aristophanes, sondern aus den antiken Scholien zu dieser Stelle.

[16] Göttin der Unterwelt.

kündigen. Gegen diese Empusa läßt sich, wie ich meine, keine bessere Geisteraustreibung ausdenken, als daß man die von den Gesetzen herzuleitenden Grundsätze der Religion, also der Verehrung und Anbetung Gottes, von den Grundsätzen der Philosophie, also von den Lehrsätzen von Privatpersonen, unterscheidet und, was der Religion ist, der Heiligen Schrift, was der Philosophie ist, der natürlichen Vernunft zuerkennt.[17] Was unweigerlich ausgeführt sein wird, wenn ich die Elemente der Philosophie für sich unverstellt und klar, wie ich es zu tun suche, werde behandelt haben. Wie ich also in der dritten, schon erschienenen Abteilung (die ich Ihnen ebenfalls gewidmet habe) jede Regierung, kirchliche wie staatliche, mit triftigsten Gründen, und ohne daß Gottes Wort dem entgegenstünde, auf ein und dieselbe höchste Staatsgewalt zurückgeführt habe, so mache ich mich nun daran, mittels der wahrhaften und ordentlich der Reihe nach aufgestellten Grundlagen der Physik jene Empusa, die *Metaphysik*, aufzuscheuchen und zu verjagen, nicht indem ich sie bekämpfe, sondern indem ich Licht in die Sache bringe. Denn ich vertraue darauf (sofern des Verfassers Schüchternheit, Bedenklichkeit und Mangel an Selbstvertrauen irgendwelche Zuversicht auf das, was er schrieb, aufkommen lassen können), in den drei ersten Teilen dieses Büchleins alles aus Definitionen und im vierten aus nicht unvernünftigen Hypothesen korrekt bewiesen zu haben. Sollte Ihnen manches Argument zu unvollständig vorkommen, als daß es alle befriedigen könnte, so liegt das daran, daß ich, wie ich frei gestehe, nicht alles für alle, sondern einiges nur für geometrisch Versierte geschrieben habe. Doch kann ich nicht im Zweifel darüber sein, daß Sie alles zu Ihrer Zufriedenheit finden werden.

Die zweite Abteilung vom *Menschen* steht noch aus.[18] Jenen Teil, der die *Optik* behandelt, habe ich in sechs[19] Kapiteln niedergeschrieben und verfüge über die Bildtafeln mit den vor sechs Jahren zu den einzelnen Kapiteln gestochenen und

---

[17] Nach Matthäus 22,21.
[18] Hobbes' *De Homine* erschien 1658 in London.
[19] Statt »sechs« (= *AE*) in *B* »acht«, da *De Homine* tatsächlich acht Kapitel zur Optik enthält (Kap. II-XI).

eingerichteten Abbildungen. Das übrige werde ich mit Gottes Hilfe, sobald ich kann, hinzufügen, auch wenn ich aus den Schmähworten und schimpflichen Beleidigungsversuchen einiger Sachunkundiger schon aus Erfahrung weiß, daß man mir, der ich vor den Menschen über die Natur des Menschen die Wahrheit sage, um ebensoviel weniger Dank weiß, als man mir schuldet.[20] Allein, ich werde die schwierige Aufgabe, die ich auf mich genommen habe, zu Ende führen, Mißgunst aber nicht durch Bitten abzuwenden suchen, sondern für sie vielmehr Rache nehmen, indem ich sie noch vergrößere. Für meine Person habe ich nämlich an Ihrer Gunst genug, für die ich Ihnen ja, soviel Sie nur begehren, Dank weiß; und indem ich Gott den Herrn für Ihr Wohlergehen anflehe, werde ich sie Ihnen, soviel ich vermag, allzeit vergelten.

London, den 23. April 1655[21]
Ihrer Exzellenz untertänigster Diener
Th. Hobbes

<hr />

[20] In seiner 1654 in Oxford anonym erschienenen Schrift *Vindiciae Academiarum* hatte der Oxforder Astronomieprofessor Seth Ward (1617-1689) im Anhang, S. 57, Hobbes' *Leviathan* angegriffen und anläßlich der umlaufenden Gerüchte über die in *De Corpore* zu erwartende Geometrie ironisch bemerkt: »Ich habe gehört, daß Herr Hobbes angekündigt hat, er habe die Lösung einiger Probleme gefunden, die auf nichts Geringeres als die Quadratur des Kreises hinauslaufen. Wenn er uns mit der Einsichtnahme in diese seine Mühen beglückt, werde ich mich denjenigen anschließen, die sein Lob am lautesten singen.«
[21] Nach dem modernen gregorianischen Kalender 3. Mai 1655.

AN DEN LESER

Die Philosophie, deren Elemente der Reihe nach aufzustellen ich mich hier anschicke, sollten Sie, geneigter Leser, nicht für diejenige halten, mit der man die Steine der Weisen macht,[1] noch auch für die, mit der in metaphysischen Schriften geprahlt wird, sondern für die natürliche menschliche Vernunft, welche voll Eifer über alle geschaffenen Dinge hinfliegt und die Wahrheit über ihre Ordnung, Ursachen und Wirkungen rückberichtet.[2] Die Philosophie, die Tochter Ihres Denkvermögens und der ganzen Welt, befindet sich also in Ihnen selber, vielleicht noch ungestalt, doch ihrer Erzeugerin, der Welt, wie sie im Anfang ungeformt war, gleichend. Sie müssen es also machen, wie die Bildhauer tun, welche, indem sie das überflüssige Material wegmeißeln, das Bild nicht machen, sondern auffinden. Oder ahmen Sie die Schöpfung nach![3] Ihre Vernunft lege sich (sofern Sie zu einer ernsthaften Beschäftigung mit der Philosophie bereit sind) über den verworrenen[4] Abgrund Ihrer Überlegungen und Versuche. Das Verworrene ist zu zerteilen und zu scheiden und ein jedes, nachdem es mit dem ihm zukommenden Namen versehen wurde, der Reihe nach zu ordnen, d. h. es bedarf einer der Erschaffung der Dinge selber entsprechenden Methode. Die Reihenfolge des Erschaffens war aber *Licht, Scheidung von Nacht und Tag, ausgestrecktes Firmament, Himmelslichter, sinnlich wahrnehmende Wesen, Mensch.* Sodann, nach der Schöpfung, *das Gebot.* Die Reihenfolge der Betrachtung wird also sein *Vernunft, Definition, Raum, Himmelskörper, sinnlich wahrnehmbare Eigenschaft, Mensch.* Sodann, nachdem der Mensch sich ent-

---

[1] Die Alchemie suchte nach dem »Philosophenstein«, um mit seiner Hilfe unedle Metalle in Gold zu verwandeln.

[2] Nach Genesis 8,8-11 (Noahs Taube).

[3] Das weitere nach Genesis 1.

[4] »verworrenen« fehlt in *E.*

wickelt hat, *der Staatsbürger.*[5] Im ersten, »Logik« überschriebenen Teil der vorliegenden Abteilung zünde ich das Licht der Vernunft an. Im zweiten (also in der Ersten Philosophie)[6] scheide ich mittels strenger Definitionen zum Zwecke der Beseitigung von Vieldeutigkeit und Dunkelheit die in allen übrigen enthaltenen allgemeinsten Vorstellungen voneinander. Der dritte Teil beschäftigt sich mit der Ausstreckung der Räume, also mit der Geometrie. Der vierte enthält die Bewegung der Himmelskörper, außerdem auch die sinnliche Eigenschaft. In der zweiten Abteilung wird, so Gott will, die Natur des Menschen[7] in Betrachtung gezogen. In der dritten ist der Staatsbürger[8] schon vor einiger Zeit betrachtet worden. Ich habe also eine Methode befolgt, der auch Sie sich, wenn sie Ihren Beifall findet, bedienen können; denn ich empfehle Ihnen meine Habe nicht, sondern biete sie nur an. Welcher Methode Sie sich aber auch bedienen werden, die Philosophie, also das Streben nach Weisheit, deren Fehlen uns unlängst viel Übles hat erdulden lassen,[9] möchte ich Ihnen gleichwohl unbedingt empfehlen. Denn sogar die nach Reichtum streben, lieben die Weisheit; haben sie an ihren Schätzen doch in keiner anderen Weise Gefallen als wie an einem Spiegel, in dem sie ihre Weisheit beschauen und betrachten können. Und auch die sich gern zu Staatsgeschäften hinzuziehen lassen, suchen nichts anderes als einen geeigneten Ort, an dem sie die Weisheit, über die sie verfügen, ausbreiten können. Sogar die Wollüstigen machen sich nur deswegen nichts aus der Philosophie, weil sie nicht wissen, welch große Lust der fortwährende, in jeder Beziehung stärkende Verkehr der so wunderschönen Welt mit der Seele bereitet. Überhaupt empfehle ich Ihnen die Philosophie, wenn schon aus keinem anderen Grunde, dann wenigstens

---

[5] Statt »der Staatsbürger« in *E* »Unterwerfung unter das Gebot«.

[6] Statt »also in der Ersten Philosophie« in *E* »der den Titel ›Die Grundlagen der Philosophie‹ trägt«.

[7] Statt »die Natur des Menschen« in *E* »der Mensch«.

[8] Statt »der Staatsbürger« in *E* »die Lehre von der Unterwerfung«.

[9] Anspielung auf den englischen Bürgerkrieg (1642-1649).

(da das menschliche Gemüt eine leere Zeitspanne so wenig zu ertragen vermag wie die Natur einen leeren Ort) deswegen, damit Sie Ihre Freizeit auf angenehme Weise ausfüllen können und nicht durch ein Zuviel an Freizeit dazu gebracht werden, Leuten, die beschäftigt sind, zur Last zu fallen oder sich zu Ihrem eigenen Schaden solchen, die auf dem Vulkan tanzen,[10] anzuschließen. *Leben Sie wohl.*

T. H.

---

[10] »Male feriatis« (»solchen, die auf dem Vulkan tanzen«): wörtlich »Leuten, die übel feiern«, d. h. nicht bemerken, daß sie ihren eigenen Untergang bejubeln. Aus Horaz, *Carmina* IV 6, 14 entlehnter Ausdruck, wo er von den Trojanern gebraucht wird, die törichterweise das in ihre Stadt gebrachte trojanische Pferd feiern.

KAPITELÜBERSCHRIFTEN

Erster Teil oder Logik

Kapitel

1. *Die Philosophie*
2. *Die Wörter*
3. *Der Satz*
4. *Der Schluß*
5. *Irrtum, Falschheit und Trugschlüsse*
6. *Die Methode*

Zweiter Teil oder Erste Philosophie

7. *Ort und Zeit*
8. *Körper und Akzidens*
9. *Ursache und Wirkung*
10. *Potenz und Akt*
11. *Selbiges und Verschiedenes*
12. *Die Quantität*
13. *Analogismus oder dasselbe Verhältnis*
14. *Gerade, Kurve, Winkel und Figur*

Dritter Teil: Verhältnisse von Bewegungen und Größen

15. *Natur, Eigenschaften und verschiedenartige Betrachtungsweisen von Bewegung und Bewegungsansatz*
16. *Beschleunigte und gleichförmige Bewegung und Bewegung durch Zusammentreffen*
17. *Schrumpfende Figuren*
18. *Gleichung gerader und parabolischer Linien*[1]

---

[1] Statt »und parabolischer Linien« in *E* »mit parabolischen Kurven

und anderen in Nachahmung von Parabeln zustande gebrachten Figuren«.

   [2] Statt »Als gleich unterstellte« (= *E*) in *AB* nur »Gleiche«.

   [3] Statt »Der Schwerpunkt« in *E* »Der Schwerpunkt von Körpern, die in parallelen Geraden Druck nach unten ausüben«.

ERSTER TEIL
BERECHNUNG ODER LOGIK

Kapitel I
Die Philosophie

1. Einleitung. 2. Erläuterung der Definition der Philosophie. 3. Geistiges Schlußfolgern. 4. Wesen der Eigenschaft. 5. Wie eine Eigenschaft aus ihrer Erzeugungsweise abgeleitet wird und umgekehrt. 6. Endzweck der Philosophie. 7. Ihr Nutzen. 8. Ihr Gegenstand. 9. Ihre Teile. 10. Schlußwort.

1. Mit der Philosophie scheint es mir bei den Menschen heutzutage so gestellt zu sein wie der Sage nach in alten Zeiten mit Korn und Wein in der Welt. Seit Anfang der Welt gab es nämlich im freien Feld verstreut Weinreben und Ähren, aber keine Anpflanzung. Daher lebte man von Eicheln, widrigenfalls, wer vielleicht unbekannte oder zweifelhafte Beeren zu versuchen wagte, dies zum Schaden der eigenen Gesundheit tat. In gleicher Weise ist die Philosophie, d. h. *die natürliche Vernunft,* allen Menschen angeboren, denn ein jeder folgert bis zu einem gewissen Punkt und in bestimmten Angelegenheiten; wo es aber einer langen Kette von Begründungen bedarf, kommen die meisten mangels einer richtigen Methode, gewissermaßen mangels Anpflanzung,[1] vom Weg ab und schweifen ab. So kommt es, daß man gewöhnlich denen, die sich mit der Alltagserfahrung wie mit Eicheln zufriedengeben und auf die Philosophie entweder ganz verzichten oder gleich gar nicht nach ihr streben, ein gesündenes Urteil zuschreibt (und sie es auch haben) als jenen, die, mit recht ausgefallenen, aber zweifelhaften und rasch zusammengerafften Auffassungen oberflächlich bekannt, sich immerfort, als wären sie nicht recht

---

[1] Statt »mangels Anpflanzung« in *E* ausführlicher »wegen mangelnder Aussaat und Pflanzung, d. h. Verbesserung ihrer Vernunft«.

bei Trost, streiten und herumzanken. Ich gebe freilich zu, daß
jener Teil der Philosophie, in dem die Verhältnisse von Größen und Figuren berechnet werden, ausgezeichnet bearbeitet
worden ist. Da ich nun bisher an ihre übrigen Teile eine gleiche Mühe[2] noch nicht gewendet sah, fasse ich den Entschluß,
nach Vermögen die wenigen ersten Elemente der gesamten
Philosophie auseinanderzusetzen, gewissermaßen als eine Art
Saatkörner, aus denen, wie mir dünkt, die unverfälschte und
wahre Philosophie nach und nach hervorwachsen kann.

Ich verkenne nicht die Schwierigkeit, eingewurzelte und
durch das Ansehen der beredtsten Schriftsteller bestärkte
Meinungen aus den Köpfen der Menschen auszujäten. Zumal
die wahre (also strenge) Philosophie nicht nur jeden falschen
Putz, sondern auch so gut wie allen echten Redeschmuck vor-
sätzlich von sich weist und die ersten Grundlagen einer jeden
Wissenschaft nicht nur nicht gerade bezaubernd sind, sondern sich sogar unansehnlich, dürftig und fast mißgestaltet
ausnehmen.

Da es aber dennoch zweifellos einige, wenngleich wenige,
geben wird, die sich auf jedem Gebiet von der Wahrheit und
der Festigkeit der Begründungen unmittelbar und rein als solchen angezogen fühlen, hielt ich es für angezeigt, jenen
wenigen diesen Dienst leisten zu sollen. Daher mache ich
mich nun an die Arbeit. Beginnen aber will ich mit der Definition der Philosophie selber.

2. *Philosophie ist die durch richtiges Schlußfolgern gewonnene Erkenntnis der Wirkungen bzw. Phänomene im Ausgang vom Begriff
ihrer Ursachen bzw. Erzeugungsweisen, und umgekehrt von möglichen Erzeugungsweisen[3] im Ausgang von der Kenntnis der Wirkungen.*

Zum Verständnis dieser Definition ist als erstes zu erwä-
gen, daß Sinneswahrnehmung von Dingen und Erinnerung
daran, die der Mensch mit allen übrigen Lebewesen gemein
hat, zwar Erkenntnis sind, aber dennoch nicht Philosophie

---

[2] Statt »eine gleiche Mühe« in *E* »die gleiche Förderung«.
[3] Statt »Erzeugungsweisen« in *E* ausführlicher »Ursachen oder Erzeugungsweisen«.

sind, da die Natur sie auf der Stelle gibt, sie also nicht durch Schlußfolgerung gewonnen werden.

Da zweitens Erfahrung nichts anderes ist als Erinnerung, Verständigkeit (als Vorblick auf die Zukunft) aber nichts anderes als die Erwartung von Dingen, die denen ähneln, die wir schon aus Erfahrung kennen, so kann auch Verständigkeit keineswegs als Philosophie gelten.

Unter Schlußfolgerung verstehe ich aber Berechnung. Berechnen aber meint *die Summe mehrerer zugleich hinzugefügter Dinge ziehen oder nach Abzug des einen vom andern den Rest erkennen.* Schlußfolgern ist also dasselbe wie Hinzufügen und Abziehen; und will jemand Vervielfältigen und Teilen anreihen, so weise ich das nicht zurück, da Vervielfältigung dasselbe ist wie Hinzufügung des Gleichen und Teilung der Abzug, so oft dies geht, des Gleichen. Alles Folgern läßt sich also auf die zwei Geistestätigkeiten der Hinzufügung und des Abzugs zurückführen.

3. Wie wir aber im Geiste und ohne Worte im stillen Denken schlußfolgernd hinzuzufügen und abzuziehen pflegen, sei an ein, zwei Beispielen dargelegt. Sieht also jemand etwas undeutlich in der Ferne, so hat er, auch wenn es noch keinen Namen zuerteilt bekommen hat, doch eine solche Vorstellung davon, daß er aufgrund ihrer, wenn es jetzt einen Namen zuerteilt bekommt, sagt, das Ding sei »ein Körper«. Sobald er aber näher herangetreten ist, wird er das Ding in bestimmter Weise bald an dem, bald an jenem Ort sich befinden sehen und von ihm eine neue Vorstellung haben, aufgrund derer er ein solches Ding jetzt »belebt« nennt. Steht er zuletzt ganz nah davor und sieht seine Gestalt, hört seine Stimme und bemerkt andere Tatsachen daran, die Zeichen eines Vernunftwesens sind, so hat er noch eine dritte Vorstellung davon (auch wenn sie zu diesem Zeitpunkt noch keinen Namen haben sollte), und zwar jene, aufgrund derer wir etwas »vernunftbegabt« nennen. Faßt er endlich das ganze Ding, das er nun vollständig und nach all seinen Unterschieden gesehen hat, als Einheit, dann ist seine betreffende Vorstellung aus den vorhergehenden zusammengesetzt. Und so setzt der Geist die obengenannten Vorstellungen in der gleichen Reihenfolge zusammen, wie in der Rede die Einzelnamen »Körper«, »be-

lebt«, »vernunftbegabt« zu dem einen Namen »vernunftbegabter belebter Körper« oder »Mensch« zusammengesetzt
werden.[4] In gleicher Weise wird aus den Begriffen »Viersei-
tiges«, »Gleichseitiges«, »Rechteckiges« der Begriff des Quadrats zusammengesetzt. Der Geist kann nämlich das Viersei-
tige ohne den Begriff des Gleichseitigen fassen und den des
Gleichseitigen ohne den des Rechteckigen, und er kann das
dergestalt einzeln Erfaßte zu dem einen Begriff oder der einen
Vorstellung des Quadrats verbinden. So wird also deutlich,
wie der Geist seine Begriffe zusammensetzt. Andererseits erfaßt, wer einen Menschen neben sich stehen sieht, dessen
Gesamtvorstellung; folgt er ihm aber, wenn er sich entfernt,
nur mit den Augen, so verliert er die Vorstellung alles dessen,
was Zeichen der Vernunft war. Dennoch bleibt ihm die Vorstellung von etwas Belebtem in den Augen haften, so daß aus
der Gesamtvorstellung »Mensch«, d. h. »vernunftbegabter
belebter Körper«, die Idee »Vernunftbegabtes« abgezogen
wird und die Idee »belebter Körper« als Rest bleibt. Bei größerer Entfernung sodann geht wenig später die Vorstellung
»Belebtes« verloren, und nur die Vorstellung »Körper« bleibt
als Rest, bis schließlich, wenn er wegen seiner Entfernung
nicht länger gesehen werden kann, die gesamte Vorstellung
aus den Augen verschwindet. Und mit diesen Beispielen ist,
wie ich meine, hinlänglich dargetan, wie das wortlose innere
Schlußfolgern des Geistes aussieht.

Man darf also nicht meinen, daß Berechnung, also Schlußfolgerung, nur bei Zahlen vorkäme, als ob der Mensch sich
von den übrigen Lebewesen (welcher Ansicht der Überliefe-
rung nach Pythagoras war)[5] nur durch die Fähigkeit des
Zählens unterschiede. Vielmehr können auch Größen, Körper, Bewegungen, Zeiten, Qualitätsabstufungen, Handlungen, Begriffe, Proportionen, Reden, Namen (und darin sind
alle Zweige der Philosophie inbegriffen) zu ihresgleichen hinzugesetzt oder davon weggenommen werden.

Von der Sache aber, die wir hinzufügen oder wegnehmen,

---

[4] Zur Einheit von Namen vgl. Kap. II, Art. 14.
[5] Auf Aristoteles, *Problemata* XXX, 6 zurückgehende Anekdote, die
allerdings nicht von Pythagoras, sondern von Platon handelt.

also die wir in Rechnung bringen, sagen wir, daß wir sie *in Betracht ziehen*, griechisch λογίζεσθαι, wie denn die Griechen das Berechnen oder Schlußfolgern selber συλλογίζεσθαι nennen.

4. Wirkungen aber und Phänomene[6] sind die Fähigkeiten oder Vermögen der Körper, durch die wir sie voneinander unterscheiden, also begreifen, daß der eine dem andern gleich oder ungleich, ähnlich oder unähnlich ist; wie wir im obigen Beispiel, nachdem man an einen Körper nah genug herangekommen ist, um an ihm Bewegung und Gang wahrnehmen zu können, ihn von Baum, Säule und gewissen anderen festsitzenden Körpern unterscheiden, weshalb jener Gang seine *Eigenschaft* ist (er ist ja den Lebewesen eigentümlich), wodurch er sich von den sonstigen Körpern unterscheidet.

5. Wie aber die Erkenntnis einer Wirkung im Ausgang von der Kenntnis ihrer Erzeugungsweise gewonnen werden kann, läßt sich unschwer am Beispiel des Kreises verstehen. Bei einer gegebenen ebenen Figur, die der Kreisfigur sehr nahekommt, kann man zwar mit den Sinnen unmöglich erkennen, ob es ein Kreis ist oder nicht, im Ausgang von der Kenntnis der Erzeugungsweise der vorliegenden Figur dagegen ohne jede Schwierigkeit. Ist diese Figur[7] nämlich zustande gekommen durch die Herumführung eines Körpers, dessen eines Ende unbewegt bleibt, so werden wir folgern: Der herumgeführte Körper legt sich mit seiner gleichbleibenden Länge erst auf den einen Radius, dann auf den zweiten und dritten, den vierten und schrittweise auf alle; daher berührt ein und dieselbe Strecke von ein und demselben Punkt aus die Peripherie überall, d. h. alle Radien sind gleich. Man erkennt also, daß aus einer solchen Erzeugungsweise eine Figur hervorgeht, von deren einzigem Mittelpunkt aus alle Außenpunkte von gleichen Radien berührt werden.

In vergleichbarer Weise werden wir schlußfolgernd von der Kenntnis einer Figur zu einer bestimmten Erzeugungsweise

---

[6] Statt »Phänomene« in *E* »Erscheinungen von Dingen vor den Sinnen«.

[7] Statt »Ist diese Figur« in *E* »Denn ist bekannt, daß diese Figur«.

gelangen, wenn vielleicht auch nicht zur tatsächlichen, so doch zu einer möglichen. Denn kennen wir die obengenannte Eigenschaft des Kreises, so weiß man unschwer, daß ein Kreis entsteht, sofern ein bestimmter Körper in der genannten Weise herumgeführt wird.

6. Der Endzweck aber und das Ziel der Philosophie besteht darin, daß wir vorab wahrgenommene Wirkungen zu unserer Annehmlichkeit nutzen können, oder daß man, soweit menschliche Macht und das vorhandene Material dies zulassen, indem man Körper aufeinander einwirken läßt, zum Nutzen des menschlichen Lebens durch menschliche Aktivität Wirkungen hervorbringt, die den im Geiste entworfenen entsprechen.

Denn die Überwindung von Schwierigkeiten bei ungewissen Sachlagen oder das Aufspüren weit abgelegener Wahrheiten, bloß um sich im Stillen innerlich zu freuen und zu frohlocken, ist nach meinem Urteil[8] die viele Mühe, die man für die Philosophie aufwenden muß, nicht wert; auch denke ich in der Tat nicht, daß jemand sich mit ganzer Seele auf die Wissenschaft verlegen sollte, nur damit andere wissen, daß er Wissen besitzt, wenn anders er nur glaubt, damit sei sonst weiter nichts zu erreichen. Wissenschaft ist fürs Wirkenkönnen da,[9] ein Lehrsatz (worin bei den Geometern die Ermittlung der Eigenschaft besteht) für die Probleme, also für die Ausführung der Konstruktion;[10] und überhaupt wird jede Betrachtung um einer Handlung oder eines Werkes willen angestellt.

7. Wie groß aber der Nutzen der Philosophie, und zwar vor allem der Physik und der Geometrie, ist, versteht man dann am besten, wenn man die hauptsächlichen Annehmlichkeiten des Menschengeschlechts, die es heutzutage gibt,[11] aufzählt und die Einrichtungen derer, die sich ihrer erfreuen, mit de-

---

[8] »nach meinem Urteil« fehlt in *E*.

[9] Nach Francis Bacon, *Novum Organum*, Buch I, III. Aphorismus (»Menschliche Wissenschaft und menschliches Wirkenkönnen laufen auf das gleiche hinaus«).

[10] Vgl. Kap. III, Art. 9.

[11] Statt »die es heutzutage gibt« in *E* »deren es fähig ist«.

nen derjenigen vergleicht, die sie entbehren. Die größten Annehmlichkeiten des Menschengeschlechts nun sind die Künste, und zwar die der Messung der Körper sowie ihrer Bewegungen, der Bewegung schwerster Lasten, des Hausbaus, der Schiffahrt, der Herstellung von Gerätschaften zu jeglichem Gebrauch, der Berechnung von Himmelsbewegungen, Gestirnaufgängen und Zeitabschnitten und der Abbildung der Erdoberfläche.[12] Welch große Güter sich die Menschen dadurch errungen haben, läßt sich leichter verstehen als sagen. Dieser Künste erfreuen sich fast alle Völker Europas, ein Großteil der asiatischen und einige afrikanische, während sie den amerikanischen und den Völkern nahe den beiden Polen völlig abgehen. Aber warum nur? Sind denn jene scharfsinniger als diese? Besitzen nicht alle Menschen Geist derselben Art und die gleichen geistigen Fähigkeiten? Was also besitzen die einen bzw. fehlt den anderen, wenn nicht die Philosophie? Die Ursache all dieser nützlichen Einrichtungen ist also die Philosophie. Die Nützlichkeit der Moral- und der Staatsphilosophie ist dagegen weniger an den Annehmlichkeiten zu ermessen, die ihre Kenntnis, als an dem Unheil, das ihre Unkenntnis für uns zur Folge hat. Die Wurzel alles Unheils aber, das durch menschliches Eingreifen vermieden werden kann, ist der Krieg, vor allem aber der Bürgerkrieg. Denn von ihm rühren Metzeleien, Verlassenheit und Mangel an allem und jedem her. Der Grund für all das[13] ist aber nicht, daß die Menschen derlei wollten (denn es gibt kein anderes Wollen als das eines zumindest scheinbaren Guts), noch auch, daß sie nicht wüßten, daß dies[14] Übel sind. Gibt es denn jemanden, der nicht bemerkte, daß Metzeleien und Armut für ihn schlimm und beschwerlich sind? Grund des Bürgerkriegs ist daher, daß man die Ursachen von Krieg und Frieden nicht kennt, und daß es nur sehr wenige gibt, die ihre Pflichten, dank derer der Friede gedeiht und erhalten

---

[12] Statt »der Abbildung der Erdoberfläche« in *E* »der Geographie usw.«.

[13] Statt »für all das« in *E* »für den Krieg«.

[14] Statt »dies« in *E* »die Wirkungen des Kriegs«.

bleibt − die also die wahre Richtschnur der Lebensführung[15]
gelernt haben. Die Erkenntnis dieser Richtschnur ist aber die
Moralphilosophie. Warum anders aber hat man sie nicht gelernt, als weil sie bisher noch von niemandem nach klarer und
richtiger Methode mitgeteilt worden ist? Denn wie? Vermochten die seinerzeitigen griechischen, ägyptischen, römischen und sonstigen Lehrmeister, welche die unkundigen
Massen von unzähligen Glaubenssätzen über die Natur ihrer
Götter, von denen sie selber nicht wußten, ob sie wahr seien
oder nicht, und die ganz augenscheinlich verkehrt und ungereimt waren, zu überzeugen vermochten, die gleichen Massen von ihren Pflichten, gesetzt, sie selber hätten sie gekannt,
nicht zu überzeugen? Wo selbst die paar noch vorhandenen
Schriften der Geometer imstande sind, jeden Zwist über die
darin behandelten Fragen zu schlichten, sollten die zahllosen
dicken Bände der Ethiker, wofern sie nur Unzweifelhaftes und
Bewiesenes enthielten, dazu nicht imstande sein? Was für ein
Grund läßt sich überhaupt dafür ausdenken, daß jene Schriften Wissen erzeugen, diese aber sozusagen nur Worte erzeugen, wenn nicht der, daß jene von Sachkundigen herrühren
und diese von Leuten, die von den Lehrgegenständen, die sie
behandeln, nichts verstehen, und die nur ihre Redekunst oder
ihre Sinnesart zur Schau stellen wollten? Daß die Lektüre
mancher Bücher dieser Art dennoch höchst angenehm ist,
möchte ich nicht bestreiten, sind sie doch blendend geschrieben und enthalten viele glänzende und heilsame, keineswegs
alltägliche Denksprüche, die allerdings, wenngleich von ihnen als allgemeingültig ausgesprochen, meist nicht allgemeingültig wahr sind, weshalb sie unter veränderten Zeit-, Orts-
oder Personenumständen nicht weniger oft zur Bestärkung
verbrecherischer Absichten als zur Aneignung der Vorschriften der Pflichtenlehre verwendet werden. Was darin aber
ganz und gar fehlt, ist eine zuverlässige Richtschnur des Han-
delns, die uns zu wissen erlaubt, ob eine vorgenommene Tat
recht oder unrecht ist. Denn daß sie vorschreiben, in jeder
Situation »zu tun, was richtig ist«, ist nutzlos, solange eine

---

[15] Statt »die wahre Richtschnur der Lebensführung« in *E* »die Regeln staatsbürgerlichen Lebens hinreichend«.

bestimmte Richtschnur und ein zuverlässiger Maßstab des Richtigen (den bisher noch niemand aufgestellt hat) nicht aufgestellt ist. Da sonach aus der Unkenntnis der Pflichten, also der Moralwissenschaft, Bürgerkriege folgen und daraus wieder größtes Unheil, schreiben wir ihrer Kenntnis zu Recht die dem entgegengesetzten Annehmlichkeiten zu. Wir sehen also, wie groß die Nützlichkeit der gesamten Philosophie ist – um von der Anerkennung und dem sonstigen daraus erwachsenden Ergötzen ganz zu schweigen.

8. Gegenstand der Philosophie und Materie, mit der sie sich befaßt, ist ein jeder Körper, bei dem sich irgendeine Erzeugungsweise begreifen und mit dem sich, wenn man ihn unter einem bestimmten Gesichtspunkt betrachtet, eine Vergleichung vornehmen läßt; oder alles, bei dem Zusammensetzung und Zergliederung statthat, also jeder Körper, bei dem sich verstehen läßt, daß er erzeugt wird oder irgendwelche Eigenschaften hat.

Das läßt sich aber unmittelbar aus der Definition der Philosophie ableiten, deren Aufgabe es ist, entweder die Eigenschaften im Ausgang von ihrer Erzeugungsweise oder eine Erzeugungsweise im Ausgang von den Eigenschaften zu ermitteln. Wo es also keine Erzeugungsweise oder keine Eigenschaft gibt, da ist auch keine Philosophie denkbar. Daher schließt die Philosophie die Theologie aus sich aus, ich meine die Lehre von der Natur und den Attributen[16] Gottes, des Ewigen, keiner Entstehung Fähigen, Unbegreiflichen, an dem überdies keine Zusammensetzung und Teilung vornehmbar und keine Erzeugungsweise vorstellbar ist.

Sie schließt die Lehre von den Engeln aus sowie von allem, was weder als Körper noch als Beschaffenheit von Körpern angesehen wird. Denn darin findet weder Zusammensetzung noch Teilung statt, da es darin kein Mehr oder Weniger gibt, also kein Schlußfolgern dabei statthat.

Sie schließt sowohl die Natur- als auch die politische Geschichte aus, obwohl sie für die Philosophie höchst nützlich, ja unentbehrlich sind, weil diese Art von Erkenntnis entweder Erfahrung ist oder Autorität, nicht aber Schlußfolgerung.

---

[16] »von der Natur und den Attributen« fehlt in *E*.

Sie schließt jedes Wissen aus, das aus göttlicher Eingebung oder Offenbarung stammt, da es nicht mittels Vernunftgebrauch gewonnen, sondern durch göttliche Gnade und als Werk des Augenblicks (gewissermaßen als eine Art übernatürlicher Sinneswahrnehmung) gewährt wird.

Sie schließt nicht nur jede verkehrte, sondern auch jede schlecht begründete Lehre aus. Denn was man durch richtige Schlußfolgerung erkennt, kann nicht verkehrt oder unsicher sein. Daher ist jene Art von Astrologie ausgeschlossen, mit der man heutzutage großtut, und alles Sonstige dergleichen, das eher Wahrsagerei als Wissenschaft ist. Schließlich ist von der Philosophie die Lehre von der Verehrung Gottes ausgeschlossen, da man das diesbezügliche Wissen nicht aus der natürlichen Vernunft, sondern der Autorität der Kirche zu entnehmen hat, und sie nicht Sache der Wissenschaft, sondern des Glaubens ist.

9. Die Philosophie hat zwei Hauptteile. Dem, der die Erzeugungsweisen und Eigenschaften der Körper zu ergründen sucht, bieten sich nämlich sozusagen zwei höchste und voneinander völlig verschiedene Gattungen von Körpern dar. Der eine, den die Natur zusammengefügt hat, heißt der *Naturkörper*; der andere, den der menschliche Wille durch Übereinkünfte und Abkommen errichtet, wird der *Staat* genannt. Dadurch ergeben sich also zunächst zwei Teile der Philosophie, die Naturphilosophie und die Staatsphilosophie. Da es aber des weiteren zur Erkenntnis der Eigenschaften des Staats notwendig ist, vorher die Sinnesarten, Affekte und Sitten der Menschen zu kennen, pflegt man die Staatsphilosophie wieder in zwei Teile zu zerlegen, von denen der eine, der von den Sinnesarten und Sitten handelt, *Ethik* und der andere, der mit den staatsbürgerlichen Pflichten bekannt macht, *Politik* oder schlechthin *Staatsphilosophie* genannt wird. Wir werden daher (nachdem wir vorausgeschickt haben, was zur Natur der Philosophie als solcher gehört)[17] an erster Stelle von den Naturkörpern, an zweiter von Sinnesart und Sitten des Menschen und an dritter von den staatsbürgerlichen Pflichten sprechen.

---

[17] Die Logik.

10. Da die oben mitgeteilte Definition der Philosophie einigen vielleicht nicht behagt, die angesichts dessen, daß es jedem freisteht, Definitionen nach Belieben aufzustellen, zu behaupten pflegen, man könne alles aus jedem schließen (obwohl es meiner Meinung nach nicht schwerfällt zu zeigen, daß genau diese Definition mit der Auffassung aller Menschen im Einklang steht), so erkläre ich denn zum Schluß, damit es diesbezüglich weder für sie noch für mich Grund zum Streit gibt, daß ich in vorliegendem Werk die Elemente jener Wissenschaft mitteilen werde, die im Ausgang von der Kenntnis der Erzeugungsweise einer Sache ihre Wirkungen untersucht oder umgekehrt im Ausgang von der Kenntnis einer Wirkung ihre Erzeugungsweise. Somit sei ein jeder, der eine andere Philosophie sucht, dazu aufgefordert, sie sich anderweitig zu besorgen.

Kapitel II
Die Wörter[18]

1. *Unentbehrlichkeit sinnlich wahrnehmbarer Erinnerungszeichen oder Merkzeichen für die Erinnerung. Definition des Merkzeichens.* 2. *Ihre Unentbehrlichkeit zur Anzeige der Begriffe des Geistes.* 3. *Die* Namen *stehen für beides*[19] *ein.* 4. *Definition des Namens.* 5. *Namen sind Zeichen nicht für die Dinge, sondern für unsere Gedanken.* 6. *Welche Dinge Namen haben.* 7. *Positive und negative Namen.* 8. *Kontradiktorische Namen.* 9. *Der Gemeinname.* 10. *Namen der ersten und zweiten Intention.* 11. *Universal, partikular, individuell, indefinit.* 12. *Univoker und äquivoker Name.* 13. *Absoluter und relativer Name.* 14. *Einfacher und zusammengesetzter Name.* 15. *Beschreibung des Prädikaments.* 16. *Einige Bemerkungen zu den Prädikamenten.*

1. Ein jeder verfügt in eigener Person über die untrüglichsten Erfahrungsbeweise dafür, wie unstet und flüchtig die Gedanken der Menschen sind, und wie ihre Wiederholung bloßes

---

[18] Statt »Die Wörter« in *E* »Von den Namen«.
[19] Statt »für beides« in *E* genauer »für diese beiden Unentbehrlichkeiten«.

Zufallsgeschehen ist. Denn kein Mensch vermag sich Quantitäten ohne sinnlich wahrnehmbare und gegenwärtige Maßstäbe, Farben ohne sinnlich wahrnehmbare und gegenwärtige Muster und Zahlen ohne Zahlwörter (die man auswendig in der Reihenfolge ihrer Anordnung hersagt) in Erinnerung zu rufen. Was immer der Mensch in seinem Innern sich schlußfolgernd zusammengesucht haben mag, entfällt ihm daher ohne solche Hilfsmittel auf der Stelle, und er kann es sich nur zurückrufen, wenn er diese Arbeit ein zweites Mal unternimmt. Hieraus folgt, daß zur Gewinnung der Philosophie bestimmte sinnlich wahrnehmbare Erinnerungszeichen unentbehrlich sind, mittels derer die vergangenen Gedanken sowohl wieder hervorgeholt als auch ihrer Reihenfolge entsprechend allesamt gewissermaßen verbucht werden können. Derartige Erinnerungszeichen nennen wir *Merkzeichen*; und zwar sind dies *sinnlich wahrnehmbare Dinge, die wir nach Belieben dazu verwenden, daß ihre Wahrnehmung uns Gedanken ins Bewußtsein zurückzurufen erlaubt ähnlich jenen, derentwegen sie verwendet wurden.*

2. Wer sieht andererseits nicht, daß, auch wenn ein einzelner Mensch von noch so ausgezeichneter Sinnesart seine ganze Zeit teils mit Folgern, teils zur Förderung seines Wissens mit der Erfindung von Merkzeichen zur Unterstützung seiner Erinnerung verbrächte, er nicht nur sich nicht viel hilft, sondern obendrein den anderen gar nicht? Denn wenn nicht auch andere die Erinnerungszeichen, die er für sich selber erfunden hat,[20] mit ihm gemein haben, wird sein Wissen mit ihm zugrunde gehen. Wenn also viele dieselben Erinnerungszeichen oder Merkzeichen gemein haben und die Erfindungen des einen an die anderen weitergegeben werden, können die Wissenschaften zum Nutzen des gesamten Menschengeschlechts gemehrt werden. Daher ist zur Weitergabe[21] der Philosophie das Vorhandensein bestimmter Zeichen unentbehrlich, durch welche, was die einen erdacht

---

[20] Statt »die Erinnerungszeichen, die er für sich selber erfunden hat« in *E* »seine Erinnerungszeichen«.

[21] Statt »Weitergabe« in *AEB* irrig »Gewinnung«. Den korrekten Terminus hat einzig Ms. A 10.

haben, den anderen eröffnet und bewiesen werden kann. *Zeichen* aber nennt man gewöhnlich *das Vorhergehende des Nachfolgenden und das Nachfolgende des Vorhergehenden, so oft wir die Erfahrung gemacht haben, daß sie einander insgemein in gleicher Weise vorangehen und nachfolgen.* So ist eine schwere Wolke aus dem Grunde Zeichen für den nachfolgenden Regen und der Regen Zeichen für die vorhergehende Wolke, daß wir nur selten die Erfahrung einer schweren Wolke ohne folgenden Regen gemacht haben, die des Regens ohne vorhergehende Wolke dagegen gleich gar nicht. Von den Zeichen aber sind die einen natürlich, wofür wir ein Beispiel soeben erwähnt haben, die anderen willkürlich, da sie Verwendung finden, weil wir dies so wollen. So dient ein aufgehängter Efeubusch zur Anzeige des Weinverkaufs, ein Stein zur Anzeige der Akkergrenze, und dienen in bestimmter Weise verbundene menschliche Stimmlaute zur Anzeige der Gedanken und Bewegungen des Geistes. Der Unterschied zwischen dem Merkzeichen und dem Zeichen liegt also darin, daß jenes unseretwegen, dieses um der anderen willen aufgestellt wird.

3. Menschliche Stimmlaute, so verbunden, daß sie Zeichen für Gedanken sind, heißen *Rede*, ihre einzelnen Teile aber *Namen*. Da aber, wie gesagt, sowohl Merkzeichen als auch Zeichen für die Philosophie unentbehrlich sind – Merkzeichen, um unsere Gedanken uns vergegenwärtigen, Zeichen, um anderen unsere Gedanken bekanntgeben zu können[22] –, stehen die Namen für beides ein. Doch spielen sie die Rolle von Merkzeichen, bevor sie die von Zeichen spielen. Denn sie dienten dem Menschen zur Erinnerung, auch wenn er allein auf der Welt wäre, könnten dann allerdings zur Belehrung anderer nicht dienen (außer es gäbe irgendwelche andere, die man belehren könnte).[23] Außerdem sind die Namen jeder für sich genommen Merkzeichen, da sie auch einzeln das Ge-

---

[22] Statt »um anderen unsere Gedanken bekanntgeben zu können« (= *E*) in *AB* »um sie beweisen zu können«.

[23] Statt »zur Belehrung anderer nicht dienen (außer es gäbe irgendwelche andere, die man belehren könnte)« (= *E*) in *AB* »zur Beweisführung nicht dienen (außer es gäbe einen anderen, dem gegenüber ein Beweis geliefert werden könnte)«.

dachte zurückrufen, Zeichen aber sind sie nur, sofern sie in
der Rede angeordnet und Teile davon sind. So ruft etwa der
sprachliche Ausdruck »Die Drossel« zwar im Hörer die Vorstellung einer Drossel wach, zeigt aber nicht den Umstand an
(außer man fügt bei »ist ein Lebewesen« oder sonst etwas
Gleichwertiges), daß im Geist des Sprechers eine bestimmte
Vorstellung vorhanden ist, sondern nur dies, daß er etwas
sagen wollte, das zwar mit dem Sprachausdruck »Die Drossel«, aber auch mit dem Ausdruck »Die Drosselung« hätte
beginnen können.[24] Die Natur des *Namens* besteht daher in
erster Linie darin, daß er ein zum Zwecke der Erinnerung
verwendetes Merkzeichen ist; dazu kommt aber nebenher,
daß er auch zur Anzeige und Bekanntmachung dessen gegenüber anderen[25] dient, was wir in der Erinnerung festhalten.
Wir definieren den Namen also wie folgt:

4. Ein *Name* ist *ein vom Menschen nach Belieben als Merkzeichen
verwendeter menschlicher Sprachausdruck, durch den im Geist ein
dem vergangenen Gedanken ähnlicher Gedanke heraufgerufen werden
kann, und der, in der Rede angeordnet und*[26] *anderen gegenüber ausgesprochen, ihnen Zeichen dafür ist, was für ein Gedanke im Aus-
sprechenden voranging oder nicht voranging.* Daß ich aber unterstellt habe, die Namen fänden ihren Ursprung im Belieben
der Menschen, glaubte ich der Kürze halber als völlig unbe-
zweifelbar annehmen zu dürfen. Wie könnte auch jemand,
der sieht, wie täglich neue Wörter entstehen, alte in Vergessenheit geraten, bei verschiedenen Völkern sich verschiedene
im Umlauf befinden, und schließlich, daß Dinge und Wörter
einander weder ähnlich noch auch sonst irgendwie vergleichbar sind, auf den Gedanken kommen, die Dingnaturen hätten
sich ihre Namen selber gegeben?[27] Denn wenn auch etliche

---

[24] Statt »Die Drossel« bzw. »Die Drosselung« in *AB* in diesem Satz
die unübersetzbaren gleichklingenden Beispiele »homo« [»Mensch«]
und »homogeneum« [»homogen«]; *E* umschreibt mit »ein Wort« bzw.
»Teil eines anderen Worts«.

[25] Statt »Bekanntmachung dessen gegenüber anderen« (= *E*) in *AB*
»zum Beweis dessen«.

[26] »in der Rede angeordnet und« fehlt in *E*.

[27] Nach Platon, *Kratylos*, 383a war Kratylos der Auffassung, »es

von unseren Stammeltern benutzte Namen von Tieren und anderen Dingen ihnen von Gott beigebracht wurden,[28] hat er sie denn doch nach seinem Gutdünken festgesetzt. Auch gerieten sie zunächst beim Turm zu Babel und dann mit dem Verstreichen der Zeit allenthalben außer Gebrauch und in Vergessenheit, und andere, von den Menschen nach eigenem Gutdünken erfundene und allgemein angenommene traten an ihre Stelle.

Ferner stand es den Philosophen, gleichgültig, wie die Wörter für gewöhnlich gebraucht werden, bei der Weitergabe ihrer Wissenschaft an andere jedenfalls immer frei, ja war manchmal für sie sogar notwendig und wird es auch in Zukunft sein, zur Bezeichnung ihrer Auffassungen die Namen nach eigenem Ermessen zu verwenden, wofern sie sich damit nur verständlich machen können. So hatten die Mathematiker, als sie die von ihnen gefundenen Figuren »Parabeln«, »Hyperbeln«, »Cissoiden«,[29] »Quadratices«[30] usw. nannten oder die eine Größe A und die andere B, niemand anderen als sich selber um Erlaubnis zu bitten.

5. Da aber nach obiger Definition die in der Rede angeordneten Namen Zeichen für die Gedanken sind, stellen sie offensichtlich nicht Zeichen für die Dinge selber dar; denn wie anders kann man verstehen, daß das Ertönen des sprachlichen Ausdrucks »Stein« Zeichen für den Stein sei, als so, daß, wer diesen Ausdruck hört, zu dem Schluß kommt, der Sprecher habe an einen Stein gedacht? Deshalb zeugt die berüchtigte Streitfrage, ob die Namen die Materie, die Form

---

gebe für jedes Ding eine richtige, aus der Natur dieses Dings selbst hervorgegangene Bezeichnung«.

[28] Nach Genesis 2,19f. gibt vielmehr der Mensch den Tieren, die Gott zu diesem Zweck vor ihn bringt, ihre Namen.

[29] Kurve 3. Ordnung der Gleichung $(2r - x)y^2 = x^3$ (Efeulinie).

[30] Transzendente Kurve der Gleichung $x = \dfrac{y}{\tan\left(\dfrac{\pi}{2} \cdot y\right)}$, mit deren Hilfe in der Antike Probleme wie die Quadratur des Kreises (daher ihr Name) behandelt wurden.

oder das daraus Zusammengesetzte bezeichnen,[31] gleich anderen solchen Fragen der Metaphysiker von Abwegigkeit und Unverständnis der Worte, um die man streitet.

6. Auch ist es in der Tat nicht nötig, daß jeder Name Name für ein Ding sei. Denn wie die Ausdrücke »Mensch«, »Baum«, »Stein« Namen der betreffenden Dinge selber sind, so haben auch die im Traum auftretenden Bilder von Mensch, Baum und Stein ihre eigenen Namen, obwohl sie keine Dinge, sondern nur Schemen und Erscheinungsbilder von solchen sind. Man kann sich schließlich an sie erinnern, und so muß man sie ganz wie die betreffenden Dinge selber mit Merkzeichen versehen und bezeichnen können. Auch der Ausdruck »zukünftig« ist ein Name, obwohl es ein zukünftiges Ding noch gar nicht gibt und wir überhaupt nicht wissen, ob, was wir zukünftig nennen, in Zukunft jemals sein wird; und doch bezeichnen wir, da wir im Denken das Vergangene mit dem Gegenwärtigen zu verknüpfen pflegen, eine solche Verknüpfung zu Recht mit dem Namen »zukünftig«. Ferner hat auch, was weder ist noch war noch sein wird noch überhaupt sein kann, dennoch einen Namen, nämlich eben den, »daß es weder ist noch war« usw., oder kürzer den des Unmöglichen. Endlich ist der Ausdruck »nichts« ein Name, kann aber nicht Name eines Dings sein. Denn wenn wir beispielsweise 2 und 3 von 5 wegrechnen und keinen Rest sehen, ist, wenn wir uns an diese Berechnung erinnern wollen, die Redeweise »nichts bleibt als Rest« und darin der Name »nichts« alles andere als unnütz. In der gleichen Weise kann man, wo Größeres von Kleinerem abgezogen wird, den Rest auch zutreffend als »kleiner als null« bezeichnen. Denn solche Reste ersinnt sich der Geist aus fachimmanenten Gründen, und er wünscht sie sich, wann immer er ihrer bedarf, in Erinnerung zu rufen. Da aber jeder Name zu einem Benannten in Beziehung steht, wird man, obwohl das Benannte nicht in jedem Fall ein in der Welt vorhandenes Ding ist, aus fachimmanenten Gründen statt »Benanntes« »Ding« sagen dürfen, ganz als liefe es auf

---

[31] Ein scholastisches, im Zusammenhang mit der Frage nach dem Individuationsprinzip diskutiertes Problem. Vgl. Kap. XI, Art. 7.

das Gleiche hinaus, ob dieses »Ding« in Wirklichkeit besteht
oder bloß ersonnen ist.

7. Eine erste Unterscheidung der Namen soll die sein, daß
einige *positiv* oder *affirmativ* und andere, die man auch *priva-
tive* oder *unendliche*[32] zu nennen pflegt, *negativ* sind. Die positiven werden den Dingen, die wir in Gedanken haben,
aufgrund ihrer Ähnlichkeit, Gleichheit oder Selbigkeit, die
negativen aufgrund ihrer Verschiedenheit oder Unähnlichkeit oder Ungleichheit beigelegt. Beispiele für die ersteren
sind »Mensch«, »Philosoph«. Denn »Mensch« bezeichnet einen beliebigen unter vielen Menschen, »Philosoph« einen
beliebigen unter vielen Philosophen, und zwar aufgrund der
Ähnlichkeit aller. Desgleichen ist »Sokrates« ein positiver
Name, weil er immer ein und dieselbe Person bezeichnet.
Beispiele für negative Namen sind alle, die aus den positiven
durch Zufügung der Negationspartikel »Nicht-« entstehen,
wie »Nichtmensch«, »Nichtphilosoph«. Die positiven sind
aber früher als die negativen; und nur, weil es jene schon
vorher gab, konnte man diese verwenden.[33] Denn sobald bestimmten Dingen der Name »Weißes« beigelegt war und
andern hernach die Namen »Schwarzes«, »Blaues«, »Durchsichtiges« usw., konnten ihrer aller Unähnlichkeiten mit dem
Weißen, die ja der Zahl nach unendlich sind, nur durch Negation des Namen »Weißes« mit einem einzigen Namen
bezeichnet werden, also mit dem Namen »Nichtweißes« oder
einem ihm gleichwertigen, in dem der Ausdruck »Weißes«
vorkommt (wie etwa »dem Weißen Unähnliches«). Und so
rufen wir uns durch diese negativen Namen in den Geist zurück bzw. zeigen durch sie anderen gegenüber[34] an, was wir
nicht gedacht haben.

8. Positiver und negativer Name verhalten sich aber kontradiktorisch zueinander, können also nicht beide Name für

---

[32] Statt »unendliche« in *E* »indefinite«.

[33] Statt »und nur, weil es jene schon vorher gab, konnte man diese
verwenden« in *E* »denn ansonsten wären diese völlig nutzlos gewesen«.

[34] »anderen gegenüber« ist Zusatz von *E*.

dasselbe Ding sein. Außerdem ist für jedes beliebige Ding
einer der kontradiktorischen Namen unfehlbar sein Name.
Denn alles, was ist, ist entweder Mensch oder Nichtmensch,
Weißes oder Nichtweißes usw. All das ist viel zu offensichtlich,
als daß es eines Beweises oder näherer Erläuterung bedürfte.
Denn wer diesen Sachverhalt so ausdrückt: »Dasselbe kann
nicht sein und nichtsein«, redet dunkel; wer dagegen so: »Was
da ist, ist entweder oder ist nicht«, obendrein ungereimt und
lächerlich.[35] Die Gewißheit dieses Grundsatzes (daß für jedes
beliebige Ding von zwei kontradiktorischen Namen der eine
sein Name ist und der andere es nicht ist) ist zweifellos Ausgangspunkt und Grundlage alles Schlußfolgerns, also aller
Philosophie. Daher mußte er in strenger Form ausgesprochen
werden, um, wie es ja tatsächlich der Fall ist, für jedermann in
sich klar und durchsichtig zu sein – außer denen, die nach
Lektüre langer diesbezüglicher Ausführungen bei den Metaphysikern, wo, wie sie glauben, höchst Ungewöhnliches gesagt wird, nicht mehr wissen, daß sie verstehen, was sie doch
verstehen.

9. Sodann[36] sind die einen Namen mehreren Dingen *gemein*, wie »Mensch«, »Baum«, die andern den einzelnen
Dingen *eigen*, wie »der Verfasser der Ilias«, »Homer«, »dieser«, »jener«. Da aber der Gemeinname Name von mehreren
einzeln genommenen Dingen ist, nicht aber insgesamt für alle
zusammen (so wie »Mensch« nicht Name für das Menschengeschlecht ist, sondern für jeden einzelnen Menschen, wie
Peter, Hans und alle anderen gesondert), heißt er aus diesem
Grunde *universal*. Der Name[37] »das Universale« ist daher
nicht Name für irgendein in der Welt vorhandenes Ding, auch
nicht für irgendeine im Geiste gestaltete Vorstellung oder ein
Erscheinungsbild, sondern immer für irgendeinen Sprachausdruck oder Namen. Wenn man also sagt, das Lebewesen,
der Steinblock, das Gespenst oder sonst etwas sei universal, ist

---

[35] Wohl ungenaue Wiedergabe von Franciscus Suarez (1548-1617),
Disputationes Metaphysicae, Disputatio III, Sectio III, V.
[36] Statt »Sodann« in *E* »Zweitens«.
[37] Statt »Der Name« in *E* »Das Wort«.

damit nicht gemeint, daß irgendein Mensch, Steinblock usw. je universal gewesen wäre, es jetzt sei[38] oder je sein könnte, sondern nur, daß die Ausdrücke »Lebewesen«, »Steinblock« usw. universale Namen sind, also Gemeinnamen für mehrere Dinge; auch sind die ihnen im Geiste entsprechenden Begriffe Bilder und Erscheinungsbilder von einzelnen Lebewesen bzw. sonstigen Dingen. Daher bedarf es zum Verständnis des Bedeutungsgehalts eines Universale[39] keiner anderen Fähigkeit als der Einbildungskraft, durch die wir uns vergegenwärtigen, daß solche Ausdrücke bald das eine, bald ein anderes Ding in unserem Geist heraufgerufen haben. Auch sind unter den Gemeinnamen die einen mehr, die andern weniger allgemein. Allgemeiner ist, was Name von mehr, weniger allgemein, was es von weniger Dingen ist. So ist »Lebewesen« allgemeiner als »Mensch« oder »Pferd« oder »Löwe«, weil es sie alle in sich begreift. Deshalb nennt man den allgemeineren Namen im Vergleich zu dem unter ihm enthaltenen[40] weniger allgemeinen gewöhnlich die *Gattung* [»Genus«] oder den *generellen* Namen, diesen dagegen die *Art* [»Spezies«] von jenem oder den *speziellen*.

10. Von daher ergibt sich auch eine dritte Unterscheidung der Namen, nämlich daß man die einen solche der *ersten,* die andern solche der *zweiten Intention* genannt hat. Namen der ersten Intention sind Namen von Dingen, wie »Mensch«, »Stein«; solche der zweiten sind Namen von Namen und Redeformen, wie »Universales«, »Partikulares«, »Gattung«, »Art«, »Schluß« und dergleichen. Warum man jene aber Namen der ersten und diese der zweiten Intention genannt hat, ist schwer zu sagen; außer daß vielleicht die erste Intention die war, all dem Namen beizulegen, was zum täglichen Leben beiträgt, alsdann aber es die spätere und zweite Sorge gewesen sein könnte, all dem, was die Wissenschaft anbelangt, also den Namen Namen zu geben. Doch wie dem auch sei, klar ist

---

[38] »es jetzt sei« fehlt in *E.*
[39] Statt »des Bedeutungsgehalts eines Universale« in *E* »des Umfangs eines universalen Namens«.
[40] »unter ihm enthaltenen« fehlt in *E.*

jedenfalls, daß »Gattung«, »Art«, »Definition« Namen ausschließlich von sprachlichen Ausdrücken und Namen sind,
und daß deswegen Gattung und Art in den Schriften der Metaphysiker zu Unrecht für Dinge und die Definition für die
Natur des Dings angesehen wird, wo sie doch nur Anzeichen
für unsere Gedanken über die Natur der Dinge sind.[41]

11. Viertens haben die einen Namen eine feste und bestimmte Bedeutung, die anderen eine unbestimmte oder indefinite.[42] Bestimmte und feste Bedeutung hat erstens ein
Name, der sich nur auf ein einziges Ding bezieht; er heißt
individuell, wie »Homer«, »dieser Baum«, »jenes Lebewesen«.
Zweitens, der als Zufügung den Ausdruck »jedes«, »ein beliebiges«, »jedes von beiden«, »eines von beiden« oder einen
andern von gleicher Bedeutung enthält. Er heißt aber *universal*, weil er der Name eines jeden aus der Zahl der Dinge ist,
denen er gemeinsam ist. Diese Namen haben aber deshalb
eine feste Bedeutung, weil der Hörer in Gedanken das Ding
erfaßt, das er vom Sprecher aus auffassen sollte. Indefinite
Bedeutung hat erstens ein Name, dem der Ausdruck »irgendeine«, »eine gewisse« oder ein anderer von gleicher Bedeutung zugefügt ist; er heißt *partikular*. Sodann ein einfach und
ohne ein Merkmal der Universalität oder Partikularität hin-
gesetzter Name, wie »Mensch«, »Stein«; er heißt *indefinit*. Die
Bedeutung des partikularen und des indefiniten Namens ist
aber deswegen nicht festgelegt, weil der Hörer nicht weiß, in
bezug auf welche Sache der Sprecher ihn verstanden haben
will. Daher müssen indefiniter und partikularer Name in der
Rede als gleichwertig gelten.

Die Ausdrücke für Universalität und Partikularität, wie »jedes«, »ein beliebiges«, »irgendein« usw., sind aber nicht
Namen, sondern Teile von Namen, so daß »jeder Mensch«
dasselbe ist wie »jener Mensch, den der Hörer in Gedanken
erfassen soll«, und »ein gewisser Mensch« dasselbe wie »jener
Mensch, den der Sprecher in Gedanken schon erfaßt hat«.

---

[41] Vgl. Kap. V, Art. 7.
[42] Statt »eine unbestimmte oder indefinite« in *E* »eine ungewisse
und unbestimmte«.

Von daher läßt sich auch verstehen, daß Zeichen dieser Art
dem Menschen nicht um seiner selbst willen, also um durch
eigenes Nachdenken Wissen zu gewinnen, von Nutzen sind
(denn ein jeder bringt es in seinem Denken zu Bestimmtheit
auch ohne sie), sondern um der anderen willen, also um zu
lehren und den anderen seine Begriffe anzuzeigen; und daß
sie nicht nur, um uns zum Erinnern zu veranlassen, sondern
auch, um uns zur Unterredung mit anderen zu befähigen[43]
erdacht worden sind.

12. Man pflegt bei Namen auch[44] *univoke* und *äquivoke* zu
unterscheiden, wobei die univoken in derselben Kette von
Schlußfolgerungen immer dasselbe anzeigen, die äquivoken
dagegen bald so, bald anders zu verstehen sind. So könnte
man den Namen »Dreieck« univok nennen, weil er immer im
selben Sinn genommen wird, »Parabel« dagegen äquivok,
weil er manchmal eine Allegorie oder ein Gleichnis und
manchmal eine bestimmte geometrische Figur bezeichnet.
Auch jede Metapher ist ausdrücklich äquivok. Indessen bezieht sich diese ganze Unterscheidung nicht auf Namen als
solche, sondern auf diejenigen, die sie gebrauchen, sofern die
einen (zur Ermittlung der Wahrheit) Ausdrücke in eigent-
licher und strenger Form gebrauchen, andere sie zu Redeschmuck oder Trug mißbrauchen.[45]

13. Fünftens[46] werden die einen Namen *absolut*, die andern
relativ genannt. Relative werden aufgrund einer Vergleichung
beigelegt, wie »Vater«, »Sohn«, »Ursache«, »Wirkung«,
»ähnlich«, »unähnlich«, »gleich«, »ungleich«, »Herr«, »Diener« usw. Die dagegen nicht zur Anzeige einer Vergleichung
beigelegt werden, heißen absolut. Was aber über die Univer-

---

[43] Statt »nicht nur, um uns zum Erinnern zu veranlassen, sondern
auch, um uns zur Unterredung mit anderen zu befähigen« (= *E*) in *AB*
nur »nicht der Erinnerung, sondern des Gedankenaustauschs wegen«.

[44] Statt »auch« in *E* »fünftens«.

[45] Statt »mißbrauchen« in *E* »ihnen ihre eigentliche Bedeutung entziehen«.

[46] Statt »Fünftens« in *E* »Sechstens«.

salität bemerkt wurde, nämlich daß sie den sprachlichen Ausdrücken, nicht den Dingen zuzuerkennen ist, muß man auch
von allen anderen Unterscheidungen der Namen sagen: nämlich daß es kein univokes oder äquivokes, relatives oder
absolutes Ding gibt. Eine weitere Unterscheidung der Namen
ist die zwischen *konkreten* und *abstrakten*; aber da der Ursprung
der abstrakten Namen im Satz liegt und sie ohne vorhergehende Bejahung nicht aufgestellt werden können, werden wir
davon an passender Stelle (Kap. III, Art. 3)[47] handeln.

14. Sechstens[48] sind die einen Namen *einfach*, die andern
zusammengesetzt oder verbunden. Hier ist aber sogleich daran
zu erinnern, daß in der Philosophie »Name« nicht wie in der
Grammatik zu nehmen ist, so daß *ein* Name wäre, was aus
einem Sprachausdruck besteht, sondern was in seiner Gesamtheit Name für *ein* Ding ist. Denn für den Philosophen ist der
ganze Ausdruck »sinnlich wahrnehmender belebter Körper«
nur *ein* Name, da er Name nur für *ein* Ding,[49] nämlich irgendein Lebewesen, ist, für den Grammatiker dagegen sind es
drei. Der einfache unterscheidet sich vom zusammengesetzten nicht wie in der Grammatik dadurch, daß letzterer Prä-
fixe hat. »Einfach« nenne ich hier einen Namen, der in der
betreffenden Gattung der allgemeinste oder universalste ist,
»zusammengesetzt« dagegen den, der durch Zufügung eines
anderen Namens weniger universal wird, und der anzeigt,
daß im Geiste mehrere Begriffe vorhanden sind, derentwegen
jene späteren Namen hinzugefügt wurden. So ist zum Beispiel
im Begriff des Menschen (wie im vorigen Kapitel angedeutet
worden ist)[50] ein erster Begriff der, daß er etwas Ausgedehntes
ist, und um dies anzumerken, war der Name »Körper« verwendet worden; daher ist »Körper« ein einfacher, weil allein

---

[47] Die Angabe »Kap. III, Art. 3« (so zu verbessern statt des gedruckten »Art. 4«) – die einzige (versehentlich am Rand stehengebliebene,
statt in den Text eingefügte) Randbemerkung in *De Corpore* – nur in
AB.

[48] Statt »Sechstens« in *E* »Schließlich«.

[49] »da er Name nur für *ein* Ding« fehlt in *E*.

[50] Kap. I, Art. 3.

infolge dieses ersten Begriffs aufgestellter Name. Sehe ich ihn
sodann sich in bestimmter Weise bewegen, so entsteht ein
anderer Begriff, in Hinblick auf den er »belebter Körper«
genannt wird, welchen Namen, wie übrigens auch den Namen »Lebewesen«, der dem des »belebten Körpers« gleichwertig ist, ich hier »zusammengesetzt« nenne. In gleicher
Weise sind »vernunftbegabter belebter Körper« und das ihm
gleichwertige »Mensch« noch mehr zusammengesetzt. Und
so sehen wir, daß die Zusammensetzung der Begriffe im Geiste der Zusammensetzung der Namen entspricht; denn wie im
Geist die eine Vorstellung oder das eine Erscheinungsbild
zum andern dazukommt und zu diesem wieder ein anderes,
so wird dem einen Namen einer nach dem andern hinzugefügt, und aus ihnen allen entsteht *ein* zusammengesetzter
Name. Indessen muß man sich, obgleich etliche in dieser
Richtung philosophiert haben, vor der Annahme hüten, daß
die Körper selber außerhalb unseres Geistes in genau der
gleichen Weise zusammengesetzt wären; daß in der Welt also
ein Körper oder sonst etwas als darin vorhanden vorstellbar
wäre, das zuerst überhaupt keine Größe besäße, dann durch
Zufügung von Größe ein Quantum würde, je nach der Zu-
setzung von viel oder wenig Quantität dicht oder dünn und
wieder durch Verbindung mit einer Gestalt gestaltet und hernach durch Einlassen von Lichtschein oder Farbe leuchtend
und farbig würde.[51]

15. Die logischen Schriftsteller haben in allen Gattungen
von Dingen die weniger allgemeinen Namen durch Unterord-
nung unter die allgemeineren auf gewisse Treppen oder Stufen
zu verteilen gesucht. So setzten sie in der Gattung der Körper
an die erste und höchste Stelle den »Körper« schlechthin, sodann darunter die weniger allgemeinen Namen, durch die er

---

[51] Vgl. Kenelm Digby (1603-1665), *Two Treatises, in the one of which
the Nature of Bodies, in the other, the Nature of Mans Soule is looked into, in
way of discovery of the Immortality of Reasonable Souls*, Paris 1644, First
Treatise, Kap. III, VI und VIII. Mit dem katholischen Adligen Digby
war Hobbes seit langen Jahren befreundet und lebte mit ihm einige
Zeit in seinem Pariser Exil zusammen. – Vgl. Kap. VII, Art. 14.

eingegrenzt und näher bestimmt wird, nämlich »belebt« und
»unbelebt«, und so immer weiter, bis man zu den Individuen
kommt. Ebenso setzen sie in der Gattung der Quantitäten an
die erste und höchste Stelle das »Quantum« und danach die
weniger umfassenden Namen »Linie«, »Fläche« und »Raumkörper«; und diese Reihungen von Namen oder Treppen pflegen sie »Prädikamente« und »Kategorien« zu nennen. Man
ordnet aber nicht nur positive, sondern auch negative Namen
in solchen Reihen. Beispiele oder Schemata von Prädikamenten können aussehen wie folgt.

Schema des Prädikaments der Körper

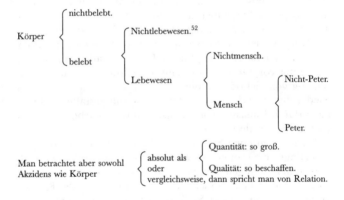

Nichtkörper
oder
Akzidens.

Körper
  nichtbelebt.
  belebt
    Nichtlebewesen.[52]
    Lebewesen
      Nichtmensch.
      Mensch
        Nicht-Peter.
        Peter.

Man betrachtet aber sowohl
Akzidens wie Körper
  absolut als
  oder
  vergleichsweise, dann spricht man von Relation.
    Quantität: so groß.
    Qualität: so beschaffen.

[52] Die Einteilung des Belebten (animatum) in Nichtlebewesen (non
animal) und Lebewesen (animal) ist Hobbes' eigener Terminologie zufolge – noch in Art. 14 hatte er erklärt, »belebter Körper« und »Lebewesen« seien gleichbedeutend – im Fall des Nichtlebewesens widersprüch-
lich, in dem des Lebewesens tautologisch. Hobbes übernimmt die obige
Einteilung, wie die Parallelstelle in *De Motu*, Kap. VII, Art. 5, zeigt, aus
der zeitgenössischen Schullogik, welche den Ausdruck »animal« tra-

Schema des Prädikaments der Quantitäten

Dabei ist zu anzumerken, daß Linie, Fläche und Raumkörper vorrangig und aufgrund ihrer eigenen Wesensart »so
groß«, also der Gleichheit und Ungleichheit fähig heißen; daß
bei der Zeit aber nur rücksichtlich der Linie und der Bewegung, bei der Geschwindigkeit[53] nur rücksichtlich der Linie
und der Zeit und endlich bei der Kraft nur rücksichtlich des
Raumkörpers und der Geschwindigkeit[54] die eine größer
oder kleiner als die andere oder ihr gleich, ja überhaupt eine
Quantität genannt werden kann.[55]

ditionell als »mit sinnlicher Wahrnehmung begabter belebter Körper«,
d. h. als Tier verstand, wogegen »Belebtes« als Oberbegriff für Tier und
Pflanze (= Nichttier) galt. »Non animal« wäre also statt als Nichtlebewesen genauer als »Nichttier« zu übersetzen und »animal« statt als Lebewesen als »Tier«. Doch wurde um der Einheitlichkeit der Übersetzung
willen obige Terminologie beibehalten; schon auch, um auf die Spannung zwischen dieser Tafel der Prädikamente und Hobbes' eigener
Philosophie hinzuweisen.

[53] Statt »Geschwindigkeit« in *E* »Bewegung«.
[54] Statt »Geschwindigkeit« in *E* »Bewegung«.
[55] Vgl. Kap. VIII, Art. 16-18.

Schema des Prädikaments der Qualität

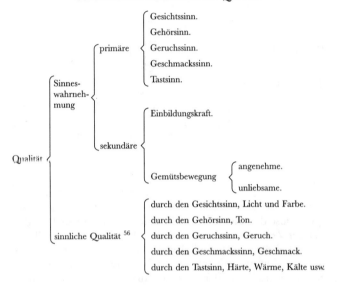

Schema des Prädikaments der Relation

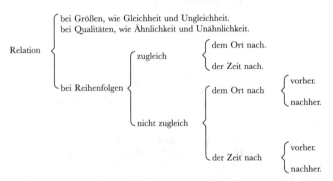

---

[56] Statt »sinnliche Qualität« (= *AE*) in *B* »sinnliche«.

16. Bezüglich dieser Prädikamente ist vor allem zu bemerken, daß die beim ersten immerzu durchgeführte Einteilung in kontradiktorische Namen auch bei den übrigen hätte durchgeführt werden können. Denn ganz wie dort »Körper« eingeteilt wird in »belebt« und »nichtbelebt«, läßt sich im zweiten Prädikament »stetige Quantität« einteilen in »Linie« und »Nichtlinie«, und »Nichtlinie« wieder in »Fläche« und »Nichtfläche« usw.; aber das war nicht unbedingt erforderlich.

Zweitens ist zu beachten, daß bei den positiven Namen der niedrigere immer vom höheren umfaßt wird, bei den negativen dagegen der höhere vom niedrigeren. So ist zum Beispiel »Lebewesen« ein Name für einen jeden Menschen und enthält deswegen den Namen »Mensch« in sich, wogegen »Nichtmensch« ein Name ist für jedes Ding, das kein Lebewesen ist; und deshalb wird der Name »Nichtlebewesen«, der an höherer Stelle steht, vom niedrigeren Namen »Nichtmensch« umfaßt.

Drittens muß man sich vor der Annahme hüten, daß, wie die Namen, so auch die Unterschiede der Dinge selber durch derartige Unterscheidungen mittels des kontradiktorischen Gegenteils[57] sich ausschöpfen oder in ihrer Zahl begrenzen ließen; oder daß man daraus ein Argument schöpfen könnte (wie einige das lächerlicherweise taten),[58] das bewiese, daß die Arten der Dinge selber nicht unendlich seien.

Viertens sollte niemand glauben, daß ich die obigen Schemata für die feste und wahre Anordnung der Namen ausgebe. Denn eine solche Anordnung kann nur von einer vollausgeführten Philosophie aufgestellt werden. Und wenn beispielsweise ich Licht im Prädikament der Qualitäten[59] und ein

---

[57] »mittels des kontradiktorischen Gegenteils« fehlt in *E.*

[58] Vgl. Thomas White (1593-1676), *De Mundo Dialogi tres*, Paris 1642, S. 59-61 und 321; dazu *De Motu*, Kap. VII, Art. 5 und Kap. XXXI, Art. 7. Mit dem englischen katholischen Priester White, der in diesem Werk zum Teil zugunsten des Aristotelismus gegen Galilei auftrat, lebte Hobbes eine Zeitlang in Paris im Exil zusammen.

[59] Über Licht als Akzidens vgl. Kap. XXV, Art. 10.

anderer es im Prädikament der Körper unterbringt, so werde weder ich ihn noch wird er mich dadurch von dieser Auffassung abbringen, denn das kann nur durch Argumente und Schlußfolgerungen geschehen, nicht aber durch das Einteilen von Wörtern.[60]

Schließlich gestehe ich, daß ich einen sonderlichen Nutzen der Prädikamente in der Philosophie bislang nicht wahrgenommen habe. Ich vermute, daß Aristoteles, da er nicht imstande war, eine Gesamtaufstellung der Dinge vorzunehmen, von einem Gelüste gepackt wurde, eine solche (wozu er sich selber autorisierte) zumindest bei den Wörtern vorzunehmen. Zwar habe ich hier das gleiche getan, aber nur, damit deutlich werde, um was es sich dabei handelt, und nicht, damit man das für die wahre Anordnung der Wörter ansehe, es sei denn, gute Gründe bestätigten sie nachträglich noch.

Kapitel III
Der Satz

1. *Die verschiedenen Arten der Rede.* 2. *Definition des Satzes.* 3. *Wesen von* Subjekt, Prädikat *und* Kopula *sowie von* abstrakt *und* konkret. 4. *Nutzen und Mißbrauch abstrakter Namen.* 5. Universaler *und* partikularer *Satz.* 6. Affirmativer *und* negativer. 7. Wahrer *und* falscher. 8. *Wahrheit und Falschheit befinden sich in der Rede, nicht in den Dingen.* 9. Erster *und* nichterster *Satz,* Definition, Axiom, Postulat. 10. Notwendiger *und* kontingenter *Satz.* 11. Kategorischer *und* hypothetischer. 12. *Derselbe Satz wird in vielerlei Weisen ausgedrückt.* 13. *Sätze, die sich in denselben kategorischen überführen lassen, sind* gleichbedeutend.[61] 14. *Mittels kontradiktorischer Namen umgekehrte Sätze sind* gleichbedeutend. 15. *Negative sind identisch, gleich ob die Negation vor oder hinter die Kopula gesetzt wird.* 16. *Einfach umgekehrte partikulare sind* gleichbedeutend. 17. *Wesen der* subalternen, konträren, subkonträren *und* kontradiktorischen *Sätze.* 18. *Wesen der*

---

[60] *E* fügt erläuternd hinzu »in Klassen«.

[61] Sachlich ist dieser Satz Summarie zum Schluß von Art. 12, so daß Art. 13 eigentlich ohne Summarie bleibt. Aus diesem Grund mußte ihm hier sein (unzutreffender) Originaltext belassen werden.

Folge. 19. *Aus Wahrem folgt nichts Falsches.* 20. *Inwiefern ein Satz Ursache eines anderen ist.*

1. Die Verbindung oder Verknüpfung von Namen ist Ursprung der verschiedenen Arten von Reden, von denen einige Verlangen und Affekte der Menschen anzeigen. Dazu gehören die *Fragen*, welche ein Erkenntnisverlangen anzeigen, wie »Wer ist ein rechtschaffener Mann?«,[62] wobei ein Name hingesetzt und ein zweiter verlangt wird, und zwar erwartet man ihn von seiten des Befragten. Dann die *Bitten*, die ein Besitzverlangen anzeigen, die *Versprechungen, Drohungen, Wünsche, Befehle, Klagen* und andere Anzeigen anderer Affekte. Eine Rede kann aber auch völlig sinnlos und bedeutungsleer sein, wenn nämlich der Kette von Namen im Geiste keine Gedankenkette entspricht; wie es denn Leuten, die den Eindruck erwecken möchten, sich in überaus subtilen Angelegenheiten auszukennen, von denen sie doch nichts verstehen, oft widerfährt, daß sie darüber Worte ohne inneren Zusammenhang von sich geben. Ist doch auch die Verbindung von Worten ohne inneren Zusammenhang, obwohl sie das Ziel der Rede (nämlich die Anzeige) verfehlt, eine Rede; bei den metaphysischen Schriftstellern kommt sie sogar beinahe ebenso häufig vor wie die anzeigende. Die einzig zulässige Art von Rede in der Philosophie ist die von einigen als *Aussage*, von anderen als *Äußerung* und *Ausspruch*, von den meisten aber als *Satz* bezeichnete,[63] also die Rede desjenigen, der etwas bejaht oder verneint, und welche Merkmal der Wahrheit und Falschheit ist.

2. Ein *Satz* ist aber *eine aus zwei verknüpften Namen bestehende Rede, durch die der Sprecher anzeigt, daß er den nachkommenden Namen als Namen für dasselbe Ding begreift, dem auch der vorangehende Name zukommt;* oder (was dasselbe besagt) daß der vorangehende Name im nachkommenden enthalten ist. So ist zum Beispiel die Rede »Der Mensch ist ein Lebewesen«, in

---

[62] Horaz, *Epistulae* I 16, 40. Diese Horazstelle hatte Hobbes schon in *De Cive*, Kap. XIII, Art. 12, und in *De Motu*, Kap. XXXVIII, Art. 4 (Summarie: »Wer ein rechtschaffener Mann ist«), kommentiert.

[63] Scholastische Ausdrucksweisen.

der zwei Namen durch das Zeitwort »ist« verknüpft sind, deswegen ein *Satz*, weil, wer sie ausspricht, damit anzeigt, daß
ihm der nachkommende Name »Lebewesen« als Name für
dasselbe Ding gilt, dem auch der Name »Mensch« zukommt,
oder daß ihm der vorangehende Name »Mensch« als im
nachkommenden Namen »Lebewesen« enthalten gilt.

[3.][64] Den vorangehenden Namen pflegt man aber das
Subjekt oder das *Vorhergehende* oder *Enthaltene* und den nachkommenden das *Prädikat*, das *Folgende* oder *Enthaltende* zu
nennen.[65] Zeichen der Verbindung ist bei den meisten Völkern entweder irgendein Ausdruck, wie beispielsweise das
»ist« in dem Satz »Der Mensch ist ein Lebewesen«, oder ein
Beugefall bzw. irgendeine Wortendung. So ist in dem Satz
»Der Mensch geht« (was gleichwertig ist mit »Der Mensch ist
gehend«) die Endung, aufgrund derer es »geht« heißt statt
»gehend«, das Zeichen dafür, daß diese Namen als verknüpft
begriffen werden, d. h. als Namen für ein und dieselbe Sache.
Es gibt aber auch einige Völker (oder kann jedenfalls welche
geben), die über keinerlei unserem Zeitwort »ist« entsprechenden Ausdruck verfügen, aber dennoch Sätze bilden,
einzig indem sie den einen Namen hinter den andern setzen,[66] ganz wie wenn wir statt »Der Mensch ist ein Lebewesen« bloß sagen würden »Der Mensch ein Lebewesen«. Denn
auch eine solche Aneinanderreihung von Namen kann rein
für sich hinlänglich anzeigen, daß es sich dabei um eine Verbindung handelt; und daß ihnen vielleicht der Ausdruck »ist«
fehlt, besagt also nicht, daß sie zum Philosophieren weniger
befähigt wären.

Bei jedem Satz ist daher dreierlei in Betracht zu ziehen: die
beiden Subjekt und Prädikat ausmachenden Namen sowie
ihre Verknüpfung. Dabei erregen die Namen im Geiste den
Gedanken an ein und dasselbe Ding, wogegen die Verknüpfung den Gedanken an die Ursache veranlaßt, derentwegen
diese Namen dem betreffenden Ding beigelegt werden. Sagen

---

[64] In *AEB* steht die Ziffer 3 irrigerweise erst vor dem nächsten Abschnitt.

[65] Scholastische Ausdrucksweisen.

[66] Isolierende Sprachen wie das Chinesische.

wir also beispielsweise »Ein Körper ist beweglich«, so denken
wir zwar an das Ding selber, das durch diese beiden Namen
bezeichnet wird, doch bleibt der Geist dabei nicht stehen,
sondern untersucht darüberhinaus, was »Körper sein« oder
»beweglich sein« sei, d. h. worin dieses Ding sich von anderen
unterscheidet, so daß man es so und so nennt, andere dagegen
nicht. Wer also untersucht, was das »etwas sein« sei, etwa das
»beweglich sein«, »warm sein« usw., sucht bei Dingen nach
den Ursachen für ihre Namen.

Hieraus entspringt nun jene im vorigen Kapitel erwähnte
Unterscheidung zwischen konkreten und abstrakten Namen.
Konkret aber ist, was Name für ein Ding ist, dessen Existenz
unterstellt wird und das daher manchmal das *Unterstellte* und
manchmal das *Subjekt* (griechisch ὑποκείμενον) genannt
wird, wie »Körper«, »beweglich«, »bewegt«, »gestaltet«,
»eine Elle lang«, »warm«, »kalt«, »ähnlich«, »gleich«, »Appius«, »Lentulus« und dergleichen. *Abstrakt* ist, was bei dem
als existierend unterstellten Ding die Ursache für seinen konkreten Namen angibt,[67] wie »Körper sein«, »beweglich sein«,
»bewegt sein«, »gestaltet sein«, »so groß sein«, »warm sein«,
»kalt sein«, »ähnlich sein«, »gleich sein«, »Appius« oder
»Lentulus sein« u. dgl., oder ihnen gleichwertige Namen, die
man *Abstrakta* zu nennen pflegt, wie »Körperlichkeit«, »Be-
weglichkeit«, »Bewegung«, »Quantität«, »Wärme«, »Kälte«,
»Ähnlichkeit«, »Gleichheit« und (welcher Wörter sich Cicero
bediente) »Appietät« und »Lentulität«.[68] Zur selben Gattung
gehören auch die Infinitive, denn »leben« und »sich bewegen« ist dasselbe wie »Leben« und »Bewegung« oder »leben-
dig sein« und »bewegt sein«. Abstrakte Namen bezeichnen
aber nur die Ursache des konkreten Namens, nicht das Ding

---

[67] Statt »was bei dem als existierend unterstellten Ding die Ursache
für seinen konkreten Namen angibt« in *AB* fehlerhaft »was bei dem
unterstellten Ding die existierende Ursache für seinen konkreten Namen angibt«, in *E* geändert zu »was in dem betreffenden Themenge-
biet die Ursache des konkreten Namens anzeigt«. Der korrekte Text
findet sich schon in den Mss. A 10 und Harl. C.

[68] Cicero, *Ad Familiares* III, 7, 5 (»der alte Adel des appischen bzw.
des lentulischen Geschlechts«).

selber. Wenn wir beispielsweise etwas sehen bzw. etwas Sichtbares geistig erfassen, erscheint dieses Ding bzw. wird es nicht
als in einem Punkt zusammengezogen aufgefaßt, sondern als
Teile besitzend, die voneinander Abstand haben, d. h. als sich
über ein bestimmtes Raumstück hin ausdehnend. Da wir nun
einmal beschlossen haben, ein so erfaßtes Ding »Körper« zu
nennen, ist die Ursache für diesen Namen, »daß das Ding
ausgedehnt ist« oder »seine Ausdehnung« bzw. »Körperlichkeit«. So ist auch, wenn wir etwas bald hier, bald dort erscheinen sehen und es »bewegt« oder »ortsversetzt« nennen,
Ursache für diesen Namen, »daß das Ding sich bewegt« oder
»seine Bewegung«.

Die Ursachen für die Namen sind aber die gleichen wie die
für unsere Begriffe, nämlich ein Vermögen oder eine Tätigkeit oder Beschaffenheit des erfaßten Dings oder, wie einige
sich ausdrücken, seine »Modi«;[69] meist aber spricht man von
seinen Akzidenzien. Von Akzidenzien ist dabei nicht in dem
Sinne die Rede, wie man das Akzidentelle dem Notwendigen
entgegensetzt, sondern deswegen, weil sie weder die Dinge
selber noch Teile davon sind, aber dennoch die Dinge selber
so begleiten, daß sie (mit Ausnahme der Ausdehnung) zwar
vergehen und zerstört, nicht aber von ihnen losgelöst [»abstrahiert«] werden können.[70]

4. Konkrete und abstrakte Namen unterscheiden sich auch
darin, daß die ersteren dem aus ihnen zusammengestellten
Satz vorhergehen,[71] letztere ihm dagegen nachfolgen (da es
sie ohne den Satz, aus dessen Kopula sie hervorgehen, gar
nicht gäbe). Der Nutzen, aber auch Mißbrauch abstrakter
Namen im gemeinen Leben wie auch und vor allem in der
Philosophie ist indessen groß. Ihr Nutzen besteht darin, daß
wir ohne sie kaum schlußfolgern, also die Eigenschaften der
Körper berechnen könnten. Denn wollten wir Wärme, Licht
oder Geschwindigkeit vervielfältigen, teilen, hinzutun oder

---

[69] *E* fügt erläuternd hinzu »durch welche ein Ding auf unsere
Sinne einwirkt«.

[70] Vgl. Kap. VIII, Art. 3.

[71] Statt »dem aus ihnen zusammengestellten Satz vorhergehen« in *E*
»vor den Sätzen erfunden wurden«.

wegnehmen und sie mittels konkreter Namen verdoppeln
oder hinzufügen, also z. B. sagen, ein Warmes, ein Leuchten-
des oder eine Bewegung sei doppelt so groß wie ein anderes,
so würden wir nicht die betreffenden Eigenschaften verdoppeln, sondern die warmen, leuchtenden, bewegten usw. Körper selber, was wir gar nicht wollten. Ihr Mißbrauch besteht
aber darin, daß einige Leute, da sie sehen, daß man die Zu-
nahme und Abnahme von Quantität, Wärme und anderen
Akzidenzien in Betracht ziehen, also, wie gesagt, in Rechnung
bringen kann, ohne die Körper oder ihre Subjekte zu betrachten (was man *abstrahieren* [»loslösen«] oder von ihnen
getrennt existieren nennt), von den Akzidenzien reden, als ob
sie ganz vom Körper abgetrennt werden könnten. Hier finden denn auch die grobschlächtigen Irrtümer einiger Metaphysiker ihren Ursprung, die daraus, daß man das Denken
betrachten kann, ohne den Körper in Betracht zu ziehen,
ableiten wollen, der Körper sei zum Denken nicht nötig;[72]
und die glauben, weil man die Quantität betrachten kann,
ohne den Körper in Betracht zu ziehen, es gebe Quantität
ohne einen Körper und Körper ohne Quantität, so daß der
Körper erst durch Hinzufügung von Quantität ein Quantum
würde.[73] Aus der gleichen Quelle entspringen solche nichts-
sagenden Ausdrücke wie »abstrakte Substanzen«, »getrennte
Wesenheit«[74] und andere dieser Art; dazu auch jene berüchtigte Verwirrung bei den von dem [lateinischen] Wort »est«
[ist] abgeleiteten Ausdrücken wie »Essenz«, »Essentialität«,
»Entität«, »entitativ«, auch »Realität«, »Aliquiddität«,
»Quiddität«, die einem bei Völkern, die zum Zwecke der Verknüpfung nicht das Zeitwort »ist« gebrauchen, sondern zu-
sätzliche Zeitwörter wie »läuft«, »liest« usw.[75] oder welche

---

[72] Vgl. René Descartes (1596-1650), *Meditationes de prima philosophia*,
Paris 1641, II. Meditation; Kenelm Digby, *Two Treatises*, Second
Treatise, Kap. IX.

[73] Vgl. Kenelm Digby, *Two Treatises*, First Treatise, Kap. III.

[74] Beides sind scholastische Bestimmungen der Seinsweise der Engel.

[75] Hobbes' unscharfe Beschreibung dürfte agglutinierende Sprachen
wie das Türkische im Auge haben.

die Namen einfach aneinanderreihen, gar nicht zu Ohren
kämen, obwohl diese Völker doch genauso gut philosophieren
können wie alle anderen.[76] Ausdrücke wie »Essenz«, »Entität« und was es sonst noch an derlei Barbarismen gibt, sind
also zur Philosophie nicht erforderlich.

5. Unter den zahlreichen Einteilungen der Sätze sei die
erste die, daß die einen *universal* sind, andere *partikular*, wieder
andere *indefinit* und andere *singulär*, welche Unterscheidung
man die *der Quantität nach* zu nennen pflegt. Universal ist ein
Satz, dessen Subjekt ein Kennzeichen für einen universalen
Namen trägt, wie »Jeder Mensch ist ein Lebewesen«. Partikular, dessen Subjekt ein Kennzeichen für einen partikularen
Namen trägt, wie »Ein gewisser Mensch ist gelehrt«. Indefinit, dessen Subjekt ein ungekennzeichneter Gemeinname
ist, wie »Der Mensch ist ein Lebewesen«, »Der Mensch ist
gelehrt«. Singulär ist, dessen Subjekt ein singulärer Name
ist, wie »Sokrates ist ein Philosoph«, »Dieser Mensch ist
schwarz«.

6. Die zweite, als *der Qualität nach* bezeichnete Unterscheidung ist die zwischen *affirmativem* und *negativem* Satz. *Affirmativ* ist ein Satz, dessen Prädikat ein positiver Name ist, wie
»Der Mensch ist ein Lebewesen«; *negativ*, dessen Prädikat ein
negativer Name ist, wie »Der Mensch ist Nichtstein«.

7. Die dritte Unterscheidung ist die, daß der eine Satz *wahr*
und der andere *falsch* ist. Wahr ist der, dessen Prädikat das
Subjekt in sich enthält oder dessen Prädikat Name für ein
jedes Ding ist, für welches auch das Subjekt Name ist; so ist
»Der Mensch ist ein Lebewesen« ein wahrer Satz, weil alles,
was »Mensch« genannt wird, auch »Lebewesen« genannt
wird. Und »Ein gewisser Mensch ist krank« ist wahr, wenn
einem gewissen Menschen der Name »Kranker« zukommt.
Ein Satz aber, der nicht wahr ist oder dessen Prädikat das
Subjekt nicht enthält, heißt falsch, wie »Der Mensch ist ein
Steinblock«.

---

[76] Statt »genauso gut philosophieren können wie alle anderen« in *E*
»berechnen und schlußfolgern können«. – Da der ganze Satz in *AB*
fehlerhaft ist, schließt sich die Übersetzung teilweise an *E* an.

Die Ausdrücke »wahr«, »Wahrheit«, »wahrer Satz« sind aber gleichwertig. Wahrheit hat ihren Sitz nämlich in der Aussage, nicht in der Sache.[77] Denn wenngleich das Wahre manchmal dem Scheinbaren oder dem Ersonnenen entgegengesetzt wird, ist es doch auf die Satzwahrheit zurückzuführen. Denn daß das Bildnis eines Menschen im Spiegel, oder daß ein Gespenst ein wahrer Mensch sei, verneint man nur deswegen, weil der Satz »Ein Gespenst ist ein Mensch« nicht wahr ist; denn daß ein Gespenst fürwahr ein Gespenst sei, läßt sich nicht leugnen. Wahrheit ist also nicht eine Beschaffenheit des Dings, sondern des Satzes.[78] Was aber den unter Metaphysikern üblichen Ausspruch »Das Seiende, das Eine und das Wahre sind dasselbe«[79] anbelangt, so ist er läppisch und kindisch; denn wer wüßte nicht, daß »Mensch«, »*ein* Mensch« und »wahrhaft ein Mensch« dasselbe besagen?

8. Daher versteht sich, daß Wahrheit und Falschheit ausschließlich bei sprachbegabten Lebewesen vorkommen. Wenngleich nämlich sprachunfähige Lebewesen, die das Bildnis eines Menschen im Spiegel erblicken, davon in gleicher Weise beeindruckt sein können wie wenn sie den Menschen in eigener Person sehen, und ihn also grundlos fürchten oder liebkosen, so erfassen sie die Sache doch nicht als wahr oder falsch, sondern nur als ähnlich, womit sie ja nicht unrecht haben. Wie also die Menschen all ihre richtigen Schlußfolgerungen der wohlverstandenen Rede verdanken, so auch der mißverstandenen ihre Irrtümer; und den Menschen allein kommt, wie die Zier der Philosophie, so auch die Schimpflichkeit ungereimter Lehrmeinungen zu. Die Rede hat nämlich (was man seinerzeit von Solons Gesetzen sagte)[80] eine gewisse Ähnlichkeit mit einem Spinnengewebe; denn Menschen von empfindsamer und verfeinerter Sinnesart kommen

---

[77] Statt »in der Sache« in *E* genauer »in den Sachen, über die gesprochen wird«.

[78] Statt »des Satzes« in *E* genauer »des darauf bezüglichen Satzes«.

[79] Statt »dasselbe« in *E* »einander äquivalent«.

[80] Plutarch, *Parallele Leben*, Solon, Kap. 5.4.

von den Wörtern nicht los und verstricken sich darin, kraftvolle dagegen dringen durch sie hindurch.

Daraus läßt sich auch ableiten, daß die allerersten Wahrheiten ihren Ursprung dem Gutdünken derer verdanken, die als erste den Dingen Namen beigelegt haben bzw. die von anderen aufgestellten übernahmen. So ist beispielsweise, »daß der Mensch ein Lebewesen ist«, deswegen wahr, weil es jemandem behagt hat, demselben Ding diese beiden Namen beizulegen.

9. Viertens unterscheidet man den *ersten* vom *nichtersten* Satz. Ein erster hat zum Prädikat einen Namen, der mittels mehrerer Namen das Subjekt näher erläutert, wie »Der Mensch ist ein belebter, vernunftbegabter Körper«; denn genau das, was im Namen »Mensch« erfaßt ist, wird ausführlicher durch die verbundenen Namen »Körper«, »belebt«, »vernunftbegabt« gesagt. Er heißt aber »erster«, weil er beim Schlußfolgern der erste ist; denn ohne vorheriges Verständnis des Namens des Dings, auf das die Untersuchung sich bezieht, läßt sich kein Beweis führen. Erste Sätze sind aber nichts anderes als Definitionen bzw. die Teile der Definition, und nur sie sind Prinzipien der Beweisführung, da sie nach dem Gutdünken der Sprecher und Hörer[81] zustande gebrachte Wahrheiten und als solche unbeweisbar sind. Manche fügen dem gewisse Sätze hinzu, die sie ebenfalls »erste« und »Prinzipien« nennen, nämlich die *Axiome* oder *Gemeinbegriffe*. Diese sind aber, da sie bewiesen werden können[82] (auch wenn sie so einleuchtend sind, daß sie eines Beweises nicht bedürfen), keine wahren Prinzipien. Sie sind auch deshalb umso weniger als Ausgangspunkte zuzulassen, als unter dem Namen »Prinzipien« viel Ungewisses und manchmal sogar Falsches unter dem Beifallsgeschrei von Leuten [angepriesen wird], die einem alles, was ihnen selber wahr dünkt, als deutlich aufdrängen. Man pflegt auch gewisse Postulate unter die Zahl der Prinzipien aufzunehmen; so zum Beispiel, »daß zwischen

---

[81] Statt »der Sprecher und Hörer« in *E* »der Erfinder der Sprache«.
[82] Vgl. Kap. VIII, Art. 25.

zwei Punkten eine gerade Linie gezogen werden kann«[83] und die übrigen geometrischen Postulate. Sie sind freilich Ausgangspunkte, aber solche der Ausführung oder Konstruktion und nicht des Wissens und der Beweisführung.[84]

10. Fünftens unterscheidet man den *notwendigen* (d. h. notwendigerweise wahren) Satz von dem, der zwar wahr ist, aber nicht notwendigerweise, und den man *kontingent* nennt. Notwendig ist ein Satz, wenn zu keinem Zeitpunkt ein Ding gedacht oder ersonnen werden kann, für welches das Subjekt Name wäre, ohne daß auch das Prädikat Name dafür wäre. So ist »Der Mensch ist ein Lebewesen« ein notwendiger Satz, denn wann immer wir unterstellen, einem bestimmten Ding komme der Name »Mensch« zu, wird ihm auch der Name »Lebewesen« zukommen. Kontingent ist dagegen ein Satz, der bald wahr, bald falsch sein kann, wie »Jeder Rabe ist schwarz«; zwar kann es heute sich fügen, daß er wahr ist, zu einem andern Zeitpunkt aber ist er falsch. Auch ist in jedem notwendigen Satz das Prädikat dem Subjekt entweder gleichwertig, wie in »Der Mensch ist ein vernunftbegabtes Lebewesen«, oder doch Teil eines gleichwertigen Namens, wie in »Der Mensch ist ein Lebewesen«. Denn der Name »vernunftbegabtes Lebewesen« oder »Mensch« besteht aus den beiden »vernunftbegabt« und »Lebewesen«. Beim kontingenten ist das dagegen nicht der Fall. Denn auch wenn »Jeder Mensch ist ein Lügner« wahr wäre, so wird man diesen Satz doch nicht notwendig nennen, sondern, selbst wenn es sich immer so verhielte, kontingent, da der Ausdruck »Lügner« kein Teil des zusammengesetzten Namens ist, der dem Namen »Mensch« gleichwertig ist. Notwendige Sätze sind daher jene, denen ewigwährende Wahrheit zukommt.[85]

Auch daraus wird klar, daß die Wahrheit nicht den Dingen, sondern den Reden anhaftet. Einige Wahrheiten sind nämlich ewig. »Ist etwas ein Mensch, dann auch ein Lebewesen« wird ja immerzu wahr sein; daß aber ein Mensch oder ein Lebewesen auf ewig existiere, ist nicht notwendig.

---

[83] Euklid (um 300 v. Chr.), *Die Elemente*, I. Buch, 1. Postulat.
[84] Vgl. Kap. VI, Art. 13.
[85] *E* fügt hinzu »d. h. die jederzeit wahr sind«.

11. Die sechste Unterscheidung ist die zwischen *kategori-schem* und *hypothetischem* Satz. Kategorisch ist der schlechthin oder absolut ausgesprochene, wie »Jeder Mensch ist ein Le-bewesen«, »Kein Mensch ist ein Baum«. Hypothetisch ist der bedingungsweise ausgesprochene, wie »Wenn jemand ein Mensch ist, ist er auch ein Lebewesen«, »Wenn jemand ein Mensch ist, ist er kein Stein«. Bei den notwendigen Sätzen bedeuten der kategorische und der ihm entsprechende hypo-thetische dasselbe, bei den kontingenten nicht. Ist zum Bei-spiel »Jeder Mensch ist ein Lebewesen« wahr, so ist auch »Wenn jemand ein Mensch ist, ist er auch ein Lebewesen« wahr. Bei den kontingenten dagegen wird, auch wenn »Jeder Rabe ist schwarz« wahr ist, »Wenn etwas ein Rabe ist, so ist es schwarz« trotzdem falsch sein. Zu Recht nennt man einen hypothetischen Satz dann wahr, wenn seine Folge wahr ist. So ist »Jeder Mensch ist ein Lebewesen« wahr, wenn (falls »Dies ist ein Mensch« wahr ist) »Ebendasselbe ist ein Lebewesen« nicht unwahr sein kann. Immer wenn ein hypothetischer Satz wahr ist, ist daher der ihm entsprechende kategorische nicht nur wahr, sondern sogar notwendig; welche Bemerkung ich für erwähnenswert hielt, weil dies dafür spricht, daß es für Philosophen sicherer ist, mittels hypothetischer als mittels ka-tegorischer Sätze zu schlußfolgern.

12. Da aber jeder Satz auf mehr als eine Art und Weise sowohl ausgesprochen als auch geschrieben werden kann und es auch wird, sollte jedenfalls – obwohl man sich immer so ausdrücken sollte, wie die Mehrzahl sich ausdrückt –, wer Philosophie bei einem Lehrmeister lernt, auf der Hut sein, daß diese Verschiedenheit des Ausdrucks ihn nicht irreführt. Tritt daher irgendeine Unklarheit ein, so ist der Satz in seine einfachste kategorische Form zu überführen, in der das Ver-bindungswort »ist« ausdrücklich vorkommt und das Subjekt deutlich vom Prädikat gesondert und unterschieden wird und keines von beiden irgendwie mit der Kopula vermischt ist. Vergleicht man beispielsweise den Satz »Der Mensch hat die Fähigkeit, nicht zu sündigen« mit »Der Mensch hat nicht die Fähigkeit zu sündigen«, so erkennt man ihre Verschiedenheit, wenn sie in »Der Mensch ist fähig, nicht zu sündigen« und »Der Mensch ist nicht fähig zu sündigen« überführt werden,

deren Prädikate sich deutlich unterscheiden. Aber derlei sollte man stillschweigend für sich selber tun oder nur seinem Lehrer gegenüber; denn sich in einer Gesellschaft von Personen so auszudrücken, wäre abgeschmackt und lächerlich. – Da ich nun also darangehe, von Sätzen mit gleicher Bedeutung zu sprechen, setze ich an erster Stelle als *gleichbedeutend* alle Sätze, die sich in ein und denselben rein kategorischen Satz überführen lassen.

13. Zweitens ist ein notwendiger kategorischer Satz seinem hypothetischen gleichbedeutend. Von dieser Art sind der kategorische »Ein geradliniges Dreieck hat drei Winkel gleich zwei Rechten« und der hypothetische »Ist etwas ein Dreieck, so hat es drei Winkel gleich zwei Rechten«.

14. Drittens[86] zwei beliebige universale Sätze, wenn die Satzglieder (also Subjekt und Prädikat) des einen denen des andern kontradiktorisch sind und sie in umgekehrter Reihenfolge gesetzt werden, wie »Jeder Mensch ist ein Lebewesen« und »Jedes Nichtlebewesen ist Nichtmensch«. Da nämlich »Jeder Mensch ist ein Lebewesen« wahr ist, enthält der Name »Lebewesen« den Namen »Mensch«, beides aber sind positive Namen, und so enthält dem letzten Artikel des vorigen Kapitels zufolge der negative Name »Nichtmensch« den negativen Namen »Nichtlebewesen«,[87] und »Jedes Nichtlebewesen ist Nichtmensch« ist infolgedessen ein wahrer Satz. Oder »Kein Mensch ist ein Baum«, »Kein Baum ist ein Mensch«. Denn wenn es wahr ist, daß »Baum« nicht Name für irgendeinen Menschen ist, so werden keinem Ding die beiden Namen »Mensch« und »Baum« zukommen, und »Kein Baum ist ein Mensch« ist infolgedessen ein wahrer Satz. Desgleichen ist ein Satz, dessen beide Glieder negativ sind, wie »Jedes Nichtlebewesen ist Nichtmensch«, gleichbedeutend mit »Nur ein Lebewesen ist ein Mensch«.

15. Viertens sind negative Sätze, sofern sie dieselben Glie-

---

[86] Statt »Drittens« (= B) in *AE* »Ebenso«.

[87] Statt »der negative Name 'Nichtmensch' den negativen Namen 'Nichtlebewesen'«(so richtig in OL I, S. 36 bzw. EW I, S. 40) in *AEB* irrig »der negative Name 'Nichtlebewesen' den negativen Namen 'Nichtmensch'«.

der enthalten, gleichbedeutend, mag die Negationspartikel, wie bei einigen Völkern üblich, hinter die Kopula oder, wie im Lateinischen und Griechischen gebräuchlich, vor sie gesetzt werden. Beispielsweise sind »Nicht ist der Mensch ein Baum« und »Der Mensch ist Nichtbaum« gleichbedeutend, auch wenn Aristoteles dies leugnet;[88] desgleichen »Jeder Mensch ist Nichtbaum« und »Kein Mensch ist ein Baum«. All das ist so offenkundig, daß es keines Beweises bedarf.

16. Schließlich sind alle partikularen, deren Satzglieder umgekehrt werden, gleichbedeutend, wie »Irgendein Mensch ist blind« und »Irgendein Blindes ist ein Mensch«. Denn beide Namen sind Namen für ein und denselben Menschen, weshalb sie dieselbe Wahrheit anzeigen, gleich in welcher Reihenfolge sie verbunden werden.

17. Von Sätzen mit gleichen und in gleicher Reihenfolge gesetzten Gliedern, die indes verschiedene Quantität oder eine Änderung der Qualität aufweisen, heißen die einen *subaltern*, andere *konträr*, wieder andere *subkonträr* und andere *kontradiktorisch*.

Subaltern sind universale und partikulare Sätze derselben Qualität, wie »Jeder Mensch ist ein Lebewesen« und »Ein gewisser Mensch ist ein Lebewesen«, oder »Kein Mensch ist weise« und »Ein gewisser Mensch ist nicht weise«. Ist dabei der universale wahr, so ist es auch der partikulare.

Konträr sind universale verschiedener Qualität, wie »Jeder Mensch ist glücklich« und »Kein Mensch ist glücklich«. Ist dabei der eine wahr, so ist der andere falsch, aber es können auch wie in dem angegebenen Beispiel beide falsch sein.

Subkonträr sind partikulare verschiedener Qualität, wie »Ein gewisser Mensch ist gelehrt« und »Ein gewisser Mensch ist nicht gelehrt«. Sie können nicht beide falsch, können aber beide wahr sein.

Kontradiktorische Sätze sind sowohl der Quantität wie der Qualität nach verschieden, wie »Jeder Mensch ist ein Lebewesen« und »Ein gewisser Mensch ist kein Lebewesen«. Sie können weder beide wahr noch beide falsch sein.

---

[88] Aristoteles, *De interpretatione*, Kap. 12 (21 b 1 f.).

18. Man spricht vom Folgen eines Satzes aus zwei anderen, wenn man (ihre Wahrheit unterstellt) nicht unterstellen kann, er sei unwahr. Sind beispielsweise die beiden Sätze »Jeder Mensch ist ein Lebewesen« und »Jedes Lebewesen ist ein Körper« gegeben und sieht man, daß sie wahr sind und »Körper« infolgedessen ein Name ist für jedes Lebewesen und »Lebewesen« ein Name für jeden Menschen, so sieht man auch, sobald das eingesehen ist, daß »Körper« unmöglich kein Name für einen jeden Menschen, der Satz »Jeder Mensch ist ein Körper« also unmöglich falsch sein kann; weshalb man sagen wird, daß er notwendigerweise aus jenen beiden folgt oder sich daraus ableiten läßt.

19. Aus falschen Sätzen kann manchmal etwas Wahres folgen, Falsches aus wahren dagegen nie. Gibt man nämlich die falschen Sätze »Jeder Mensch ist ein Stein« und »Jeder Stein ist ein Lebewesen« als wahr zu, so gibt man auch zu, daß »Lebewesen« ein Name für jeden Stein und »Stein« einer für jeden Menschen sei, d. h. daß der Satz »Jeder Mensch ist ein Lebewesen« wahr sei, wie er das in der Tat ist. So folgt also manchmal ein wahrer Satz aus falschen. Sind aber beide wahr, so kann unangesehen ihrer Beschaffenheit kein falscher daraus folgen. Da nämlich ein wahrer aus falschen deswegen folgt, weil sie ihrer Falschheit zum Trotz als wahr zugestanden werden, folgt auch in der gleichen Weise ein wahrer aus dem Zugeständnis von wahren.

20. Da aber aus wahren Sätzen nur ein wahrer folgen kann, das Einsehen wahrer Sätze also die Ursache ist für die Einsicht eines weiteren, aus ihnen abgeleiteten wahren, pflegt man[89] die zwei vorhergehenden Sätze die Ursache des daraus abgeleiteten oder folgenden zu nennen. Die Logiker sagen darum, die Prämissen seien die Ursache der Konklusion: eine zwar nicht unstatthafte, aber uneigentliche Ausdrucksweise, ist doch Einsicht die Ursache von Einsicht, nicht aber Rede die von Rede. Wenn aber die gleichen Leute ein Ding die Ursache seiner Eigenschaft nennen, so ist das unpassend. Ist beispielsweise eine Figur, etwa ein Dreieck, gegeben, und folgt aus der Tatsache, daß die Winkel eines jeden Dreiecks

---

[89] Vor allem in der occamistischen Logik.

zusammengenommen gleich zwei Rechten sind, daß die Winkel dieser Figur gleich zwei Rechten sind, so nennen sie deswegen die Figur die Ursache dieser Gleichheit, und zwar sprechen sie diesbezüglich, da die Figur ihre Winkel ja nicht hervorbringt und also nicht als Wirkursache bezeichnet werden kann, von ihr als der »Formalursache«, obwohl sie doch in Wirklichkeit gar keine Ursache ist und auch die Eigenschaft einer Figur der Figur überhaupt nicht nachfolgt, sondern lediglich die Erkenntnis der Figur der ihrer Eigenschaft vorhergeht. Diese eine Erkenntnis ist aber in der Tat Ursache der anderen, und zwar deren Wirkursache.

Soviel also über den Satz, der den ersten Schritt des philosophischen Voranschreitens unter Vorwärtsbewegung gewissermaßen nur des einen Fußes darstellt. Wird dem in passender Weise der zweite hinzugefügt, so entsteht sozusagen als vollständiger Gang der Schluß, über den ich im folgenden Kapitel sprechen werde.

Kapitel IV
Der Schluß

1. *Definition des Schlusses.* 2. *Im Schluß gibt es nur drei Glieder.* 3. *Wesen von* Ober-, Unter- *und* Mittelbegriff *sowie von* Ober- *und* Untersatz. 4. *Bei jedem Schluß muß der Mittelbegriff in beiden Sätzen auf ein und dasselbe Ding hin bestimmt werden.* 5. *Aus zwei partikularen Sätzen läßt sich nichts ableiten.* 6. *Der Syllogismus ist die Summierung zweier Sätze zu einem einzigen.* 7. *Wesen der Schlußfigur.* 8. *Der in unserem Geist dem Schluß entsprechende Vorgang.* 9. *Aufstellung der ersten indirekten Figur.* 10. *Aufstellung der zweiten indirekten Figur.* 11. *Aufstellung der dritten indirekten Figur.* 12. *In jeder Figur gibt es eine Vielzahl von Modi, die aber für die Philosophie meistenteils unbrauchbar sind.* 13. *Hypothetischer und kategorischer Schluß sind gleichbedeutend.*[90]

---

[90] Statt »*Hypothetischer und kategorischer Schluß sind gleichbedeutend*« in *E* »*Wann ein hypothetischer und kategorischer Schluß gleichbedeutend sind*«.

1. Eine Rede, die aus drei Sätzen besteht, wobei aus zweien davon der dritte folgt, heißt ein *Schluß*. Und zwar nennt man den aus ihnen folgenden Satz die *Konklusion* und die anderen die *Prämissen*. Beispielsweise ist die Rede »Jeder Mensch ist ein Lebewesen, jedes Lebewesen ist ein Körper, also ist jeder Mensch ein Körper« ein Schluß, weil der dritte Satz aus den vorangehenden folgt, d. h. wenn man sie als wahr zugibt, muß man auch ihn als wahr zugeben.

2. Aus zwei Sätzen aber, die kein Glied gemein haben, folgt keine Konklusion und ergibt sich daher auch kein Schluß. Hat man nämlich zwei beliebige Prämissen, wie »Der Mensch ist ein Lebewesen«, »Der Baum ist eine Pflanze« (die beide wahr sind), so ist doch die Konklusion »Der Mensch ist eine Pflanze« nicht unbedingt wahr, weil sich aus ihnen nicht ergibt, daß »Pflanze« ein Name für den Menschen oder »Mensch« einer für die Pflanze sei.

Korollar. In den Prämissen eines Schlusses dürfen daher nur drei Glieder vorkommen.

Außerdem darf in der Konklusion kein Glied vorkommen, das sich nicht schon in den Prämissen fand. Hat man nämlich zwei beliebige Prämissen, wie »Der Mensch ist ein Lebewesen«, »Das Lebewesen ist ein Körper«, so folgt doch, wofern man, wie bei »Der Mensch ist zweibeinig«, in der Konklusion ein beliebiges anderes Glied setzt, dieser Satz, obwohl er wahr ist, nicht aus den Prämissen, da sich aus ihnen nicht ergibt, daß dem Menschen der Name »zweibeinig« zukomme. Auch aus diesem Grund kommen in jedem Schluß nur drei Glieder vor.

3. Von diesen Satzgliedern pflegt man den Begriff, der in der Konklusion Prädikat ist, *Oberbegriff*, den, der in der Konklusion Subjekt ist, *Unterbegriff* und den andern *Mittelbegriff* zu nennen. So ist in dem Schluß »Der Mensch ist ein Lebewesen, das Lebewesen ist ein Körper, also ist der Mensch ein Körper« »Körper« Oberbegriff, »Mensch« Unterbegriff und »Lebewesen« Mittelbegriff. Ebenso nennt man diejenige Prämisse, in der sich der Oberbegriff findet, *Obersatz*, und die den Unterbegriff enthält, *Untersatz*.

4. Wird der Mittelbegriff in beiden Prämissen nicht auf ein und dasselbe einzelne Ding hin bestimmt, so folgt die Kon-

klusion nicht aus den Prämissen[91] und ergibt sich kein Schluß. Hat man nämlich den Unterbegriff »Mensch«, den Mittelbegriff »Lebewesen« und den Oberbegriff »Löwe« sowie die Prämissen »Jeder Mensch ist ein Lebewesen«, »Ein bestimmtes Lebewesen ist ein Löwe«, so folgt doch nicht, »daß jeder oder irgendein Mensch ein Löwe sei«. Daraus versteht sich, daß in jedem Schluß der Satz, welcher den Mittelbegriff zum Subjekt hat, entweder universal oder singulär sein muß, nicht aber partikular oder indefinit. Beispielsweise ist der Schluß »Jeder Mensch ist ein Lebewesen, ein gewisses Lebewesen ist vierbeinig, also ist ein gewisser Mensch vierbeinig« deswegen fehlerhaft, weil der Mittelbegriff »Lebewesen« in der vorangehenden Prämisse nur auf den Menschen hin bestimmt ist – denn wir sagen damit nur, daß »Lebewesen« ein Name für den Menschen sei –, wogegen man in der nachfolgenden darunter jedes andere Lebewesen mit Ausnahme des Menschen verstehen kann. Wäre die nachfolgende jedoch universal gewesen, wie im Fall »Jeder Mensch ist ein Lebewesen, jedes Lebewesen ist ein Körper, also ist jeder Mensch ein Körper«, so wäre der Schluß korrekt gewesen, da daraus gefolgt wäre, daß »Körper« ein Name für jedes Lebewesen ist, also auch für den Menschen, d. h. die Konklusion »Jeder Mensch ist ein Körper« wäre wahr gewesen. Gleichermaßen ergibt sich, wenn der Mittelbegriff ein Einzelname ist, ein für die Philosophie zwar unbrauchbarer Schluß, immerhin aber doch ein Schluß, wie im Fall »Ein gewisser Mensch ist Sokrates, Sokrates ist ein Philosoph, also ist ein gewisser Mensch ein Philosoph«. Gibt man nämlich die Prämissen zu, so kann man auch die Konklusion nicht leugnen.

5. Aus zwei Prämissen, deren beider Mittelbegriff partikular ist, ergibt sich kein Schluß. Denn gleich ob der Mittelbegriff in beiden Prämissen Subjekt oder in beiden Prädikat oder in der einen Subjekt und in der andern Prädikat ist, besteht keine Notwendigkeit, ihn auf dasselbe Ding hinzubestimmen. Hat man nämlich die Prämissen »Ein gewisser Mensch ist blind«, »Ein gewisser Mensch ist gelehrt«, bei denen der Mittelbegriff Subjekt ist, so folgt daraus weder, daß

---

[91]　»aus den Prämissen« fehlt in *E*.

»blind« Name für irgendeinen Gelehrten, noch daß »gelehrt«
Name für irgendeinen Blinden sei, da der Name »gelehrt«
den Namen »blind« nicht enthält und dieser auch nicht jenen,
weshalb beide nicht unbedingt Namen für denselben Menschen sein müssen. Auch aus den Prämissen »Jeder Mensch ist
ein Lebewesen«, »Jedes Pferd ist ein Lebewesen«, in denen
beidemal der Mittelbegriff Prädikat ist, folgt nichts. Denn da
»Lebewesen« beide Male indefinit und infolgedessen einem
partikularen Namen gleichwertig ist, der Mensch also Lebewesen einer bestimmten Art und das Pferd Lebewesen einer
anderen Art sein kann, muß »Mensch« nicht unbedingt Name
für das Pferd oder »Pferd« einer für den Menschen sein. Oder
man hat die Prämissen »Jeder Mensch ist ein Lebewesen«,
»Ein gewisses Lebewesen ist vierbeinig«, wobei der Mittelbegriff in der einen Subjekt und in der andern Prädikat ist, so
folgt deswegen keine Konklusion, da »Lebewesen« hier nicht
bestimmt ist, man also in der einen darunter einen Menschen
und in der andern einen Nichtmenschen verstehen kann.

6. Aus dem Gesagten wird aber klar, daß ein Schluß nichts
anderes ist als das Ziehen der Summe, die sich aus zwei untereinander (durch einen gemeinsamen sogenannten Mittelbegriff) verbundenen Sätzen ergibt; und daß der Schluß eine
Addition dreier Namen ist, wie der Satz die von zweien.

7. Man pflegt die Syllogismen nach der Verschiedenheit
ihrer *Figuren*, d.h. nach der unterschiedlichen Stellung des
Mittelbegriffs zu unterscheiden; und in der Figur unterscheidet man wieder gewisse *Modi*, d.h. gewisse Unterschiede in
der Quantität und Qualität der Sätze. Als *erste Figur* gilt diejenige, in der die Satzglieder ihrem Bedeutungsumfang nach
angeordnet sind, so daß der Unterbegriff der erste der Reihe
wird, dann der Mittelbegriff und als drittes der Oberbegriff
kommt. Setzen wir etwa als Unterbegriff »Mensch« an, als
mittleren »Lebewesen« und als oberen »Körper«, so lautet
der Schluß in der ersten Figur: »Der Mensch ist ein Lebewesen ist ein Körper«,[92] worin »Der Mensch ist ein Lebewesen«

---

[92] Abgekürzte Fassung in *A E* für »Der Mensch ist ein Lebewesen,
ein Lebewesen ist ein Körper«, wie *B* richtig (wenngleich nur bei diesem ersten Schlußbeispiel) ausschreibt.

Untersatz ist, »Ein Lebewesen ist ein Körper« Obersatz und
»Der Mensch ist ein Körper« die Konklusion oder gezogene
Summe. Diese Figur heißt aber direkt, weil ihre Glieder die
direkte Reihenfolge einhalten. Je nach Quantität und Quali-
tät scheidet sie sich aber in vier Modi. Sind nämlich alle
Satzglieder positiv und ist der Mittelbegriff universal, wie in
»Jeder Mensch ist ein Lebewesen, jedes Lebewesen ist ein
Körper«, so ergibt dies den ersten Modus, in dem alle Sätze
affirmativ [und] universal sind. Ist aber der Oberbegriff ein
negativer Name und der Unterbegriff universal, so ergibt das
den zweiten Modus, wie in »Jeder Mensch ist ein Lebewesen,
Jedes Lebewesen ist Nichtbaum«, worin der Obersatz und die
Konklusion universal und negativ sind. Diesen beiden pflegt
man zwei weitere Modi hinzuzufügen, indem man den Unterbegriff partikular macht. Es kann auch vorkommen, daß
sowohl der Ober- als der Unterbegriff negative Namen sind.
In diesem Fall entsteht ein anderer Modus, in dem alle Sätze
negativ sind, sich aber doch ein korrekter Schluß ergibt. Ist
etwa der Unterbegriff »Mensch«, der mittlere »Nichtstein«
und der obere »Nichtfeuerstein«, so ist der Schluß »Kein
Mensch ist ein Stein, was nicht Stein ist, ist auch nicht Feuerstein, also ist kein Mensch Feuerstein«, obwohl er aus drei
negativen Sätzen besteht, dennoch korrekt. Aber da in der
Philosophie, die ja allgemeine Grundsätze über die Eigenschaften der Dinge aufzustellen hat, ein negativer Satz sich
von einem affirmativen nur dadurch unterscheidet, daß in
diesem vom Subjekt ein positiver Name behauptet wird und
in jenem ein negativer, so ist es zwecklos, in der direkten Figur
einen anderen Modus in Betracht zu ziehen als den, in dem
alle Sätze sowohl universal als auch affirmativ sind.

8. Dem direkten Schluß entspricht in unserem Geist fol-
gender Denkvorgang. Zuerst wird ein Erscheinungsbild des
genannten Dings samt einem Akzidens bzw. einer Beschaffenheit davon erfaßt, derentwegen es mit demjenigen Namen
bezeichnet wird, der im Untersatz Subjekt ist. Danach bietet
sich dem Geist ein Erscheinungsbild des gleichen Dings dar
samt dem Akzidens oder der Beschaffenheit, derentwegen es
mit demjenigen Namen bezeichnet wird, der im gleichen Satz
Prädikat ist. Drittens wendet sich das Denken dem genannten

Ding nochmals zu unter Einschluß der Beschaffenheit, derentwegen es mit demjenigen Namen bezeichnet wird, der im
Prädikat des Obersatzes steht. Schließlich erinnert sich der
Geist, daß all diese Beschaffenheiten ein und demselben Ding
angehören und schließt, daß also auch jene drei Namen Namen für dasselbe Ding sind, d. h. daß die Konklusion wahr ist.
Bildet man beispielsweise den Schluß »Der Mensch ist ein
Lebewesen, ein Lebewesen ist ein Körper, also ist der Mensch
ein Körper«, so bietet sich dem Geist das Bild eines redenden
oder sich unterhaltenden Menschen dar, und er erinnert sich,
daß etwas in dieser Weise Erscheinendes »Mensch« genannt
wird. Danach bietet sich ihm das gleiche Bild des gleichen
Menschen dar, wie er sich bewegt, und er erinnert sich, daß
etwas in der Weise Erscheinendes, »Lebewesen« genannt
wird. Drittens taucht dasselbe Bild des Menschen nochmals
auf, wie er einen bestimmten Ort oder Raum einnimmt, und
er erinnert sich, daß etwas in der Weise Erscheinendes »Körper« genannt wird. Schließlich erinnert er sich, daß jenes
Ding, das sowohl dem Ort nach ausgedehnt war als auch sich
vom Platze bewegte und die Sprache benutzte, ein und dasselbe war, und schließt, daß also auch die drei Namen
»Mensch«, »Lebewesen« und »Körper« Namen für dasselbe
Ding sind und daher der Satz »Der Mensch ist ein Körper«
wahr ist. Daraus wird klar, daß ein Begriff oder Denkvorgang,
wie er im Geist als Entsprechung zu dem aus universalen
Sätzen bestehenden Schluß gegeben ist, sich in Lebewesen,
denen der Gebrauch von Namen abgeht, nicht findet, da man
im Verlauf des Schließens[93] nicht nur an das Ding zu denken
hat, sondern abwechselnd auch an die verschiedenen Namen,
die aufgrund der verschiedenen auf es gerichteten Gedanken
zur Anwendung kommen.

9. Die übrigen Figuren kommen durch Inflexion oder Inversion der ersten bzw. direkten Figur zustande, was durch
Umwandlung des Obersatzes oder des Untersatzes oder beider in einen gleichbedeutenden umgekehrten geschieht. Das
hat drei andere Figuren zur Folge, von denen zwei inflektiert
sind und die eine invers. Die erste der drei ergibt sich durch

---

[93] »im Verlauf des Schließens« fehlt in *E*.

Umkehrung des Obersatzes wie folgt: Werden Unter-, Mittel-
und Oberbegriff in direkter Reihenfolge gesetzt, so ergibt
diese Reihenfolge »Der Mensch ist ein Lebewesen ist Nichtstein« die direkte Figur, welche durch diese Umkehrung des
Obersatzes »Der Mensch ist ein Lebewesen, der Stein ist
Nichtlebewesen« umgeändert wird und so die zweite Figur,
d. h. die erste indirekte ergibt, die zur Konklusion hat »Der
Mensch ist Nichtstein«.

Denn da im vorigen Kapitel, Art. 14 gezeigt worden ist,
daß mittels Kontradiktion ihrer Glieder umgekehrte universale Sätze gleichbedeutend sind, so wird auch jeder dieser
beiden Schlüsse dasselbe erschließen; denn lesen wir den
Obersatz (nach Art der Hebräer) rückwärts als »Ein Lebewesen ist Nichtstein«, so ist er von genau der gleichen Art wie
vorher der direkte.

Ebenso ist direkt der Schluß »Der Mensch ist kein Baum ist
kein Birnbaum«. Wird aber der Obersatz mittels Kontradiktion seiner Glieder in den entsprechenden gleichbedeutenden
umgekehrt, so erhält er folgende indirekte Form: »Der
Mensch ist kein Baum, der Birnbaum ist ein Baum«, woraus
sich wieder die gleiche Konklusion ergibt: »Der Mensch ist
kein Birnbaum«.

Bei der Umkehrung der direkten Figur in die erste indirekte
ist es aber zweckdienlich, wenn der Oberbegriff in der direkten Figur negativ ist. Denn wenngleich aus der direkten »Der
Mensch ist ein Lebewesen ist ein Körper« sich durch Umkehrung des Obersatzes der indirekte Schluß ergibt »Der Mensch
ist ein Lebewesen, ein Nichtkörper ist kein Lebewesen, also ist
jeder Mensch ein Körper«, so gibt sich diese Umkehrung
doch so dunkel, daß die betreffende Schlußweise ganz unbrauchbar ist. Aus der Umkehrung des Obersatzes erhellt,
daß der Mittelbegriff in dieser Figur in beiden Prämissen immer Prädikat ist.

10. Die zweite indirekte Figur ergibt sich durch Umkehrung des Untersatzes in der Weise, daß der Mittelbegriff
beide Male Subjekt ist. Obwohl er niemals universal schließt
und daher in der Philosophie unbrauchbar ist, sei doch ein
Beispiel dafür angeführt. Hat man also den direkten »Jeder
Mensch ist ein Lebewesen, jedes Lebewesen ist ein Körper«,

so erhält er bei Umkehrung des Untersatzes die Form »Ein gewisses Lebewesen ist Mensch, jedes Lebewesen ist ein Körper, also ist ein gewisser Mensch ein Körper«.

Denn »Jeder Mensch ist ein Lebewesen« läßt sich nicht umkehren zu »Jedes Lebewesen ist ein Mensch«, weshalb sich, wenn man die direkte Form des Schlusses wiederherstellt, als Untersatz »Ein gewisser Mensch ist ein Lebewesen« ergibt und infolgedessen als Konklusion »Ein gewisser Mensch ist ein Körper«, da der Unterbegriff »Mensch«, der in der Konklusion Subjekt ist, ein partikularer Name ist.

11. Die inverse oder dritte indirekte Figur ergibt sich durch Umkehrung der beiden Prämissen. Hat man beispielsweise den direkten Schluß »Jeder Mensch ist ein Lebewesen, Jedes Lebewesen ist Nichtstein, also ist jeder Mensch Nichtstein«, so ergibt sich als inverser »Jeder Stein ist Nichtlebewesen, jedes Nichtlebewesen ist Nichtmensch, also ist jeder Stein Nichtmensch«; eine Konklusion, welche die direkte Konklusion umkehrt und mit ihr gleichbedeutend ist.

Bestimmt man die Anzahl der Figuren allein nach der wechselnden Stellung des Mittelbegriffs, so gibt es nur drei, wobei der Mittelbegriff in der ersten die mittlere, in der zweiten die letzte und in der dritten die erste Stelle einnimmt. Bringt man aber die Stellung der Satzglieder schlechthin in Anschlag, so werden es vier sein, da die erste sich in zwei unterteilen läßt, nämlich in den direkten und den inversen Schluß. Daraus erhellt, daß es mit Streit unter den Logikern über die vierte Figur nicht soviel auf sich hat, wie es scheint.[94] Denn in sachlicher Hinsicht erhellt, daß es (läßt man Quantität und Qualität außer Betracht, durch welche sich die Modi

---

[94] Statt »daß es mit Streit unter den Logikern über die vierte Figur nicht soviel auf sich hat, wie es scheint« (= *B*) in *A* und *E* »daß der Streit unter den Logikern über die vierte Figur eine bloße λογομαχία [Wortstreit] oder ein Streit über ihren Namen ist«. Der Ausdruck »λογομαχία« ist aus dem 1. Timotheusbrief 6,4 entnommen. Die vierte, sog. galenische Figur ist die bei Aristoteles nicht vorhandene Schlußweise der Form

»M ist S,
P ist M,
S ist P«.

unterscheiden) vier verschiedene Schlußarten gibt, die ein jeder nach Belieben als Figuren oder mit einem anderen Namen bezeichnen kann.

12. Will man in jeder dieser Figuren die Prämissen entsprechend den darin möglichen Quantitäts- und Qualitätsunterschieden abwandeln, so hat das in jeder von ihnen eine Vielzahl von Modi zur Folge, und zwar sechs in der direkten, vier in der ersten indirekten, vierzehn in der zweiten und achtzehn in der dritten. Aber da wir für die direkte Figur alle Modi außer dem aus universalen Sätzen bestehenden, dessen Untersatz affirmativ ist, als zwecklos verworfen haben, verwerfen wir ineins damit auch alle Modi der übrigen Figuren, die ja durch Umkehrung der Prämissen der direkten Figur zustande kommen.

13. Wie aber oben[95] gezeigt worden ist, daß bei notwendigen Sätzen der kategorische und hypothetische gleichbedeutend sind, so sind auch kategorischer und hypothetischer Schluß offensichtlich gleichwertig. Denn ein beliebiger kategorischer Schluß, wie »Jeder Mensch ist ein Lebewesen, jedes Lebewesen ist ein Körper, also ist jeder Mensch ein Körper«, hat den gleichen Bedeutungsgehalt wie der hypothetische »Wenn etwas ein Mensch ist, ist es auch ein Lebewesen; ist etwas ein Lebewesen, so ist es auch ein Körper; also wenn etwas ein Mensch ist, ist es auch ein Körper«. Ebenso ist in der indirekten Figur der kategorische Schluß »Kein Stein ist ein Lebewesen, jeder Mensch ist ein Lebewesen, also ist kein Mensch ein Stein, bzw. ist kein Stein ein Mensch« gleichwertig mit dem hypothetischen »Wenn etwas ein Mensch ist, ist es ein Lebewesen; wenn etwas ein Stein ist, ist es kein Lebewesen; also wenn etwas ein Stein ist, ist es kein Mensch, bzw. wenn etwas ein Mensch ist, ist es kein Stein«.

Das Gesagte dürfte für die Kenntnis der Natur[96] der Schlüsse wohl hinreichen; ist doch offenbar darin auch enthalten, was andere über Modi und Figuren ausführlich und mit Nutzen erörtert haben. Auch sind zum korrekten Folgern

---

[95] Kap. III, Art. 11.
[96] Statt »für die Kenntnis der Natur« in *E* »für die Natur«.

nicht so sehr Vorschriften als Praxis erforderlich; und viel schneller erlernt es, wer seine Zeit mit den Beweisführungen der Mathematiker zubringt als mit der Lektüre der Vorschriften der Logiker für richtiges Schließen: ganz wie kleine Kinder das Laufen auch nicht durch Vorschriften, sondern durch wiederholtes Gehen lernen. Deshalb möge genügen, was hier vom Gang der Philosophie und seiner erforderlichen Beschaffenheit gesagt worden ist. Als nächstes wollen wir über die Arten und Ursachen der Fehler oder Irrtümer sprechen, in welche der unvorsichtig Schlußfolgernde leicht verfällt.

Kapitel V
Irrtum, Falschheit und Trugschlüsse

1. *Der Unterschied zwischen Irrtum und Falschheit. Die Entstehungsweise von Irrtümern im Geist (abgesehen von denen durch Wortgebrauch).* 2. *Sieben Arten der Inkohärenz von Namen, wobei der Satz immer falsch ist.* 3. *Ein Beispiel für die erste.* 4. *Für die zweite.* 5. *Für die dritte.* 6. *Für die vierte.* 7. *Für die fünfte.* 8. *Für die sechste.* 9. *Für die siebte.* 10. *Die Falschheit von Sätzen deckt man auf durch Zergliederung der Satzglieder mittels fortgesetzter Definitionen bis hinauf zu den einfachen Namen bzw. den höchsten Gattungen.* 11. *Schlußfehler aufgrund der Verflechtung der Satzglieder mit der Kopula.* 12. *Schlußfehler aufgrund von Äquivokationen.* 13. *Sophistische Trugschlüsse enthalten mehr Fehler in der Materie des Schlusses als in seiner Form.*

1. Irrtümer kommen nicht nur beim Bejahen und Verneinen vor, sondern auch beim sinnlichen Wahrnehmen und im stillen Denken der Menschen. Beim Bejahen und Verneinen, wenn wir einem Ding einen Namen zuerkennen, der nicht Name für das Ding ist. So wenn wir das Bildnis der Sonne einmal durch Reflexion im Fluß und dann direkt am Himmel sehen und, indem wir beidem den Namen »Sonne« beilegen, sagen würden, es gebe zwei Sonnen. Derlei kann nur dem Menschen widerfahren, da andere Lebewesen keine Namen gebrauchen. Nur diese Art von Irrtum, die nicht in der sinnlichen Wahrnehmung oder den Dingen selber, sondern im

unüberlegten Fällen von Urteilen gründet, verdient den Namen Falschheit. Grundlage für die Aufstellung der Namen
waren nämlich nicht die Gestaltungen der Dinge, sondern der
Wille und das Einverständnis[97] der Menschen.[98] Wer also von
den vereinbarten Bezeichnungen der Dinge abweicht, wird
weder von den Dingen noch von der sinnlichen Wahrnehmung getäuscht (denn daß das Ding, das der Mensch sieht,
Sonne heißt, sieht er nicht, sondern die Menschen geben
ihm diesen Namen aufgrund ihres eigenen Willens und Übereinkommens),[99] sondern weil er aufgrund eigener Unbe-
dachtsamkeit einen falschen Ausspruch tut. Im sinnlichen
Wahrnehmen und im Denken irren wir uns,[100] wenn wir ausgehend von einer gegenwärtigen[101] Bildvorstellung uns ein
weiteres Bild vorstellen, oder wenn wir als vergangen vorstellen, was nicht wirklich vorherging, und als zukünftig, was
nicht folgen wird; etwa wenn wir aufgrund des Anblicks des
Sonnenbildnisses im Fluß uns einbilden, dort sei ein Ding
vorhanden, wovon dies das Bildnis sei,[102] oder beim Erblicken
von Schwertern, es habe einen Kampf gegeben oder werde
einen geben, weil das meist so der Fall ist, oder wenn wir
aufgrund eines Versprechens uns die Gesinnung des Verspre-
chenden und überhaupt aufgrund eines Zeichens uns grundlos ein bezeichnetes Ding vorstellen.[103] Diese Art von Irrtum
ist allen Wesen gemein, die mit Sinneswahrnehmung ausgestattet sind. Dennoch werden wir dabei weder von unseren
Sinnen noch auch von den Dingen getäuscht, die wir sinnlich

[97] »und das Einverständnis« ist Zusatz von *E*.

[98] Vgl. Kap. II, Art. 4.

[99] Statt »sondern die Menschen geben ihm diesen Namen aufgrund
ihres eigenen Willens und Übereinkommens« (= *E*) in *AB* nur »sondern
hat er so gewollt«.

[100] Statt »Im sinnlichen Wahrnehmen und im Denken irren wir uns«
in *E* »Irrtümer im Stillen oder Irrtümer des sinnlichen Wahrnehmens
und Denkens begeht man«.

[101] »gegenwärtigen« fehlt in *E*.

[102] Statt »dort sei ein Ding vorhanden, wovon dies das Bildnis sei« in
E »die Sonne selber sei dort«.

[103] Statt »ein bezeichnetes Ding vorstellen« in *E* genauer »etwas als
bezeichnet vorstellen, das es nicht ist«.

wahrnehmen, sondern von uns selber, da wir Dinge ersinnen, die es gar nicht gibt, bzw. bloße Bildnisse[104] für mehr als Bildnisse nehmen. Falsch kann man aber nicht die Dinge und noch nicht einmal unsere Bildvorstellungen[105] nennen, da sie einerseits in Wahrheit sind, was sie sind, und andererseits nicht, wie Zeichen das tun, etwas versprechen, was sie nicht halten. Denn nicht sie versprechen etwas, sondern wir uns aufgrund ihrer, und nicht die Wolke, sondern wir versprechen uns beim Anblick der Wolke Regen. Daher wird man Irrtümern, die aufgrund natürlicher Zeichen auftreten, vorbeugen, indem wir zunächst einmal noch ohne zu schlußfolgern uns solchen Gegenständen der Mutmaßung gegenüber wie Unwissende verhalten. Dann aber auch, indem wir schlußfolgern: rühren sie doch vom mangelhaften Schlußfolgern her. Die übrigen Irrtümer dagegen, die in Behauptungen und Verneinungen bestehen (also die Falschheit von Sätzen), sind Fehler verkehrten Schlußfolgerns. Da sie in der Philosophie Schaden anrichten, wird also vor allem davon die Rede sein müssen.

2. Die beim Folgern, d. h. beim Schließen auftretenden Irrtümer bestehen entweder in der Falschheit einer Prämisse oder in der der Ableitung. Im ersten Fall sagt man, daß der Schluß hinsichtlich seiner Materie, im zweiten, daß er hinsichtlich seiner Form fehlerhaft ist. Betrachten wir zunächst die Materie, also die unterschiedliche Art und Weise, wie ein Satz falsch sein kann, und danach die Form, und wie es dazu kommt, daß eine Ableitung nicht wahr ist, wo doch die Prämissen wahr sind.

Da nach Kap. III, Art. 7 jeder Satz wahr ist, in dem zwei Namen für dasselbe Ding verbunden werden, dagegen jeder falsch, in dem die zwei verbundenen Namen verschiedenen Dingen zugehören, so entsteht ein falscher Satz auf ebensoviele Arten, als verbundene Namen nicht zum selben Ding gehören.

---

[104] Statt »ersinnen, die es gar nicht gibt, bzw. bloße Bildnisse« in *E* »welche bloße Bildnisse sind«.
[105] *E* fügt hinzu »von ihnen«.

Es gibt aber vier Gattungen benannter Dinge,[106] nämlich
Körper, Akzidenzien, Erscheinungsbilder und *die Namen selber*. Daher müssen bei jedem wahren Satz die verbundenen Namen
notwendigerweise entweder beide Namen von Körpern oder
beide von Akzidenzien oder beide von Erscheinungsbildern
oder beide von Namen sein. Anderweitig verbundene Namen
haben keinen inneren Zusammenhang und ergeben einen falschen Satz. Auch kann es vorkommen, daß daß der Name
eines Dings mit dem Namen einer Rede[107] verbunden wird.
Verbundene Namen können mithin in siebenfacher Art des
inneren Zusammenhangs entbehren:

Wenn der Name		mit dem Namen
1) eines Körpers		eines Akzidens
2) eines Körpers		eines Erscheinungsbilds
3) eines Körpers	verbunden wird	eines Namens
4) eines Akzidens		eines Erscheinungsbilds
5) eines Akzidens		eines Namens
6) Erscheinungsbilds		eines Namens
7) eines Dings		einer Rede.[108]

Für all das sollen Beispiele folgen.

3. Falsch nach der ersten Art sind Sätze, bei denen abstrakte Namen mit konkreten verbunden werden, wie »Das
Sein ist etwas Seiendes«, »Die Wesenheit ist etwas Seiendes«,

[106] Statt »Es gibt aber vier Gattungen benannter Dinge« in *E* »Alle
Dinge, denen wir Namen geben, können auf diese vier Gattungen
zurückgeführt werden«.

[107] Statt »der Name eines Dings mit dem Namen einer Rede« (= *B*)
in A 10, Harl. C und *A* »ein Name mit einer Rede« und in *E* »der Name
eines Körpers, eines Akzidens oder eines Erscheinungsbilds mit dem
Namen einer Rede«.

[108] Statt »Wenn der Name eines Dings verbunden wird mit dem Namen einer Rede« (= *B*) in *A* »Wenn ein Name verbunden wird mit
einer Rede« und in *E* »Wenn der Name eines Körpers, eines Akzidens
oder eines Erscheinungsbilds verbunden wird mit dem Namen einer
Rede«.

»τὸ τί ἦν εἶναι [das Was-es-war-Sein],[109] d. h. die Quiddität ist etwas Seiendes«[110] und vieles dieser Art, das sich in Aristoteles' *Metaphysik* findet. Ebenso »Der Intellekt ist tätig«, »Der Verstand versteht«, »Der Gesichtssinn sieht«, »Der Körper ist eine Größe«, »Der Körper ist Quantität«, »Der Körper ist Ausdehnung«, »Das Menschsein ist der Mensch«, »Die Weiße ist weiß«, was soviel heißt, als wenn jemand sagte: »Der Läufer ist das Laufen« oder »Der Spaziergang geht spazieren«.[111] Ebenso »Die Wesenheit ist getrennt«, »Die Substanz ist abstrahiert«[112] und ähnliche bzw. davon abgeleitete Sätze, von denen die gemeine Philosophie übervoll ist. Da nämlich kein Subjekt eines Akzidens, also kein Körper, selber Akzidens ist, darf kein Name eines Akzidens einem Körper und keiner eines Körpers einem Akzidens zuerteilt werden.

4. In der zweiten Art sind solche Sätze fehlerhaft: »Ein Gespenst ist Körper oder Geist«, also ein feiner Körper, »Die sinnliche Species fliegt durch die Luft und bewegt sich hierhin und dorthin«, was nur Körper können. Ebenso »Der Schatten bewegt sich«, d. h. ist ein Körper, »Lichtschein bewegt sich«, d. h. ist ein Körper, »Farbe ist der Gegenstand des Gesichts und Ton der des Gehörs«,[113] »Der Raum oder Ort ist ein ausgedehntes Ding«[114] und unzählige andere Sätze dieser Art. Da nämlich Gespenster, Species des Gesichtssinns, Töne,[115] Schatten, Licht, Farbe, Raum usw. dem, der träumt nicht weniger vorschweben als dem, der wacht, sind sie keine

---

[109] Dieser aristotelische Fachausdruck wird meist mit »Wesen« übersetzt.

[110] Vgl. Aristoteles, *Metaphysik* Z, Kap. 4 (1030 a 3).

[111] Schon in seinen Anfang 1641 verfaßten Einwänden gegen Descartes' *Meditationes* hatte Hobbes die Beispiele »Der Verstand versteht« und »Der Gesichtssinn sieht« als scholastische Ausdrucksweisen bezeichnet und ihnen ein selbsterfundenes »Der Spaziergang geht spazieren« nachgeschickt (OL V, S. 257).

[112] Vgl. Kap. III, Art. 4.

[113] Vgl. Kap. XXV, Art. 10.

[114] Descartes' Identifikation von Raumausdehnung und ausgedehnter Materie. Vgl. Kap. VII, Art. 2.

[115] Statt »Species des Gesichtssinns, Töne« in *E* »sinnliche Species«.

äußeren Dinge, sondern Erscheinungsbilder des bildererzeu-
genden Geistes. Namen für sie können daher mit Namen von
Körpern zu einem wahren Satz nicht verbunden werden.

5. Falsche Sätze der dritten Art sind solche: »Die Gattung
ist etwas Seiendes«, »Das Universale ist etwas Seiendes«,
»Seiendes wird von Seiendem ausgesagt«. Gattung, Universales und Aussagen sind nämlich Namen für Namen, nicht für
Dinge.[116] Ebenso ist falsch »Eine Zahl ist unendlich«. Denn
keine Zahl ist unendlich, sondern nur der Name oder der
Ausdruck »Zahl« wird, sofern ihm nicht im Geiste eine bestimmte Zahl unterlegt wird, in der Tat indefinit genannt,
obwohl keine gegebene Zahl unendlich ist.[117]

6. Unter die vierte Art fallen solche falschen Sätze wie
»Dem Hinsehenden erscheint die tatsächliche Größe bzw.
Gestalt des Gegenstands«, »Farbe, Lichtschein, Ton sind am
Gegenstand« und damit vergleichbare. Je nach Abstand und
Medium erscheint derselbe Gegenstand nämlich bald kleiner,
bald größer, bald viereckig, bald rund, aber die wahre Größe
und Gestalt des gesehenen Dings ist immerzu ein und dieselbe,[118] so daß die erscheinenden Größen und Gestalten
nicht Größen und Gestalten der Gegenstände als solcher sein
können. Sie sind also Erscheinungsbilder, weshalb in Sätzen
dieser Art Namen für Akzidenzien mit Namen für Erscheinungsbilder verbunden werden.

7. In der fünften Art machen diejenigen Fehler, die sagen:
»Die Definition ist die Wesenheit des Dings«, »Die Weiße
oder sonst ein Akzidens ist eine Gattung oder universal«. Die
Definition ist nämlich nicht die Wesenheit des Dings, sondern
eine Rede, die anzeigt, was wir als Wesenheit der Sache begreifen, und ebenso ist nicht die Weiße, sondern das Wort
»Weiße« eine Gattung und universal.[119]

8. In der sechsten Art irren diejenigen, die sagen: »Die
Vorstellung eines Dings ist universal«, als ob sich im Geiste ein

---

[116] Vgl. Kap. II, Art. 9.
[117] Der redundante Zusatz »obwohl keine gegebene Zahl unendlich
ist« fehlt in *E*. – Vgl. Kap. VII, Art. 11.
[118] Vgl. Kap. VIII, Art. 14.
[119] Vgl. Kap. II, Art. 10.

Bild des Menschen befände, das nicht Bild eines einzelnen Menschen wäre, sondern des Menschen schlechthin, was unmöglich ist, da jede Vorstellung sowohl selber einzeln ist als auch ein einzelnes Ding vorstellt.[120] Die Täuschung besteht aber darin, daß man den Namen des Dings für den der Vorstellung von ihm setzt.

9. In der siebten Art irren diejenigen, die bei der Einteilung des Seienden gesagt haben, »daß die Seienden teils von sich aus, teils akzidentell bestehen«, und zwar stellen sie – da »Sokrates ist ein Mensch« ein notwendiger Satz ist und »Sokrates ist ein Musiker« ein kontingenter – deswegen einige Seiende als notwendig oder von sich aus bestehend hin und andere als kontingent oder akzidentell. Da aber »notwendig«, »kontingent«, »von sich aus seiend«, »akzidentell« Namen nicht für Dinge, sondern für Sätze sind, verbinden diejenigen, die sagen, irgendein Seiendes bestehe von sich aus,[121] mit dem Namen für ein Ding den Namen für einen Satz. In den gleichen Irrtum verfallen diejenigen, welche einige unserer Vorstellungen in den Verstand und andere in die Phantasie setzen,[122] als ob die von der sinnlichen Wahrnehmung her im Gedächtnis bewahrte Vorstellung bzw. das bewahrte Bild eines Menschen sich von dem unterschiede, das im Verstand vorhanden ist, wenn wir verstehen, »daß der Mensch ein Lebewesen ist«. Der Grund der Täuschung liegt darin, daß sie glaubten, einem Namen entspreche eine andere Idee des Dings als einem Satz, was aber falsch ist, da der Satz nur die Aufeinanderfolge dessen anzeigt, was an ein und derselben Vorstellung eines Menschen nacheinander bemerkt wird, so daß wir bei der Rede »Der Mensch ist ein Lebewesen« nur eine einzige Vorstellung haben, auch wenn in dieser Vorstellung erst das in Betracht gezogen wird, weswegen er ein Mensch genannt wird, und nachher das, weswegen er ein Lebewesen genannt wird. Die Falschheit all dieser Sätze läßt sich in all ihren Arten im Ausgang

---

[120] Vgl. Kap. XXV, Art. 6.
[121] Statt »bestehe von sich aus« in *E* »besteht akzidentell«.
[122] Vgl. Descartes, *Meditationes de prima philosophia*, 6. Meditation.

von der Definition der darin verbundenen Namen aufdek-
ken.

10. Aber auch wenn Namen von Körpern mit Namen von
Körpern, Namen von Akzidenzien mit Namen von Akzidenzien, Namen von Namen mit Namen von Namen und Namen
von Erscheinungsbildern mit Namen von Erscheinungsbildern verbunden werden, wissen wir deswegen nicht sofort, ob
die betreffenden Sätze wahr sind. Dafür bedarf es vielmehr
der vorherigen Kenntnis der Definition jener beiden Namen
und dann wieder der Definitionen derjenigen Namen, die in
diese Definition eingesetzt wurden, bis man durch fortgesetzte Zergliederung zu einem völlig einfachen Namen gelangt, d. h. zu dem in der betreffenden Gattung von Dingen
höchsten oder universalsten.[123] Tritt ihre Wahrheit oder
Falschheit auch dann noch nicht zutage, so fällt die Sache in
die Philosophie und ist mittels einer bei den Definitionen an-
hebenden Schlußfolgerung zu untersuchen. Jeder universal
wahre Satz ist nämlich entweder eine Definition oder Teil
einer Definition oder aufgrund von Definitionen zu beweisen.

11. Eventuell in der Form des Schlusses verborgene Fehler
sind immer entweder in der Verflechtung der Kopula mit
einem der Satzglieder oder in irgendeiner Äquivokation der
Ausdrücke gelegen. Beide Male ergeben sich aber vier Satzglieder, was bei einem korrekten Schluß, wie gezeigt, nicht
möglich ist.[124] Die Verflechtung der Kopula mit einem der
beiden Glieder läßt sich sofort aufdecken, wenn man die
Sätze in die Form der reinen und einfachen Prädikation überführt.[125] Wollte jemand so daherschwatzen: »Die Hand berührt die Feder, die Feder berührt das Papier, also berührt die
Hand das Papier«, so wird die Ungereimtheit durch Rückfüh-
rung sofort klar. Spricht man das nämlich aus in der Form
»Die Hand ist federberührend, die Feder ist papierberührend, also ist die Hand papierberührend«, so sind das augen-

---

[123] Zur Universalität einfacher Namen vgl. Kap. II, Art. 14.
[124] Vgl. Kap. IV, Art. 2.
[125] Vgl. Kap. III, Art. 12.

scheinlich vier Satzglieder: »Hand«, »federberührend«, »Feder« und »papierberührend«.

Die von dieser Sorte Sophismen ausgehende Gefahr scheint aber nicht so groß zu sein, daß es sich verlohnte, sie noch weiter zu verfolgen.

12. Bei äquivoken Namen kann Trug vorkommen, wenngleich nicht bei solchen, die von sich aus klar sind, und ebensowenig bei Metaphern, kündigt doch der Ausdruck »Metapher« [Übertragung] selber die Übertragung eines Namens von einem bestimmten Ding auf ein anderes an.[126] Einige äquivoke aber gibt es, die, obwohl sie nicht einmal sonderlich dunkel sind, trotzdem gelegentlich trügen, wie in dieser Argumentation: »Die Behandlung der Prinzipien ist Sache der Ersten Philosophie,[127] das erste aller Prinzipien ist aber, daß dasselbe nicht zugleich ist und nicht ist, also ist es Sache der Ersten Philosophie,[128] darüber zu handeln, ob dasselbe zugleich sein und nicht sein kann«. Das Trügerische liegt dabei in der Äquivokation des Ausdrucks »Prinzip«. Denn am Anfang seiner *Metaphysik*, wo es heißt, die Behandlung der Prinzipien sei Sache der Ersten Wissenschaft,[129] versteht Aristoteles unter »Prinzipien« die Ursachen der Dinge sowie einige Seiende, die er als erste bezeichnet. Wo er aber den genannten Satz das erste Prinzip nennt,[130] meint er den Ausgangspunkt und die Ursache des Erkennens, also das Verständnis der Worte, in Ermangelung dessen man niemanden etwas lehren kann.

13. Bei den Trugschlüssen der Sophisten und Skeptiker, mit denen sie vorzeiten die Wahrheit lächerlich zu machen oder zu bekämpfen pflegten, lag der Fehler meist nicht in der Form, sondern in der Materie des Schlusses, und sie selber täuschten sich damit mehr, als daß sie andere getäuscht hätten. Denn Zenons berühmtes Argument gegen die Bewegung

---

[126] Vgl. Kap. II, Art. 12.

[127] Statt »der Ersten Philosophie« in *E* »der Metaphysik«.

[128] Statt »der Ersten Philosophie« in *E* »der Metaphysik«.

[129] Kein Zitat bzw. keine Anspielung auf eine bestimmte Stelle in den ersten Büchern der aristotelischen *Metaphysik*.

[130] Aristoteles, *Metaphysik* Γ, Kap. 3 und 4.

stützte sich auf den Satz »Was in unendlich viele Teile geteilt
werden kann, ist unendlich«, den er zweifellos für wahr hielt,
der aber dennoch falsch ist. Denn etwas in unendlich viele
Teile teilen können, heißt nichts anderes als es in soviel Teile
teilen können, wie man nur immer will. Es ist aber keineswegs
erforderlich, daß man von einer Linie, die ich, so oft ich will,
teilen und unterteilen kann, deswegen sage, sie habe unendlich viele Teile bzw. sei unendlich.[131] Denn wieviel Teile ich
auch immer bilde, ihre Anzahl bleibt doch immer endlich. Da
aber, wer bloß »Teile« sagt, ohne hinzuzufügen, wieviel, deren Anzahl nicht selber im voraus festsetzt, sondern die
Festlegung dem Hörer überläßt, pflegt man zu sagen, eine
Linie sei ins Unendliche teilbar, was aber in keinem anderen
Sinn [als dem genannten] wahr sein kann. Und damit genug
über den Schluß, der gewissermaßen der Gang der Philosophie ist. Denn einerseits wurde alles dargestellt, was immer
nötig ist, um zu erkennen, woher eine jede korrekte Beweisführung ihre Kraft bezieht, und andererseits wäre eine An-
häufung alles dessen, was dazu gesagt werden kann, genauso
überflüssig, wie wenn man, wie ich oben[132] sagte, einem Kind
fürs Laufen Vorschriften machen wollte. Die Kunst des
Schlußfolgerns eignet man sich nämlich nicht anhand von
Vorschriften an, sondern durch ihre Anwendung und die Lektüre solcher Bücher, in denen überall eine strenge Beweisführung eingehalten wird. Ich gehe nun über zum Weg der
Philosophie, also zur Methode des Philosophierens.

Kapitel VI
Die Methode

1. *Definition von Methode und Wissenschaft.* 2. *Das Daß der Einzeldinge ist besser bekannt als das der Universalien; dagegen sind das Warum
bzw. die Ursachen der Universalien besser bekannt als die der Einzeldinge.* 3. *Was der Philosophierende zu wissen bestrebt ist.* 4. *Der erste*

---

[131] Vgl. Kap. VII, Art. 13.
[132] Kap. II, Art. 13.

Teil, die Auffindung der Ausgangspunkte, ist rein analytisch. 5. In jeder Gattung sind die obersten universalen Ursachen von sich aus bekannt. 6. Beschaffenheit der von den gefundenen Ausgangspunkten aus auf Wissenschaft schlechthin abzielenden Methode. 7. Die Methode der Staats- wie auch der Naturwissenschaft, die von der Sinneswahrnehmung zu den Ausgangspunkten der Wissenschaft geht, ist analytisch; die von den Ausgangspunkten aus dagegen synthetisch. 8. Die Methode zur Erforschung der Frage, ob eine gegebene Sache Materie oder Akzidens ist. 9. Die Methode zur Erforschung der Frage, ob ein gegebenes Akzidens sich in dem oder jenem Subjekt befindet. 10. Die Methode zur Erforschung der Frage nach der Ursache einer gegebenen Wirkung. 11. Wörter werden beim Auffinden als Merkzeichen, beim Beweisen als anzeigende Worte[133] gebraucht. 12. Die Methode der Beweisführung ist synthetisch. 13. Einzig die Definitionen sind erste universale Sätze. 14. Natur und Definition der Definition. 15. Eigenschaften der Definition. 16. Natur des Beweises. 17. Eigenschaften des Beweises und Reihenfolge der Beweisstücke. 18. Beweisfehler. 19. Warum die Analytik der Geometer hier nicht behandelt werden kann.

1. Zur Erkenntnis der Methode ist die Definition der Philosophie in Erinnerung zu rufen. Sie wurde aber oben in Kap. I, Art. 2 wie folgt gegeben: *Philosophie ist die durch richtigen Vernunftgebrauch gewonnene Erkenntnis der Phänomene bzw. auftretenden Wirkungen im Ausgang vom Begriff ihrer möglichen Hervorbringungs- oder Erzeugungsweise und der tatsächlichen oder doch möglichen Hervorbringungsweise im Ausgang vom Begriff einer auftretenden Wirkung.*[134] Die *Methode* des Philosophierens ist also *die möglichst bündige Untersuchung von Wirkungen aufgrund der Kenntnis ihrer Ursachen oder von Ursachen aufgrund der Kenntnis ihrer Wirkungen.* Wir sagen aber, daß wir von einer Wirkung *Wissen* haben, *wenn wir sowohl die Gesamtzahl[135] ihrer Ursachen erkennen als auch, in welchem Subjekt sie sich befinden, weiter, in welchem Subjekt sie die Wirkung hervorbringen, und schließlich, wie sie das tun.* Wissenschaft bezieht sich also auf τὸ διότι [das Warum] oder die Ursachen; jede andere Erkenntnis, die man als auf τὸ ὅτι [das Daß] bezüglich bezeichnet, ist Sinneswahr-

---

[133] Statt »anzeigende Worte« in *E* »Zeichen«.
[134] Nur in *E* kursiviert.
[135] Statt »die Gesamtzahl« in *AEB* »das Dasein«.

nehmung oder von Sinneswahrnehmung zurückbleibende
Bildvorstellung bzw. Erinnerung.

Die allerersten Ausgangspunkte der Wissenschaft sind daher die Erscheinungsbilder der Sinne und der Einbildungskraft.[136] Zwar erkennen wir ihr Vorhandensein von Natur;
um aber zu erkennen, warum es sie gibt bzw. von welchen
Ursachen sie herrühren, bedarf es des Schlußfolgerns, das
(wie oben in Kap. I, Art. 2 gesagt wurde) in Zusammensetzung und Teilung oder Zergliederung besteht. Daher ist jede
Methode, mit der wir die Ursachen der Dinge untersuchen,
entweder zusammensetzend oder zergliedernd oder teils zusammensetzend und teils zergliedernd. Auch pflegt man die
zergliedernde die *analytische*, die zusammensetzende dagegen
die *synthetische* zu nennen.

2. Wie sich aus der angeführten Definition der Philosophie
klar ergibt, ist jeder Methode gemein, daß sie vom Bekannten
zum Unbekannten fortschreitet. Bei der Erkenntnis durch die
Sinne ist aber das Gesamtphänomen[137] besser bekannt als
irgendeiner seiner Teile. Sehen wir etwa einen Menschen, so
ist eher bekannt bzw. ist bekannter der Begriff oder die Gesamtvorstellung dieses Menschen als die Teilvorstellungen
»gestaltet«, »belebt«, »vernunftbegabt«, d. h. wir sehen eher
den Menschen als ganzen und erkennen sein Dasein, als daß
wir uns jenen Sondervorstellungen zuwenden. Bei der Erkenntnis τοῦ ὅτι [des Daß] bzw. des Daseins geht die Untersuchung also von der Gesamtvorstellung aus. Bei der Erkenntnis τοῦ διότι [des Warum] dagegen bzw. bei der
Erkenntnis der Ursachen, also in den Wissenschaften, sind
die Ursachen der Teile besser bekannt als die des Ganzen.
Die Ursache des Ganzen setzt sich nämlich aus den Ursachen
der Teile zusammen; eine vorgängige Erkenntnis der Kom-
ponenten ist aber für die des aus ihnen Zusammengesetzten
unerläßlich. Unter Teilen verstehe ich hier aber nicht die Bestandteile der Sache selbst, sondern die Teile ihrer Natur.
Z. B. verstehe ich unter den Teilen des Menschen nicht seinen Kopf, die Schultern, Arme usw., sondern seine Gestalt,

---

[136] Vgl. Kap. XXV, Art. 1.
[137] Statt »das Gesamtphänomen« in *E* »der Gesamtgegenstand«.

Quantität, Bewegung, Sinneswahrnehmung, sein Schlußfolgern u.dgl., welche Akzidenzien zusammengenommen ineins nicht die Körpermasse, sondern die Gesamtnatur des Menschen ausmachen. Und darin hat die gängige Redeweise ihren Grund, daß einiges *uns* und anderes der *Natur* besser bekannt sei.[138] Mir scheint nämlich nicht, daß diejenigen, die so unterscheiden, der Ansicht seien, der Natur sei bekannt, was doch keinem einzigen Menschen bekannt sei. Das *uns* besser Bekannte ist also im Hinblick auf das Gekanntsein durch die Sinne, das der *Natur* besser Bekannte im Hinblick auf das durch Vernunftgebrauch erreichte Gekanntsein zu verstehen. Und so sind die Ganzen *uns* besser bekannt als ihre Teile, d. h. die Dinge mit weniger universalen Namen (die wir der Kürze halber Einzeldinge nennen wollen) besser als die mit universaleren Namen (die Universalien), die Ursachen der Teile aber besser als die Ursache des Ganzen, d. h. man pflegt zu sagen, die Universalien seien der *Natur* besser bekannt als die Einzeldinge.

3. Wer philosophiert, sucht entweder Wissenschaft schlechthin und ohne nähere Abgrenzung zu erwerben, d. h. ohne vorgegebene festumrissene Fragestellung soviel wie möglich zu wissen. Oder aber man sucht die Ursache eines bestimmten Phänomens oder doch wenigstens sonst etwas Unzweifelhaftes zu finden, wie etwa die Ursache von Lichtschein, Wärme, Schwere, einer gegebenen Figur u.dgl.; oder welchem Subjekt ein gegebenes Akzidens einwohnt; oder welche aus einer Vielzahl von Akzidenzien vorzüglich zur Erzeugung einer gegebenen Wirkung beitragen; oder wie man gegebene Sonderursachen zum Zwecke der Hervorbringung einer bestimmten Wirkung zu verbinden hat. Aufgrund dieser Mannigfaltigkeit in Frage stehender Sachverhalte hat man bald die analytische Methode, bald die synthetische und bald beide[139] anzuwenden.

4. Was aber diejenigen anbelangt, die Wissenschaft schlechthin zu erwerben suchen (die in möglichst umfassender Erkenntnis der Ursachen aller Dinge besteht), so ist es für

---

[138] Nach Aristoteles, *Physik* A, Kap. 1 (184 a 19-21).
[139] »und bald beide« fehlt in *E*.

sie unumgänglich – da die Ursachen aller Einzeldinge sich
aus den Ursachen der Universalien oder des Einfachen zusammensetzen –, die Ursachen der Universalien bzw. derjenigen Akzidenzien, die allen Körpern, d.h. aller Materie
gemeinsam sind, eher zu erkennen als die der Einzeldinge,
d.h. der Akzidenzien, durch welche sich das eine Ding vom
andern unterscheidet. Und wieder ist, bevor man sich ihrer
Ursachen vergewissern kann, es erforderlich zu erkennen,
welches eigentlich jene Universalien sind. Die Universalien
müssen aber, da sie in der Natur der Einzeldinge enthalten
sind, mittels Vernunftgebrauch, also durch Zergliederung
daraus hervorgeholt werden. Es sei beispielsweise ein beliebiger Begriff bzw. die Vorstellung eines einzelnen Dings, etwa
eines Quadrats, gegeben. »Quadrat« also zergliedert sich in
»Ebene, die von einer bestimmten Anzahl gleicher und gerader[140] Linien und rechter Winkel begrenzt wird«. Wir erhalten demnach die folgenden jeder Materie zukommenden
Universalien: »Linie«, »Ebene« (worin »Fläche« enthalten
ist), »begrenzt«, »Winkel«, »Geradheit«,[141] »Rechtwinklig-
keit«, »Gleichheit«. Wer deren Ursachen bzw. Erzeugungsweisen[142] aufzufinden vermag, wird sie zur Ursache des
Quadrats zusammensetzen. Und wenn er sich den Begriff des
Goldes vornimmt, so ergeben sich daraus wieder durch Zergliederung die Vorstellungen »Verdichtetes«, »Sichtbares«,
»Schweres« (d.h. was zum Erdmittelpunkt hin ansetzt, oder
Bewegung nach unten)[143] und viele andere Vorstellungen, die
universaler sind als Gold selber und ihrerseits wieder zergliedert werden können, bis man zu den höchsten Universalien
kommt. Zergliedert man dergestalt bald dies, bald jenes, so
wird man erkennen, welches sie sind, und wird, sobald man
ihre Ursachen einzeln erkannt und zusammengesetzt hat, die
Ursachen der einzelnen Dinge erkennen können. Wir ziehen
daher den Schluß, daß die Untersuchungsmethode für die
Universalbegriffe der Dinge rein analytisch ist.

---

[140] »und gerader« ist Zusatz von *E*.
[141] »Geradheit« ist Zusatz von *E*.
[142] »bzw. Erzeugungsweisen« fehlt in *E*.
[143] Vgl. Kap. XXX, Art. 2.

5. Die Ursachen der Universalien (jedenfalls derjenigen, für die es überhaupt Ursachen gibt) sind aber von sich aus oder, wie man sagt, der Natur bekannt, so daß sie überhaupt keiner Methode bedürfen. Ihrer aller universale und einzige Ursache ist nämlich Bewegung. Denn nicht nur die Mannigfaltigkeit aller Figuren hat ihren Ursprung in der Mannigfaltigkeit der Bewegungen, durch die sie konstruiert werden – und für Bewegung ist keine andere Ursache denkbar als wiederum Bewegung[144] –, sondern auch die mannigfaltigen sinnlich wahrgenommenen Dinge, wie Farben, Töne, Geschmäcke usw. haben keine andere Ursache als Bewegung, die teils in den einwirkenden Gegenständen, teils im sinnlich wahrnehmenden Wesen verborgen liegt; das aber so, daß, obwohl die Beschaffenheit dieser Bewegung nur durch Schlußfolgern erkannt werden kann, dennoch klar ist, daß hier jedenfalls Bewegung im Spiel ist. Wenngleich nämlich die meisten irgendeines Hinweises bedürfen um einzusehen, daß Veränderung in Bewegung besteht,[145] so liegt das nicht an der Dunkelheit der Sache (denn es ist undenkbar, daß etwas seinen Ruhezustand oder auch seine Bewegung aufgäbe, außer aufgrund von Bewegung),[146] sondern entweder an der Untergrabung ihrer natürlichen Denkweise durch Vorurteile von seiten ihrer Lehrer oder aber daran, daß sie bei der Erforschung der Wahrheit völlig gedankenlos verfahren.

6. Sind sonach die Universalien und ihre Ursachen erkannt (welches die ersten Ausgangspunkte der Erkenntnis τοῦ διότι [des Warum] sind), so geben wir als erstes ihre Definitionen, die nichts anderes als Erläuterungen unserer einfachsten Begriffe sind. Denn wer beispielsweise einen richtigen Begriff von *Ort* hat, kann die Definition »Ort ist der Raum, der von einem Körper genau ausgefüllt oder eingenommen wird«[147] nicht verkennen, und wer einen Begriff von *Bewegung* hat,

---

[144] Dieser Satz wird in *De Corpore* nur in der Form bewiesen, daß Ursache von Bewegung ein bewegter berührender Körper sein muß (Kap. IX, Art. 7). Vgl. auch Kap. XV, Art. 3, Korollar I.

[145] Vgl. Kap. IX, Art. 9.

[146] Vgl. Kap. IX, Art. 7.

[147] Vgl. Kap. VIII, Art. 5.

kann nicht in Unwissenheit darüber sein, daß Bewegung die
Privation des einen und das Erreichen eines anderen Orts
ist.[148] Danach geben wir die Erzeugungsweise bzw. Beschreibung der Universalien, wie z. B. daß eine Linie durch die
Bewegung eines Punkts zustande kommt, eine Fläche durch
die Bewegung einer Linie,[149] die eine Bewegung durch eine
andere usw. Bleibt noch zu erforschen, welche bestimmte Bewegung welche bestimmten Wirkungen erzeugt, also durch
welche Bewegung eine gerade Linie und durch welche eine
kreisförmige zustande kommt, welche Bewegung auf welcher
Bahn Stoß oder Zug ausübt, und welche macht, daß ein ge-
sehenes, gehörtes usw. Ding bald so und bald anders gesehen,
gehört usw. wird. Und zwar ist die Methode dieser For-
schungsart zusammensetzend. Zuerst hat man sich nämlich
damit zu befassen, was für Wirkungen ein bewegter Körper
hervorbringt, sofern an ihm nichts weiter als seine Bewegung
in Betracht gezogen wird; es erweist sich aber sofort, daß er
eine Linie bzw. Strecke hervorbringt. Sodann damit, was ein
Körper mit seiner Länge zustande bringt, wenn er bewegt
wird, und es wird sich herausstellen, daß dabei eine Fläche
zustande kommt; und so immer weiter mit dem, was durch
Bewegung schlechthin zustande kommt. Sodann ist in gleicher Weise zu betrachten, welche Wirkungen und was für
Figuren mit welchen Eigenschaften aus Hinzufügung, Vervielfältigung, Abzug und Teilung solcher Bewegungen resul-
tieren. Und aus dieser Betrachtungsart ist jener Teil der
Philosophie entstanden, den man Geometrie nennt.

Nach der Betrachtung dessen, was durch Bewegung
schlechthin zustande kommt, folgt die Betrachtung der Wirkungen, welche die Bewegung des einen Körpers in einem
andern hervorruft. Da nun in den Einzelteilen eines Körpers
Bewegung vorhanden sein kann, ohne daß das Ganze seinen
Ort verließe, ist an erster Stelle zu erforschen, welche Bewegung welche andere in dem Ganzen hervorruft; also wenn ein
Körper auf einen andern ruhenden oder schon in einer bestimmten Bewegung befindlichen Körper auftrifft, auf wel-

---

[148] Vgl. Kap. VIII, Art. 10.
[149] Vgl. Kap. VIII, Art. 12.

cher Bahn und mit welcher Geschwindigkeit letzterer sich nach dem Auftreffen bewegen und welche Bewegung diese zweite Bewegung ihrerseits in einem dritten hervorrufen wird, und so immer weiter. Aus dieser Betrachtungsart wird jener Teil der Philosophie hervorgehen, der sich mit der Bewegung beschäftigt.

An dritter Stelle wird man sich der Erforschung dessen zuwenden, was durch die Bewegung der Teile zustande kommt; zum Beispiel, worauf es beruht, daß ein und dieselben Dinge in der Sinneswahrnehmung doch nicht als dieselben, sondern als verändert erscheinen. Daher werden an dieser Stelle die sinnlich wahrnehmbaren Qualitäten untersucht wie Licht, Farbe, Durchsichtigkeit, Undurchsichtigkeit, Ton, Geruch, Geschmack, Wärme, Kälte u.dgl. Da sie aber ohne Kenntnis der Ursache der Sinneswahrnehmung als solcher nicht erkannt werden können, wird die Betrachtung der Ursachen von Gesichtssinn, Gehörsinn, Riechen, Geschmackssinn und Tastsinn die dritte Stelle einnehmen; die obengenannten Qualitäten aber, überhaupt alle Änderungen, sind an die vierte Stelle zu verweisen. Diese beiden Betrachtungsweisen machen jenen Teil der Philosophie aus, der Physik heißt. In diesen vier Teilen ist alles enthalten, was in der Naturphilosophie durch Beweisführung im eigentlichen Sinne erläutert werden kann. Denn wenn die Ursache von Naturphänomenen im einzelnen angegeben werden soll, etwa die Beschaffenheit der Bewegungen und Kräfte[150] der Himmelskörper und ihrer Teile, so ist diese Begründung aus den genannten Teilen der Wissenschaft zu entnehmen, ansonsten es gar keine Begründung, sondern unsichere Mutmaßung sein wird.

Nach der Physik ist auf das Gebiet des Moralischen überzugehen, in welcher [Sparte] die Gemütsbewegungen betrachtet werden, also Begehren, Abneigung, Liebe, Wohlwollen, Hoffnung, Furcht, Zorn, Eifersucht, Neid usw.: was ihre Ursachen sind und wofür sie ihrerseits Ursachen sind. Sie sind deswegen nach der Physik in Betracht zu ziehen, weil ihre

---

[150] Statt »Kräfte« in *E* »Einflüsse«, welcher astrologische Terminus den von Hobbes gemeinten Sachverhalt genauer trifft.

Ursachen in Sinneswahrnehmung und Einbildungskraft liegen, die Gegenstand physikalischer Betrachtung sind. Daß
dies alles in der angegebenen Reihenfolge zu untersuchen ist,
steht aber aufgrund dessen fest, daß Physisches nur verstanden werden kann, wenn man die in den allerkleinsten Teilen
der Körper stattfindende Bewegung erkannt hat, und eine
solche Bewegung der Teile nur, wenn man erkannt hat, was es
mit einem Ding auf sich hat, das in einem andern Bewegung
hervorruft, und dies nur, wenn man erkannt hat, was für Wirkungen Bewegung schlechthin hervorruft. Und aufgrund dessen, daß jede Erscheinung von Dingen vor unseren Sinnen
ihre qualitative und quantitative Bestimmung durch zusammengesetzte Bewegungen erhält, deren jede einen bestimmten Geschwindigkeitsgrad und eine bestimmte Bahn innehat,
sind an erster Stelle die Bahnen von Bewegungen schlechthin
zu untersuchen (worin die Geometrie besteht), sodann die
Bahnen der erzeugten und offen zutage liegenden Bewegungen und schließlich die Bahnen der inwendigen und unsichtbaren Bewegungen (die die Physiker erforschen). Wer daher
in der Naturphilosophie Forschung treibt, ohne den Ausgangspunkt seiner Untersuchung in der Geometrie zu nehmen, forscht vergebens; und wer ohne Kenntnis der Geometrie darüber schreibt oder spricht, treibt Mißbrauch mit
seinen Lesern und Hörern.

7. Die Staatsphilosophie schließt an die Moralphilosophie
in einer Weise an, daß sie doch auch davon getrennt werden
kann. Die Ursachen der Gemütsbewegungen erkennt man
nämlich nicht nur durch Schlußfolgerung, sondern auch
durch die Erfahrung, die ein jeder macht, der seine eigenen
Bewegungen beobachtet. Deshalb werden nicht nur diejenigen, die einmal nach synthetischer Methode von den ersten
Ausgangspunkten der Philosophie zur Wissenschaft von den
Begierden und Wirrungen des Gemüts gelangt sind, auf dem
gleichen Weg weiterschreitend auf die Ursachen und die Notwendigkeit der Errichtung von Staaten stoßen und sich die
Wissenschaft vom natürlichen Recht, den Pflichten der
Staatsbürger, weiter davon, was dem Staat von Rechts wegen
in allen Staatsformen zukommt, und was sonst noch der
Staatsphilosophie eigentümlich ist, aus dem Grund erwerben,

daß die Ausgangspunkte der Politik aufgrund der Erkenntnis der Gemütsbewegungen feststehen, die Erkenntnis der Gemütsbewegungen aber aufgrund der Wissenschaft von den Sinnen und Gedanken.[151] Sondern auch diejenigen, die den vorhergehenden Teil der Philosophie, nämlich Geometrie und Physik, nicht erlernt haben, können dennoch nach analytischer Methode zu den Ausgangspunkten der Staatsphilosophie gelangen. Ist nämlich eine bestimmte Frage vorgegeben, beispielsweise »ob eine solche Handlung gerecht oder ungerecht ist«, und man zergliedert das »ungerecht« in »Getanes« und »wider die Gesetze« und den Begriff des Gesetzes in »Gebot dessen oder derjenigen,[152] der in die Schranken zu weisen vermag« sowie dieses »Vermögen« in »Wille« von Menschen, die um des Friedens willen ein solches Vermögen einsetzen, so gelangt man schließlich zu dem Ergebnis, daß Begehren und Gemütsbewegungen der Menschen so geartet sind, daß sie, wenn nicht irgendein Vermögen sie in die Schranken weist, sich untereinander mit Krieg verfolgen, was ein jeder aufgrund eigener Erfahrung erkennen kann, wofern er nur sein eigenes Gemüt prüft. Von diesem Punkt aus kann man mittels Zusammensetzung zur Bestimmung der Gerechtigkeit oder Ungerechtigkeit einer jeden gegebenen Handlung weiterschreiten. Aus dem Gesagten wird übrigens klar, daß die Methode des Philosophierens für diejenigen, welche nach Wissen schlechthin forschen ohne an eine bestimmte vorgegebene Fragestellung gebunden zu sein, teils analytisch und teils synthetisch ist, da nämlich die von den Sinneswahrnehmungen zur Auffindung der Ausgangspunkte analytisch ist, wogegen alles übrige synthetisch verläuft.

8. Fragt man nach der Ursache eines bestimmten gegebenen Phänomens oder einer Wirkung, so kann es gelegentlich vorkommen, daß man im Unklaren ist, ob das Ding, dessen Ursache wir erforschen, Materie bzw. ein Körper ist oder irgendein Akzidens eines Körpers. Wenngleich wir nämlich in der Geometrie, wo nach der Ursache einer Größe, Proportion oder Figur geforscht wird, bestimmt wissen, daß die betreffen-

---

[151] Statt »Gedanken« in *E* »der Einbildungskraft«.
[152] »oder derjenigen« ist Zusatz von *E.*

den Dinge – nämlich Größe, Proportion und Figur – Akzidenzien sind, so ist es jedenfalls in der Physik, wo es um die
Ursachen der sinnlichen Erscheinungsbilder geht, die sich
(welche Täuschung ihnen bei den meisten gelingt) für die
Dinge selber ausgeben, deren Erscheinungsbilder sie sind,
nicht so leicht, eine Entscheidung darüber zu treffen.[153] Das
aber vor allem bei den Erscheinungsbildern des Gesichtssinns.
Wer beispielsweise die Sonne ansieht, hat eine schimmernde
Vorstellung etwa von der Größe eines Fußes (im Durchmes-
ser), und eben das nennt er die Sonne, auch wenn er weiß, daß
die Sonne in Wahrheit viel größer ist. Ähnlich sieht man ein
Erscheinungsbild[154] in der Ferne bisweilen als rund, in der
Nähe dagegen als viereckig. Man kann daher mit Grund Zweifel hegen, ob dieses Erscheinungsbild Materie bzw. irgendein
Naturkörper ist oder aber irgendein Akzidens eines Körpers.
Die Methode zur Prüfung dieser Frage ist die folgende. Die
Eigenschaften von Materie und Akzidens, die man im Ausgang von ihrer Definition nach synthetischer Methode im
voraus aufgefunden hat, sind mit der betreffenden Vorstellung
zu vergleichen, und sofern nun die Eigenschaften von Körper
bzw. Materie mit der Vorstellung zusammenstimmen, ist sie
selber Körper, stimmen sie aber nicht damit zusammen, so ist
sie Akzidens. Sofern also die Materie durch unser Zutun weder werden noch vergehen, weder vermehrt noch vermindert
und auch nicht vom Platz bewegt werden kann, diese Idee
aber entsteht und vernichtet wird, vermehrt und vermindert
sowie von uns nach Belieben herumbewegt wird, ist es unzweifelhaft, daß sie nicht Materie, sondern ein Akzidens ist.[155] Die
betreffende Methode ist also synthetisch.

---

[153] Statt »wo es um die Ursachen der sinnlichen Erscheinungsbilder
geht, die sich (welche Täuschung ihnen bei den meisten gelingt) für die
Dinge selber ausgeben, deren Erscheinungsbilder sie sind, nicht so leicht,
eine Entscheidung darüber zu treffen« in *E* »wo alle Fragen die Ursachen der Erscheinungsbilder von den Sinnendingen betreffen, ist es
nicht so leicht, zwischen den Dingen selber zu unterscheiden, von
denen diese Erscheinungsbilder ausgehen, und den Erscheinungen
dieser Dinge für die Sinne«.

[154] *E* fügt hinzu »desselben Dings«.

[155] Vgl. Kap. VIII, Art. 20.

9. Geht nun die Frage auf das Subjekt eines Akzidens, das man kennt – bisweilen kann man diesbezüglich im Zweifel sein, so wie man im vorstehenden Beispiel darüber im Zweifel sein kann, in welchem Subjekt sich jener Glanz und die erscheinende Größe der Sonne befinden –, so wird die Untersuchung wie folgt verlaufen. Zuerst zerlegt man die Gesamtmaterie in Teile, etwa in Gegenstand, Medium und den sinnlich Wahrnehmenden selber, oder nimmt sonst eine Einteilung vor, die der gegebenen Sache am angemessensten zu sein scheint; danach geht man die einzelnen Teile mit Blick auf die Definition von »Subjekt« durch;[156] was aber jenes Akzidens aufzunehmen nicht in der Lage ist, scheidet man aus. Sollte sich etwa aufgrund einer bestimmten wahren Schlußfolgerung herausstellen, daß die Sonne größer ist als ihre erscheinende Größe, so befindet sich diese Größe nicht in der Sonne. Und wenn sich die Sonne in einer einzigen bestimmten, mittels einer einzigen bestimmten geraden Linie angebbaren Entfernung befindet, die gesehene Größe und der Glanz sich aber in mehreren Entfernungen und Linien befinden, wie das bei Reflexion und Brechung der Fall ist, so befindet sich weder dieser Glanz noch jene erscheinende Größe in der Sonne selber. Also ist der Sonnenkörper nicht das Subjekt dieses Glanzes und dieser Größe. Aus den gleichen Gründen scheidet auch die Luft und Sonstiges aus, bis nichts anderes als mögliches Subjekt dieses Glanzes oder dieser Größe übrigbleibt als der sinnlich Wahrnehmende selber. Die betreffende Methode ist also, sofern das Thema in Teile zerlegt wird, analytisch; und sofern man die Eigenschaften von Subjekt und Akzidens mit dem jeweiligen Akzidens vergleicht, dessen Subjekt in Frage steht, ist sie synthetisch.

10. Hat man dagegen die Ursache einer gegebenen Wirkung zu untersuchen, so ist in erster Linie der Begriff bzw. die vollausgebildete Vorstellung dessen, was man Ursache nennt, zu bedenken und geistig zu erfassen; nämlich daß *Ursache die Summe oder Gesamtheit aller sowohl in den wirkenden Dingen als in dem leidenden in Hinblick auf die gegebene Wirkung zusammentreffenden Akzidenzien ist, bei deren vollzähligem Vorhandensein das*

---

[156] Vgl. Kap. VIII, Art. 23.

Ausbleiben der Wirkung ebenso undenkbar ist wie beim Fehlen ir-
gendeines davon ihr Vorhandensein.[157]

Hat man aber das Wesen von Ursache erkannt, so ist ein
jedes die Wirkung begleitende oder ihr vorhergehende Akzidens, das irgendwie an der Wirkung beteiligt zu sein scheint,
einzeln zu prüfen und nachzusehen, ob bei seinem Nichtvor-
handensein das Vorhandensein der gegebenen Wirkung
denkbar wäre oder nicht. Dergestalt lassen sich die Akzidenzien, die zur Hervorbringung der Wirkung beitragen, von
denen sondern, die nicht dazu beitragen. Ist dies geschehen,
so hat man die dazu beitragenden Akzidenzien zusammenzu-
fassen und zu überlegen, ob es trotz ihres vollzähligen gleich-
zeitigen Vorhandenseins denkbar ist, daß die gegebene
Wirkung nicht vorhanden wäre. Können wir uns das nicht
vorstellen, so ist jene Gesamtheit ihre vollständige Ursache,
andernfalls nicht, und man muß noch weitere Akzidenzien
suchen und hinzufügen. Will man beispielsweise die Ursache
des Lichtscheins erforschen, so prüfen wir zunächst die Außenwelt und finden dabei, daß immer wenn ein Lichtschein
zu sehen ist, auch irgendein eigentümlicher Gegenstand vorhanden ist, der die Quelle des betreffenden Lichtscheins
darstellt, und ohne den der Lichtschein undenkbar ist. So
trägt also in erster Linie ein bestimmter Gegenstand zur Erzeugung des Lichtscheins bei. Danach betrachten wir das
Medium und finden, daß, wenn es nicht von bestimmter Einrichtung ist (daß es nämlich durchsichtig ist), die Wirkung
aufgehoben wird, selbst wenn der Gegenstand bleibt, wie er
ist. So trägt also die Durchsichtigkeit des Mediums zur Erzeugung des Lichtscheins bei. Drittens sehe ich mir den
Körper dessen an, der sieht, und finde, daß die verkehrte
Einrichtung von Augen, Hirn, Nerven und Herz, also ihre
Abstumpfung, Gefühllosigkeit und Gebrechlichkeit, den
Lichtschein aufheben. Also trägt auch die zur Aufnahme äußerer Eindrücke geeignete Einrichtung der Organe zur Ursache des Lichtscheins bei. Andererseits ist es unter all dem,
was dem Gegenstand einwohnt und eventuell den Lichtschein
bewirkt, nur sein Wirken (also eine bestimmte Bewegung),

---

[157] Vgl. Kap. IX, Art. 3.

dessen Wegfall bei gleichzeitigem Verbleib der Wirkung undenkbar wäre. Denn damit etwas zu leuchten vermag, ist
nicht erforderlich, daß es von bestimmter Größe oder Figur
sei, und ebensowenig, daß sich der Körper als ganzer von
seinem Ort entfernte – es sei denn, man sagte, was als Ursache
des Lichtscheins in der Sonne oder einem anderen Körper
vorhanden ist, sei das Licht;[158] was aber, da man unter Licht
nichts anderes versteht als die Ursache von Lichtschein, ein
ungereimter Einwand wäre, da das auf die Behauptung hinausliefe, die Ursache des Lichtscheins sei dasjenige, dessen
Vorhandensein in der Sonne den Lichtschein bewirkt. Bleibt
also nur übrig, daß jenes Wirken, wodurch Lichtschein erzeugt wird, eine Bewegung bloß der Teile des Körpers ist.
Aufgrund dessen läßt sich auch leicht einsehen, worin der
Beitrag des Mediums besteht (nämlich in der Fortpflanzung
jener Bewegung bis zum Auge), und schließlich, was das Auge
und die übrigen Organe des sinnlich Wahrnehmenden beitragen (nämlich die Fortpflanzung derselben Bewegung bis zum
Herzen bzw. zum letzten Organ der Sinneswahrnehmung).
Und so wird die Ursache des Lichtscheins in der Einheitlichkeit einer kontinuierlichen Bewegung von ihrem Anfangspunkt bis zum Anfangspunkt der Lebensbewegung liegen,
und der betreffende Lichtschein besteht unstreitig in der Änderung dieser Lebensbewegung durch jene von außen kommende Bewegung.[159] Aber all das soll nur als Beispiel dienen.
Denn wodurch und wie Lichtschein als solcher erzeugt wird,
ist an anderer und geeigneterer Stelle zu besprechen.[160] Jedenfalls ist klar, daß man zur Untersuchung von Ursachen
teils die analytische, teils die synthetische Methode nötig hat:
die analytische, um die Begleitumstände der Wirkung einzeln
zu begreifen; die synthetische, um, was jeder einzelne für sich
bewirkt, zu einer Einheit zusammenzusetzen. Damit ist die

[158] Statt »das Licht« in *E* die Umschreibung »das Licht, das sie in
sich selber hat«.
[159] Statt »durch jene von außen kommende Bewegung« in *E* »wie sie
der Eindruck einer vom Objekt her kontinuierlich übermittelten Bewegung darauf hervorruft«.
[160] Vgl. Kap. XXVII.

Methode des Auffindens mitgeteilt; bleibt noch, von der Methode des Lehrens zu reden, d. h. von der Beweisführung und den Mitteln der Beweisführung.

11. Bei der Methode des Auffindens besteht der Gebrauch von Wörtern darin, daß sie als Merkzeichen fungieren, mit deren Hilfe das neu Gefundene ins Gedächtnis zurückgerufen werden kann. Geschähe dies nämlich nicht, so ginge das Gefundene verloren, und es wäre bei der Schwäche des Gedächtnisses unmöglich, von den Ausgangspunkten aus weiter als ein, zwei Schlüsse voranzukommen. Fände beispielsweise jemand bei der Betrachtung eines vor seinen Augen liegenden Dreiecks heraus, daß dessen Winkel alle zusammengenommen gleich zwei Rechten sind, wobei er nur still den betreffenden Sachverhalt erwöge, ohne sich gedachter oder auch ausgesprochener Worte zu bedienen, so widerführe ihm, wenn ihm ein anderes, dem vorherigen unähnliches Dreieck vorgelegt würde bzw. er das gleiche, aber in anderer Lage sähe, daß er nicht wüßte, ob es ebenfalls diese Eigenschaft besäße; und dementsprechend müßte man bei jedem gegebenen Dreieck − deren Zahl unendlich ist − die Betrachtung wieder von vorne anfangen. Was beim Gebrauch von Wörtern nicht nötig ist, weist doch jedes universale Wort auf die Vorstellung unendlich vieler einzelner Dinge hin. Sie dienen aber, wie ich schon sagte, beim Auffinden als Merkzeichen zur Erinnerung, wodurch wir für uns selber unsere eigenen Funde registrieren, und nicht wie Worte zur Anzeige, wodurch wir sie anderen gegenüber darlegen.[161] Deshalb kann auch ein auf sich selbst gestellter Mensch ohne Lehrmeister Philosoph werden. Adam konnte es. Lehren, d. h. beweisen, setzt aber zwei voraus und obendrein die schlußfolgernde Rede.

12. Da Lehren aber nichts anderes ist, als den Geist des zu Belehrenden auf den Spuren des eigenen Findens zur Er-

---

[161] Statt »Merkzeichen zur Erinnerung, wodurch wir für uns selber unsere eigenen Funde registrieren, und nicht wie Worte zur Anzeige, wodurch wir sie anderen gegenüber darlegen« (= E) in AB nur »Merkzeichen zur Erinnerung und nicht als Worte zur Anzeige«. − Vgl. Kap. II, Art. 1.

kenntnis des Gefundenen hinzuleiten, wird die Methode des Beweisens gegenüber anderen[162] die gleiche sein wie die des Untersuchens; nur daß der erste Teil der Methode, der von der sinnlichen Wahrnehmung der Dinge zu den universalen Ausgangspunkten fortschritt, wegzulassen ist. Letztere sind nämlich, eben weil sie Ausgangspunkte sind, eines Beweises nicht fähig; und da sie der Natur bekannt sind (wie oben in Art. 5 gesagt wurde), bedürfen sie zwar der Erläuterung, nicht aber eines Beweises. Die Methode des Beweisens ist darum insgesamt synthetisch und besteht in einer wohlgeordneten Rede, die bei den ersten bzw. allgemeinsten von sich aus einsichtigen Sätzen anhebt und durch fortwährende Zusammenstellung von Sätzen zu Schlüssen fortschreitet, bis der Lernende die Wahrheit der gesuchten Konklusion einsieht.

13. Solche Ausgangspunkte sind aber einzig die Definitionen, von denen es zwei Gattungen gibt. Die einen beziehen sich nämlich auf Wörter, die Dinge anzeigen, für welche eine Ursache undenkbar ist; die andern auf solche, die Dinge anzeigen, für die eine Ursache denkbar ist.[163] Zur ersten Gattung gehören Körper bzw. Materie, Quantität bzw. Ausdehnung, Bewegung schlechthin sowie überhaupt, was aller Materie innewohnt. Zur zweiten Gattung gehören so beschaffener Körper, so beschaffene und so große Bewegung, bestimmte Größe, so beschaffene Gestalt und alles Sonstige, wodurch man den einen Körper vom andern unterscheiden kann. Namen der ersten Gattung sind zureichend definiert, wenn durch eine möglichst bündige Rede eine deutliche und vollausgebildete Vorstellung bzw. ein Begriff der Dinge, deren Namen sie sind, im Geist des Hörers erweckt wird. So etwa, wenn man Bewegung definiert als stetiges Verlassen des einen Orts und Erreichen eines andern.[164] Denn wenn in dieser Definition auch weder von einem Bewegenden noch von

---

[162] »gegenüber anderen« ist Zusatz von *E*.

[163] In *AEB* lautet der Satz irrig »Die einen beziehen sich nämlich auf Wörter, die Dinge anzeigen, für die eine Ursache denkbar ist; die anderen auf solche, die Dinge anzeigen, für welche eine Ursache undenkbar ist.«

[164] Vgl. Kap. VIII, Art. 10.

einer Ursache der Bewegung die Rede ist, so steht einem[165]
doch beim Hören dieser Rede die Bewegungsvorstellung mit
hinreichender Deutlichkeit vor dem Geist. Die Namen aber
von Dingen, bei denen wir verstehen, daß sie eine Ursache
haben können, müssen in der Definition die betreffende Ursache bzw. die Erzeugungsweise des Dings enthalten, etwa
wenn wir den Kreis definieren als eine aus der Herumführung
einer geraden Linie in einer Ebene usw. entstandene Figur.[166]
Außer den Definitionen darf man keinen anderen Satz einen
ersten nennen und also, wenn man auch nur halbwegs streng
verfährt, der Zahl der Prinzipien zurechnen. Denn die bei
Euklid anzutreffenden Axiome stellen, da sie beweisbar sind,
keine Ausgangspunkte des Beweisens dar, auch wenn sie, weil
sie eines Beweises nicht bedürfen, aufgrund allgemeiner
Übereinstimmung den Status von Prinzipien erhalten haben.[167] Weiter sind freilich die sogenannten Postulate und
Forderungssätze in der Tat Ausgangspunkte, aber nicht für
die Beweisführung, sondern für die Konstruktion, also nicht
für die Wissenschaft, sondern für das Wirkenkönnen, bzw. –
was auf das gleiche hinauskommt – Ausgangspunkte nicht für
Lehrsätze, die ja Spekulationen sind, sondern für Probleme,
die ja die Praxis und die Ausführung von Werken betreffen.
Solche allgemein akzeptierten Lehrsätze aber wie »Die Natur
verabscheut das Leere«, »Die Natur tut nichts umsonst«
u.dgl., die weder von sich aus bekannt noch anderweitig beweisbar sind und öfter falsch als wahr sind, haben noch viel
weniger für Prinzipien zu gelten.

Aber um auf die Definitionen zurückzukommen, so ist der
Grund, aus dem ich Dinge, die eine Ursache und Erzeugungsweise besitzen, als durch ihre Ursache und Erzeugungsweise zu definieren bezeichne, der folgende. Ziel alles
Beweisens ist das Wissen von den Ursachen und der Erzeugungsweise der Dinge. Ist dieses Wissen aber in den Definitionen nicht enthalten, so kann es auch in der Konklusion des
ersten von den Definitionen ausgehenden Schlusses nicht ent-

---

[165] Statt »einem« in *E* »dem Hörer«.
[166] Für die vollständige Definition vgl. Kap. XIV, Art. 4.
[167] Vgl. Kap. VIII, Art. 25.

halten sein; und sofern es sich in der ersten Konklusion nicht findet, findet es sich auch in keiner späteren, und so[168] wird es niemals zur Wissenschaft kommen, was dem Zweck und der Absicht dessen, der beweist, zuwiderläuft.

14. Die Definitionen aber, genauer diejenigen, die wir soeben als Ausgangspunkte oder erste Sätze bezeichnet haben, sind Reden; und da sie angewandt werden, um im Geist des Lernenden die Vorstellung eines bestimmten Dings zu erwekken (sofern also diesem Ding schon irgendein Name beigelegt worden ist), kann eine Definition nichts anderes sein als die Erläuterung dieses Namens mittels einer Rede. Wurde dieser Name nun in Hinblick auf einen zusammengesetzten Begriff beigelegt, so ist die Definition nichts anderes als die Zergliederung dieses Namens in seine universaleren Bestandteile. Definieren wir etwa »Mensch«, indem wir sagen: »Der Mensch ist ein belebter, sinnlich wahrnehmender, vernunftbegabter Körper«, so sind die Namen »belebter Körper« usw. Teile des Gesamtnamens »Mensch«. Deswegen bestehen auch Definitionen dieser Art immer aus Gattung und Differenz, und zwar so, daß alle vorhergehenden Namen außer dem letzten die Rolle der Gattung, der letzte aber die der Differenz spielt. Ist ein Name aber der universalste seiner Gattung, so kann seine Definition nicht aus Gattung und Differenz bestehen, sondern muß in Form irgendeiner Umschreibung erfolgen – immer vorausgesetzt, daß sie in besonderem Maße geeignet ist, den Bedeutungsgehalt des Namens zu erläutern. Auch kann es sein (und kommt tatsächlich oft vor), daß Gattung und Differenz zwar in Verbindung auftreten, aber doch nicht eine Definition ausmachen. So enthält der Ausdruck »gerade Linie« zwar Gattung und Differenz, ist aber dennoch keine Definition, es sei denn, man hielte »Eine gerade Linie ist eine gerade Linie« für die Definition der geraden Linie. Gäbe es indessen einen von diesen beiden Wörtern verschiedenen einheitlichen Ausdruck, der dasselbe bedeutete wie diese beiden, so stellten diese zwei

---

[168] Statt »auch in keiner späteren, und so« in *E* »auch nicht in irgendeiner späteren davon abgeleiteten Konklusion; und daher, indem man in dieser Weise fortfährt,«.

seine Definition dar. Aus dem Gesagten ist zu entnehmen, wie
die Definition selber zu definieren ist, nämlich *daß sie ein Satz
ist, dessen Prädikat, wo dies möglich ist, das Subjekt zergliedert, und
wo dies nicht möglich ist, ein Beispiel für es gibt.*

15. Die Eigenschaften der Definition sind:

1) Daß sie Äquivokationen und damit die ganze Fülle von
Distinktionen aufhebt, deren sich diejenigen bedienen, die
glauben, Philosophie ließe sich durch Disputieren erwerben.
Denn die Natur der Definition [»Abgrenzung«] besteht
darin, daß sie abgrenzt, d. h. die Bedeutung des definierten
Namens festlegt und von allen anderen Bedeutungen außer
der in der Definition enthaltenen absondert; und deshalb tritt
eine einzige Definition an die Stelle der uferlosen am Definierten möglichen Distinktionen.

2) Daß sie einen universalen Begriff des Definierten bietet
und damit eine Art universalen Gemäldes zwar nicht für die
Augen, wohl aber für den Geist darstellt. Denn wie, wer einen
Menschen malt, ein Bild dieses Menschen schafft, so schafft,
wer den Namen »Mensch« definiert,[169] das Bild irgendeines
Menschen.

3) Daß ein Streit darüber, ob die Definitionen zuzulassen
seien oder nicht, gegenstandslos ist. Da es nämlich zwischen
Lehrer und Schüler nur dann zu einer Debatte kommt,[170]
wenn der Schüler alle in der Definition zergliederten Teile
des Definierten versteht und die Definition trotzdem nicht
zuläßt, so ist die Streitigkeit damit auch schon zu Ende, heißt
das doch soviel als daß er sich nicht belehren lassen will. Versteht er sie aber nicht, so ist die Definition zweifellos unbrauchbar, besteht doch die Natur der Definition darin, eine
deutliche Vorstellung von der Sache zu liefern. Ausgangspunkte sind nämlich von sich aus bekannt, andernfalls sie
keine Ausgangspunkte sind.

4) Daß in der Philosophie die Definitionen den definierten
Namen vorhergehen. Der philosophische Unterricht setzt

---

[169] *E* fügt erläuternd hinzu »vor dem Geist«.

[170] Statt »Da es nämlich zwischen Lehrer und Schüler nur dann zu
einer Debatte kommt« in *E* »Denn wenn ein Lehrer seinen Schüler
unterweist«.

nämlich ein mit den Definitionen, und sein Fortgang zum Wissen des Zusammengesetzten ist selber zusammensetzend. Da nun die Definition einen zusammengesetzten Namen durch Zergliederung erläutert und der Weg vom Zergliederten[171] hin zum Zusammengesetzten verläuft, müssen die Definitionen noch vor den zusammengesetzten Namen verstanden sein; ist es doch, sobald die Bestandteile des Namens in einer Rede erläutert worden sind, nicht einmal nötig, daß ein aus ihnen zusammengesetzter Name vorhanden sei. Sobald man beispielsweise die Namen »gleichseitig«, »vierseitig«, »rechtwinklig« begriffen hatte, war es für die Geometrie überhaupt nicht erforderlich, daß es den Namen »Quadrat« gab. Die definierten Namen werden in der Philosophie nämlich nur der Kürze halber verwendet.

5) Daß zusammengesetzte Namen, die in einem Teil der Philosophie in bestimmter Weise definiert werden, in einem anderen Teil anders definiert werden können. So weicht die Definition von Parabel und Hyperbel in der Geometrie ab von der in der Rhetorik. Die Definitionen werden nämlich aufgestellt und tun Dienst für einen ganz bestimmten Wissenszweig. Führt also eine Definition in dem einen Teil der Philosophie einen bestimmten Namen ein, der geeignet erscheint, geometrische Fragen kurz und bündig zu behandeln, so kann sie mit gleichem Recht dasselbe auch in anderen Teilen der Philosophie tun. Der Gebrauch der Namen ist nämlich privat und (auch wenn mehrere darin übereinstimmen) Sache der Willkür.

6) Daß kein Name durch nur *ein* Wort definiert wird. Denn ein einziges Wort kann nicht zur Zergliederung eines oder mehrerer anderer Wörter dienen.

7) Daß der definierte Name in der Definition nicht wiederholt werden darf. Definiert wird nämlich das zusammengesetzte Ganze, die Definition eines Zusammengesetzten ist aber Zergliederung in seine Bestandteile. Ein Ganzes kann aber nicht Teil seiner selbst sein.

16. Zwei beliebige Definitionen, die sich zu einem Schluß zusammensetzen lassen, bringen eine Konklusion hervor, die,

---

[171] Statt »vom Zergliederten« in *E* »von den Teilen«.

als von den Ausgangspunkten, d. h. den Definitionen abgeleitet, *bewiesen* heißt, wie die Ableitung oder Zusammensetzung selber *Beweis* heißt. Kommt im Ausgang von zwei Sätzen, deren einer eine Definition und deren anderer eine bewiesene Konklusion ist oder wobei keiner von beiden eine Definition ist, vielmehr beide vorher bewiesen wurden, in vergleichbarer Weise ein Schluß zustande, so heißt dieser Schluß ebenfalls ein Beweis, und so immer weiter. Der Beweis ist also wie folgt zu definieren: *Ein Beweis ist ein Schluß oder eine Reihe von Schlüssen, deren Ableitung sich von den Definitionen der Namen bis zur letzten Konklusion erstreckt.* Von daher versteht sich, daß jede korrekte Schlußfolgerung, die bei wahren Ausgangspunkten einsetzt, Wissenschaft erzeugt und ein wahrer Beweis ist. Was nun die Herkunft dieses Namens anbelangt, so haben die Griechen das Wort ἀποδείξις [Beweis] (was die Lateiner in wörtlicher Übersetzung »demonstratio« [Beweis] genannt haben) zwar nur für jene Art des Schlußfolgerns verwendet, bei welcher sie durch die Beschreibung gewisser Linien und Figuren den zu beweisenden Sachverhalt gewissermaßen vor Augen führten, was im eigentlichen Sinn ἀποδεικνύειν (d. h. weisen)[172] ist. Das scheinen sie aber deswegen getan zu haben, weil sie bemerkten, daß außer in der Geometrie, in der fast ausschließlich derartige Figuren vorkommen, verläßliche und wissenschaftliche Schlußfolgerungen auf anderen Gebieten nicht in Sicht waren, sondern alles voll Streiterei und Geschrei war. Letzteres nicht deswegen, weil ohne Figuren die Wahrheit, in deren Besitz sie sich wähnten, nicht ans Licht zu treten vermöchte, sondern weil sie ihren Schlußfolgerungen keine korrekten Ausgangspunkte zugrunde gelegt hatten. Es gibt darum, sobald man Definitionen an die Spitze einer jeden Gattung von Wissenszweigen stellt, keinen Grund, weshalb es darin keine wahren Beweise geben sollte.

17. Der methodischen Beweisführung ist es also eigentümlich:

1) Daß alle Begründungsreihen korrekt sind, d. h. den oben mitgeteilten Schlußgesetzen gehorchen.

---

[172] Statt »weisen« in *E* »es mittels der Figur zeigen«.

2) Daß die Prämissen jedes einzelnen Schlusses bis aus den ersten Definitionen her bewiesen sind.

3) Daß man nach den Definitionen nach der gleichen Methode verfährt, die der Lehrende oder etwas Beweisende[173] beim Auffinden dessen, was er lehrt, verwendet hatte; daß man also erst beweist, was den universalsten Definitionen am nächsten steht (das macht jenen Teil der Philosophie aus, den man Erste Philosophie nennt); danach, was durch Bewegung schlechthin bewiesen werden kann (darin besteht die Geometrie), und nach der Geometrie, was aufgrund offen vor Augen liegenden Bewirkens gelehrt oder gezeigt[174] werden kann, also durch Stoß und Zug. Von da aus begibt man sich herab zur Bewegung der unsichtbaren Teile (bzw. zur Veränderung) und zur Lehre von den Sinneswahrnehmungen und der Einbildungskraft sowie zu den inwendigen Leidenschaften der Lebewesen, insbesondere aber[175] des Menschen, worin die ersten Grundlagen der Pflichten bzw. der Staatsbürgerlehre enthalten sind, die an letzter Stelle steht. Daß aber die Gesamtreihenfolge der Lehre keine andere als die bezeichnete sein kann, läßt sich daraus entnehmen, daß, was wir als an späterer Stelle zu lehren bezeichneten, nicht bewiesen werden kann, wenn man nicht schon kennt, was wir als an früherer Stelle zu behandeln anführten. Für diese Methode läßt sich kein anderes Beispiel beibringen als genau die Behandlung der Elemente der Philosophie, die wir im nächsten Kapitel beginnen und das ganze Buch hindurch fortsetzen werden.

18. Außer den Fehlschlüssen, die sich aufgrund der Falschheit der Prämissen oder eines Fehlers in der Zusammensetzung einstellen und von denen im vorigen Kapitel die Rede war, gibt es noch zwei weitere und nur der Beweisführung eigentümliche Fehler,[176] die *Petitio principii* [Beanspru-

---

[173] »oder etwas Beweisende« ist Zusatz von *E*.
[174] »oder gezeigt« ist Zusatz von *E*.
[175] Statt »der Lebewesen, insbesondere aber« in *E* »insbesondere denen«.
[176] Statt »und nur der Beweisführung eigentümliche Fehler« in *E* »Fehler, die bei der Beweisführung häufig vorkommen«.

chung des Ausgangspunkts] und die *falsche Ursache*. Sie
können nicht nur den unerfahrenen Schüler, sondern manchmal auch den Lehrmeister täuschen und haben zur Folge,
daß, was man für bewiesen hält, doch nicht bewiesen ist. Von
einer *Petitio principii* spricht man, wenn man statt der Definition, d. h. des Ausgangspunkts des Beweises, die zu beweisende Konklusion, nur anders formuliert, hinsetzt. Wer also
statt der Ursache des erforschten Dings das Ding selber bzw.
die Wirkung hinsetzt, begeht beim Beweisen einen Zirkel; so
wie jemand sich fruchtlos abmühte, wenn er beispielsweise
beweisen wollte, daß die Erde unbeweglich im Mittelpunkt
des Weltalls steht und als Ursache dafür ihre Schwere unterstellte, die er definierte als die Qualität, aufgrund derer ein
schwerer Körper zum Mittelpunkt des Weltalls hinstrebt. In
Frage steht nämlich, aus welchem Grund der Erde diese Qualität innewohnt. Wer also die Schwere als Ursache ansetzt,[177]
setzt statt der Ursache des Dings das Ding selber hin.

Folgendes Beispiel der *falschen Ursache* finde ich in einer
gewissen Abhandlung.[178] Zu beweisen war, daß sich die Erde
bewegt. Der Verfasser fängt also damit an, daß, da Erde und
Sonne nicht die gleiche Stellung zueinander einnehmen, eines von beiden sich von der Stelle bewegen muß, was wahr ist.
Dann sagt er, daß die Dünste, welche die Sonne aus Land und
Meer emporhebt, aufgrund dieser Bewegung notwendig bewegt werden, was ebenfalls wahr ist. Davon leitet er die
Entstehung der Winde ab, was ebenfalls zuzugestehen ist.
Und von diesen Winden, sagt er, wird das Meerwasser bewegt, durch welche Bewegung aber der Meeresboden sich wie
mit der Peitsche angetrieben herumdreht; auch das sei zuge-
geben. Er schließt nun also, daß sich die Erde bewegen muß.
Dennoch ist das ein Fehlschluß. Denn wenn dieser Wind die
Ursache dafür war, daß die Erde von Anfang an herumbewegt wurde und die Bewegung entweder der Sonne oder der

---

[177] So in *E*; in *AB* statt »als Ursache ansetzt« irrig »verursacht
wird«.
[178] Thomas White, *De Mundo Dialogi tres*, S. 131-136, 181-186 und
216; vgl. *De Motu*, Kap. XVIII, Art. 1 und 8 sowie Kap. XXI, Art. 1
und 6.

Erde die Ursache jenes Windes war, dann war die Bewegung von Sonne bzw. Erde schon vor dem betreffenden Wind da. Befand sich nun die Erde vor der Entstehung des Windes in Bewegung, dann konnte dieser Wind nicht die Ursache der Erdumdrehung sein; stand aber die Erde still und befand sich die Sonne in Bewegung, so ist klar, daß die Erde auch beim Auftreten dieses Windes unbeweglich bleiben konnte. Also hat diese Bewegung nicht die von ihm angegebene Ursache. Aber Fehlschlüsse dieser Art kommen bei physikalischen Schriftstellern allenthalben und in großer Zahl vor, auch wenn kaum einer so ausgeprägt sein dürfte wie der als Beispiel angeführte.

19. Es könnte jemandem scheinen, daß in diesen Abschnitt von der Methode[179] auch jene Kunst der Geometer gehört, die man Logistik nennt,[180] und mittels derer sie im Ausgang von der Unterstellung des Gesuchten als wahr schlußfolgernd entweder auf schon Bekanntes stoßen, von dem aus sie die Wahrheit des Gesuchten beweisen können, oder auf etwas Unmögliches, von dem aus sich das Unterstellte als falsch einsehen läßt. Indessen kann diese Kunst nicht an dieser Stelle erläutert werden.[181] Der Grund dafür ist, daß diese Methode, wofern man nicht in der Geometrie bewandert ist, sich weder ausüben noch verstehen läßt. Die Geometer aber können sich der Logistik desto besser bedienen, je mehr der einzelne über Lehrsätze verfügt und sie präsent hat, so daß sie sich in Wirklichkeit von der Geometrie selber gar nicht un-

---

[179] Statt »in diesen Abschnitt von der Methode« in *E* »an diese Stelle«.

[180] Hobbes bezieht sich hier wie in der entsprechenden Darstellung am Ende von Kap. XX auf die Algebra von François Viète (Vieta, 1540-1603) in den beiden von Jean de Beaugrand, einem Pariser Bekannten von Hobbes, herausgegebenen Abhandlungen *In Artem Analyticam Isagoge. Ad Logisticen Speciosam Notae priores*, Paris 1631, sowie auf die Weiterentwicklung der »Logistik« (= algebraische Rechenkunst) Viètes durch Thomas Harriot (1560-1621) in der von Walter Warner (ebenfalls mit Hobbes bekannt) herausgegebenen *Artis analyticae praxis ad Aequationes algebraicas nova, expedita, et generali methodo, resolvendas Tractatus posthumus*, London 1631.

[181] Vgl. die Darstellung am Ende von Kap. XX.

terscheidet. Diese Methode enthält nämlich drei Teile, von denen der erste in der Auffindung einer Gleichheit zwischen dem Unbekannten und dem Bekannten besteht (was man eine Gleichung nennt). Diese Gleichung vermag aber nur zu finden, wer Natur, Eigenschaften und Umstellungen von Proportionen, Hinzufügung, Abzug, Vervielfältigung und Teilung von Linien und Flächen und die Ziehung von Wurzeln bei der Hand hat, was schon einen mehr als nur mittelmäßigen Geometer erfordert. Der zweite Teil besteht darin, daß man anhand der gefundenen Gleichung zu beurteilen vermag, ob sich daraus die Wahrheit oder Falschheit des in Frage Stehenden ermitteln läßt, was eine noch größere Sachkenntnis erfordert. Der dritte darin, nach Auffindung einer Gleichung, die zur Lösung der Frage beizutragen vermag, diese so zu zergliedern, daß ihre Wahrheit oder Falschheit zutage tritt; was bei schwierigeren Fragen ohne Kenntnis der Natur krummliniger Figuren ausgeschlossen ist. Natur und Eigenschaften der krummlinigen Figuren bei der Hand zu haben, ist aber der Gipfel der Geometrie. Dazu kommt noch, daß es für die Auffindung der Gleichungen keine Methode gibt, sondern ein jeder darin soviel ausrichtet, als seine natürliche Geschicklichkeit ihm erlaubt.

ZWEITER TEIL
ERSTE PHILOSOPHIE[1]

Kapitel VII
Ort und Zeit[2]

1. *Nicht bestehende Dinge lassen sich mit Hilfe ihrer Namen verstehen*[3] *und berechnen.* 2. *Wesen des Raums.* 3. *Der Zeit.* 4. *Des Teils.* 5. *Des Teilens.* 6. *Der Eins.* 7. *Der Zahl.* 8. *Des Zusammensetzens.* 9. *Des Ganzen.* 10. *Sich berührende und stetige Raum- und Zeitabschnitte.* 11. *Von Anfang, Ende, Bahn, Endlichem und Unendlichem.* 12. *Wesen des potentiell Unendlichen. Ein Unendliches kann nicht ein Ganzes oder auch eins und unendliche Räume oder Zeiten können nicht mehrere genannt werden.* 13. *Es gibt kein kleinstes Teilbares.*

1. Den Eingang in die Naturlehre werden wir (wie oben gezeigt wurde)[4] am besten von der Privation aus nehmen, d. h. von einer ersonnenen Aufhebung des Weltalls aus. Unterstellen wir aber eine solche Vernichtung der Welt, so wird vielleicht jemand die Frage aufwerfen, was denn ein Mensch (den allein wir von diesem allgemeinen Weltuntergang ausnehmen) übrig behielte, um darüber zu philosophieren oder überhaupt um Schlußfolgerungen anzustellen, oder welchem Ding er irgendwie einen Namen zum Zwecke des Schlußfolgerns beilegen könnte.

Darauf sage ich also, daß jenem Menschen die Vorstellungen von der Welt und all den Körpern, die er vor ihrer

---

[1] Statt »Erste Philosophie« in *E* »Die ersten Gründe der Philosophie«.

[2] Die Kapitelüberschrift fehlt unverständlicherweise im Text von *A* und wurde dort im Druckfehlerverzeichnis nachgetragen.

[3] Statt »mit Hilfe ihrer Namen verstehen« in *E* »lassen sich trotzdem verstehen«.

[4] Davon war im Vorhergehenden nicht die Rede. Der Klammerausdruck ist Relikt einer früheren Redaktion des Werks, welche die Idee der Weltvernichtung schon im VI. Kapitel erwähnt hatte.

Aufhebung mit Augen geschaut oder mit seinen sonstigen Sinnen wahrgenommen hatte, zurückbleiben werden, also die Erinnerung und Bildvorstellung von Größen, Bewegungen, Tönen, Farben usw., dazu auch die ihrer Anordnung und Teile. Wenngleich all das nur Vorstellungen und Erscheinungsbilder sind, die im Innern dessen auftreten, der sich diese Bilder vorstellt, so werden sie ihm dennoch als außerhalb befindlich und von seiner Geisteskraft völlig unabhängig vorkommen. Ihnen also würde er Namen beilegen, und sie würde er abziehen und zusammensetzen. Da wir nämlich unterstellt haben, daß auch nach Zerstörung der übrigen Welt jener Mensch jedenfalls verbleibt, also denkt, sich Bilder vorstellt und erinnert, ist außer dem, was jetzt vorbei ist, nichts vorhanden, womit er sich denkend beschäftigen könnte. Im Gegenteil, wenn wir mit einiger Sorgfalt darauf achten, was wir beim Schlußfolgern innerlich tun, so berechnen wir nicht einmal, während die Welt Bestand hat, etwas anderes als unsere Erscheinungsbilder. Wenn wir Größe und Bewegung des Himmels oder der Erde berechnen, steigen wir ja nicht zum Himmel empor, um ihn in Teile zu zerteilen oder seine Bewegungen zu messen, sondern tun dies in der Zurückgezogenheit unseres Studierzimmers oder an einem dunkeln Ort. Erscheinungsbilder können aber unter einem doppelten Titel betrachtet, d.h. in Rechnung gezogen werden, nämlich als Akzidenzien im Innern des Geistes – in dieser Weise werden sie betrachtet, wenn man die Vermögen des Geistes behandelt – oder als Gestalten äußerer Dinge, d.h. als nicht bestehend, aber als schienen sie zu bestehen bzw. außer uns Bestand zu haben; und in dieser Weise haben wir sie nunmehr zu betrachten.

2. Wenn wir uns nun an irgendein Ding erinnern, das vor der unterstellten Aufhebung der äußeren Welt bestanden hatte, bzw. wenn wir ein Erscheinungsbild davon haben und nicht in Betracht ziehen wollen, von welcher Beschaffenheit es war, sondern schlechtweg, daß es sich außerhalb unseres Geistes befand, so erhalten wir das, was wir *Raum* nennen. Einen imaginären zwar, da er weiter nichts als ein Erscheinungsbild ist, aber doch genau das, was alle so nennen. Denn daß es Raum gebe, sagt niemand deswegen, weil er schon

besetzt wäre, sondern weil er besetzt werden kann; noch glaubt man, die Körper würden ihre Orte mit sich hinwegführen, sondern daß im selben Raum bald der eine, bald der andere Körper enthalten sein kann, was ausgeschlossen wäre, wenn der Raum den einmal in ihm befindlichen Körper immerfort begleitete. Das ist aber dermaßen offensichtlich, daß ich es nicht einmal einer Erläuterung wert hielte, sähe ich nicht, daß unter den Philosophen im Ausgang von einer verkehrten Definition des Raums der eine[5] schnurstracks folgert, die Welt sei unendlich: da er den Raum für die Ausdehnung der Körper selber hält und man Ausdehnung als sich immer weiter hinaus erstreckend begreifen könne,[6] läßt er die Körper selber sich ins Unendliche erstrecken. Ein anderer wieder[7] schließt unüberlegterweise aus der gleichen Definition, daß nicht einmal Gott selber mehr als eine Welt zu schaffen vermöchte: denn, sagt er, wenn eine andere Welt geschaffen werden sollte, müßte sie, weil es außerhalb unserer Welt nichts gibt und also (aufgrund seiner Definition) auch keinen Raum, in nichts gesetzt werden; in nichts kann man aber, wie er sagt, nichts setzen. Warum aber etwas nicht in nichts gesetzt werden kann, führt er nicht näher aus. Im Gegenteil läßt sich, wo schon etwas ist, nichts mehr setzen, und das Leere ist zur Aufnahme neuer Körper weit geeigneter als das Volle. Obiges mußte also ihretwegen gesagt werden sowie wegen all derer, die ihnen beistimmen. Ich greife sonach mein Vorhaben wieder auf und gebe die folgende Definition des Raumes: *Raum ist das Erscheinungsbild eines bestehenden Dings, sofern es besteht,*[8] d. h. an dem man kein anderes Akzidens in Betracht

---

[5] Descartes, *Principia philosophiae*, Amsterdam 1644, II, 21.

[6] Statt »da er den Raum für die Ausdehnung der Körper selber hält und man Ausdehnung als sich immer weiter hinaus erstreckend begreifen könne« (= *AE*) in *B* »da er den Raum als die Ausdehnung der Körper selber begreift, die sich immer weiter hinaus erstrecken könne«.

[7] Thomas White, *De Mundo Dialogi tres*, S. 26-28; vgl. *De Motu*, Kap. III, Art. 5.

[8] Statt »eines bestehenden Dings, sofern es besteht« in *E* »eines Dings, das schlechthin außerhalb des Geistes besteht«.

zieht außer dem, daß es als außerhalb des Vorstellenden erscheint.

3. Wie ein Körper von seiner Größe im Geist ein Erscheinungsbild zurückläßt, so auch ein bewegter Körper von seiner Bewegung, und zwar die Vorstellung von einem Körper,
der bald durch diesen, bald durch einen andern Raum in
stetiger Folge hindurchgeht. Eine solche Vorstellung bzw. ein
solches Erscheinungsbild nenne ich die *Zeit,* womit ich weder
vom gemeinen Sprachgebrauch der Leute[9] noch auch von
Aristoteles' Definition viel abweiche. Denn da sie einräumen,
daß ein Jahr Zeit ist, ohne daß sie deswegen glaubten, ein Jahr
sei Akzidens oder Beschaffenheit oder Modus[10] irgendeines
Korpers, so müssen sie auch einräumen, daß sie nicht in den
Dingen selbst, sondern im Denken unseres Geistes anzutref-
fen ist. Und wenn sie von den Zeiten ihrer Vorfahren reden,
glauben sie doch wohl nicht, daß nach dem Ableben ihrer
Vorfahren deren Zeiten sich anderswo befinden könnten als
in der Erinnerung derer, die daran zurückdenken? Wer aber
sagt, die Tage, Jahre und Monate seien die betreffenden Bewegungen von Sonne und Mond, der sagt – da bei einer
Bewegung »vorbei sein« dasselbe ist wie vergehen und »zukünftig sein« dasselbe wie noch nicht sein – das Gegenteil von
dem, was er sagen will, nämlich daß Zeit niemals je ist noch
war noch sein wird. Denn wovon man sagen kann, »es war«
oder »es wird sein«, davon konnte man auch einmal sagen
bzw. wird man in absehbarer Zeit sagen können, »es ist«. Wo
also wären Tag, Monat oder Jahr, wenn sie nicht Namen für
in unserem Geiste angestellte Berechnungen wären? Die Zeit
ist also ein Erscheinungsbild, aber freilich der Bewegung.
Denn wenn wir wissen wollen, in welchen Abschnitten die
Zeit verstreicht, verwenden wir irgendeine Bewegung, etwa
die der Sonne, eines Uhrwerks oder einer Wasseruhr,[11] oder
wir zeichnen eine Linie und stellen uns vor, etwas werde ihr
entlang bewegt; anders kommt Zeit keinesfalls zum Vor-

---

[9] Statt »vom gemeinen Sprachgebrauch der Leute« in *E* »von der
gewöhnlichen Meinung«.

[10] »oder Modus« fehlt in *E*.

[11] Statt »einer Wasseruhr« in *E* »des Sands in einer Sanduhr«.

schein. Doch auch wenn wir sagen, Zeit sei ein Erscheinungsbild der Bewegung, reicht das zur Definition nicht aus, denn
mit dem Ausdruck »Zeit« heben wir das Vorher und Nachher
bzw. die Aufeinanderfolge beim bewegten Körper hervor, sofern er erst hier, dann dort auftritt. Die vollständige Definition der Zeit lautet also: *Zeit ist das Erscheinungsbild der
Bewegung, sofern wir uns an der Bewegung ein Vorher und Nachher
bzw. eine Aufeinanderfolge vorstellen.*[12] Das kommt überein mit
der aristotelischen Definition: »Zeit ist die Zahl der Bewegung nach dem Vorher und Nachher«.[13] Diese Zählung ist
nämlich ein Akt des Geistes, und daher besagt »Zeit ist die
Zahl der Bewegung nach dem Vorher und Nachher« dasselbe
wie »Zeit ist ein Erscheinungsbild der gezählten Bewegung«.
Dagegen ist »Zeit ist das Maß der Bewegung«[14] weniger richtig, da wir die Zeit mittels der Bewegung messen, nicht aber
die Bewegung mittels der Zeit.

4. Ein Raumabschnitt heißt *Teil* eines anderen Raums und
ein Zeitabschnitt Teil einer anderen Zeit, wenn ersterer nebst
einem weiteren in letzterem enthalten ist. Daraus ergibt sich,
daß man etwas nur dann zutreffend als Teil bezeichnen kann,
wenn man es mit etwas anderem vergleicht, in dem es selber
enthalten ist.

5. Demnach ist *Teile machen* bzw. Raum oder Zeit *abteilen*
oder *teilen* nichts anderes, als daran bald dies und bald jenes
betrachten. Wer einen Raum oder eine Zeit teilt, hat daher
soviel verschiedene Begriffe, wie er Teile macht, und einen
weiteren obendrein. Denn sein erster Begriff wird der der zu
teilenden Sache sein, dann der ihres Teils, dann der eines
anderen Teils, und so immer weiter, bis wohin man das Teilen
eben fortsetzt.

Anzumerken ist aber, daß hier unter Teilung nicht die Zer-
stückelung bzw. Losreißung des einen Raum- oder Zeitteils

---

[12] Statt »Zeit ist das Erscheinungsbild der Bewegung, sofern wir uns
an der Bewegung ein Vorher und Nachher bzw. eine Aufeinanderfolge
vorstellen« in *E* »Zeit ist das Erscheinungsbild des Vorher und Nachher in der Bewegung«.

[13] Aristoteles, *Physik* Δ, 11 (219 b 1-2).

[14] A. a. O. (220 a 24-25).

vom andern zu verstehen ist (wer möchte auch glauben, daß
sich Raum- oder Zeitteile, etwa[15] die eine Himmelshälfte von
der andern oder die erste Stunde von der zweiten abtrennen
ließen?), sondern ihre je unterschiedliche Betrachtungsweise,
so daß die Teilung ein Werk nicht der Hände, sondern des
Geistes ist.

6. Wird ein Raum- oder Zeitabschnitt inmitten anderer
Raum- oder Zeitabschnitte betrachtet, so heißen sie *eins*,
nämlich *eins von ihnen*. Denn könnte man nicht den einen
Raumabschnitt zum andern, den einen Zeitabschnitt zum andern hinzutun oder davon wegnehmen, so genügte es, einfach
von »Raum« oder »Zeit« zu reden, und es wäre zwecklos, von
einem Raum oder *einer* Zeit zu reden, wenn das Vorhandensein
eines andern undenkbar wäre. Die gängige Definition »eins
ist, was ungeteilt ist« ist einer widersinnigen Folgerung ausgesetzt. Es ließe sich nämlich daraus ableiten, daß, was geteilt
ist, mehreres ist; jedes geteilte Ding sei geteilte Dinge, was
ungereimt ist.

7. *Zahl* ist eins und eins, oder eins, eins und eins, und so
weiter; und zwar ist eins und eins die Zahl zwei, eins, eins und
eins die Zahl drei, und das nämliche gilt von den übrigen
Zahlen; was soviel heißt als: die Zahl ist Einsen.[16]

8. Einen Raum aus Raumabschnitten oder eine Zeit aus
Zeitabschnitten *zusammensetzen* meint, erst eins nach dem andern und dann alles auf einmal und als eins betrachten; wie
wenn einer erst Kopf, Füße, Arme und Rumpf gesondert aufzählt und dann anstelle aller den Menschen auf einmal in
Rechnung setzt. Was aber dergestalt an die Stelle all dessen,
aus dem es besteht, gesetzt wird, nennt man das *Ganze*, und
jene Einzelstücke sind, wenn man sie ausgehend von der Teilung des Ganzen nochmals gesondert betrachtet, seine Teile.
»Ganzes« und »alle Teile zusammengenommen« sind daher
voll und ganz dasselbe. Wie wir aber bei der Teilung daran
erinnert haben, daß es nicht erforderlich ist, die Teile ausein-
anderzureißen, so gilt es auch bei der Zusammensetzung
einzusehen, daß es zur Herstellung des Ganzen nicht nötig ist,

---

[15] »Raum- oder Zeitteile, etwa« fehlt in *E*.
[16] Vgl. Euklid, *Die Elemente*, VII. Buch, 2. Definition.

die Teile aufeinander zuzubewegen, bis sie sich gegenseitig berühren, sondern nur, daß man sie in Gedanken zu einer einzigen Summe zusammenzieht. Denn alle Menschen auf einmal betrachtet sind das ganze Menschengeschlecht, auch wenn sie in Raum und Zeit zerstreut leben; und zwölf Stunden lassen sich zu der einen Zwölfzahl zusammensetzen, auch wenn es Stunden verschiedener Tage sind.

9. Ist dies verstanden, so wird klar, daß man etwas nur dann zu Recht ein Ganzes nennt, wenn man versteht, daß es aus Teilen zusammengesetzt und in Teile zerlegt werden kann. Wenn wir daher sagen, etwas könne nicht geteilt werden und keine Teile haben, so sagen wir damit, daß es kein Ganzes ist. Sagen wir zum Beispiel, die Seele könne keine Teile haben, so sagen wir auch, daß sie in keiner Weise ein Ganzes ist. Weiter ist klar, daß nichts einen Teil hat, bevor es geteilt wird, und daß es, wenn es geteilt ist, nur soviel Teile hat als der Anzahl der Teilungen entspricht. Ebenso, daß der Teil eines Teils Teil des Ganzen ist. Ist doch auch ein Teil der Vier, etwa die Zwei, Teil der Acht. Denn die Vier setzt sich aus zwei und zwei, die Acht aber aus der zweifachen Zwei und der Vier zusammen, und infolgedessen ist die Zwei, welche Teil eines Teils, nämlich der Vier, war, ihrerseits auch Teil der ganzen Acht.

10. Zwei Raumabschnitte, zwischen denen sich kein anderer Raum befindet, werden einander *berührend* genannt. Zwei Zeitabschnitte aber, zwischen die keine Zeit dazwischentritt, heißen im Verhältnis zueinander *unmittelbar*, wie A B und B C in   A——B——C.   Zwei Raum- oder auch Zeitabschnitte nennt man aber untereinander *stetig*, wenn sie irgendeinen Teil gemein haben, wie A C und B D in   A——B——C——D,   die den Teil B C gemein haben. Mehrere aber sind untereinander stetig, wenn davon je zwei benachbarte ausnahmslos stetig sind.

11. Ein Teil, der zwischen zwei anderen Teilen abgegrenzt wird, heißt *Mittelteil*; einer, der nicht zwischen zwei anderen gelegen ist, dagegen *Außenteil*. Von den Außenteilen aber ist der zuerst aufgezählte der *Anfang* und der zuletzt aufgezählte das *Ende*; die Mittelteile alle zusammengenommen sind aber die *Bahn*. Außenteile und Grenzen sind aber ein und dasselbe.

Daraus ergibt sich, daß Anfang und Ende von der Reihenfolge unseres Aufzählens abhängen, daß Raum oder Zeit ein Ende setzen oder sie begrenzen dasselbe ist wie sich Anfang und Ende davon vorstellen, sowie daß sie allesamt endlich oder unendlich sind, je nachdem wir uns ihre Grenzen allseitig vorgestellt haben. Die Grenzen einer Zahl sind aber ihre Einheiten, wobei diejenige, von der aus wir zu zählen anfangen, ihr Anfang, und diejenige, bei der wir aufhören, ihr Ende ist. Eine Zahl aber, bei der nicht gesagt wird, welche es ist, heißt *unendlich*. Bezeichnet man sie nämlich als die Zahl zwei, die Zahl drei, die Zahl tausend usw. , so ist sie allemal endlich. Wird indessen nichts weiter gesagt als »Die Zahl ist unendlich«, so ist das so zu verstehen, als habe man gesagt, der Name »Zahl« sei ein indefiniter Name.[17]

12. Einen Raum oder eine Zeit nennt man *potentiell endlich*, d. h. abgrenzbar, wenn sich eine Anzahl endlicher Raum- oder Zeitabschnitte, etwa von Schritten oder Stunden, angeben läßt, über die hinaus eine größere Anzahl davon in diesem Raum oder dieser Zeit nicht möglich ist. *Potentiell unendlich* sind sie dagegen, wenn darin eine größere Anzahl solcher Schritte oder Stunden als jede beliebige gegebene Anzahl davon angegeben werden kann. Anzumerken ist aber, daß, wenngleich in diesem potentiell unendlichen Raum bzw. dieser Zeit mehr Schritte oder Stunden abzählbar sind, als sich durch irgendeine Zahl angeben läßt, ihre Anzahl doch immer endlich sein wird, da nämlich jede Zahl endlich ist. Nicht richtig gefolgert hat also derjenige, der die Endlichkeit der Welt beweisen wollte und dabei folgendermaßen schloß: »Ist die Welt unendlich, so läßt sich darin ein Teil herausgreifen, der eine unendliche Anzahl Schritte von uns entfernt ist; ein solcher Teil läßt sich aber nicht herausgreifen; also ist die Welt nicht unendlich«.[18] Falsch ist dabei nämlich die Folgerung aus dem Obersatz – was immer wir im Raum, selbst wenn er unendlich wäre, bestimmen bzw. im Geiste bezeichnen, wird ein endliches Raumstück von uns entfernt sein.

---

[17] Zum indefiniten Namen vgl. Kap. II, Art. 11.
[18] Thomas White, *De Mundo Dialogi tres*, S. 10 f.; vgl. *De Motu*, Kap. II, Art. 4.

Denn schon dadurch, daß wir seinen Ort bezeichnen, machen wir dem Raum, dessen Anfang wir selber sind, dort ein Ende, und was immer wir auf beiden Seiten im Geist vom unendlichen Raum abtrennen, dem setzen wir ein Ende, d. h. wir machen ihn zu einem endlichen.

Von einem unabgrenzbaren[19] Raum oder einer ebensolchen Zeit kann man nicht sagen, er sei ein Ganzes oder eins. Nicht ein Ganzes, da er sich nicht aus Teilen zusammensetzen läßt; denn Teile, wieviel auch immer, werden, da jeder für sich endlich ist, auch alle zusammengenommen ein endliches Ganzes ergeben. Nicht eins, denn etwas heißt eins nur im Vergleich mit etwas anderem; es ist aber undenkbar, daß es zwei unendliche Räume oder zwei unendliche Zeiten gäbe. Und stellt man schließlich die Frage, ob die Welt endlich oder unendlich sei, so steht einem bei dem Wort »Welt« nichts vor dem Geist. Denn was immer wir uns vorstellen, ist dadurch schon endlich, gleich ob wir unsere Berechnungen bis hin zu den Fixsternen, zur neunten, zehnten oder gar tausendsten Sphäre vorantreiben. Der Sinn dieser Frage ist nur, ob Gott im selben Umfang Körper zu Körper hinzugetan habe, wie wir Raum zu Raum hinzuzufügen vermögen.[20]

13. Daher ist die übliche Redeweise, Raum und Zeit ließen sich ins Unendliche teilen, nicht so aufzufassen, als ob da eine unendliche bzw. fortwährende Teilung vor sich ginge, sondern der Sinn dieser Aussage ist besser wie folgt zu erläutern: »Alle Teile, in die man etwas teilt, sind ihrerseits teilbar«, oder so: »Es gibt kein kleinstes Teilbares«, oder, wie sich nicht wenige Geometer ausdrücken: »Es läßt sich eine Quantität bestimmen, die kleiner ist als jede gegebene«, was unschwer wie folgt bewiesen werden kann. Man teile nämlich einen beliebigen gegebenen Raum oder eine Zeit (die man für die kleinsten teilbaren hielt) in zwei gleiche Teile A und B, so behaupte ich, daß beide Teile, A zum Beispiel, ihrerseits geteilt werden können. Man unterstelle nämlich, Teil A berühre auf der einen Seite Teil B, auf der andern aber einen Raum, der genauso groß ist wie B, so wird dieser Gesamtraum, da er

---

[19] Statt »Von einem unabgrenzbaren« in *E* »Vom unendlichen«.
[20] Vgl. Kap. XXVI, Art. 1.

ja größer ist als der ursprünglich gegebene, ebenfalls teilbar sein. Teilt man ihn nun in zwei gleiche Teile, so wird also auch das in der Mitte befindliche A in zwei gleiche Teile geteilt, und mithin war A teilbar.

Kapitel VIII
Körper und Akzidens[21]

1. *Definition des* Körpers. 2. *Definition des* Akzidens. 3. *Wie das Innewohnen des Akzidens in seinem Subjekt zu verstehen ist.* 4. *Wesen der* Größe. 5. *Wesen des* Orts; *und daß der Ort unbeweglich ist.* 6. *Wesen des* Vollen *und* Leeren. 7. *Die Bedeutung von* Hier, Dort, Irgendwo. 8. *Weder können mehrere Körper an einem Ort noch kann ein Körper an mehreren Orten sein.* 9. *Wesen von* Berührend *und* Stetig. 10. *Definition der* Bewegung; *und daß Bewegung nur in Zeit denkbar ist.* 11. *Wesen von* Ruhen, Sichbewegthaben *und* Sichbewegenwerden. *Bei jeder Bewegung ist ein Begriff von Vergangenheit und Zukunft unerläßlich.* 12. *Wesen von* Punkt, Linie, Fläche *und* Raumkörper. 13. *Wesen von* Gleich, Größer *und* Kleiner *bei* Körpern *und* Größen. 14. *Ein und derselbe Körper hat immer dieselbe Größe.* 15. *Wesen der* Geschwindigkeit. 16. *Wesen von* Gleich, Größer *und* Kleiner *bei* Zeitspannen. 17. *Wesen von* Gleich, Größer *und* Kleiner *bei der* Geschwindigkeit. 18. *Wesen von* Gleich, Größer *und* Kleiner *bei der* Bewegung. 19. *Was ruht, wird immerzu ruhen, wenn es nicht von außen her in Bewegung versetzt wird, und was sich bewegt, wird sich immerzu bewegen, wenn es nicht von außen her daran gehindert wird.* 20. *Akzidenzien werden erzeugt und vergehen, Körper nicht.* 21. *Ein Akzidens wandert nicht aus seinem Subjekt weg.* 22. *Auch bewegt es sich nicht.* 23. *Wesen von* Wesenheit, Form *und* Materie. 24. *Wesen der* ersten Materie. 25. *Warum »Das Ganze ist größer als sein Teil« bewiesen wird.*

1. Nachdem nun das Wesen des imaginären Raums verstanden ist, in dem sich unserer Unterstellung nach nichts zur Außenwelt Gehöriges befindet, sondern der nichts weiter ist als die Privation jener Dinge, die, als sie noch bestanden hat-

---

[21] Der Titel fehlt unverständlicherweise im Text von *A* und wurde dort im Druckfehlerverzeichnis nachgetragen.

ten, ein Bild von sich[22] im Geiste hinterlassen hatten, unterstellen wir als nächstes, irgendeines dieser Dinge werde wieder an seinen vorigen Ort versetzt bzw. von neuem geschaffen. Dieses Geschaffene oder Zurückversetzte wird nun notwendigerweise nicht nur irgendeinen Teil des genannten Raums einnehmen bzw. mit ihm zusammenfallen und von gleicher Ausdehnung sein wie er, sondern auch etwas sein, das nicht von unserer Einbildungskraft[23] abhängt. Genau das aber pflegt man seiner Ausdehnung wegen zwar *Körper* zu nennen, wegen seiner Unabhängigkeit von unserem Denken aber *von sich aus subsistierend*, und weil es außer uns subsistiert, *bestehend* sowie schließlich, da es dem imaginären Raum so unterlegt und unterstellt zu sein scheint, daß sich nicht mittels der Sinne, sondern nur mit Hilfe der Vernunft einsehen läßt, daß sich dort etwas befindet, das *Unterstellte* und das *Subjekt*. Die Definition des Körpers lautet daher wie folgt: *Körper ist, was von unserem Denken unabhängig ist und mit irgendeinem Teil des Raums zusammenfällt bzw. von gleicher Ausdehnung ist wie er.*

2. Das Wesen des Akzidens aber läßt sich nicht so leicht anhand einer Definition als vielmehr von Beispielen verdeutlichen. Denken wir uns also,[24] ein Körper nehme irgendeinen Raum ein bzw. sei von gleicher Ausdehnung wie er, so ist diese Gleichausgedehntheit nicht der gleichausgedehnte Körper selber. Denken wir uns ebenso,[25] der Körper werde ortsversetzt, so ist diese Ortsversetzung nicht der ortsversetzte Körper selber. Oder denken wir uns, dieser Körper werde nicht orstversetzt, so ist diese Nichtversetzung bzw. Ruhe nicht der ruhende Körper selber. Was aber sind sie? Sie sind Akzidenzien des Körpers. Doch wir fragen ja genau nach dem *Wesen des Akzidens*, womit wir freilich nach etwas fragen, das wir schon verstehen, und nicht nach dem, was der Frage bedarf.

---

[22] Statt »ein Bild von sich« in *E* »Bilder ihrer selbst« und in OL I »ihre Bilder«.

[23] Statt »Einbildungskraft« in *E* »Denken«.

[24] Statt »Denken wir uns also« in *E* »Stellen wir uns also bildlich vor«.

[25] Statt »Denken wir uns ebenso« in *E* »Stellen wir uns ebenso bildlich vor«.

Denn es gibt sicher niemanden, der nicht jederzeit und auf einerlei Weise die Aussage verstünde, etwas sei ausgedehnt oder bewege sich oder bewege sich nicht. Die meisten möchten indessen, daß man ihnen sage, »das Akzidens ist etwas«, nämlich ein Bestandteil der Naturdinge, wo es in Wahrheit doch kein Teil davon ist. Um sie zufriedenzustellen, geben diejenigen[26] die beste Antwort (soweit das hier überhaupt möglich ist), die das Akzidens definieren als »Modus des Körpers, demgemäß er begriffen wird«; womit sie soviel sagen wie »Das Akzidens ist eine Fähigkeit des Körpers, durch die er uns seinen Begriff einprägt«. Diese Definition ist zwar keine Antwort auf das, was da gefragt wird, gleichwohl aber auf das, was der Frage bedarf, nämlich: »Woher kommt es, daß der eine Teil eines Körpers hier, der andere dort erscheint?« Denn darauf wird die richtige Antwort sein: »Wegen seiner Ausdehnung«; oder: »Woher kommt es, daß der Körper als ganzer nacheinander bald hier, bald dort zu sehen ist?«, und die Antwort wird sein: »Wegen seiner Bewegung«; oder schließlich: »Woher kommt es, daß er eine Zeitlang denselben Raum einzunehmen scheint?«,[27] so daß zu antworten ist: »Weil er sich nicht bewegt«. Stellt man nämlich beim Namen eines Körpers, also bei einem konkreten Namen, die Frage nach seinem Wesen, so ist mit einer Definition zu antworten. Die Frage bezieht sich nämlich nur auf die Bedeutung des betreffenden Ausdrucks. Stellt man dagegen bei einem abstrakten Namen die Frage nach seinem Wesen, so bezieht sich die Frage auf die Ursache dafür, daß etwas so oder so erscheint. Wird etwa nach dem Wesen von »hart« gefragt, so wird man antworten: »Hart ist, wessen Teil nur nachgibt, wenn das Ganze nachgibt«.[28] Wird dagegen nach dem Wesen von Härte gefragt, so ist die Ursache dafür aufzuzeigen, daß der Teil nur nachgibt, wenn das Ganze nachgibt. Wir werden daher definieren, daß *das Akzidens die Art und Weise ist, wie ein Körper begriffen wird.*

[26] Vgl. Suarez, *Disputationes Metaphysicae*, Disputatio XXXII, Sectio I, XXII f.

[27] Statt »einzunehmen scheint« in *E* »einnimmt«.

[28] Vgl. Kap. XXII, Art. 2 und Kap. XXVIII, Art. 5.

3. Was aber den Ausspruch betrifft: »das Akzidens wohnt dem Körper inne«, so ist er nicht so zu verstehen, als wäre da etwas im Körper enthalten, gleich als wenn beispielsweise die Röte dem Blut in derselben Weise innewohnte wie das Blut dem blutbefleckten Kleidungsstück, also wie der Teil dem Ganzen. Denn dann wäre das Akzidens gleichfalls ein Körper. Sondern wie Größe oder Ruhe oder Bewegung sich in dem befinden, was groß ist oder ruht oder bewegt wird (und ein jeder versteht, wie das zu verstehen ist), so ist auch das Innewohnen jedes andern Akzidenz in seinem Subjekt zu verstehen. Das hat auch Aristoteles, wenngleich bloß negativ, dargelegt: nämlich »das Akzidens wohnt seinem Subjekt inne nicht nach Art eines Teils, sondern so, daß es ohne Untergang des Subjekts[29] fehlen kann«.[30] Das ist zwar richtig, aber nur mit der Einschränkung, daß bestimmte Akzidenzien dem Körper ohne seinen Untergang nicht fehlen können; denn ein Körper kann nicht ohne Ausdehnung oder ohne Gestalt gefaßt werden. Die übrigen Akzidenzien aber, die nicht allen Körpern gemeinsam, sondern einigen davon eigentümlich sind, wie ruhen, sich bewegen, Farbe, Härte u.dgl., gehen, wenn andere an ihre Stelle treten, eins nach dem andern unter, ohne daß der Körper jemals unterginge. Sollte es aber jemandem so vorkommen, als wohnten nicht alle Akzidenzien ihren Körpern in der gleichen Weise inne, wie ihnen Ausdehnung, Bewegung, Ruhe oder Gestalt innewohnen, so daß ihnen beispielsweise Farbe, Wärme, Geruch, Tugend, Laster u.dgl. in anderer Weise innewohnten oder (wie man sagt) einwohnten, so möchte ich, daß er sein Urteil darüber für den Augenblick zurückstellt und etwas zuwartet, bis durch Schlußfolgerung ermittelt ist, ob nicht auch diese Akzidenzien bestimmte Bewegungen entweder im Geist dessen sind, der sich gewisse Bilder vorstellt,[31] oder aber in den sinnlich

---

[29] Statt »ohne Untergang des Subjekts« in *E* »während das Subjekt doch verbleibt«.

[30] Vgl. Aristoteles, *Kategorien*, Kap. 2 (1 a 24 f.). Der zweite Teil dieser Definition geht jedoch eher auf Porphyrius, *Eisagoge*, Kap. 5 (4 a 25 f.) zurück.

[31] Statt »der sich gewisse Bilder vorstellt« in *E* »der wahrnimmt«.

wahrgenommenen Körpern selber. Das zu erforschen, macht nämlich einen Großteil der Naturphilosophie aus.

4. Die Ausdehnung eines Körpers ist dasselbe wie seine Größe bzw. wie das, was manche[32] den »realen Raum« nennen. Diese Größe hängt aber nicht wie der imaginäre Raum von unserem Denken ab. Letzterer ist nämlich eine Wirkung des ersteren, und die Größe ist seine Ursache. Letzterer ist ein Akzidens des Geistes, sie dagegen ein Akzidens des Körpers, wie er außerhalb unseres Geistes besteht.

5. Der Raum aber (mit welchem Ausdruck ich immer den imaginären meine), der mit der Größe irgendeines Körpers zusammenfällt, heißt der *Ort* dieses Körpers, der Körper selber aber wird dann *lokalisiert* genannt. Der Ort unterscheidet sich aber von der Größe des lokalisierten Körpers erstens dadurch, daß ein und derselbe Körper, gleich ob er ruht oder sich bewegt, immerzu ein und dieselbe Größe beibehält, denselben Ort dagegen, wenn er sich bewegt, nicht beibehält. Zweitens dadurch, daß der Ort das Erscheinungsbild irgendeines Körpers von bestimmter Quantität und Gestalt ist, die Größe eines jeden Körpers aber ein ihm ausschließlich zukommendes Akzidens ist; kann doch *ein* Lokalisiertes zu verschiedenen Zeitpunkten mehrere Orte haben, mehrere Größen dagegen nicht. Drittens dadurch, daß der Ort nichts außerhalb, die Größe nichts innerhalb des Geistes ist. Endlich ist der Ort bloß vorgestellte, die Größe wahre Ausdehnung, und der lokalisierte Körper ist gar keine Ausdehnung, sondern ausgedehnt. Außerdem ist der Ort unbeweglich. Da es sich nämlich versteht, daß, was sich bewegt, sich von einem Ort zum andern begibt, so würde auch der Ort, wenn er sich bewegte, von dem einen Ort an einen andern versetzt, weshalb es notwendig wäre, daß es einen Ort für den Ort gäbe und weiter für den Ort, an dem sich der Ort befände,[33] einen anderen Ort und so ins Endlose, was höchst lächerlich ist. Sofern aber diejenigen, welche die Natur des Orts in den

---

[32] Vor allem die spanischen Scholastiker.
[33] Statt »befände« (Druckfehlerkorrektur in *A*) in *B* sachlich unzutreffend »befindet«. *E* läßt den ganzen Ausdruck »an dem sich der Ort befände« weg.

realen Raum verlegen, seine Unbeweglichkeit behaupten, arbeiten auch sie, allerdings ohne es zu merken, darauf hin, daß der Ort ein Erscheinungsbild ist. Der eine[34] sagt nämlich, man nenne den Ort deswegen unbeweglich, weil dabei der Raum seiner Gattung nach in Betracht gezogen werde. Hätte er aber daran gedacht, daß es nichts Gattungsmäßiges und Universales gibt außer den Namen oder Zeichen,[35] so hätte er leicht gesehen, daß jener Raum, von dem er sagt, er werde seiner Gattung nach in Betracht gezogen, nichts anderes ist als das im Geist haftende Erscheinungsbild oder Erinnerungsbild eines beliebigen Körpers von bestimmter Größe und Gestalt. Ein anderer[36] aber sagt, der Verstand mache den realen Raum unbeweglich; denkt man sich[37] beispielsweise unter die Oberfläche eines Wasserlaufs das nachfolgende Wasser ständig daruntergeschoben, so wird diese Oberfläche, die der Verstand dergestalt zum Stehen bringt, der »unbewegliche Ort« des Flusses sein. Was aber heißt das anderes, als den Ort zu einem Erscheinungsbild machen, wie er das in der Tat ist, wenngleich unklar und mit verworrenen Worten?

Schließlich besteht die Natur des Orts nicht in der Oberfläche des umgebenden Dings,[38] sondern im dreidimensionalen Raum. Das Lokalisierte ist nämlich als ganzes von gleicher Ausdehnung wie sein ganzer Ort und sein Teil wie dessen Teil; da der lokalisierte Körper aber dreidimensional ist, ist es undenkbar, daß er mit einer Fläche gleichausgedehnt sei. Wie könnte sich außerdem ein Körper als ganzes bewegen, wenn sich nicht ineins damit auch seine einzelnen Teile bewegten? Wie aber[39] sollten sich seine inwendigen Teile anders bewegen, als indem sie ihren Ort verlassen? Ein inwendiger Teil eines Körpers kann aber die Oberfläche eines außenliegenden, ihn berührenden nicht verlassen; woraus folgt, daß, falls

---

[34] Descartes, *Principia philosophiae*, II, 10.

[35] »oder Zeichen« ist Zusatz von *E*. – Vgl. Kap. II, Art. 9 und 10.

[36] Thomas White, *De Mundo Dialogi tres*, S. 33; vgl. *De Motu*, Kap. IV, Art. 2.

[37] Statt »denkt man sich« in *E* »stellt man sich bildlich vor«.

[38] Aristoteles' Definition des Orts (*Physik* Δ, 3, 210 a 32).

[39] Statt »Wie aber« in *AEB* fehlerhaft »oder«.

der Ort die Oberfläche des umgebenden Dings wäre, die
Teile des Bewegten, also das Bewegte selber, sich nicht bewegen würden.

6. Ein Raum (bzw. Ort), der von einem Körper eingenommen wird, heißt *voll*, einer, der von keinem eingenommen
wird, *leer*.

7. »Hier«, »dort«, »in dem Gebiet«, »in der Stadt« und ähnliche Namen, mit denen man auf die Frage »Wo ist es?«
antwortet, sind nicht Namen für den betreffenden Ort selber
und rufen nicht von sich aus den gesuchten Ort in den Geist
zurück. Denn »hier« und »dort« bedeuten nichts, wenn nicht
gleichzeitig mit dem Finger oder sonst etwas auf etwas hingewiesen wird. Wird aber das Auge des Fragers durch den
Finger oder eine andere Anzeige zu dem gesuchten Ding hin-
gelenkt, so wird der Ort nicht vom Antwortenden abgegrenzt,
sondern von dem, der fragt, gefunden. Unter den Hinweisen
durch Ausdrücke allein – etwa wenn man sagt »in dem Gebiet« oder »in der Stadt« – haben die einen aber einen
größeren Umfang als die anderen, wie »in dem Gebiet«, »in
der Stadt«, »in dem Stadtteil«, »in dem Haus«, »im Schlaf-
zimmer«, »im Bett«. Sie führen zwar den Fragenden nach
und nach immer näher an den eigentlichen Ort heran, bestimmen diesen Ort aber nicht, sondern schränken ihn auf
einen immer engeren Raum ein und geben an, daß sich der
Ort des Dings innerhalb eines bestimmten durch diese Worte
bezeichneten Raums befindet wie der Teil im Ganzen. Und
zwar ist für alle Namen dieser Art, mit denen man auf die
Frage »Wo?« antwortet, die höchste Gattung der Ausdruck
»irgendwo«. Daraus erhellt, daß alles, was irgendwo ist, sich
an einem genau bestimmten Ort befindet, der freilich Teil
jenes größeren Raums ist, welchen einer der Ausdrücke wie
»in dem Gebiet«, »in der Stadt« u.dgl. bezeichnet.

8. Ein Körper und seine Größe sowie sein Ort werden in
ein und demselben Geistesakt geteilt; denn den ausgedehnten
Körper und seine Ausdehnung sowie die Vorstellung dieser
Ausdehnung (also den Ort) teilen, ist dasselbe wie sie alle teilen, da sie ja zusammenfallen, und kann nur im Geiste, also
durch Teilung des Raums, durchgeführt werden. Daraus erhellt, daß weder zwei Körper zugleich am selben Ort noch

auch ein Körper an zwei Orten zugleich sein kann. Nicht zwei Körper am selben Ort, denn wird der Körper, der einen Raum ganz einnimmt, in zwei geteilt, so wird auch der betreffende Raum selber in zwei geteilt, was also zwei Orte ergibt. Nicht ein Körper an zwei Orten, weil bei der Teilung des von einem Körper eingenommenen Raums, d. h. seines[40] Orts, auch das betreffende Lokalisierte selber in zwei geteilt wird (da ein Ort und der darin befindliche Körper, wie gesagt, gleichzeitig geteilt werden), was also zwei Körper ergibt.

9. In der gleichen Weise wie zwei Räume heißen auch zwei Körper einander *berührend* und untereinander *stetig*. Es *berühren* einander nämlich *diejenigen, zwischen denen sich kein anderer Raum befindet*.[41] Unter Raum verstehen wir aber wie oben[42] die Vorstellung bzw. das Erscheinungsbild eines Körpers. Auch wenn daher zwischen zwei Körper kein anderer Körper eingeschoben ist und also auch keine Größe bzw., wie man sagt, kein realer Raum, aber trotzdem ein Körper dazwischen paßt, also Raum[43] dazwischen tritt, der zur Aufnahme eines anderen Körpers befähigt ist, dann berühren diese Körper einander nicht. Das läßt sich so leicht feststellen, daß es mich wundern würde, wie Leute, die doch tiefsinnig philosophieren, darüber anderer Auffassung sein sollten, wenn ich nicht die Erfahrung gemacht hätte, daß sehr viele, die auf eine gewisse metaphysische Tiefsinnigkeit bedacht sind, sich durch blendende Worte wie[44] durch Irrlichter vom Weg ablenken lassen. Wer möchte nämlich glauben, wenn er seine gesunden Sinne gebraucht, zwei Körper, zwischen denen sich kein anderer Körper befindet, würden sich deswegen notwendig berühren? Oder daß es deswegen kein Leeres gäbe, weil

---

[40] »Raums, d. h. seines« fehlt in *E*.
[41] Vgl. Kap. VII, Art. 10.
[42] Kap. VII, Art. 2.
[43] Statt »Raum« in *E* genauer »irgendwelcher imaginierter Raum«.
[44] Statt »sich durch blendende Worte wie« in *E* »von der Wahrheit abirren, wie wenn sie sich«.

Leeres nichts oder etwas Nichtseiendes ist?[45] In der gleichen kindischen Weise könnte man auch behaupten wollen, niemand könne fasten, da fasten nichts essen heißt, Nichts könne man aber nicht essen.

Zwei Körper sind aber *untereinander stetig, wenn sie einen Teil gemein haben; mehrere, wenn je zwei benachbarte davon ausnahmslos stetig sind.* Das übrigens ganz so, wie wir weiter oben[46] stetige Räume definiert hatten.[47]

10. *Bewegung ist das stetige Verlassen des einen Orts und das Erreichen eines anderen; den Ort aber, der verlassen wird, pflegt man den Terminus a quo, den erreichten den Terminus ad quem zu nennen.* Von »stetig«[48] rede ich deshalb, weil kein noch so kleiner Körper sich als ganzer und auf einmal von seinem gesamten vorherigen Ort so zu entfernen vermag, daß nicht ein Teil davon sich in einem Teil befände, der beiden Orten, dem verlassenen wie dem erreichten, gemein ist.

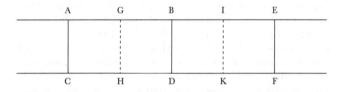

Befindet sich beispielsweise ein Körper an dem Ort A B C D, so kann er nicht zum Ort B D E F gelangen, ohne daß er vorher in G H I K ist, dessen Teil G H B D den beiden Orten A B C D und GHIK gemein ist, und dessen Teil B D I K den Orten G H I K und B D E F gemein ist.

Es ist aber unvorstellbar, daß etwas sich anders als in Zeit bewege. Zeit ist nämlich laut Definition das Erscheinungs-

[45] Vgl. Thomas White, *De Mundo Dialogi tres,* S. 28-31 (vgl. *De Motu,* Kap. III, Art. 6-8), und Descartes, *Principia philosophiae,* II, 18.

[46] Kap. VII, Art. 10.

[47] Der letzte Satz fehlt in *E.*

[48] Statt »stetig« in *E* genauer »stetigem Verlassen«.

bild, d. h. der Begriff der Bewegung.[49] Daher hieße etwas als
sich nicht in Zeit bewegend begreifen, eine Bewegung begreifen, ohne sie zu begreifen, was unmöglich ist.

11. *Man sagt, daß etwas ruht, wenn es sich eine Zeitlang am selben
Ort befindet; und daß es sich bewegt hat oder hatte, wenn es, gleich ob
es jetzt ruht oder sich bewegt, vorher an einem andern Ort war, als es
jetzt ist.* Aus diesen Definitionen läßt sich erstens ableiten, *daß
alles, was sich bewegt, sich bewegt hat.* Denn befindet sich, was
sich bewegt,[50] am selben Ort wie vorher, so ruht es, bewegt
sich also der Definition von Ruhe zufolge nicht; befindet es
sich aber an einem anderen Ort, so hat es sich der Definition
von »bewegt« zufolge bewegt. Zweitens, *daß, was sich bewegt,
sich auch weiterhin bewegen wird.* Denn was sich bewegt, verläßt
den Ort, an dem es sich befindet, und wird infolgedessen
einen andern erreichen, also bewegt es sich auch weiterhin.
Drittens *befindet sich, was sich bewegt, nicht an einem bestimmten
Ort, und sei es für eine auch noch so kurze Zeitspanne.* Denn der
Definition von Ruhe zufolge ruht, was sich eine Zeitlang an
einem bestimmten Ort befindet.

Es gibt einen gewissen Trugschluß gegen die Bewegung,[51]
der aus der Unkenntnis dieses Satzes hervorzugehen scheint.
Man sagt nämlich: Wenn sich ein Körper bewegt, so bewegt
er sich an dem Ort, an dem er sich befindet, oder an einem
Ort, an dem er sich nicht befindet: was beides falsch ist; also
bewegt sich nichts. Aber der Obersatz ist falsch. Denn was
sich bewegt, bewegt sich weder an dem Ort, an dem es sich
befindet, noch an einem Ort, an dem es sich nicht befindet,
sondern von dem Ort weg, an dem es sich befindet, zu einem
Ort hin, an dem es sich nicht befindet. Zwar läßt sich nicht in
Abrede stellen, daß alles, was sich bewegt, sich irgendwo, d. h.
innerhalb eines bestimmten Raums bewegt. Aber der Ort eines Körpers ist nicht dieser Gesamtraum, sondern, wie oben
in Art. 7 gesagt worden ist, ein Teil davon. Aus der Tatsache,
daß, wie wir bewiesen haben, alles, was sich bewegt, sich nicht

[49] Vgl. Kap. VII, Art. 3.
[50] Statt »befindet sich, was sich bewegt« in *E* »befindet es sich
noch«.
[51] Das 3. Zenonische Argument vom fliegenden Pfeil.

nur bewegt hat, sondern auch weiterhin bewegen wird, ergibt sich auch, daß Bewegung sich nicht begreifen läßt ohne einen Begriff von Vergangenheit sowie von Zukunft.

12. Wenn man bei einem Körper, der sich bewegt, die Größe (obwohl er immer eine hat) außer Betracht läßt, so wird die Bahn, die er durchläuft, eine *Linie* bzw. die *eine* und *einfache Dimension* genannt, der Raum aber, den er durchläuft, *Länge* [»Strecke«] und der Körper selber *Punkt*, und zwar in dem Sinn, wie man die Erde einen Punkt und ihre jährliche Bahn die Linie der Ekliptik zu nennen pflegt. Wird nun der Körper, der sich bewegt, schon als lang betrachtet und in ihm eine solche Bewegung unterstellt, daß seine einzelnen Teile ersichtlich jeder eine Linie zuwege bringen, so heißt die Bahn eines jeden Teils dieses Körpers *Breite* und der zuwege gebrachte Raum eine *Fläche*, die aus der zweifachen Dimension von Länge und Breite[52] besteht, von denen eine jede als ganze den einzelnen Teilen der andern anliegt.

Wird weiter der Körper als schon mit Fläche ausgestattet betrachtet und in ihm eine solche Bewegung unterstellt, daß seine einzelnen Teile ersichtlich jeder eine Linie zuwege bringen, so heißt die Bahn eines jeden Teils dieses Körpers *Dicke* oder *Tiefe* und der zuwege gebrachte Raum ein *Raumkörper*, der drei Dimensionen in sich vereinigt, von denen je zwei sich als ganze an die einzelnen Teile der dritten anlegen.

Wird nun ein Körper noch einmal als raumkörperlich betrachtet, so ist es ausgeschlossen, daß jeder seiner einzelnen Teile eine Linie beschriebe. Denn in welche Richtung man ihn auch bewegt, die Bahn eines weiter hinten gelegenen Teils wird auf die eines weiter vorne gelegenen fallen, und es ergibt sich damit der gleiche Raumkörper, den die Vorderfläche von sich aus ergeben hätte. Daher kann der Körper als solcher allerdings keine Dimensionen außer den genannten drei haben, wenn auch später noch zu sagen ist, daß die Geschwindigkeit (die eine auf alle Teile des Raumkörpers bezogene Bewegung über eine Strecke hin ist) eine aus vier Dimensionen bestehende Größe der Bewegung ergibt, ganz so wie die

---

[52] »von Länge und Breite« fehlt in *E*.

Güte des Golds, auf seine einzelnen Teile umgerechnet, seinen Preis ergibt.

13. Körper (wieviel es auch seien), von denen ein jeder den Ort eines jeden andern ausfüllen kann, heißen untereinander gleich.[53] Ein Körper kann aber denselben Ort einnehmen wie ein anderer, auch wenn er nicht dieselbe Gestalt hat, wenn er nur durch Biegung und Umschichtung seiner Teile ersichtlich in die gleiche Gestalt umgewandelt werden kann.

Größer aber *ist ein Körper als ein anderer, wenn ein Teil davon letzterem als ganzem gleich ist.* Kleiner aber, wenn er als ganzer einem Teil des letzteren gleich ist. In gleicher Weise heißt eine Größe einer anderen gleich bzw. größer oder kleiner als sie, wenn nämlich die Körper, deren Größen sie sind, größer, gleich groß oder kleiner sind.

14. Ein und derselbe Körper hat aber immerzu ein und dieselbe Größe. Da nämlich der Körper und seine Größe und sein Ort vom Geist nur als zusammenfallend erfaßt werden können, so wird ein ruhender, d. h. einige Zeit am selben Ort verweilender Körper, dessen Größe in dem einen Teil dieser Zeit größer, in einem andern kleiner ist, bald mit der größeren, bald mit der kleineren Größe zusammenfallen, derselbe Ort also sowohl größer als auch kleiner sein als er ist, was unmöglich ist. Doch wäre es unnötig, eine von sich aus dermaßen offensichtliche Sache zu beweisen, sähe ich nicht, daß einige so über den Körper und seine Größe dächten, als könne der betreffende Körper getrennt von seiner Größe existieren und bald mit größerer oder kleinerer begabt sein, welchen Ausgangspunkts sie sich bei der Erklärung der Natur des Dünnen und Dichten bedienen.[54]

[53] Dies die Fassung von *E* entsprechend der Änderung in den *Six Lessons* (EW VII, S. 223: »Gleiche Körper sind solche, von denen ein jeder den Ort eines jeden andern ausfüllen kann«). Diese Änderung des Texts von *A* (»Körper heißen untereinander gleich, wenn sie denselben Ort besitzen können«), der allerdings in *B* unverändert wieder auftritt, ist bedingt durch die Kritik von John Wallis in seinem *Elenchus Geometriae Hobbianae*, Oxford 1655, S. 8 f.

[54] Vgl. Thomas White, *De Mundo Dialogi tres*, S. 31, und Kenelm Digby, *Two Treatises*, First Treatise, Kap. III (Dünne und Dichte bestehen in den verschiedenen Verhältnissen der Quantität zu ihrer

15. Bewegung, soweit durch sie in einer bestimmten Zeit eine bestimmte Strecke zurückgelegt wird, heißt *Geschwindigkeit*.[55] Denn obgleich von »schnell« meist in bezug auf »langsamer« bzw. »weniger schnell« gesprochen wird, ganz wie von Großem in Rücksicht auf Kleineres, kann doch, wie bei den Philosophen Größe absolut anstelle von Ausdehnung verwendet wird, auch Geschwindigkeit absolut anstelle von Bewegung über eine Strecke hin gesetzt werden.

16. Wir sagen, daß verschiedene Bewegungen in gleichen Zeitspannen ausgeführt werden, wenn eine jede davon gleichzeitig mit einer andern Bewegung anfängt und gleichzeitig mit ihr aufhört; oder wenn sie, falls sie gleichzeitig mit ihr angefangen hätte, auch gleichzeitig mit ihr aufgehört hätte. Die Zeit, welche Erscheinungsbild der Bewegung ist, läßt sich nämlich nur mittels dargestellter Bewegung ablesen, wie das bei Uhren durch die Bewegung der Sonne oder des Zeigers geschieht.[56] Wo also zwei oder mehrere Bewegungen gleichzeitig mit dieser Bewegung anfangen und aufhören, gelten sie als in gleichen Zeitspannen ausgeführt. Von daher läßt sich auch leicht verstehen, was sich in einer größeren Zeitspanne bzw. länger bewegen heißt, und was in einer geringeren bzw. weniger lang. Länger ist nämlich eine Bewegung, die, wenn sie gleichzeitig angefangen hat, später aufhörte oder, wenn sie gleichzeitig aufgehört hat, früher anfing.

17. Gleich schnell heißen Bewegungen, wenn gleiche Strecken in gleichen Zeitspannen zurückgelegt werden. Eine Geschwindigkeit ist aber größer, wenn sie in gleicher Zeit eine größere Strecke oder in geringerer Zeit eine gleiche Strecke zuwege bringt. Und eine Geschwindigkeit, die in gleichen Zeitteilen gleiche Strecken durchläuft, heißt *gleichförmige* Geschwindigkeit oder Bewegung; so wie alle ungleichförmigen Bewegungen, die in gleichen Zeitteilen sich jedesmal um den gleichen steigenden oder fallenden Betrag beschleunigen

---

Substanz bzw. ihrem Subjekt: eine klassische scholastische Doktrin). – Vgl. Kap. II, Art. 14.

[55] In moderner Formulierung: $dx = v \times dt$.

[56] Vgl. Kap. XII, Art. 4.

oder verlangsamen, gleichförmig beschleunigt oder gleichförmig verlangsamt heißen.

18. Eine Bewegung heißt aber größer und kleiner und
gleich nicht allein wegen der Strecke, die in einer bestimmten
Zeit zuwege gebracht wird, also allein wegen ihrer Geschwindigkeit, sondern wegen der Geschwindigkeit, sofern sie auf
jedes einzelne Teilchen der Größe bezogen wird. Denn wenn
sich ein Körper bewegt, bewegt sich auch jeder beliebige Teil
davon, etwa seine Hälfte. Da die Bewegungen der Hälften im
Vergleich miteinander sowie mit der Bewegung des Ganzen
gleich schnell sind, wird also die Bewegung des Ganzen gleich
jenen zwei Bewegungen sein, deren jede genauso schnell ist
wie sie selber. Deshalb ist auch die Gleichheit zweier Bewegungen untereinander etwas anderes als ihre gleiche Schnelligkeit. Das wird etwa bei einem Zweigespann deutlich, wo
zwar die Bewegung der beiden Pferde zusammen genauso
schnell ist wie die Bewegung eines jeden einzelnen, aber die
Bewegung der beiden dennoch größer ist als die eines einzigen; sie ist nämlich doppelt so schnell. Daher sagen wir, daß
Bewegungen schlechthin gleich sind, wenn die Geschwindigkeit des
einen Dings, umgerechnet auf seine Gesamtgröße, der ebenfalls auf
seine Gesamtgröße umgerechneten Geschwindigkeit eines andern
gleich ist. Eine Bewegung ist aber *größer als eine andere, wenn die in*
der genannten Weise berechnete Geschwindigkeit der ersteren größer ist
als die ebenfalls in dieser Weise berechnete Geschwindigkeit der letzt-
eren. Kleiner aber ist sie, wenn sie kleiner als sie ist. Außerdem ist
die in der genannten Weise berechnete Größe der Bewegung
genau das, was wir gemeinhin als *Kraft* bezeichnen.[57]

19. Es versteht sich, daß, was ruht, immerzu ruht, wofern
nicht, von dem betreffenden Körper abgesehen, noch irgendein anderer Körper da ist, der, indem er durch Bewegung an
seinen Ort zu kommen zu sucht, ihn nicht länger im Ruhezustand beläßt.[58] Unterstellen wir denn das Vorhandensein

---

[57] Vgl. die Definition von Kraft in Kap. XV, Art. 2.

[58] »der, indem er durch Bewegung an seinen Ort zu kommen zu
sucht, ihn nicht länger im Ruhezustand beläßt« (= E) in *A B* ungenauer
»bei dessen Unterstellung er nicht weiter ruhen kann«. – Vgl. Kap.
IX, Art. 7.

irgendeines endlichen ruhenden Körpers, wobei der ganze
übrige Raum als leer vorgestellt wird. Beginnt nun dieser
Körper sich zu bewegen, so wird er sich allerdings auf einer
bestimmten Bahn bewegen. Da aber alles, was in dem betreffenden Körper vorhanden war, ihn zur Ruhe bestimmte, liegt
der Grund, aus dem er sich auf dieser Bahn bewegt, außerhalb seiner; ganz so wie, wenn er sich auf irgendeiner anderen
Bahn bewegt hätte, auch der Grund für die Bewegung auf
dieser Bahn außer ihm liegen würde. Da aber unterstellt
wurde, daß außer ihm nichts da sei, wäre der Grund für die
Bewegung auf der einen Bahn derselbe wie der für die Bewegung auf jeder anderen Bahn; er bewegte sich also gleichermaßen auf allen Bahnen zugleich, was unmöglich ist.

In gleicher Weise versteht sich auch, daß, was sich bewegt,
sich immerzu bewegt, solange nicht etwas außer ihm da ist,
dessentwegen es zur Ruhe kommt. Denn wenn wir unterstellen, daß nichts außer ihm da sei, ist kein Grund dafür vorhanden, daß es eher jetzt als zu irgendeinem anderen
Zeitpunkt zur Ruhe kommt. Also müßte seine Bewegung in
allen Zeitpunkten zugleich aufhören, was unverständlich
ist.

20. Auch wenn wir ausdrücklich sagen, daß ein Lebewesen,
Baum oder sonst ein Körper »erzeugt wird« oder »vergeht«,
so ist das, obwohl sie Körper sind, doch[59] nicht so zu verstehen, als ob da aus einem Nichtkörper ein Körper oder aus
einem Körper ein Nichtkörper würde. Sondern aus einem
Lebewesen wird ein Nichtlebewesen, aus einem Baum ein
Nichtbaum usw., so daß zwar die Akzidenzien, derentwegen
wir das eine Ding ein Lebewesen nennen, ein anderes einen
Baum und wieder ein anderes wieder anders, erzeugt werden
und untergehen und die diesen Dingen vorher zukommenden
Namen ihnen daher nicht länger zukommen, die Größe dagegen, derentwegen wir etwas einen Körper nennen, nicht
erzeugt wird oder vergeht. Wiewohl wir uns nämlich einbilden können, ein Punkt wachse sich zu einer ungeheuren
Masse aus, die sich wieder in einen Punkt zusammenziehe,
uns also bildlich vorstellen können, daß etwas aus nichts und

[59] »obwohl sie Körper sind, doch« fehlt in *E.*

aus etwas nichts würde, liegt es dennoch jenseits der Fassungs-
kraft unseres Geistes, wie so etwas in der wirklichen Welt vor
sich gehen sollte. Die Philosophen, die ja von der natürlichen
Vernunft nicht abgehen dürfen, unterstellen daher, daß ein
Körper nicht erzeugt werden oder untergehen kann, sondern
nur in verschiedenen Gestaltungen jeweils unterschiedlich erscheint und dementsprechend jeweils unterschiedlich benannt wird, so daß, was jetzt Mensch heißt, alsbald Nichtmensch zu nennen ist, nicht aber, was jetzt Körper heißt,
alsbald Nichtkörper. Klar ist aber, daß mit Ausnahme von
Größe bzw. Ausdehnung alle übrigen Akzidenzien erzeugt
werden und untergehen können, wie zum Beispiel, wenn etwas Weißes schwarz wird, die Weiße, die da war, nicht länger
da ist, und die Schwärze, die nicht da war, ihren Anfang
nimmt. Die Körper unterscheiden sich daher von den Akzidenzien, unter denen sie abwechselnd erscheinen, dadurch,
daß Körper unerzeugte Dinge sind, Akzidenzien dagegen erzeugt, aber keine Dinge sind.

21. Wenn etwas also wegen seiner jeweils unterschiedlichen
Akzidenzien je unterschiedlich erscheint, ist damit nicht gemeint, daß das Akzidens aus dem einen Subjekt in ein anderes
überginge (schließlich befinden sie sich, wie oben gesagt
wurde, in ihren Subjekten nicht wie der Teil im Ganzen bzw.
wie das Enthaltene im Enthaltenden oder wie der Hausherr
im Haus), sondern daß das eine untergeht und ein anderes
erzeugt wird. Bewegt beispielsweise die Bewegung der Hand
die Feder, so geht die Bewegung der Hand nicht auf die Feder
über – sonst käme nämlich die Hand während des Schreib-
vorgangs zum Stillstand –, sondern sie erzeugt in der Feder
eine neue, ihr eigene Bewegung.

22. Auch kann man daher nur in uneigentlichem Sinne
sagen, ein Akzidens bewege sich, wie wenn man statt »Die
Gestalt ist ein Akzidens des weggebrachten Körpers« sagen
würde »Der Körper bringt seine Gestalt weg«.

23. Das Akzidens aber, um dessentwillen wir einem Körper
einen bestimmten Namen beilegen, bzw. das Akzidens, das
sein Subjekt benennt, heißt gewöhnlich die *Wesenheit*. So heißt
die Vernünftigkeit die Wesenheit des Menschen, die Weiße
die des Weißen, die Ausdehnung die des Körpers. In Anbe-

tracht dessen, daß diese Wesenheit erzeugt worden ist, heißt sie *Form*.

Der Körper seinerseits heißt mit Rücksicht auf ein jedes seiner Akzidenzien *Subjekt* und mit Rücksicht auf seine Form *Materie*.

Desgleichen geben Hervorbringung oder Untergang eines beliebigen Akzidens zu der Rede Anlaß, das Subjekt *verändere* sich; die allein seiner Form aber zu der Rede, es werde erzeugt oder gehe unter. Bei aller Erzeugung und Veränderung bleibt aber jedesmal der Name für die Materie erhalten. Denn ein aus Holz hergestellter Tisch heißt nicht nur hölzern, sondern Holz, und ein Standbild aus Erz einmal erzen, aber auch Erz, wenngleich Aristoteles in seiner *Metaphysik* urteilte, das so Hergestellte sei nicht ἐκεῖνο [jenes], sondern ἐκείνινον [derartiges] zu nennen, und was aus Holz hergestellt ist, nicht ξύλον, sondern ξύλινον (d.h. nicht Holz, sondern hölzern).⁶⁰

24. Die gemeinsame Materie aller Dinge aber, welche die Philosophen im Anschluß an Aristoteles die »erste Materie« zu nennen pflegen, ist nicht ein von den übrigen Körpern unterschiedener Körper, aber auch nicht einer von ihnen. Was wäre sie aber dann? Nichts als ein Name. Gleichwohl gebraucht man ihn nicht ohne Grund. Er zeigt nämlich an, daß man einen Körper betrachtet, ohne irgendwie daran eine Form oder ein Akzidens in Betracht zu ziehen mit Ausnahme einzig seiner Größe bzw. Ausdehnung und seiner Befähigung zur Aufnahme von Form und Akzidenzien. Wir tun also richtig, wenn wir, wo immer der Ausdruck »Körper gattungsmäßig genommen« gebraucht werden müßte, stattdessen den anderen »erste Materie« gebrauchen. Denn ganz wie jemand, der nicht wüßte, was eher da war, Wasser oder Eis, und sich die Frage stellte, was die Materie beider sei, dabei eine dritte Materie zu unterstellen gezwungen wäre, die mit keinem der beiden identisch ist, so muß auch, wer nach der Materie aller Dinge fragt, etwas unterstellen, das mit keinem der vorhandenen Dinge identisch ist. Daher ist die erste Materie selber kein Ding, weshalb man ihr auch weder irgendeine Form

---

⁶⁰ Aristoteles, *Metaphysik* Z, 7 (1033 a 6-18).

noch sonst ein Akzidens mit Ausnahme der Quantität zuzuschreiben pflegt, während doch alle Einzeldinge mit eigenen
Formen und bestimmten Akzidenzien ausgestattet sind. Die
erste Materie ist infolgedessen der universale Körper, d. h.
der universal betrachtete Körper, was nicht heißt, daß er
keine Form oder kein Akzidens hätte, sondern daß an ihm
Form und Akzidenzien mit Ausnahme der Quantität nicht in
Betracht gezogen, d. h. bei der Beweisführung nicht herangezogen werden.

25. Auf der Grundlage des oben Gesagten kann man auch
die von Euklid am Anfang seines 1. Elements angenommenen
Axiome über die Gleichheit und Ungleichheit von Größen
beweisen. Ohne auf die übrigen einzugehen, wollen wir hier
nur das eine, »daß das Ganze größer ist als sein Teil«,[61] beweisen, damit der Leser wisse, daß diese Axiome nicht unbeweisbar und also auch keine ersten[62] Ausgangspunkte der
Beweisführung sind; dann auch deswegen, damit er sich hüte,
etwas als Ausgangspunkt zuzulassen, das nicht mindest
ebenso deutlich ist, wie sie es sind. Als *größer* wird definiert,
wessen Teil einem anderen Ganzen gleich ist. Wird nun ein
Ganzes A angesetzt und als Teil davon B, so wird, da das
Ganze B sich selber gleich ist und dasselbe B ein Teil des
Ganzen A ist, ein Teil desselben A dem Ganzen B gleich sein.
Deshalb ist der Definition von »größer« zufolge A größer als
B; was zu beweisen war.

Kapitel IX
Ursache und Wirkung

1. *Wesen von* Wirken *und* Leiden. 2. Mittelbares *und* unmittelbares
Wirken und Leiden. 3. *Wesen von* Ursache schlechthin, *von* Ursache
sine qua non *bzw. von* bedingt Notwendigem. 4. *Wesen von* Wirk-
und Materialursache. 5. *Eine vollständige Ursache reicht zur Hervorbringung ihrer Wirkung jederzeit aus. Die Wirkung ist im selben Augen-*

---

[61] Euklid, *Die Elemente*, I. Buch, 8. Axiom.
[62] »ersten« fehlt in *E*.

blick hervorgebracht, in dem die Ursache vollständig wird, und jede Wirkung hat eine notwendige Ursache. 6. Die Erzeugung von Wirkungen verläuft stetig. Wesen des Ausgangspunkts der Verursachung. 7. Die Ursache einer Bewegung kann einzig in einem berührenden und bewegten Körper liegen. 8. Dieselben wirkenden und leidenden Dinge bringen, falls in ähnlicher Verfassung, zu verschiedenen Zeitpunkten ähnliche Wirkungen hervor. 9. Alle Veränderung ist Bewegung. 10. Wesen des Kontingenten.[63]

1. Man spricht vom *Wirken* eines Körpers auf einen andern,[64] wenn er darin ein Akzidens entweder erzeugt oder zerstört. Und von seinem *Leiden*[65] von seiten eines andern, wenn durch jenen in ihm selber ein Akzidens erzeugt oder zerstört wird. So heißt ein Körper, der einen andern Körper fortstößt und dadurch in ihm Bewegung bewirkt, wirkend, der andere aber, in dem durch diesen Stoß Bewegung erzeugt wird, leidend. Und das die Hand erwärmende Feuer heißt wirkend, die erwärmte Hand leidend. Das im Leidenden erzeugte Akzidens wird die *Wirkung* genannt.

2. Berühren Wirkendes und Leidendes einander, so heißen ihr Wirken und Leiden *unmittelbar*, ansonsten *mittelbar*. Ein Körper aber, der in der Mitte zwischen dem Wirkenden und dem Leidenden liegt und beide berührt, ist sowohl wirkend als auch leidend: wirkend hinsichtlich des auf ihn folgenden, auf den er wirkt, leidend hinsichtlich des ihm vorhergehenden, durch den er leidet. Ebenso sind, wenn man mehrere Körper so aneinanderreiht, daß je zwei benachbarte davon einander ausnahmslos berühren, alle mittleren zwischen dem ersten und letzten sowohl wirkend als auch leidend; der erste wirkt nur und der letzte leidet nur.

3. Es versteht sich aber, daß das Wirkende seine bestimmte Wirkung im Leidenden entsprechend dem bestimmten Mo-

---

[63] Statt »des Kontingenten« in *E* »der kontingenten Akzidenzien«.

[64] Statt »Wirken eines Körpers auf einen andern« in *E* »Wirken oder Handeln, d. h. daß ein Körper dem andern etwas tut«.

[65] *E* fügt hinzu »d. h. daß ihm von einem anderen Körper etwas getan wird«.

dus bzw.[66] bestimmten Akzidens oder den bestimmten Akzidenzien hervorbringt, mit denen sowohl es selber als auch das Leidende ausgestattet ist; also nicht deswegen, weil sie überhaupt Körper sind, sondern weil sie so beschaffen sind oder sich so bewegen. Andernfalls würden nämlich alle wirkenden Dinge in allen leidenden die gleichen Wirkungen hervorbringen: sind sie doch alle gleichermaßen Körper. Daher macht das Feuer zum Beispiel nicht deswegen warm, weil es ein Körper ist, sondern weil es warm ist, und stößt ein Körper nicht deswegen den andern, weil er ein Körper ist, sondern weil er sich zu dessen Ort hinbewegt. Die Ursache für alle Wirkungen liegt daher in bestimmten Akzidenzien der wirkenden Dinge und des leidenden, bei deren vollzähliger Anwesenheit die Wirkung hervorgebracht wird; fehlt aber eines, so wird sie nicht hervorgebracht. Das Akzidens des Wirkenden oder auch des Leidenden, *ohne welches* die Wirkung *nicht hervorgebracht werden kann*, heißt die *Ursache sine qua non* und *bedingt notwendig* sowie zur Hervorbringung der Wirkung *erforderlich*. *Die Ursache schlechthin* oder *vollständige Ursache* ist aber *die Gesamtheit aller Akzidenzien sowohl in sämtlichen wirkenden als in dem leidenden Ding,*[67] *bei deren Unterstellung*[68] *als vollzählig es undenkbar ist, daß die Wirkung nicht ineins damit hervorgebracht wird, wie es bei Unterstellung des Fehlens irgendeines davon undenkbar ist, daß die Wirkung hervorgebracht wird.*

4. Die Gesamtheit aber der zur Wirkung erforderlichen Akzidenzien, die sich in dem oder den wirkenden Dingen befinden, heißt, sobald die Wirkung hervorgebracht ist, ihre *Wirkursache*. Die Gesamtheit derjenigen Akzidenzien, die sich im Leidenden befinden, pflegt man aber, sobald die Wirkung hervorgebracht ist, die *Materialursache* zu nennen. Ich wiederhole: sobald die Wirkung hervorgebracht ist. Denn wo keine Wirkung vorhanden ist, ist auch keine Ursache da, weil man nichts Ursache nennen kann, wenn nichts da ist, das man Wirkung nennen kann. Die Wirk- und die Materialursache sind aber Teilursachen bzw. Teile jener Ursache, die wir kurz

---

[66] »bestimmten Modus bzw.« fehlt in *E.*
[67] *E* fügt hinzu »zusammengenommen«.
[68] *E* fügt hinzu »als anwesend«.

zuvor[69] »vollständig« genannt haben. Daraus wird aber sofort deutlich, daß eine von uns erwartete Wirkung, auch wenn
die wirkenden Dinge dazu geeignet sind, bei Ermanglung eines geeigneten leidenden doch ausbleiben kann, und wenn
das leidende dazu geeignet ist, doch wegen Mangels an geeigneten wirkenden.

5. Eine vollständige Ursache reicht für die Hervorbringung
ihrer Wirkung jederzeit aus, wofern die Wirkung nur überhaupt möglich ist. Denn geht es um die Hervorbringung
irgendeiner Wirkung, und sie wird tatsächlich hervorgebracht, so ist klar, daß die Ursache, die sie hervorgebracht
hat, zureichend war; wird sie aber nicht hervorgebracht und
war doch möglich gewesen, so fehlte offensichtlich etwas entweder an einem der wirkenden Dinge oder am leidenden,
ohne das sie nicht hervorgebracht werden konnte, d. h. es
fehlte ein zu ihrer Hervorbringung erforderliches Akzidens.
Die Ursache war dann aber entgegen der Unterstellung nicht
vollständig gewesen.

Daraus folgt auch, daß im selben Augenblick, in dem die
Ursache vollständig wird, die Wirkung auch schon hervorgebracht ist. Denn ist sie nicht hervorgebracht, so fehlt noch
irgendetwas, das zu ihrer Hervorbringung erforderlich ist; die
Ursache war also nicht, wie unterstellt wurde, vollständig.

Sofern man nun eine Ursache als notwendig definiert,
wenn bei ihrer Unterstellung die Wirkung unmöglich ausbleiben kann, ergibt sich auch, daß eine jede überhaupt je
hervorgebrachte Wirkung von einer notwendigen Ursache
hervorgebracht wurde. Denn was je hervorgebracht wurde,
verfügte aufgrund dessen, daß es hervorgebracht wurde, über
eine vollständige Ursache, also über alles, bei dessen Unterstellung das Ausbleiben der Wirkung undenkbar wäre. Eine
derartige Ursache ist aber notwendig. In der gleichen Weise
läßt sich dartun, daß jede zukünftige Wirkung ausnahmslos
eine notwendige Ursache haben wird, und daß dergestalt die
Notwendigkeit alles je Hervorzubringenden oder schon Her-
vorgebrachten in den ihm vorhergehenden Dingen gelegen
ist.

---

[69] Statt »kurz zuvor« in *E* »im vorigen Artikel«.

6. Aus der Tatsache aber, daß im selben Augenblick, in dem die Ursache vollständig wird, die Wirkung auch schon hervorgebracht ist, wird auch klar, daß die Verursachung und Hervorbringung von Wirkungen in einer Art stetigen Fortgangs besteht, wobei entsprechend der stetigen Veränderung des oder der wirkenden Dinge, die von anderen darauf einwirkenden Dingen verursacht wird, sich auch das leidende stetig ändert, auf das sie selber einwirken. Nimmt beispielsweise die Hitze des Feuers stetig mehr und mehr zu, so wird auch seine Wirkung, nämlich die Wärme der nächstliegenden Körper und der ihnen wiederum am nächsten befindlichen, ineins damit immer größer werden (übrigens ein wichtiger Beweisgrund für den Satz, daß Veränderung ausschließlich in Bewegung besteht, dessen Wahrheit indessen anderswo dargetan werden soll).[70] Wollte aber jemand an diesem Fortgang der Verursachung, d. h. des Wirkens und Leidens, mit der Einbildungskraft irgendeinen Teil herausgreifen und ihn wieder in Teile zerlegen, so wird der erste Teil bzw. der Ausgangspunkt nur als Wirken bzw. Ursache betrachtet werden können. Denn wenn er auch[71] als Wirkung oder Leiden betrachtet würde, müßte vorher etwas anderes als Wirken und Ursache dafür betrachtet werden, was ausgeschlossen ist, da dem Ausgangspunkt nichts vorhergeht. Ähnlich ist der letzte Teil nur als Wirkung zu betrachten. Von Ursache kann man nämlich nur in Hinblick auf etwas Nachfolgendes reden; auf das Letzte folgt aber nichts mehr. Und das ist der Grund dafür, daß beim Wirken Ausgangspunkt und Ursache für das gleiche angesehen werden. Jeder dazwischenliegende Teil aber ist sowohl Wirken als auch Leiden und sowohl Ursache als auch Wirkung, je nachdem man ihn mit einem vorhergehenden oder nachfolgenden Teil vergleicht.

7. Die Ursache einer Bewegung kann einzig in einem berührenden und bewegten Körper liegen. Denn gesetzt, es gäbe zwei beliebige sich nicht berührende Körper, wobei der zwischen ihnen liegende Raum entweder leer oder aber,

---

[70] Statt »anderswo dargetan werden soll« in *E* genauer »im neunten Artikel näher bewiesen werden wird«.

[71] »auch« fehlt in *E*.

wenn voll, dann von einem ruhenden Körper erfüllt sei. Weiter sei unterstellt, daß einer der gegebenen Körper ruhe. Ich behaupte nun, daß er immerzu in Ruhe bleiben wird. Denn wenn er sich bewegt, so wird nach Kapitel VIII, Art. 19 die Ursache seiner Bewegung in einem außer ihm befindlichen Körper liegen. Ist nun der zwischen ihm und jenem äußeren Körper liegende Raum leer, so läßt sich begreifen, daß er, gleich wie die Körper außer ihm oder auch der betreffende leidende selber sich verhalten mögen (wofern nur unterstellt wird, daß er gegenwärtig ruht), solange in Ruhe bleiben wird, als er von ihnen nicht berührt wird. Da aber eine Ursache laut Definition die Gesamtheit all der Akzidenzien ist, bei deren Unterstellung[72] es unbegreiflich ist, daß die Wirkung nicht erfolgt, werden die Akzidenzien, die sich in den äußeren oder auch im leidenden Ding selber befinden, nicht die Ursache seiner künftigen Bewegung sein. Da sich ebenso begreifen läßt, daß, was bereits ruht, auch weiterhin in Ruhe bleiben wird, selbst wenn es von einem anderen Körper berührt wird, wofern nur dieser Körper sich nicht bewegt, so wird die Ursache seiner Bewegung nicht in einem ruhenden berührenden Körper liegen. Deshalb liegt die Ursache von Bewegung einzig in einem berührenden und bewegten Körper.

In gleicher Weise läßt sich beweisen, daß, was sich bewegt, sich auf derselben Bahn und mit derselben Geschwindigkeit immerzu fortbewegen wird, sofern es nicht von einem anderen berührenden und bewegten Körper daran gehindert wird, und daß infolgedessen weder ruhende Körper noch (im Falle dazwischen liegender Leere) überhaupt irgendwelche Körper in einem andern Körper Bewegung erzeugen, austilgen oder vermindern können. Jemand hat geschrieben,[73] ruhende Dinge böten bewegten mehr Widerstand, als aufgrund von Gegenbewegung geboten wird, da er meinte, Ruhe sei der Bewegung mehr entgegengesetzt als Bewegung. Dabei ließ er sich von der Ausdrucksweise täuschen, da »Bewegung« und »Ruhe« kontradiktorische Namen sind. Was aber die Sa-

---

[72] *E* fügt hinzu »als anwesend«.
[73] Descartes, *Principia Philosophiae*, II, 49.

che anbelangt, so streitet Bewegung, nicht aber Ruhe, mit Gegenbewegung.

8. Wirkt nun ein Körper zu einem bestimmten Zeitpunkt auf einen andern ein und danach derselbe Körper auf denselben zu einem anderen Zeitpunkt − wofern nur [in der Zwischenzeit] das Wirkende als Ganzes und jeder seiner Teile entweder ruht oder, falls es sich bewegt, das Ganze und jeder seiner Teile sich weiter in der gleichen Weise bewegen wie zuvor, und wofern vom Leidenden ersichtlich dasselbe gilt, was vom Wirkenden gesagt wurde,[74] so daß es, sieht man von den verschiedenen Zeitpunkten, also davon ab, daß das eine Wirken zu einem früheren, das andere zu einem späteren Zeitpunkt stattfand, keinen Unterschied gibt −, so versteht es sich von selbst, daß die Wirkungen gleich und ähnlich[75] ausfallen werden und sich nur in bezug auf ihren Zeitpunkt unterscheiden. Und wie die Wirkungen selber von ihren Ursachen herrühren, so hängt auch ihre Unterschiedlichkeit von der Unterschiedlichkeit ihrer Ursachen ab.

9. Steht dies fest, so ist Veränderung notwendigerweise nichts anderes als Bewegung der Teile des sich ändernden Körpers. Denn erstens sagen wir nur dann von etwas, daß es sich ändert, wenn es unseren Sinnen anders erscheint, als es zuvor erschien. Zweitens sind diese Erscheinungsweisen alle beide im sinnlich wahrnehmenden Wesen hervorgebrachte Wirkungen. Sind sie also verschieden, so ist es aufgrund des vorigen Artikels erforderlich, daß entweder irgendein zuvor ruhender Teil des Wirkenden sich nachgerade bewegt (und so besteht die Veränderung in dieser Bewegung) oder ein zuvor

[74] Statt »wofern nur das Wirkende als Ganzes und jeder seiner Teile entweder ruht oder, falls es sich bewegt, das Ganze und jeder seiner Teile sich weiter in der gleichen Weise bewegen wie zuvor, und wofern vom Leidenden ersichtlich dasselbe gilt, was vom Wirkenden gesagt wurde« in *E* »so daß sowohl das Wirkende als auch das Leidende und alle ihre Teile in jeder Hinsicht sind, wie sie waren«.

[75] Nach Euklid (*Die Elemente*, XI. Buch, 10. Definition) sind Körper, die von ähnlichen ebenen Flächen gleicher Anzahl und Größe umfaßt werden, »gleich und ähnlich« (d. h. kongruent). Analog verwendet Hobbes diesen Ausdruck hier für Wirkungen, die in allen relevanten Hinsichten übereinstimmen.

schon bewegter sich jetzt anders bewegt (und auch so besteht
Veränderung in neuer Bewegung) oder ein zuvor bewegter
jetzt zur Ruhe kommt, wovon wir oben[76] bewiesen haben,
daß dies nur durch Bewegung geschehen kann (und so ist
Veränderung wiederum Bewegung), oder irgendeine dieser
Möglichkeiten stellt sich schließlich beim Leidenden oder einem seiner Teile ein. Und so wird Veränderung unter allen
Umständen in der Bewegung der Teile entweder des sinnlich
wahrgenommen Körpers oder des sinnlich wahrnehmenden
Wesens selber oder beider bestehen. Daher ist Veränderung
Bewegung, und zwar der Teile des Wirkenden oder des Leidenden, was zu beweisen aufgegeben war. Daraus folgt aber,
daß Ruhe für nichts die Ursache ist und daß von ihr überhaupt kein Wirken ausgeht, ist sie doch Ursache weder für
irgendwelche Bewegung noch für irgendwelche Veränderung.

10. Akzidenzien heißen *kontingent* in Hinblick auf andere,
ihnen vorhergehende bzw. zeitlich frühere Akzidenzien, sofern sie von ihnen nicht als von ihren Ursachen abhängen. Ich
wiederhole: in Hinblick auf diejenigen, von denen sie nicht
erzeugt werden. Denn in Hinblick auf ihre Ursachen treten
alle mit gleicher Notwendigkeit ein. Träten sie nämlich nicht
mit Notwendigkeit ein, so hätten sie keine Ursachen, was bei
erzeugten Dingen undenkbar ist.

Kapitel X
Potenz und Akt

1. *Potenz und Ursache sind dasselbe.* 2. *In dem Augenblick, da die Potenz*
voll wird, wird der Akt hervorgebracht. 3. *Aktive und passive Potenz sind*
nur Teile der vollen Potenz. 4. *Wann man von einem möglichen Akt redet.*
5. *Wesen des notwendigen und kontingenten Akts.* 6. *Aktive Potenz besteht*
in Bewegung. 7. *Wesen von Form- und Zielursache.*

1. Der Ursache und Wirkung entsprechen *Potenz* und *Akt*. Ja,
ersteres und letzteres sind sogar der Sache nach dasselbe,

---

[76] Kap. VIII, Art. 19.

wenngleich man sie aufgrund unterschiedlicher Betrachtungsweise mit verschiedenen Namen belegt hat. Sobald in irgendeinem Wirkenden nämlich alle Akzidenzien vorhanden sind, die auf seiten des Wirkenden[77] zur Hervorbringung seiner Wirkung im Leidenden unbedingt erforderlich sind, sagen wir, daß das Wirkende jene Wirkung hervorzubringen *vermöge* (zumindest wenn es an das Leidende herangebracht wird). Aber von genau den gleichen Akzidenzien haben wir im vorigen Kapitel dargelegt, daß sie die Wirkursache ausmachen. Es sind also die gleichen Akzidenzien, die die Wirkursache und die Potenz [»Vermögen«] des Wirkenden ausmachen. Daher sind die Potenz des Wirkenden und die Wirkursache der Sache nach dasselbe. Sie unterscheiden sich aber der Betrachtungsweise nach, denn von Ursache spricht man in Hinblick auf die schon hervorgebrachte Wirkung, von Potenz aber in Hinblick auf dieselbe, noch hervorzubringende Wirkung; so daß »Ursache« das Vergangene, »Potenz« das Zukünftige berücksichtigt. Die Potenz des Wirkenden pflegt man aber die *aktive* zu nennen.

Ebenso sagen wir, so oft in irgendeinem Leidenden alle Akzidenzien vorhanden sind, die auf seiner Seite erforderlich sind, damit in ihm von irgendeinem Wirkenden[78] eine Wirkung hervorgebracht wird, daß in dem Leidenden diese Wirkung hervorgebracht zu werden *vermöge* (zumindest wenn es an ein geeignetes Wirkendes herangebracht wird). Aber genau die gleichen Akzidenzien machen, wie im vorigen Kapitel definiert worden ist, die Materialursache aus. Die Potenz [»Vermögen«] des Leidenden (die man gemeinhin auch »passive Potenz« nennt) und die Materialursache sind also dasselbe. Indessen ist ihre Betrachtungsweise verschieden, weil bei Ursache das Vergangene, bei Potenz das Zukünftige berücksichtigt wird. Daher ist die Potenz des Wirkenden und des Leidenden zusammengenommen, die man auch als *vollständige* oder *volle* Potenz bezeichnen darf, dasselbe wie die vollständige Ursache. Beides besteht nämlich in der Gesamtheit aller Akzidenzien, die zur Hervorbringung der Wirkung im

---

[77] »auf seiten des Wirkenden« fehlt in *E.*
[78] »von irgendeinem Wirkenden« fehlt in *E.*

Wirkenden wie im Leidenden gleichzeitig erforderlich sind.
Wie schließlich das hervorgebrachte Akzidens in Hinblick auf
seine Ursache »Wirkung« heißt, so in Hinblick auf die Potenz
»Akt«.

2. Gleichwie also in dem Augenblick, da die Ursache vollständig ist, die Wirkung hervorgebracht ist, so ist auch in dem
Augenblick, da die Potenz voll wird, auch der Akt, den sie
hervorzubringen vermochte, hervorgebracht. Und wie keine
Wirkung entstehen kann, die nicht von einer hinreichenden
und notwendigen Ursache hervorgebracht ist, so kann auch
kein Akt hervorgebracht werden, der nicht hervorgebracht ist
von einer hinreichenden Potenz, die ihn unmöglich nicht hervorbringen konnte.

3. Gleichwie wir gezeigt haben, daß Wirk- und Materialursache für sich genommen nur Teile der vollständigen Ursache sind und die Wirkung nur hervorbringen, wenn sie
miteinander verbunden sind, so sind auch aktive und passive
Potenz nur Teile der vollen und vollständigen Potenz, und
der Akt kann aus ihnen nur hervorgehen, wenn sie miteinander verbunden sind. Deshalb heißen diese Potenzen, wie wir
im 1. Artikel sagten, Potenzen nur unter der Bedingung,
»daß das Wirkende, zumindest wenn es an das Leidende herangebracht wird, etwas vermag«, und »daß das Leidende
etwas vermag, zumindest wenn es an das Wirkende herangebracht wird«. Andernfalls »vermag« keines von beiden etwas
und können weder die ihnen innewohnenden Akzidenzien
im eigentlichen Sinne »Potenzen« [»Vermögen«] genannt
werden, wie auch kein Akt »möglich« genannt werden kann
aufgrund der Potenz des Wirkenden oder des Leidenden
allein.

4. Ein Akt ist nämlich unmöglich, wenn die Potenz zu seiner Hervorbringung niemals voll sein wird. Denn da bei einer
vollen Potenz alles zusammentrifft, was zur Hervorbringung
des Akts erforderlich ist, so wird, wenn die Potenz niemals voll
sein wird, immer etwas von dem fehlen, ohne das der Akt
nicht hervorgebracht werden kann. Also wird dieser Akt niemals hervorgebracht werden können, d. h. dieser Akt ist
unmöglich. Ein Akt aber, der nicht unmöglich ist, ist möglich.
Deshalb wird jeder mögliche Akt irgendwann einmal hervor-

gebracht werden. Denn würde er nie hervorgebracht, so träfe niemals alles zusammen, was zu seiner Hervorbringung erforderlich ist, daher ist dieser Akt (laut Definition) unmöglich, was gegen die Unterstellung ist.

5. Ein Akt aber, dessen Nichtsein unmöglich ist,[79] ist ein notwendiger Akt. Daher wird jeder Akt, der sein wird, notwendigerweise sein. Denn es ist unmöglich, daß er nicht sein wird, da jeder mögliche Akt, wie soeben bewiesen wurde, irgendwann einmal hervorgebracht wird. Ja, der Satz »Was sein wird, wird sein« ist sogar nicht weniger notwendig wie »Der Mensch ist Mensch«.

Es möchte an dieser Stelle aber jemand fragen, ob das sogenannt kontingent Zukünftige notwendig sei. Wir sagen daher ganz allgemein, daß, wie im vorigen Kapitel dargelegt wurde, alles, was eintritt, von notwendigen Ursachen her eintritt, daß man aber Dinge kontingent nennt in Hinblick auf andere Ereignisse, von denen sie nicht abhängen. So wird der morgige Regen notwendigerweise (d. h. von notwendigen Ursachen) hervorgebracht; wir glauben und sagen aber, dieser Regen trete zufällig ein, weil wir seine jetzt schon vorhandenen Ursachen nicht bemerken. Denn zufällig bzw. kontingent nennt man gemeinhin etwas, dessen notwendige Ursache man nicht durchschaut; ganz so wie man auch von vergangenen Dingen zu reden pflegt, von denen man, wenn man nicht weiß, ob sie geschehen sind, sagt, sie seien möglicherweise nicht geschehen.

Daher ist jeder Satz über kontingentes wie nicht kontingentes Zukünftiges, also von der Art »Morgen wird es regnen« oder »Morgen wird die Sonne aufgehen«, notwendigerweise wahr oder notwendigerweise falsch; aber weil wir noch nicht wissen, ob er wahr oder falsch ist, nennen wir ihn kontingent, obwohl doch seine Wahrheit nicht von unserem Wissen, sondern vom Vorausgehen von Ursachen abhängt. Es gibt aber Leute,[80] die, obwohl sie den Gesamtsatz »Morgen wird es

---

[79] Statt »dessen Nichtsein unmöglich ist« in *E* »dessen Hervorbringung unmöglich verhindert werden kann«.

[80] Vgl. Thomas White, *De Mundo Dialogi tres*, S. 356; vgl. *De Motu*, Kap. XXXV, Art. 13.

regnen oder nicht regnen« als notwendig[81] bezeichnen, dennoch keinen gesondert (wie »Morgen wird es regnen« oder »Morgen wird es nicht regnen«) als wahr ansehen wollen, da, wie sie sagen, weder der eine noch der andere »bestimmt« wahr ist. Aber was ist dieses »bestimmt wahr« anders als erkanntermaßen, also einsichtig wahr? Daher sagen sie dasselbe, nämlich daß man noch nicht weiß, ob er wahr ist oder nicht, nur unklarer, da sie mit denselben Worten, mit denen sie ihre Unwissenheit zu verhüllen suchen, zugleich auch die Sache verunklaren.

6. Im vorigen Kapitel, Art. 9 wurde gezeigt, daß die Wirkursache jeder Bewegung und Veränderung in einer Bewegung des oder der wirkenden Dinge besteht, und im ersten Artikel dieses Kapitels, daß die Potenz des Wirkenden der Sache nach dasselbe ist wie die Wirkursache. Von daher versteht sich, daß ebenso auch jede aktive Potenz in Bewegung besteht, und daß die Potenz nicht irgendein vom Akt insgesamt verschiedenes Akzidens ist, sondern ein bestimmter Akt, nämlich eine Bewegung, die deswegen Potenz genannt wird, weil sie einen andern Akt nachher hervorbringen wird. Stößt beispielsweise von drei Körpern der erste den zweiten an und dieser den dritten, so ist die Bewegung des zweiten in Hinblick auf den ersten, von dem sie hervorgebracht wird, der Akt des zweiten Körpers und in Hinblick auf den dritten die aktive Potenz desselben zweiten Körpers.

7. Außer der Wirk- und der Materialursache führen die Metaphysiker noch zwei Ursachen auf, nämlich die *Wesenheit* (die manche die *Formalursache* nennen) und das *Ziel* bzw. die *Zweckursache*. Beide sind indessen Wirkursachen. Man nennt das Wesen eines Dings nämlich seine Ursache, ganz als wäre die Vernunftbegabtheit die Ursache des Menschen. Das ist aber unverständlich; bedeutet es doch soviel, als wenn man sagte, das Menschsein sei die Ursache des Menschen, was eine inkorrekte Redeweise ist. Indessen ist die Kenntnis der Wesenheit Ursache für die Kenntnis des *Dings* (habe ich nämlich erst erkannt, daß etwas vernunftbegabt ist, so erkenne ich daraus, daß dasselbe ein Mensch ist). Sie ist aber in der Weise

---

[81] Statt »notwendig« in *E* »wahr«.

Ursache, daß sie nichts anderes ist als die Wirkursache. Die Zweckursache findet sich nur bei denjenigen Dingen, die Sinneswahrnehmung und Willen besitzen; und wir werden an geeigneter Stelle[82] darlegen, daß auch sie eine Wirkursache ist.

Kapitel XI
Selbiges und Verschiedenes

1. *Wesen des* Unterschieds *zwischen Dingen.* 2. *Wesen des Unterschieds der* Zahl *nach, der* Größe, Art *und* Gattung *nach.* 3. *Wesen von* Beziehung, Verhältnis, Beziehungsglied. 4. *Wesen der* Proportionalität. 5. *Worin das gegenseitige Verhältnis von Größen besteht.* 6. *Die Beziehung ist nicht ein neues Akzidens, sondern eines von denen, die dem Ding vor der Beziehung bzw. Vergleichung innewohnten. Ebenso sind die Ursachen der Akzidenzien in den beiden Beziehungsgliedern die Ursache der Beziehung.* 7. *Das Prinzip*[83] *der Individuation.*

1. Bisher war vom Körper schlechthin und den gemeinsamen Akzidenzien *Größe, Bewegung, Ruhe, Wirken, Leiden, Potenz, Mögliches* usw. die Rede. Nunmehr wäre auf jene Akzidenzien einzugehen, durch welche sich ein Körper vom andern unterscheiden läßt, wenn nicht vorher darzulegen wäre, worin das Wesen dieses Sich-Unterscheiden- und Sich-nicht-Unterscheidenlassens, also das Wesen von »selbig« und »verschieden« besteht. Denn auch das ist allen Körpern gemeinsam, daß der eine vom andern unterschieden werden kann, bzw. daß sie verschieden sind. Man sagt aber, daß zwei Körper sich voneinander unterscheiden, wenn man von dem einen etwas aussagt, was zum gleichen Zeitpunkt vom andern nicht ausgesagt werden kann.

---

[82] Statt »an geeigneter Stelle« in *E* »hernach«. – Vgl. *De Homine*, Kap. XI, Art. 2.

[83] Statt »Prinzip« übersetzt *E* hier wie auch an den entsprechenden Stellen im Text mit dem zwar für Hobbes' eigenes Denken zutreffenden, aber gerade für diese scholastische Frage wenig charakteristischen Terminus »Beginn«.

2. Vor allem aber ist klar, daß zwei Körper nicht ein und derselbe sind. Sofern sie nämlich zwei sind, befinden sie sich zum gleichen Zeitpunkt an zwei Orten; Selbiges befindet sich aber zum gleichen Zeitpunkt am selben Ort. Alle Körper unterscheiden sich also der *Zahl* nach, und zwar als der eine und ein zweiter, so daß »selbig« und »der Zahl nach verschieden« kontradiktorisch entgegengesetzte Namen sind.

Körper unterscheiden sich aber der *Größe* nach, wenn der eine größer ist als der andere, wie bei »eine Elle lang« und »zwei Ellen lang«, »zwei Pfund schwer« und »drei Pfund schwer«. Den Gegensatz dazu bilden *gleich große* Körper.

Die sich aber in mehr als nur der Größe unterscheiden, pflegt man *unähnlich,* die sich in nicht mehr als der Größe unterscheiden, *ähnlich* zu nennen. Von den unähnlichen sagt man aber, daß sie sich teils der Art, teils der Gattung nach unterscheiden. Der Art nach, wenn man ihren Unterschied mit ein und demselben Sinn wahrnimmt, wie bei »Weißes« und »Schwarzes«. Der Gattung nach aber, wenn sich ihr Unterschied nur mit verschiedenen Sinnen wahrnehmen läßt, wie bei »Weißes« und »Warmes«.

3. Die Ähnlichkeit oder Unähnlichkeit, Gleichheit oder Ungleichheit eines Körpers mit einem andern heißt seine *Beziehung* [»Relation«], und die betreffenden Körper heißen deswegen untereinander[84] *Beziehungsglieder* bzw. *Korrelate* – Aristoteles spricht von τὰ πρὸς τι [das, was auf etwas hin ist] –, von denen das erste das Vorderglied, das zweite das Hinterglied genannt zu werden pflegt. Die Beziehung des Vorderglieds zum Hinterglied hinsichtlich der Größe, also Gleichheit oder Überschuß oder Fehlbetrag der Größe, heißt das *Verhältnis* und die *Proportion* des Vorderglieds zum Hinterglied; so daß »Verhältnis« nichts anderes ist als die Gleichheit oder Ungleichheit der Größe des Vorderglieds, verglichen mit der Größe des Hinterglieds nur ihrer Differenz nach oder aber verglichen mit ihrer Differenz.[85] Beispielsweise besteht

---

[84] »deswegen untereinander« fehlt in *E.*

[85] Statt »der Größe des Vorderglieds, verglichen mit der Größe des Hinterglieds nur ihrer Differenz nach oder aber verglichen mit ihrer

das Verhältnis der Zahl drei zur Zahl zwei genau darin, daß
die Drei die Zwei um eine Einheit übertrifft, und das Verhältnis der Zahl zwei zur Zahl fünf darin, daß der Zwei,
verglichen mit der Fünf, ihr gegenüber drei fehlen, entweder
schlechthin oder verglichen mit den differierenden Zahlen.[86]
Deshalb heißt beim Verhältnis ungleicher Dinge das Verhältnis des Kleineren zum Größeren *Fehlbetrag* und das des Größeren zum Kleineren *Überschuß.*
    4. Weiter sind ungleiche Dinge teils mehr, teils weniger und
teils gleich ungleich. Es gibt daher Verhältnisse nicht nur von
Größen, sondern auch von Verhältnissen, wenn nämlich zwei
ungleiche Dinge zu zwei anderen in Beziehung stehen; etwa
wenn die zwischen 2 und 3 bestehende Ungleichheit mit der
zwischen 4 und 5 verglichen wird, bei welcher Vergleichung
immer vier Größen da sind bzw. (was genausoviel gilt) die
mittlere, falls nur drei da sind, doppelt gezählt wird. Und
wenn dabei das Verhältnis des ersten Glieds zum zweiten dem
des dritten zum vierten gleich ist, so sagt man, die vier seien
proportional bzw. *das erste verhalte sich zum zweiten wie das dritte*
zum vierten;[87] andernfalls man nicht von Proportionalität
spricht.
    5. Das Verhältnis des Vorderglieds zum Hinterglied besteht
aber in ihrer Differenz, d.h. in dem Teil des Größeren, um
den es das Kleinere übertrifft, bzw. (nach Wegnahme des
Kleineren) im *Rest* des Größeren. Aber nicht im Rest
schlechthin, sondern verglichen mit einem der beiden Bezie-

Differenz« (= *E*) in *A B* überschlägig »des mit dem Hinterglied hinsichtlich seiner Größe verglichenen Vorderglieds«. Die Fassung von *E*
bereitet die Einführung des arithmetischen und geometrischen Verhältnisses in Kap. XIII, Art. 1 vor.
    [86] Statt »daß der Zwei, verglichen mit der Fünf, ihr gegenüber drei
fehlen, entweder schlechthin oder verglichen mit den differierenden
Zahlen« (= *E*) in *A B* nur »daß der Zwei gegenüber der Fünf die Zahl
drei fehlt«. Auch dieser Zusatz von *E* bezieht sich auf die Unterscheidung von arithmetischem und geometrischem Verhältnis.
    [87] Das redundante »bzw. das erste verhalte sich zum zweiten wie das
dritte zum vierten« fehlt in *E*.

hungsglieder.[88] So ist das Verhältnis der Zahl zwei zur Zahl
fünf, daß sie von ihr um drei übertroffen wird, aber nicht
schlechthin, sondern verglichen mit der Zwei oder der Fünf.
Obwohl nämlich zwischen der Zwei und der Fünf dieselbe
Differenz besteht wie zwischen der Neun und der Zwölf, nämlich ein und dieselbe Drei, so ist doch ihre Ungleichheit nicht
dieselbe, weshalb auch das Verhältnis der Zwei zur Fünf nicht
bei jedem Verhältnis dasselbe ist wie das der Neun zur Zwölf,
sondern nur im sogenannten arithmetischen.[89]

6. Man muß aber nicht glauben, daß die Beziehung irgendein von den sonstigen Akzidenzien des Beziehungsglieds un-
terschiedenes Akzidens wäre. Vielmehr ist sie eines von ihnen,
und zwar dasjenige, hinsichtlich dessen der Vergleich angestellt wird. Beispielsweise sind die Ähnlichkeit eines weißen
Dings mit einem andern oder seine Unähnlichkeit mit einem
schwarzen dasselbe Akzidens wie seine Weiße und die Gleichheit oder Ungleichheit eines verglichenen Dings dasselbe
Akzidens wie seine Größe, nur unter verschiedenen Namen.
Denn was man, solange es nicht mit etwas anderem verglichen wird, »weiß« oder »so groß« nennt, heißt, wenn es
verglichen wird, »ähnlich«, »unähnlich«, »gleich« oder »ungleich«. Daraus folgt auch, daß die Ursachen der in den
Beziehungsgliedern vorhandenen Akzidenzien auch die Ursachen ihrer Ähnlichkeit, Unähnlichkeit, Gleichheit und Ungleichheit sind, so daß, wer zwei ungleiche Körper gesetzt
hat, auch ihre Ungleichheit setzt, und wer eine Richtschnur
und eine Handlung setzt, wenn die Handlung zu der Richtschnur stimmt, auch die Ursache ihrer Übereinstimmung ist,
und wenn sie nicht dazu stimmt, die ihrer Nichtübereinstim-
mung. Soviel also über den Vergleich des einen Körpers mit
einem anderen.

7. Ein Ding kann auch, freilich zu verschiedenen Zeitpunkten, mit sich selber verglichen werden, woraus unter den

---

[88] In E ist dieser ganze Satz in den vorigen (nach »Differenz«) eingearbeitet.

[89] Statt »nicht bei jedem Verhältnis dasselbe ist wie das der Neun zur
Zwölf, sondern nur im sogenannten arithmetischen« (= E) in A B lediglich »nicht dasselbe ist wie das der Neun zur Zwölf«.

Philosophen die große Streitfrage über das *Prinzip der Individuation* entstanden ist, nämlich in welchem Sinne ein Körper einmal als derselbe und ein andermal als ein anderer als zuvor zu gelten habe, ob also beispielsweise ein Greis derselbe Mensch ist, der er als Jüngling war, oder ein davon verschiedener, oder ob ein Staat in verschiedenen Jahrhunderten derselbe war oder ein anderer. Manche[90] setzen die Individualität in die Einheit der Materie, andere[91] in die Einheit der Form, einer[92] gar in die Einheit des aus allen Akzidenzien zugleich aufgebauten Ganzen. Für die Materie spricht, daß ein Stück Wachs, gleich ob es kugel- oder würfelförmig ist, dennoch dasselbe Wachs ist, weil seine Materie dieselbe ist. Für die Form, daß ein Mensch von der Kindheit bis zum Greisenalter, obwohl seine Materie nicht dieselbe ist, dennoch numerisch derselbe Mensch bleibt; da nämlich seine Identität nicht der Materie zugeschrieben werden kann, muß man sie offenbar der Form zuschreiben. Für die Gesamtheit der Akzidenzien läßt sich kein Beispiel anführen, aber da man einem Ding, in dem irgendein neues Akzidens erzeugt wurde, einen anderen Namen beizulegen pflegt, glaubte derjenige, der dies als Ursache der Individualität angab, deshalb sei auch das Ding ein anderes geworden. Nach der ersten Auffassung wäre, da sich der menschliche Körper ständig wandelt, die das Verbrechen begehende Person eine andere, als die dafür gestraft wird, und der Gesetze erlassende Staat ein anderer, als der sie Jahrhunderte später aufhebt – was alle menschlichen Rechtsbegriffe[93] verwirren hieße. Nach der zweiten Auffassung wären sogar zwei gleichzeitig bestehende Körper numerisch ein und derselbe. Denn wenn ein Schiff, beispielsweise das des Theseus (über dessen Verschiedenheit, wenn man die alten Planken nach und nach herausnähme und durch neue ersetzte, so daß es ständig wiederhergestellt

---

[90] Die Thomisten.

[91] Die Skotisten.

[92] Thomas White, *De Mundo Dialogi tres*, S. 111.

[93] Statt »alle menschlichen Rechtsbegriffe« in *E* »alle staatsbürgerlichen Rechte«.

würde, sich seinerzeit die athenischen Sophisten stritten),[94]
nach Austausch aller Planken numerisch dasselbe wäre wie zu
Beginn, und jemand hätte die alten Planken, ganz wie sie
herausgenommen wurden, aufbewahrt und, was er so aufbewahrt hatte, hernach in derselben Anordnung wieder zusammengefügt, also das Schiff neu aufgebaut, so unterliegt es
keinem Zweifel, daß auch es numerisch dasselbe Schiff wäre
wie zu Anfang, und wir hätten so zwei numerisch identische
Schiffe, was völlig abwegig ist. Nach der dritten Auffassung
wäre aber überhaupt nichts dasselbe, was es gewesen war, so
daß noch nicht einmal der Mensch, der steht, derselbe wäre
wie der, der soeben saß, und das im Gefäß befindliche Wasser
nicht dasselbe wie das kurz darauf ausgeschuttete.

Deshalb[95] ist das Prinzip der Individuation weder immer
allein von der Materie noch auch immer allein von der Form
her in Anschlag zu bringen. Sondern man muß, wenn man
nach der Identität eines Dings fragt, darauf achten, mit was
für einem Namen man es bezeichnet. Es ist nämlich ein großer Unterschied zu fragen, ob Sokrates derselbe Mensch ist,
oder ob er derselbe Körper ist. Denn als Kind und als Greis
kann er wegen deren verschiedener Größe nicht derselbe
Körper sein – hat doch ein und derselbe Körper immer ein
und dieselbe Größe –,[96] wohl aber kann er ein und derselbe
Mensch sein. Wurde also der Name, mit dem man nach der
Identität von etwas fragt, dem Ding allein wegen seiner Materie beigelegt, so ist es, solange die Materie dieselbe bleibt,
dasselbe Individuum; wie das Wasser, das sich im Meer befand, dasselbe ist wie das nachher in der Wolke befindliche,
und es ist immer ein und derselbe Körper, gleich ob es bei-
sammen oder ausgesprengt, gefroren oder aufgetaut ist.
Wurde nun der Name allein wegen einer Form von der Art

---

[94] Plutarch, *Parallele Leben*, Theseus, Kap. 23.1; doch sind die Beispiele des vorliegenden Artikels (Staat, Mensch, Sophisten, Herakliti-
scher Fluß) insgesamt eher nach Plutarch, *Moralia*, De sera numinis
vindicta, Kap. 17, modelliert.

[95] In *AEB* beginnt der Absatz erst mit dem nächsten Satz.

[96] Vgl. Kap. VIII, Art. 14.

gegeben, wie das Prinzip der Bewegung eine ist, so wird das Individuum, solange dieses Prinzip[97] Bestand hat, dasselbe sein; wie der Mensch derselbe ist, wenn seine Handlungen und Gedanken allesamt von ein und demselben Prinzip,[98] das ihm in der Zeugung mitgegeben wurde, herrühren; und wie ein Fluß ein und derselbe ist, der aus ein und derselben Quelle herströmt, gleich ob von dort dasselbe oder anderes Wasser oder auch etwas anderes als Wasser herströmt; und wie ein Staat derselbe ist, dessen Rechtshandlungen ständig von ein und demselben Stiftungsakt herrühren, gleich ob die Menschen darin dieselben oder andere sind. Und wurde schließlich der Name wegen irgendeines Akzidens gegeben, so wird die Identität des Dings, da mit Verlust oder Hinzukommen von Materie die Akzidenzien vergehen und neue, numerisch nicht damit identische erzeugt werden, von seiner Materie abhängen; wie ein Schiff (mit welchem Ausdruck man Materie von bestimmter Gestalt bezeichnet) dasselbe ist, solange seine Materie ingesamt dieselbe bleibt. Ist aber kein Teil der Materie mehr derselbe, so ist es ein numerisch völlig verschiedenes Schiff. Bleibt dagegen ein Teil der Materie erhalten und ein Teil kommt weg, so ist das Schiff zum Teil dasselbe und zum Teil ein anderes.

Kapitel XII
Die Darstellung der Quantität[99]

1. *Definition der Quantität.* 2. *Wesen der Darstellung von Quantität.* 3. *Die Darstellungsweisen von* Linie, Fläche *und* Raumkörper. 4. *Die Darstellungsweise der* Zeit. 5. *Die Darstellungsweise der* Zahl. 6. *Die Darstellungsweise der* Geschwindigkeit. 7. *Die Darstellungsweise eines* Gewichts. 8. *Die Darstellungsweise von* Größenverhältnissen. 9. *Die Darstellungsweise von* Zeit- *und* Geschwindigkeitsverhältnissen.

---

[97] Statt »dieses Prinzip« in *E* »diese Bewegung«.
[98] Statt »Prinzip« in *E* »Bewegungsbeginn«.
[99] Dieser nur in Ms. A 10 anzutreffende Titel ist zutreffender als der Titel »Die Quantität« von *AEB*.

1. Von Wesen und Anzahl der Dimensionen war oben in Kapitel VIII die Rede gewesen, nämlich daß es deren drei gibt: Linie (bzw. Strecke), Fläche und Raumkörper. Jede der drei pflegt man, wenn sie bestimmt ist, d. h. wir ihre Enden und Grenzen kennen, »Quantität« zu nennen. Unter Quantität versteht nämlich jedermann die Bedeutung eines Ausdrucks, mit dem angemessen auf die Frage »Wie groß?« geantwortet wird; wenn also auf eine Frage der Art »Wie groß ist der Reiseweg?« nicht unbestimmt geantwortet wird »Eine Strecke« und auf die Frage »Wie groß ist das Grundstück?« nicht unbestimmt »Eine Fläche« sowie auf jemandens Frage »Wie groß ist die Masse?« nicht unbestimmt »Ein Raumkörper«, sondern bestimmt geantwortet wird, der Reiseweg sei hunderttausend Schritt, das Grundstück hundert Morgen oder die Masse hundert Kubikfuß, oder jedenfalls auf solche Art, daß sich die Größe des in Frage stehenden Dings in ihren fest bestimmten Grenzen im Geiste erfassen läßt. *Quantität* kann also nur definiert werden als *bestimmte Dimension* oder als *Dimension, deren Grenzen entweder an Ort und Stelle oder durch Vergleich bekannt sind.*

2. Quantität wird aber auf zweierlei Weise bestimmt. Einmal vor den Sinnen. Dies geschieht durch einen sinnlich wahrnehmbaren Gegenstand, etwa wenn uns eine Linie, Fläche oder ein Raumkörper von einem Fuß oder einer Elle, die auf irgendwelches Material gezeichnet sind, vor Augen gerückt werden. Diese Bestimmungsart heißt *Darstellung*[100] und die dergestalt erkannte Quantität *dargestellte* Quantität. Zum andern vor dem Gedächtnis. Dies geschieht durch Vergleich mit einer dargestellten. Nach der ersten Art nun antwortet man jemandem, der fragt, wie groß ein Ding ist: »So groß, wie du dargestellt siehst«. Nach der zweiten Art kann eine befriedigende Antwort nur durch Vergleich mit einer dargestellten Quantität gegeben werden. Denn auf die Frage nach der Länge einer Wegstrecke wird man antworten: »Soviel tausend Schritt«, also indem man den Weg mit einem Schritt oder einem andern aufgrund seiner Darstellung bestimmten und bekannten Maß vergleicht, oder »Seine Quantität verhält

---

[100] Statt »Darstellung« in *B* unnötig »die der Darstellung«.

sich zu einer andern, aufgrund ihrer Darstellung bekannten. wie die Diagonale eines Quadrats zu seiner Seite« oder sonst etwas Derartiges. Die dargestellte Quantität muß aber entweder dauerhaft, also auf festes Material gezeichnet sein oder leicht vor die Sinne zurückgerufen werden können, da sich sonst ein Vergleich damit nicht anstellen läßt. Da aber den Ausführungen des vorigen Kapitels zufolge der Vergleich einer Größe mit einer andern genau das ist, was man ein Verhältnis nennt, so ist klar, daß eine auf die zweite Art bestimmte Quantität nichts anderes ist als das Verhältnis einer nicht dargestellten Dimension zu einer dargestellten, d. h. ihre Gleichheit oder Ungleichheit im Vergleich mit einer dargestellten.

3. Linie, Fläche und Raumkörper aber werden erstens (entsprechend ihrer in Kapitel VIII beschriebenen Erzeugungsweise) durch Bewegung dargestellt, jedoch so, daß eine solche Bewegung Spuren hinterläßt; etwa wenn sie auf Material gezeichnet werden, wie die Linie auf Papier, oder in festes Material eingegraben werden. Zweitens durch Anlegung, indem man etwa die eine Linie an die andere, also die eine Länge an die andere, die eine Breite an die andere, die eine Dicke an die andere ansetzt, was die Linie durch Punkte, die Fläche durch Linien, den Raumkörper durch Flächen beschreiben heißt (wobei allerdings an dieser Stelle unter Punkten sehr kurze Linienstücke und unter Flächen dünne Raumkörper zu verstehen sind). Drittens können Linien und Flächen durch Schnitte dargestellt werden, da nämlich beim Schneiden einer dargestellten Fläche eine Linie entsteht und beim Schneiden eines Raumkörpers eine Fläche.

4. Die Zeit wird dargestellt, indem man nicht nur eine beliebige Linie darstellt, sondern auch ein bewegliches Ding, das sich gleichförmig auf ihr bewegt oder als sich darauf bewegend unterstellt wird. Denn da die Zeit ein Bild der Bewegung ist, sofern daran Vorher und Nachher, d. h. eine Aufeinanderfolge in Betracht gezogen werden,[101] genügt es zur Darstellung der Zeit nicht, daß eine Linie beschrieben wird, sondern es muß auch die Bildvorstellung von etwas Be-

---

[101] Vgl. Kap. VII, Art. 3.

weglichem im Geist vorhanden sein, das die Linie, und zwar mit gleichförmiger Bewegung, durchläuft, so daß die Zeit nach Bedarf geteilt und zusammengesetzt werden kann. Wenn daher die Philosophen bei ihren Beweisführungen eine Linie zeichnen und sagen: »Diese Linie soll die Zeit sein«, so ist das so zu verstehen, als ob sie sagten: »Die Vorstellung einer gleichförmigen Bewegung entlang dieser Linie soll die Zeit sein«. Denn obwohl die Uhrenränder Linien sind, taugen sie allein und ohne wirkliche oder unterstellte Bewegung des Schattens oder Zeigers nicht zur Zeitangabe.

5. Eine Zahl wird dargestellt durch die Darstellung von Punkten oder auch der Zahlwörter »eins«, »zwei«, »drei« usw. Freilich dürfen diese Punkte einander nicht so berühren, daß sie sich nicht in irgendwelchen Merkmalen unterscheiden, sondern müssen so gesetzt sein, daß man sie auseinanderhalten kann. Daher kommt es, daß man die Zahl eine *diskrete* Quantität nennt, wogegen alle Quantität, die durch Bewegungen gezeichnet wird, *stetig* heißt. Die Zahlwörter aber müssen zur Darstellung einer Zahl der Reihe nach aus dem Gedächtnis hergesagt werden, etwa »eins«, »zwei«, »drei« usw. Denn selbst wenn jemand sagte: »Eins, eins, eins« usw., weiß er die betreffende Zahl doch nicht, außer vielleicht bei den Zahlen zwei oder drei, die man im Gedächtnis behalten kann, wenn auch nur als eine bestimmte Punktekonstellation, nicht als Zahl.[102]

6. Zur Darstellung einer Geschwindigkeit aber (die laut Definition Bewegung ist, welche in einer bestimmten Zeit einen bestimmten Raum durchläuft)[103] ist einmal die Darstellung der Zeit erforderlich, dann aber auch die des genannten Raums, den das Bewegliche durchmißt, dessen Geschwindigkeit wir bestimmen wollen; außerdem muß das Bewegliche als sich durch ihn hindurchbewegend vorgestellt werden. Es sind also zwei Linien darzustellen: auf der einen stellen wir uns eine gleichförmige Bewegung vor, so daß die Zeit festgelegt

---

[102] Statt »die man im Gedächtnis behalten kann, wenn auch nur als eine bestimmte Punktekonstellation, nicht als Zahl« in *E* »die uns dabei ebenfalls nicht als Zahl, sondern als Figur erscheinen«.

[103] Vgl. Kap. VIII, Art. 15.

ist, und auf der andern soll die Bewegung in Anschlag gebracht werden.

A——B

C——D

Wollen wir etwa die Geschwindigkeit eines Beweglichen A
darstellen, so ziehen wir die zwei Linien A B und C D und
setzen auch in C ein Bewegliches an; in der Tat sagen wir
dann, daß die Geschwindigkeit des Beweglichen A so groß ist,
daß es die Linie A B in derselben Zeit durchläuft, in der das
Bewegliche C die Linie C D in gleichförmiger Bewegung
durchläuft.

7. Ein Gewicht läßt sich durch gleich welchen schweren
Körper aus gleich welchem Material darstellen, wofern er nur
jederzeit dieselbe Schwere hat.

8. Das Verhältnis zweier Größen wird aber bei der Darstellung der betreffenden Größen selber mitdargestellt; und
zwar das Verhältnis von gleichen, wenn die dargestellten Größen gleich sind, und das von ungleichen, wenn die dargestellten Größen ungleich sind. Da nämlich nach dem vorigen
Kapitel, Art. 5 das Verhältnis ungleicher Größen in ihrer mit
einer der beiden Größen verglichenen Differenz besteht, mit
der Darstellung der ungleichen Größen aber auch ihre Differenz dargestellt ist, so ist mit der Darstellung dessen, was das
Verhältnis besitzt, schlechterdings auch dieses Verhältnis selber dargestellt. Ebenso wird das Verhältnis gleicher Größen
(das darin besteht, daß zwischen ihnen keine Größendifferenz
herrscht) mit der Darstellung dieser Größen zugleich dargestellt.

A——B

C——D

E——G——F

Sind beispielsweise die dargestellten Linien A B und C D
gleich, so ist damit ihr Gleichheitsverhältnis dargestellt; und
mit der Darstellung der ungleichen Linien E F und E G ist
einmal das Verhältnis von E F zu E G, aber auch das von E G

zu E F dargestellt, da sowohl sie selber dargestellt sind wie
auch ihre Differenz GF. Das Verhältnis ungleicher Größen ist
eine Quantität; es besteht nämlich in der Differenz GF, die
eine Quantität ist. Das Gleichheitsverhältnis dagegen ist
keine Quantität, da zwischen Gleichheiten keine Differenz
besteht[104] und nicht die eine (wie das bei Ungleichheiten der
Fall ist) größer ist als die andere.

9. Das Verhältnis zweier Zeitspannen oder zweier gleichförmiger Geschwindigkeiten wird aber dargestellt, indem
man zwei Linien darstellt, die man sich als von zwei beweglichen Dingen gleichförmig durchlaufen vorstellt. Die zwei
betreffenden Linien stellen daher sowohl ihr eigenes Verhältnis dar als auch das der Zeitspannen und Geschwindigkeiten,
je nachdem sie als Darstellungen der Größen selber oder der
Zeiten oder der Geschwindigkeiten betrachtet werden.

Sind nämlich zwei Linien A und B dargestellt, so ist dem
vorigen Artikel zufolge auch ihr Verhältnis dargestellt. Betrachtet man sie weiter als mit gleicher und gleichförmiger
Geschwindigkeit gezogen, so stellen die Linien A und B – da
Zeitspannen größer, gleich oder kleiner sind, je nachdem gleiche Raumabschnitte in längerer oder in gleicher oder in
kürzerer Zeit durchlaufen werden – auch die Gleichheit oder
Ungleichheit, also das Verhältnis der Zeitspannen dar. Betrachtet man die betreffenden Linien A und B schließlich als
in derselben Zeitspanne gezogen, so stellen diese Linien – da
Geschwindigkeiten größer, gleich oder kleiner sind, je nachdem sie in der gleichen Zeitspanne größere, gleiche oder
kleinere Linien durchlaufen[105] – auch die Gleichheit oder
Ungleichheit, also das Verhältnis ihrer Geschwindigkeiten
dar.

---

[104] Entsprechend der Definition der Zahl in Kap. VII, Art. 7 betrachtet Hobbes die Null nicht als Zahl. Vgl. Kap. II, Art. 6.
[105] Vgl. Kap. VIII, Art. 17.

Kapitel XIII
Analogismus oder dasselbe Verhältnis*

[...]
1. »Groß« und »klein« lassen sich ausschließlich mittels Vergleichung verstehen. Das aber, womit sie verglichen wer-den, haben wir das Dargestellte genannt,[106] d.h. eine mit den Sinnen wahrgenommene oder mit Worten so definierte Größe, daß sie im Geiste erfaßt werden kann. Jedwede Größe wird aber entweder mit einer größeren oder einer kleineren oder einer gleich großen verglichen. Ein Verhältnis (worüber wir im Vorhergehenden[107] gelehrt haben, daß es nichts ande-res ist als Veranschlagung bzw. Erfassung der Größe mittels Vergleichung) ist daher dreifach: ein solches der Gleichheit, die ein Verhältnis des gleich Großen zum gleich Großen ist, oder des Überschusses, der ein Verhältnis des Größeren zum Kleineren ist, oder des Fehlbetrags, der ein Verhältnis des Kleineren zum Größeren ist.

Jedes dieser Verhältnisse ist seinerseits zweifach. Denn wenn man fragt, wie groß eine gegebene Größe ist, kann man mit einem zweifachen Vergleich antworten. Erstens, indem man sagt, sie sei um soviel größer oder kleiner als eine andere (so ist 7 um drei Einheiten kleiner als 10). Und dies nennt man das arithmetische Verhältnis. Zweitens, indem man sagt, sie

---

[106] Kap. XII, Art. 2.
[107] Kap. XI, Art. 3.

sei um den sovielsten Teil oder soviel Teile größer oder kleiner als eine andere (so ist 7 um drei Zehntelteile der Zehnzahl
selber kleiner als 10). Obgleich dieses Verhältnis nicht in allen
Fällen in [ganzen] Zahlen ausgedrückt werden kann, ist es
dennoch ein fest bestimmtes Verhältnis, das vom vorigen gattungsmäßig verschieden ist und geometrisches Verhältnis
oder meist auch schlechtweg »Verhältnis« heißt.

2. Arithmetisches wie geometrisches Verhältnis können,
wie im 8. Artikel des vorhergehenden Kapitels dargelegt
wurde, nur durch zwei Größen dargestellt werden, deren vorhergehende man das Vorderglied und deren nachfolgende
man das Hinterglied des Verhältnisses zu nennen pflegt.

Hat man also zwei Verhältnisse miteinander zu vergleichen, so wird das vier dargestellte Größen ergeben, nämlich
zwei Vorderglieder und zwei Hinterglieder. Denn obwohl es
gelegentlich vorkommt, daß das Hinterglied des vorhergehenden Verhältnisses dem Vorderglied des nachfolgenden
gleich ist, so ist es bei einer doppelten Vergleichung doch
unumgänglich, es zweimal aufzuzählen. Deshalb gibt es immer vier Glieder.[108]

3. Wenn bei zwei arithmetischen oder auch geometrischen
Verhältnissen die verglichenen Größen (die Euklid in der 5.
Definition des V. Buchs[109] die Quantitäten der Verhältnisse
nennt) auf beiden Seiten gleich sind, kann das eine Verhältnis
weder größer noch kleiner sein als das andere. Kann doch die
eine Gleichheit nicht größer oder kleiner sein als eine andere.
Aber bei zwei Ungleichheitsverhältnissen kann, gleich ob es
sich dabei um Überschuß- oder Fehlbetragsverhältnisse handelt, das eine größer oder kleiner sein als das andere oder
können beide gleich groß sein. Denn wo zwei untereinander
ungleiche Größen gegeben sind, können gleichwohl zwei andere doch mehr, zwei andere genausoviel und wieder zwei
andere weniger untereinander ungleich sein als die betreffenden gegebenen. Daher versteht sich, daß sowohl das Über-

---

[108] Vgl. Kap. XI, Art. 4.
[109] Dort definiert Euklid die Proportion (= dasselbe Verhältnis). –
AEB hat statt »V. Buchs« irrig »VI. Buchs«.

schuß- als das Fehlbetragsverhältnis Quantitäten sind, eben weil sie ein Mehr und Weniger zulassen. Das Gleichheitsverhältnis dagegen ist, da es kein Mehr und Weniger zuläßt, keine Quantität.[110] Ungleichheitsverhältnisse können daher ohne weiteres zueinander hinzugefügt oder voneinander weggenommen sowie untereinander oder mit einer bestimmten Zahl vervielfältigt bzw. durch sie geteilt werden, Gleichheitsverhältnisse dagegen nicht.

4. Zwei gleich große Verhältnisse heißen gemeinhin *dasselbe Verhältnis*, und man sagt, daß das Verhältnis des ersten Vordergliedes zum ersten Hinterglied dasselbe ist wie das des zweiten Vordergliedes zum zweiten Hinterglied. Und vier Größen, die sich in der Weise in einem geometrischen Verhältnis zueinander verhalten, werden *proportional*[111] und von manchen kürzer *Analogismus* [112] genannt.

Ein größeres Verhältnis ist das Verhältnis eines größeren Vordergliedes zum selben Hinterglied oder desselben Vordergliedes zum kleineren Hinterglied; und falls das Verhältnis des ersten Vordergliedes zum ersten Hinterglied größer ist als das des zweiten Vordergliedes zum zweiten Hinterglied, kann man die vier sich so verhaltenden Größen einen *Hyperlogismus*[113] nennen.

Ein kleineres Verhältnis ist das Verhältnis eines kleineren Vordergliedes zum selben Hinterglied oder desselben Vordergliedes zum größeren Hinterglied. Ist das Verhältnis des ersten Vordergliedes zum ersten Hinterglied aber kleiner als das des zweiten zum zweiten, so kann man die vier sich so verhalten-den[114] Größen einen *Hypologismus* nennen.

5. Ein arithmetisches Verhältnis ist dasselbe wie ein ande-

[110] Vgl. Kap. XII, Art. 8.

[111] Für eine allgemeinere Definition der Proportionalität (die auch für den folgenden Artikel vorausgesetzt ist) vgl. Kap. XI, Art. 4.

[112] Nach Euklid, *Die Elemente*, V. Buch, 6. Definition, wo für »Proportion« (Ähnlichkeitsverhältnis) der griechische Ausdruck ἀναλογία [Analogie] gebraucht wird.

[113] Eine Hobbessche Neubildung (= Proportion mit zunehmenden Gliedern) in Analogie zu dem folgenden »Hypologismus« (= Proportion mit abnehmenden Gliedern).

[114] »sich so verhaltenden« fehlt in *E*.

res, wenn das eine Vorderglied sein Hinterglied um soviel
übertrifft bzw. von ihm um soviel übertroffen wird, wie das
andere Vorderglied sein Hinterglied übertrifft bzw. von ihm
übertroffen wird. Daher ist bei vier arithmetisch proportionalen Gliedern die Summe der Außenglieder gleich der
Summe der Mittelglieder. [...]

Ebenso ist bei beliebig vielen Gliedern in stetiger[115] arith-
metischer Proportion die Summe aller gleich dem Produkt
aus der halben Anzahl der Glieder, vervielfältigt mit der
Summe der Außenglieder. [...]

Bei vier ungleichen Größen, von denen zwei zusammen
den zwei übrigen zusammen gleich sind, befinden sich die
größte und die kleinste davon in derselben Vereinigung.
[...]

Hat man vier beliebige Größen, so sind die aus der größten
und der kleinsten zusammengestellte Summe, die aus den
mittleren zusammengestellte, die Differenz der zwei größten
und die Differenz der zwei kleinsten arithmetisch proportional. [...]

Vier Größen, von denen je zwei einander gleich sind, sind
umgekehrt arithmetisch proportional. [...]

6. Ein geometrisches Verhältnis ist dasselbe wie ein anderes, wenn sich zeigen läßt, daß ein und dieselbe, in gleichen
Zeitspannen gleiche Größen zustande bringende Ursache
beide Verhältnisse bestimmt.

Beschreibt ein gleichförmig bewegter Punkt zwei Linien,
gleich ob mit gleicher oder mit verschiedener Geschwindigkeit,[116] so sind ausnahmslos je zwei ihrer gleichzeitig, d. h. in
der gleichen Zeitspanne beschriebenen Teile je zwei anderen
geometrisch[117] proportional, und das, gleich ob ihre Vorderglieder der gleichen oder verschiedenen Linien entnommen
werden. [...]

---

[115] »Stetiger« fehlt in *A* (ist dort aber unter den Druckfehlern nachgetragen) und in *E*.
[116] Gedacht ist an einen Punkt, von dem zwei (gleich oder verschieden lange) Geraden in verschiedener Richtung weglaufen.
[117] »geometrisch« ist verdeutlichender Zusatz in *E*.

Korollar 1. Vier Größen in geometrischer Proportion[118] sind auch bei Permutation (d. h. bei Umstellung ihrer Mittelglieder)[119] proportional.[120] [...]

Korollar 2. Vier Proportionale sind auch bei Inversion bzw. Konversion (d. h. wenn man die Vorderglieder zu Hintergliedern macht)[121] proportional. [...]

Korollar 3. Fügt man zu Proportionalen Proportionale hinzu bzw. nimmt welche davon weg, so sind auch die Gesamtsummen bzw. Reste proportional. Denn Gleichzeitiges zu Gleichzeitigem hinzugefügt bzw. davon weggetan ergibt gleichzeitige Summen bzw. Reste, gleich ob die Zufügung bzw. Wegnahme sich auf alle Glieder, nur auf die Vorderglieder oder nur auf die Hinterglieder erstreckt.

Korollar 4. Werden bei vier Proportionalen beide Vorderglieder, beide Hinterglieder oder alle Glieder mit derselben Zahl oder Quantität vervielfältigt oder durch sie geteilt, so sind die Ergebnisse[122] proportional. Denn Vervielfältigung und Teilung von Proportionalen ist nichts anderes als ihre Zufügung oder Wegnahme.

Korollar 5. Vier Proportionale sind auch bei Zusammensetzung (d. h. wenn man als Vorderglied die Summe aus Vorder- und Hinterglied und als Hinterglied das Hinterglied oder das Vorderglied selber nimmt)[123] proportional. Diese Zusammensetzung ist nämlich eine Hinzufügung von Proportionalen, und zwar der Hinterglieder zu ihren Vordergliedern, die als proportional unterstellt wurden.

Korollar 6. Auch wenn man als Vorderglied das Vorderglied oder das Hinterglied selber nimmt und als Hinterglied die Summe beider, sind sie ebenfalls proportional. Es ist dies

---

[118] Statt »Größen in geometrischer Proportion« (= E) in A B ungenauer »Proportionale«.

[119] Bei $a:b = c:d$ die Verhältnisse $a:c$ und $b:d$.

[120] Euklid, *Die Elemente*, V. Buch, § 16.

[121] Bei $a:b = c:d$ die Verhältnisse $b:a$ und $d:c$ (= Inversion). Konversion wird erst in Korollar 8 bestimmt.

[122] E formuliert genauer »die Produkte oder Quotienten«.

[123] Bei $a:b = c:d$ die Verhältnisverbindung $(a+b):b$ und $(c+d):d$.

nämlich eine Inversion des Verhältnisses durch Zusammensetzung.

Korollar 7. Vier Proportionale sind auch geteilt proportional, d. h. wenn man nach Abzug des Hinterglieds vom Vorderglied den Rest bzw. die Differenz zwischen Vorder- und
Hinterglied als Vorderglied nimmt und entweder das ganze
oder das abgezogene Glied als Hinterglied.[124] [...]

Korollar 8. Vier Proportionale sind auch bei Konversion
des Verhältnisses proportional, d. h. wenn man das geteilte
Verhältnis invertiert oder das ganze Glied als Vorderglied
nimmt und die Differenz bzw. den Rest als Hinterglied.[125]
[...]

Korollar 9. Bei zwei Analogismen, deren zweite sowie
vierte Quantitäten einander jeweils gleich sind, verhält sich
die Summe oder auch die Differenz der ersten Quantität zur
zweiten wie die Summe oder Differenz der dritten zur vierten. [...]

7. Bei zwei Analogismen, deren vier Vorderglieder einen
Analogismus bilden, bilden auch die vier Hinterglieder einen
Analogismus. Auch sind die Summen der Vorderglieder den
Summen der Hinterglieder proportional. [...]

8. Aus einem Hyperlogismus (wo also das Verhältnis des
ersten Vorderglieds zu seinem Hinterglied größer ist als das
des zweiten zu dem seinigen) entsteht auch durch Permutation und Hinzufügung oder Wegnahme proportionaler Glieder von den gegebenen proportionalen sowie bei Vervielfältigung mit oder Teilung durch die gleiche Zahl[126] und auch
zusammengesetzt und geteilt immer wieder ein Hyperlogismus. [...]

10. Hat man vier Proportionale, so verhält sich die Differenz der beiden ersten zu der der zweiten wie das erste
Vorderglied zum zweiten oder wie das erste Hinterglied zum
zweiten. [...]

---

[124] Bei $a:b = c:d$ die Verhältnistrennung $(a-b):b$ und $(c-d):d$. Vgl.
Euklid, *Die Elemente*, V. Buch, § 17.

[125] Bei $a:b = c:d$ die Verhältnisumwendung $a:(a-b)$ und $c:(c-d)$.

[126] »sowie bei Vervielfältigung mit oder Teilung durch die gleiche
Zahl« fehlt in *E*.

11. Ist von vier proportionalen Gliedern das erste größer als das zweite, so ist auch das dritte größer als das vierte. Da nämlich das erste größer ist als das zweite, ist das Verhältnis des ersten zum zweiten ein Überschußverhältnis. Aber das Verhältnis des dritten zum vierten ist dasselbe wie das des ersten zum zweiten, und so ist auch das Verhältnis des dritten zum vierten ein Überschußverhältnis. Also ist auch das dritte größer als das vierte. In der gleichen Weise ist auch zu beweisen, daß, wenn das erste Glied kleiner ist als das zweite, auch das dritte kleiner ist als das vierte, sowie daß, wenn die zwei ersten gleich sind, es auch die zwei zweiten sind.

12. Hat man vier beliebige proportionale Glieder A:B = C:D und vervielfältigt das erste und dritte mit einer beliebigen Zahl, z. B. 2, und ebenso das zweite und vierte mit einer beliebigen Zahl, z. B. 3, und ist das erste Vielfache 2A größer als das zweite Vielfache 3B, so ist auch das dritte Vielfache 2C größer als das vierte Vielfache 3D. Ist dagegen das erste Vielfache kleiner als das zweite, so ist auch das dritte kleiner als das vierte. Und sind schließlich das erste und zweite Vielfache einander gleich, dann sind es auch das dritte und vierte. Dieser Lehrsatz ist aber identisch mit der Definition von »selbem Verhältnis« bei Euklid.[127] [...]

13. Hat man drei beliebige Größen oder überhaupt drei Glieder, die in irgendeinem Verhältnis zueinander stehen, etwa drei Zahlen, drei Zeitspannen, drei Abstufungen usw., dann sind die Verhältnisse des ersten zum zweiten und des zweiten zum dritten zusammengenommen gleich dem Verhältnis des ersten zum dritten.[128] [...]

Korollar 1. Hat man beliebig viele Dinge, die in einem Verhältnis zueinander stehen, so setzt sich das Verhältnis des ersten zum letzten zusammen aus dem Verhältnis des ersten zum zweiten, des zweiten zum dritten, und so immer weiter

---

[127] Euklid, *Die Elemente*, V. Buch, 5. Definition: »Man sagt, daß Größen in demselben Verhältnis stehen, die erste zur zweiten wie die dritte zur vierten, wenn bei beliebiger Vervielfältigung die Gleichvielfachen der ersten und dritten den Gleichvielfachen der zweiten und vierten gegenüber, paarweise genommen, ... zugleich gleich sind.«

[128] Vgl. Eutocius, *In Archimedis De Sphaera et Cylindro*, II, 4.

bis zum letzten, d. h. das Verhältnis des ersten zum letzten ist dasselbe wie die Summe aller dazwischenliegenden Verhältnisse. [...]

Korollar 3. Hat man zwei Reihen von Dingen, die in irgendeinem Verhältnis stehen und mit denselben Größen beginnen und enden,[129] und sind die einzelnen Verhältnisse der ersten Reihe dieselben und genauso viele wie die der zweiten Reihe, gleich ob sie einander paarweise entsprechen (was man ein »geordnetes« Verhältnis nennt) oder aber nicht (wobei man das Verhältnis »gestört« nennt),[130] so sind die ersten Glieder den letzten proportional. Denn das Verhältnis des ersten zum letzten in beiden Reihen ist den sämtlichen dazwischengeschobenen Verhältnissen gleich, und da diese dieselben und gleich viele sind, sind ihre Summen gleich; das Verhältnis der ersten Glieder zu den letzten ist aber gleich diesen Summen. Das Verhältnis des ersten Glieds zum letzten in der einen Reihe ist daher dasselbe wie das des ersten zum letzten in der andern Reihe; die ersten sind also den letzten proportional.

14. Hat man zwei beliebige Quantitäten, die aus der Vervielfältigung bzw. gegenseitigen Multiplikation mehrerer in einem Verhältnis zueinander stehender Quantitäten von beidseitig gleicher Anzahl entstanden sind, so stehen diese Produkte zueinander in einem Verhältnis, das sich zusammensetzt aus dem Verhältnis der jeweils einzeln vervielfältigten Glieder zueinander. [...]

15. Setzt man ein Verhältnis mit dem dazu inversen zusammen, so ergibt dies ein Gleichheitsverhältnis. [...]

16.[131] Man nennt ein Verhältnis mit einer Zahl vervielfäl-

---

[129] »und mit denselben Größen beginnen und enden« ist Zusatz von *E.*

[130] Über geordnetes und gestörtes Verhältnis vgl. Euklid, *Die Elemente,* V. Buch, Erläuterung nach der 17. Definition sowie die 18. Definition.

[131] Die obige ausführlichere Fassung dieses Artikels in *E* ersetzt den folgenden Text von *A,* der in *B* allerdings unverändert wiederabgedruckt ist: »Man bezeichnet das Verhältnis eines Größeren zu einem Kleineren als mit einer Zahl vervielfältigt, wenn ihm beliebig viel gleich große bzw. dieselben Verhältnisse hinzugefügt werden. Verviel-

tigt, wenn es so oft genommen wird, als in dieser Zahl
Einheiten sind. Und wenn es ein Verhältnis des Größeren
zum Kleineren ist, wächst durch die Vervielfältigung auch die
Quantität des Verhältnisses; ist es aber ein Verhältnis des
Kleineren zum Größeren, dann vermindert sich mit dem An-
wachsen der Zahl die Quantität des Verhältnisses. [...] In
gleicher Weise sagt man, daß ein Verhältnis geteilt wird, wenn
zwischen zwei Quantitäten eine oder mehrere Mittlere in stetigem Verhältnis dazwischengesetzt werden. [...]

Diese Verhältnismischung, wobei (wie beim kaufmänni-
schen Rechnen mit Schuldner und Gläubiger) sowohl Über-
schuß- als auch Fehlbetragsverhältnisse auftreten, ist nicht so
leicht zu berechnen, wie manche denken, da sie die Verhält-
niszusammensetzung manchmal zur Addition, manchmal zur
Subtraktion macht, was Leuten absurd klingen mag, die unter
Hinzusetzen immer Zufügen und unter Vermindern Abziehen verstanden haben. Um diese Rechenweise daher etwas
klarer zu machen, bedenke man (was allgemein, und zu
Recht, angenommen wird), daß bei beliebig vielen Quantitäten das Verhältnis der ersten zur letzten aus den Verhältnissen der ersten zur zweiten und der zweiten zur dritten und
so immer weiter bis zur letzten zusammengesetzt ist unange-

fältigung ist ja nichts anderes als die wiederholte Hinzufügung von
Gleichem. Fügt man also einem Verhältnis ein gleich großes hinzu, so
ergibt das drei Quantitäten, wobei das Verhältnis der ersten zur
letzten doppelt so groß ist wie das der ersten zur zweiten. Fügt man
dagegen dem ersten Verhältnis zwei gleich große hinzu, so ergibt das
vier Quantitäten, bei denen das Verhältnis der ersten zur letzten dreimal so groß ist wie das der ersten zur zweiten; und so immer weiter.
[...] Wo man aber solche Hinzufügungen gleicher Verhältnisse vornimmt, nennt man ihre Quantitäten in einem stetigen Verhältnis
stehend oder stetig proportional. Ein Verhältnis wird aber durch eine
Zahl geteilt, wenn zwischen die Quantitäten des Verhältnisses in stetigem Verhältnis Zwischenglieder eingeschaltet werden. So teilt man
durch 2, wenn *ein* Zwischenglied eingeschoben wird, durch 3, wenn
zwei eingeschoben werden, und so immer weiter.« Die Neufassung in
E ist veranlaßt durch Wallis' Kritik (*Elenchus Geometriae Hobbianae*,
S. 24). Vgl. Hobbes' Antwort darauf in den *Six Lessons* (EW VII,
S. 248).

sehen ihrer Gleichheit, ihres Überschusses oder Fehlbetrags;
so daß, wenn ein Ungleichheits- und ein Gleichheitsverhältnis
zueinander hinzugefügt werden, das Verhältnis dadurch
nicht größer oder kleiner wird. [...]

17. Hat man beliebig viel Quantitäten von ungerader Anzahl, die aber von der in der Mitte stehenden an in beiden
Richtungen sämtlich in einem stetigen Verhältnis stehen, so
ist das Verhältnis der zwei der Mitte zunächst stehenden zu
den diesen ihrerseits zunächst stehenden doppelt so klein und
das Verhältnis der noch um eine Stelle entfernteren dazu
dreimal so klein usw. [...]

18. Hat man beliebig viel stetig proportionale Glieder – ein
erstes, zweites, drittes usw. –, so sind ihren Differenzen proportional. [...]

19. Bei drei stetig proportionalen Gliedern sind die Summe
der Außenglieder mit dem zweimal genommenen Mittelglied,
die Summe des Mittelglieds und eines der beiden Endglieder,
und das betreffende Endglied selber stetig proportional.
[...]

20. Bei vier stetig proportionalen Gliedern sind das größte
und kleinste Glied zusammen größer als die beiden übrigen
zusammen. [...][132]

21. Bei vier stetig proportionalen Gliedern ist das Produkt
aus den Außengliedern dem aus den Mittelgliedern gleich.[133]
[...]

22. Ist bei vier Quantitäten das Verhältnis der ersten zur
zweiten doppelt so groß wie das der dritten zur vierten, so
verhält sich das Produkt der Außenglieder zu dem der Innen-
glieder wie die dritte zur vierten. [...]

23. Schaltet man bei vier proportionalen Gliedern sowohl
zwischen das erste und zweite als zwischen das dritte und
vierte ein proportionales Mittelglied ein, so verhält sich das
eine Mittelglied zum andern wie das erste Glied zum dritten
bzw. das zweite zum vierten. [...]

[132] Vgl. Euklid, *Die Elemente*, V. Buch, § 25.
[133] Vgl. a. a. O., VII. Buch, § 19, welcher Satz allerdings nur von Zahlen handelt.

24. Man sagt, etwas werde im äußersten und mittleren Verhältnis geteilt, wenn das Ganze und die Teile in einem stetigen Verhältnis stehen.[134] [...]

25. Hat man drei stetig proportionale Glieder und drei andere, ihrerseits stetig proportionale Glieder, und haben sie dasselbe Mittelglied, so sind die Außenglieder umgekehrt proportional. [...]

26. Schaltet man zwischen dieselben, aber untereinander ungleichen Außenglieder eine beliebige, aber gleich große Anzahl von Mittelgliedern sowohl im geometrischen als im arithmetischen Verhältnis ein, so sind die einzelnen Mittelglieder des geometrischen Verhältnisses kleiner als die des arithmetischen Verhältnisses. [...]

27. Lemma. Wird von derselben Quantität eine andere und dann wieder eine größere oder kleinere andere[135] weggenommen, dann aber auch hinzugefügt, so ist, wenn man weniger wegnimmt und hinzufügt, das Verhältnis des Rests zur Summe größer, als wenn man mehr wegnimmt und hinzufügt. [...]

28. Nimmt man von zwei gleichen Quantitäten ungleiche Teile weg und schaltet bei jeder der beiden zwischen das Ganze und den Teil zwei Mittelglieder ein, und zwar das eine in geometrischem und das andere in arithmetischem Verhältnis, so ist die Differenz der zwei Mittelglieder desto größer, je größer die Differenz zwischen Ganzem und Teil ist. [...]

Korollar. Daraus ergibt sich klar, daß bei einer Quantität, die als in unendlich viele gleiche Teile geteilt unterstellt wird, die Differenz zwischen dem arithmetischen und dem geometrischen Mittelglied unendlich klein, also gleich null ist. Und es scheint, daß die Kunst der Konstruktion der »Logarithmen« genannten Zahlen hauptsächlich von dieser Grundlage ausgegangen ist.

29. Hat man beliebig viel nach Belieben einander ungleiche oder gleiche Quantitäten sowie eine andere Quantität,

---

[134] Der goldene Schnitt. Den Ausdruck »äußerstes und mittleres Verhältnis« (= stetige Teilung) übernimmt Hobbes aus der Definition des goldenen Schnitts bei Euklid, *Die Elemente*, VI. Buch, 3. Definition.

[135] »größere oder kleinere« ist Zusatz von *E*.

die, nimmt man sie so oft, wie Quantitäten gegeben sind, ihnen insgesamt gleich ist, so heißt diese Quantität das arithmetische Mittel sämtlicher gegebener.

Kapitel XIV
Gerade, Kurve, Winkel und Figur*

1. Zwischen zwei Punkten ist diejenige Linie die *kleinste, deren Außenpunkte ohne Änderung ihrer Quantität, d. h. ihres Verhältnisses zu einer beliebigen gegebenen, nicht weiter auseinandergezogen werden können.* Die Größe einer Linie wird nämlich vom größtmöglichen Abstand ihrer Endpunkte aus in Anschlag gebracht, weshalb ein und dieselbe Linie, gleich ob sie ausgestreckt oder eingekrümmt daliegt, immer die gleiche Länge hat, weil die maximale Entfernung ihrer Endpunkte immer die gleiche ist.

---

[136] Statt »ihre Halbmesser« in *A E B* »ihre Durchmesser«.

Und da die Handlung, wodurch wir aus einer geraden eine gekrümmte Linie machen oder umgekehrt aus einer gekrümmten eine gerade, nichts anderes ist als die Zusammenziehung oder Auseinanderziehung ihrer Endpunkte, können wir die *gekrümmte* Linie zutreffend als diejenige definieren, *deren Endpunkte ersichtlich auseinandergezogen werden können,* die *gerade* aber als diejenige, *bei der eine Auseinanderziehung ihrer Endpunkte undenkbar ist,* und als vergleichsweise *gekrümmter* diejenige, deren Endpunkte (wofern nur ihre Länge sich gleich bleibt) weiter auseinandergezogen werden können.[137] Bei jeder Krümmung von Linien entsteht aber eine Rundung bzw. Höhlung, die bisweilen auf der einen, bisweilen auf der anderen Seite gelegen ist, so daß eine Kurve ihre gesamte Höhlung entweder auf ein und derselben Seite oder teils auf der einen und teils auf der entgegengesetzten haben kann.

Ist das verstanden, so verstehen sich damit auch die folgenden Vergleichspunkte zwischen Gerade und Kurve.

1) Haben eine Gerade und eine Kurve beide Endpunkte gemein, so ist die Kurve größer als die Gerade. Zieht man nämlich die Außenpunkte der Kurve so weit wie möglich auseinander, so wird aus der Kurve eine Gerade, von der die ursprüngliche Gerade ein Teil ist. Daher war diese Gerade kleiner als die Kurve, die dieselben Endpunkte wie sie hatte. Aus dem gleichen Grund ist bei Kurven, die ebenfalls beide Endpunkte gemein haben, wenn die gesamte Höhlung beider auf derselben Seite gelegen ist, die außenliegende die größere.

2) Eine Gerade und eine immerzu gekrümmte[138] Kurve können in keinem einzigen Teil, selbst im kleinsten nicht, kongruent sein. Denn andernfalls hätten eine Gerade und eine bestimmte Kurve beide Endpunkte gemein; zugleich auch wären sie ihrer Kongruenz wegen einander gleich, was schon als unmöglich dargetan worden ist.

3) Zwischen zwei gegebenen Punkten ist nur eine einzige Gerade denkbar, da zwischen denselben Punkten keine zwei

---

[137] Statt »weiter auseinandergezogen werden können« in *E* »näher beieinander sind als die der anderen«.

[138] »immerzu gekrümmte« ist Zusatz von *E*.

kleinsten Längen oder Abstände denkbar sind. Denn ist
eine davon die kleinste, so fällt die andere entweder mit ihr
zusammen, und sie bilden eine einzige Gerade; oder wenn
sie nicht mit ihr zusammenfällt, wird sie, wenn ausgestreckt
und über die Gerade gelegt, nicht dieselben Endpunkte
haben, sondern weiter auseinandergezogene, und war
darum schon von Anfang an gekrümmt.

4) Daß zwei Geraden keine Fläche einschließen, folgt aus 3.
Denn wenn sie beide Endpunkte gemein haben, fallen sie
zusammen; wenn nur einen oder gar keinen, schließen sie
die Fläche nicht ab, sondern lassen sie auf seiten der au-
ßereinanderliegenden Endpunkte offen und unbegrenzt.

5) Daß jeder Teil einer Geraden gerade ist. Denn da jeder
Teil einer Gerade der kleinste ist, der zwischen seinen eigenen Endpunkten gezogen werden kann, wären alle Teile
zusammen, wenn sie nicht eine einzige Gerade konstituier-
ten, größer als die ganze.

2. *Wird eine gerade Linie so bewegt, daß ihre einzelnen Punkte
jeder für sich eine gerade Linie beschreiben, so beschreibt sie eine
Ebene oder ebene Fläche.* Daher liegt die gerade Linie notwendig
als ganze in der von ihr beschriebenen Ebene, und auch alle
Geraden, welche von den einzelnen Punkten der die Ebene
beschreibenden Geraden zuwege gebracht werden, liegen in
derselben Ebene. Wird des weiteren eine Linie in der Ebene
bewegt, so werden alle von ihr beschriebenen Linien in derselben Ebene liegen. Alle[139] übrigen nicht ebenen Flächen
pflegt man gekrümmt oder gewölbt zu nennen.[140]

Ebene und gekrümmte Flächen lassen sich aber in der gleichen Weise vergleichen wie gerade und gekrümmte Linien.
Denn:

1) Werden eine ebene und eine gewölbte Fläche von denselben Linien begrenzt, so ist die gewölbte größer als die
ebene. Denn denkt man sich die Linien, aus denen sie be-

---

[139] In *A E B* beginnt der folgende Absatz schon mit diesem Satz.
Hier abgeteilt wie in OLI, S. 155.

[140] Statt »pflegt man gekrümmt oder gewölbt zu nennen« in *E* »sind
gekrümmt, d. h. entweder konkav oder konvex«.

stehen,[141] ausgestreckt, so versteht sich, daß die in der gewölbten befindlichen länger sind als die in der ebenen befindlichen, welch letztere ihrer Geradheit wegen nicht ausgestreckt werden können.

2) Eine ebene und eine stetig gewölbte Fläche sind nicht einmal in ihrem kleinsten Teil kongruent. Denn andernfalls wären sie gleich, ja ein und dasselbe Flächenstück wäre eben und gekrümmt, was unmöglich ist.

3) Zwischen denselben Endlinien ringsum kann sich nur eine einzige ebene Fläche befinden, da nur eine einzige darin die kleinste sein kann.

4) Eine Anzahl ebener Flächen schließt einen Raumkörper nur dann ein, wenn mehr als zwei davon in einem gemeinsamen Scheitel endigen. Denn wenn zwei Ebenen dieselben Endlinien haben, fallen sie zusammen, d. h. sie bilden nur eine Ebene; und sind ihre Endlinien nicht dieselben, so lassen sie eine oder mehrere Seiten offen.[142]

5) Jeder Teil einer Ebene ist eben. Denn da die ganze ebene Fläche die kleinste aller Flächen ist, die ringsum dieselben Endlinien haben, und auch jeder Teil die kleinste aller Flächen ist, die ringsum mit dem betreffenden Teil dieselben Endlinien haben, so wären, wenn nicht jeder dieser Teile eben wäre, nicht alle Teile der Ebene zusammengenommen der ganzen gleich.

3. Geradheit ist bei Linien wie bei Flächen nur von einer Art, Gekrümmtheit dagegen hat mehrere. Denn Kurven sind teils mit anderen *kongruent* (d. h. sie fallen, wenn aufeinandergelegt, zusammen), teils damit *inkongruent*. Wieder sind sie teils ὁμοιομερεῖς [gleiche Teile habend] oder gleichförmig

---

[141] Statt »aus denen sie bestehen« in *E* »aus denen die gekrümmte Fläche besteht«.

[142] So in *E. A B* hat stattdessen die ungenügende Aussage »Zwei ebene Flächen schließen keinen Raumkörper ein. Denn haben sie auf allen Seiten dieselben Endlinien, kommt einzig eine Fläche zustande; andernfalls bleibt eine Öffnung.« Den *Six Lessons* (EW VII, S. 250) zufolge ist dies zu ändern in »Zwei ebene Flächen schließen zusammen mit der Grundfläche, auf deren Außenlinien sie aufruhen, keinen Raumkörper ein.« Indessen ist die Fassung von *E* als die inhaltlich genaueste vorzuziehen.

(d. h. beliebig herausgefaßte Teile davon sind kongruent), teils ἀνομοιομερεῖς [ungleiche Teile habend] oder mehrförmig. Außerdem sind einige Kurven *stetig gekrümmt* und andere *haben nicht gekrümmte Teile.*

4. Wird eine in einer Ebene befindliche Linie so bewegt, daß sie, während ihr einer Endpunkt festbleibt, als ganze in einem Zug herumbewegt wird, bis sie an die Ausgangsstelle ihrer Bewegung zurückgekommen ist, so wird dadurch eine ebene Fläche beschrieben, welche von einer gekrümmten Linie ringsum begrenzt wird, und zwar von jener, die der herumgeführte Endpunkt beschreibt.[143] Eine solche Fläche nennt man aber einen *Kreis*, den unbewegten Punkt den *Mittelpunkt* des Kreises, die gekrümmte, den Kreis begrenzende Linie aber den *Umfang* des Kreises und jeden beliebigen Teil davon *Peripherie* und *Kreisbogen*. Die ihn erzeugende Gerade heißt *Halbmesser* und *Radius* und die Gerade durch den Mittelpunkt, die beidseitig auf der Peripherie endigt, der *Durchmesser*.[144] Außerdem beschreibt jeder Punkt des den Kreis beschreibenden Radius gleichzeitig seinen eigenen, einen eigenen Kreis umgrenzenden Umfang, der mit allen andern (da er mit ihnen den Mittelpunkt gemein hat) *konzentrisch* heißt.

1) Deshalb sind im Kreis alle Geraden vom Mittelpunkt zur Peripherie gleich, denn jede fällt jeweils mit dem erzeugenden Radius selber zusammen.

2) Und der Durchmesser teilt einmal den Umfang, aber auch den Kreis selber in zwei gleiche Hälften. Werden diese beiden Teile nämlich so aufeinandergelegt, daß der eine Halbmesser dem andern kongruent ist, so sind, da sie einen gemeinsamen Durchmesser haben, einmal sie selber, aber auch die beiden Halbkreise gleich groß, weil sie ebenfalls kongruent sind. Wären die Halbmesser nicht kongruent, so würde eine vom Mittelpunkt (der sich auf dem Durchmesser befindet) ausgehende Gerade von ihnen in zwei Punkten geschnitten, und damit wäre, da alle Geraden vom

---

[143] Dies die letzte der bei Heron von Alexandrien, *Definitiones*, 27 gesammelten Kreisdefinitionen.

[144] Letzteres die Definition des Durchmessers bei Euklid, *Die Elemente*, I. Buch, 17. Definition.

Mittelpunkt zur Peripherie gleich groß sind, ein Teil der betreffenden Geraden so groß wie sie als ganze; was unmöglich ist.

3) Aus dem gleichen Grund ist der Kreisumfang gleichförmig, d. h. jeder beliebige Teil davon ist jedem andern gleich großen Teil kongruent.

5. Außerdem ergibt sich daraus als Eigenschaft der geraden Linie, daß, wenn sich ihre Endpunkte in einer Ebene befinden, auch sie als ganze in dieser Ebene liegt. Denn da ihre beiden Endpunkte in der Ebene liegen, geht die Gerade, die die betreffende Ebene beschreibt, durch beide Endpunkte hindurch. Nimmt man aber einen der beiden Punkte als Mittelpunkt, so wird die mit dem Abstand der genannten Endpunkte beschriebene Peripherie (deren Radius die Gerade ist, welche die Ebene beschreibt) durch den andern Endpunkt hindurchgehen. Aufgrund der Definition des Kreises gibt es also zwischen den beiden gegebenen Endpunkten eine einzige Gerade, die ganz in der gegebenen Ebene liegt. Könnte also zwischen den gleichen Endpunkten noch eine zweite Gerade gezogen werden, die nicht in dieser Ebene läge, so könnten zwischen denselben Punkten zwei gerade Linien gezogen werden, was als unmöglich aufgewiesen worden ist.

Es ergibt sich auch, daß, wenn zwei Ebenen sich schneiden, der gemeinsame Schnitt eine gerade Linie ist.[145] Denn die zwei Endpunkte des Schnitts befinden sich in jeder der beiden sich schneidenden Ebenen, und es läßt sich zwischen ihnen eine gerade Linie ziehen. Eine Gerade zwischen zwei Punkten liegt aber in derselben Ebene wie die betreffenden Punkte selber; und da diese sich in jeder der beiden Ebenen befinden, wird auch jene Gerade in jeder der beiden Ebenen liegen und deshalb ihr gemeinsamer Schnitt sein. Jede andere Linie zwischen denselben Punkten wird aber mit ihr zusammenfallen, d. h. dieselbe sein, oder nicht damit zusammenfallen und dann aus der zweiten oder aus beiden Ebenen herausfallen.

Es läßt sich leicht verstehen, daß man, wie eine Gerade um einen unbewegten Punkt als ihren Mittelpunkt, so auch eine Ebene um eine unbewegte gerade Linie als ihre Achse her-

---

umführen kann. Daraus wird klar, daß drei beliebige Punkte
in ein und derselben Ebene liegen. Denn verbindet man zwei
beliebige Punkte mit einer Geraden, so liegen sie in derselben
Ebene wie die Gerade selber. Wird diese Ebene nun um jene
Gerade herumgeführt, so nimmt sie bei ihrer Umdrehung
jeden beliebigen Punkt, gleich wohin man ihn setzt, in sich
auf. Daher werden sie alle in derselben Ebene liegen und
damit auch die drei Geraden, die sie verbinden.

    6. Man sagt, daß zwei Linien *einander berühren, wenn sie, zu
ein und demselben Punkt hingeführt, einander nicht schneiden, wie
weit man sie auch immer verlängert (und zwar in derselben Weise
verlängert, wie sie erzeugt wurden).* Daher werden zwei Geraden,
wenn sie einander berühren, sich auf ihrer ganzen Länge berühren. Das gleiche tun zwei stetig gekrümmte Linien, wenn
sie sowohl kongruent sind als auch ihrer Kongruenz entsprechend aufeinander zubewegt werden; andernfalls sie, wie das
auch bei allen inkongruenten Kurven[146] der Fall ist, sich nur
in einem einzigen Punkt berühren werden. Das[147] ergibt sich
klar daraus, daß eine stetig gekrümmte Linie einer geraden
nicht kongruent sein kann. Denn könnte sie das, so wäre ein
und dieselbe Linie zugleich gerade und gekrümmt. Außerdem
wird eine Gerade, die eine Kurve berührt, wenn man sie auch
nur geringfügig um den Berührungspunkt herumbewegt, die
Kurve schneiden. Denn wenn sie sich bei Berührung in nur
einem einzigen Punkt nach einer der beiden Seiten neigt, wird
sie sie mehr als nur berühren, d. h. sie wird mit ihr kongruent
sein oder sie schneiden. Ersteres aber ist ausgeschlossen; also
wird sie sie schneiden.

    7. Ein *Winkel* im allgemeinsten Sinn des Worts ist *bei zwei
Linien oder mehreren Flächen, die in einem einzigen Punkt zusam-
menstoßen, ansonsten aber divergieren, die Quantität dieser Diver-*

---

[146] Den *Six Lessons* (EW VII, S. 251) zufolge ist hier zuzufügen:
»oder bei einer Kurve und einer geraden Linie«. Dieser Zusatz ist
aber ungenügend (vgl. die nächste Anm.). *E* ersetzt »bei allen inkongruenten Kurven« durch »bei allen anderen gekrümmten Linien«.

[147] Vor diesem Satz scheint ein weiterer des Inhalts »Auch eine stetig
gekrümmte und eine gerade Linie berühren sich nur in einem einzigen
Punkt« weggefallen zu sein.

genz. Es gibt aber zunächst zwei Arten von Winkeln. Entweder wird er von zusammenstoßenden Linien gebildet und ist dann ein *Flächenwinkel,* oder aber von zusammenstoßenden Flächen und heißt *Raumwinkel.*[148]

Entsprechend der zweifachen Art und Weise, wie die Divergenz zweier Linie entstehen kann, gibt es wieder zwei Arten von Flächenwinkeln. Denn werden zwei Geraden so aufeinandergelegt, daß sie sich ihrer ganzen nach Länge berühren, so kann, während ihr Zusammenstoß an einem Punkt erhalten bleibt, die eine von der andern entweder in einer kreisförmigen Bewegung getrennt werden, deren Mittelpunkt eben der Punkt ihres Zusammenstoßes ist, wobei die Geradheit der Linien erhalten bleibt; und die Quantität dieser Trennung oder Divergenz pflegt man den *Winkel schlechthin* zu nennen. Oder sie wird durch stetige Beugung oder Krümmung in jedem an ihr vorstellbaren Punkt getrennt; die Quantität dieser Trennung nennt man aber den *Berührungswinkel.*

Außerdem sind von den sogenannten Winkeln schlechthin diejenigen Flächenwinkel, die in einer ebenen Fläche liegen, eben; die in einer sonstigen Ebene liegen, werden nach ihr benannt.

Schließlich sind Winkel, die von Geraden eingeschlossen werden, geradlinig; die von Kurven eingeschlossen werden, gekrümmt; und die von einer Geraden und einer Kurve eingeschlossen werden, gemischt.

8. Zwei zwischen zwei Radien gefaßte Bogen zweier konzentrischer Kreise stehen zueinander im selben Verhältnis wie ihre Gesamtumfänge. [...]

9. Zur Quantität eines Winkels tragen weder die Länge noch die gleiche oder ungleiche Größe der Linien, die den Winkel einschließen, irgendwie bei. [...] Auch vermehrt oder vermindert die absolute Quantität des Bogens, der über dem Winkel steht, ihn nicht. [...] Denn die Quantität eines Winkels wird anhand eines Vergleichs der Quantität des Bogens mit der Quantität des Gesamtumfangs veranschlagt. Da-

---

[148] Auch »körperlicher Winkel« oder »Ecke« genannt.

her definieren wir die Quantität des sogenannten Winkels schlechthin wie folgt:

Die Quantität eines Winkels ist die Quantität eines Bogens bzw. einer Peripherie des Kreises,[149] *bestimmt durch ihr Verhältnis zu seinem Gesamtumfang.* Ein Winkel ist daher so groß, wie ein zwischen zwei vom Mittelpunkt ausgehenden Geraden gefaßter Bogen im Verhältnis zum Gesamtumfang ist. Daher versteht sich, daß man die Quantität des Winkels, wofern nur die den Winkel umschließenden Linien beide gerade sind, in beliebiger Entfernung vom Mittelpunkt bestimmen kann. Ist aber eine der den Winkel umschließenden Linien oder sind beide gekrümmt, so ist die Quantität des Winkels in der kleinsten Entfernung vom Mittelpunkt bzw. von ihrem Zusammenstoß in Anschlag zu bringen; denn da keine gekrümmte Linie denkbar ist, zu der es nicht eine kleinere gerade gäbe, ist [nur] die kleinste Entfernung als eine gerade Linie zu betrachten. Obwohl es aber eine kleinste Gerade nicht geben kann, sondern sie immerzu weiter teilbar ist, kommt man dennoch zu einem Teil, dessen Größe außer Betracht bleiben darf; was wir einen Punkt nennen.[150] Dieser Punkt liegt, wie sich versteht, auf der die Kurve berührenden Geraden, und zwar deswegen, weil der Winkel durch eine kreisförmige Bewegung erzeugt wurde, welche (wie wir oben in Art. 7 gesagt haben) die Gerade von einer andern, sie berührenden trennt. Daher ist der von zwei gekrümmten Linien gebildete Winkel gleich dem der sie berührenden Geraden. [...]

[10.][151] Winkel heißen teils *recht*, teils *schief.* Und zwar ist recht derjenige, dessen Quantität ein Viertel des Umfangs ist, und die Linien, die den rechten Winkel bilden, heißen zueinander *lotrecht*. Ein schiefer Winkel, der größer ist als ein rechter, wird *stumpf*, einer, der kleiner ist, *spitz* genannt. Daher versteht sich, daß alle Winkel, die in ein und demselben Punkt errichtet werden können, zusammengenommen gleich

---

[149] Statt »die Quantität eines Bogens bzw. einer Peripherie des Kreises« (= *B*) in *AE* »ein Bogen bzw. die Peripherie eines Kreises«.

[150] Vgl. Kap. VIII, Art. 12.

[151] In *AEB* fängt der Artikel irrig schon einen Absatz früher an (hier nach OL I, S. 162 richtiggestellt).

vier rechten sind, da ihre Quantität zusammengenommen der Gesamtumfang ist. Des weiteren, daß sämtliche Winkel im selben Punkt und auf derselben Seite der Geraden, auf der dieser Punkt liegt, gleich zwei rechten Winkeln sind. Denn wird dieser Punkt zum Mittelpunkt gemacht, so wird diese gerade Linie der Durchmesser eines Kreises sein,[152] von dessen Peripherie aus die Quantität des Winkels bestimmt wird. Der Durchmesser teilt den Umfang aber in zwei gleiche Teile.

11. Wird eine Tangente als Durchmesser eines Kreises genommen, der ihren Berührungspunkt zum Mittelpunkt hat, so bildet eine vom Mittelpunkt des vorigen Kreises zum Mittelpunkt des nachherigen gezogene Gerade mit der Tangente, d. h. mit dem Durchmesser des nachherigen Kreises, zwei Winkel, die (nach Art. 10) gleich zwei Rechten sind. Und da die Tangente (nach Art. 6) auf beiden Seiten die gleiche Neigung zum Kreis hin hat, sind beide Winkel Rechte, und der Halbmesser steht lotrecht zur Tangente seines Kreises.

Derselbe Halbmesser ist die kleinste aller Geraden, die vom Mittelpunkt zur Tangente gezogen werden können. Sie ist schließlich Halbmesser.[153] Jede andere muß aber, um zur Tangente durchgezogen werden können, über den Kreis hinausgehen und ist darum größer als der Halbmesser.[154] Desgleichen ist unter den vom Mittelpunkt bis zur Tangente gehenden Geraden diejenige die größere, die mit der Lotrechten den größeren Winkel bildet: was sich klar ergibt, wenn man einen andern Kreis beschreibt, der zwar denselben Mittelpunkt hat, dessen Halbmesser aber so groß ist wie die Länge einer der Lotrechten näheren Geraden, und man dazu eine Lotrechte, d. h. eine Tangente zieht.

Daher ist auch klar, daß Geraden, die von einer Lotrechten

---

[152] Statt »Denn wird dieser Punkt zum Mittelpunkt gemacht, so wird diese gerade Linie der Durchmesser eines Kreises sein« (= E) in A B nur »Denn diese Gerade ist der Durchmesser des Kreises«.

[153] In E ist dieser Satzteil in den vorhergehenden Satz gezogen, der darum anfängt mit »Derselbe Halbmesser, sofern er Halbmesser ist«.

[154] Vgl. Euklid, *Die Elemente*, III. Buch, § 18, Beweis.

in gleichen Winkeln nach beiden Seiten weggehen und die man bis zur Tangente durchzieht, gleich lang sind.

12. Bei Euklid haben wir eine leidliche Definition von parallelen Geraden.[155] Aber eine Definition der Parallele im allgemeinen finde ich nirgends. Ihre allgemeine Definition soll also die sein: *Irgendwelche zwei Linien, ob gerade oder gekrümmt, und ebenso zwei Flächen sind parallel, wenn zwei an beliebiger Stelle darauf gefällte gerade Linien, die mit jeder der beiden auf derselben Seite gleiche Winkel bilden,*[156] *untereinander gleich sind.* Aus dieser Definition ergibt sich:

Erstens, daß zwei nicht in entgegengesetzte Richtung geneigte[157] Geraden, welche auf zwei andere, parallele Geraden fallen und von jeder der beiden gleiche Teile einschließen, auch ihrerseits gleich und parallel sind. [...] Die Ebene aber, die von den zwei Parallelen auf beiden Seiten umschlossen wird, heißt *Parallelogramm.*[158] [...]

2) Und daraus folgt wieder, daß zwei Wechselwinkel, welche eine auf zwei Parallelen fallende Gerade bildet, gleich sind.[159] [...]

4) Die drei Winkel eines ebenen geradlinigen Dreiecks sind zusammengenommen zwei Rechten gleich, und verlängert man eine beliebige Seite, so ist der Außenwinkel den zwei gegenüberliegenden Innenwinkeln gleich.[160] [...]

6) Daher versteht sich auch, daß zwei durch eine Gerade ver-

---

[155] Euklid, *Die Elemente*, I. Buch, 23. Definition.

[156] Dies die Fassung von *B*. In *A* hatte »auf derselben Seite« gefehlt. *E* besserte darum (in Reaktion auf Wallis' *Elenchus Geometriae Hobbianae*, S. 29 f.) in »wenn zwei an beliebiger Stelle darauf gefällte gleiche gerade Linien, die mit jeder der beiden *immerzu* gleiche Winkel bilden«; dagegen war den *Six Lessons* zufolge *A* zu ändern in »wenn zwei an beliebiger Stelle *in gleicher Richtung* darauf gefällte gerade Linien, die mit jeder der beiden gleiche Winkel bilden« (EW VII, S. 254).

[157] »nicht in entgegengesetzte Richtung geneigte« ist Zusatz von *E* (veranlaßt durch die Kritik von Wallis, *Elenchus Geometriae Hobbianae*, S. 30 f.).

[158] Bei Euklid fehlt eine Definition des Parallelogramms, weshalb Hobbes ihn hier ergänzt.

[159] Vgl. Euklid, *Die Elemente*, I. Buch, § 29.

[160] Vgl. a. a. O., I. Buch, § 32.

bundene Radien eines Kreises mit der Verbindungslinie
beidseitig gleiche Winkel bilden; und fügt man das Kreis-
segment hinzu, dessen Sehne die betreffende, die Endpunkte der Radien verbindende Gerade ist, so sind auch
die Winkel, welche diese Radien mit der Peripherie bilden,
gleich. Denn eine Gerade, über der ein beliebiger Bogen
steht, bildet mit ihm gleiche Winkel, da, wenn man den
Bogen und seine Sehne in der Mitte teilt, die beiden Seg-
menthälften aufgrund der Gleichförmigkeit von Kreisperipherie und gerader Linie miteinander kongruent sind.

13. Kreisumfänge verhalten sich zueinander wie ihre Halbmesser. [...]

14. Werden zwei einen Winkel ausmachende Geraden von
parallelen Geraden geschnitten, so verhalten sich die eingeschlossenen Parallelen wie die Teile, die sie vom Scheitel aus
abschneiden. [...]

15. Legt man in einem Kreis beliebig viel gleich große Sehnen direkt hintereinander und zieht vom Endpunkt der ersten
Sehne gerade Linien zu den Endpunkten aller andern, so bildet die verlängerte erste Sehne mit der zweiten einen Außenwinkel, der doppelt so groß ist wie der, den die Kreistangente
im Anfangspunkt der ersten mit dieser ersten selber bildet;
und die verlängerte Sehne über zwei Bogen bildet mit der
dritten einen dreimal so großen Außenwinkel wie der, den die
Tangente mit der ersten Sehne bildet,[161] und so immer weiter.
[...]

Korollar 3. Daher versteht sich auch, durch welches Verhältnis sich die Einkrümmung einer Geraden zur Peripherie
eines Kreises bestimmt, nämlich durch einen Bruch, der im
gleichen Verhältnis ständig wächst wie Zahlen von der Eins
aus.[162] [...]

Korollar 4. Ausgehend von dem in vorliegendem Artikel
Gesagten läßt sich auch zeigen, *daß der Mittelpunktswinkel dop-*

:

---

[161] Statt »wie der, den die Tangente mit der ersten Sehne bildet«
(= *E*) in *A B* nur »wie er«.

[162] *E* fügt hinzu »wachsen durch stetige Hinzufügung von Einheiten«.

pelt so groß ist wie der Peripheriewinkel desselben Kreises, wofern nur die eingeschlossenen Bögen gleich groß sind.[163] [...]

16. Vergleicht man einen Berührungswinkel mit einem beliebig kleinen sogenannten Winkel schlechthin, so steht er dazu im selben Verhältnis wie der Punkt zur Linie, d. h. er hat überhaupt keines und auch keine Quantität. [...]

Da aber der Winkel ganz allgemein als die Öffnung bzw. Divergenz zweier in einem Punkt zusammenstoßender Linien definiert ist und die eine Öffnung größer ist als die andere, ist auch der Berührungswinkel schon aufgrund seiner Erzeugungsweise unleugbar eine Quantität; denn wo immer es Größer und Kleiner gibt, da gibt es auch Quantität,[164] Freilich besteht diese Quantität in größerer und kleinerer Beugung. Denn je größer eine Kreisperipherie ist, desto mehr nähert sie sich der Natur der geraden Linie an, sofern ja das Gesamtergebnis der Einkrümmung (das zustande kommt, indem man aus einer Gerade eine Kreisperipherie macht) größer ist, wenn man sie an einer kürzeren Geraden vornimmt. Haben daher mehrere Kreise ein und dieselbe Gerade zur Tangente, so ist ihr mit dem kleineren Kreis gebildeter Berührungswinkel größer als der mit dem größeren gebildete.

Beliebig viele einem sogenannten Winkel schlechthin hinzugefügte oder davon weggenommene Berührungswinkel fügen ihm also nichts hinzu und nehmen nichts davon weg; und

---

[163] Euklid, *Die Elemente*, III. Buch, § 20 f für welchen Satz Hobbes hier einen auf Bewegung gestützten Beweis zu geben sucht.

[164] Dies in Kurzfassung die Hauptargumente aus dem Streit zwischen Jacques Peletier (1517-1582) und Christophorus Clavius (1537-1612) in ihren Euklidkommentaren (jeweils zu § 16 des III. Buchs der *Elemente*) über die Frage, ob der von einer Tangente mit einem Kreisbogen gebildete Winkel (Berührungswinkel) eine Quantität sei oder nicht. Peletier hatte dies geleugnet (*In Euclidis Elementa Geometrica Demonstrationum Libri Sex*, Lyon 1557, S. 76-78), Clavius dagegen in Übereinstimmung mit der antiken Mathematik es befürwortet (*Opera Mathematica*, München 1612, Bd. I, S. 120). Der vorliegende Artikel soll diesen Streit schlichten, mit dem Hobbes sich auch in anderen Werken ausführlich beschäftigt hat.

wie beide einander nicht gleich sind, so ist auch der eine nicht größer oder kleiner als der andere. [...]

17. Den von zwei Ebenen gebildeten Winkel pflegt man die *Neigung* dieser Ebenen zu nennen. Und da Ebenen überall gleichmäßig geneigt sind, bestimmt man als Neigung den von zwei Geraden eingefaßten Winkel, wobei die eine in der einen und die andere in der anderen Ebene liegt, beide aber senkrecht auf dem gemeinsamen Schnitt stehen.[165]

18. Unter einem Raumwinkel kann man zweierlei verstehen. Erstens die Gesamtheit aller Winkel, die durch die Bewegung einer geraden Linie zustande kommen, deren eines Ende ruht, und die um irgendeine ebene Figur herumgeführt wird, in der sich der ruhende Punkt nicht befindet; und in diesem Sinn scheint ihn Euklid aufzufassen.[166] Es ist aber klar, daß die Quantität des so aufgefaßten Raumwinkels nichts anderes ist als die der Gesamtheit aller in der dadurch beschriebenen Fläche (d. h. auf der Oberfläche eines Pyramidalkörpers) liegenden Winkel. Zweitens kann man darunter das Verhältnis einer Kugeloberfläche, die dem im Kugelmittelpunkt gelegenen Scheitel einer Pyramide oder eines Kegels gegenüberliegt, zur Gesamtoberfläche der Kugel verstehen. Bei dieser Auffassung verhalten sich die Raumwinkel zueinander wie die in der Kugeloberfläche enthaltenen Grundflächen der Raumkörper, die ihren Scheitelpunkt im Mittelpunkt der Kugel haben.

19. Die ganze Mannigfaltigkeit des Verhaltens oder der Lage zweier Linien zueinander kann man in vier Gattungen unterbringen.[167] Denn zwei beliebige Linien sind entweder Parallelen, oder sie bilden (erforderlichenfalls verlängert oder wenn die eine parallel zu sich selber zur andern hinbewegt

---

[165] Vgl. Euklid, *Die Elemente*, XI. Buch, 6. Definition. Mit »Schnitt« ist hier die Schnittlinie gemeint.

[166] A. a. O., XI. Buch, 11. Definition: »Ein körperlicher Winkel ist die von mehr als zwei einander treffenden, aber nicht in derselben Fläche liegenden Linien an der Gesamtheit der Linien erzeugte Neigung.«

[167] Statt »kann man in vier Gattungen unterbringen« (= *E*) in *A B* »scheint sich in vier Gattungen unterbringen zu lassen«.

wird)[168] einen Winkel, oder sie berühren einander durch vergleichbare Verlängerung oder Bewegung,[169] oder es sind
schließlich Asymptoten. Von der Natur der Parallelen, Winkel
und Tangenten war schon die Rede. Legen wir also auch kurz
die Natur der Asymptosie dar.

　　Asymptosie hängt davon ab, daß Quantität unendlich teilbar ist.[170] Ist nun eine Linie gegeben, von deren einem
Endpunkt ein Bewegliches sich zum andern hinbewegt, und
nimmt man dabei in dem Verhältnis immer kleinere Geschwindigkeitsgrade, wie man immer kleinere, unentwegt von
der Linie abgeteilte Teile nimmt, so folgt daraus, daß das
Bewegliche auf dieser Linie immer weiter fortzuschreiten ver
mag, ohne je ans Ende zu gelangen. [...] Da aber eine jede
Linie unentwegt in Abschnitte unterteilt werden kann, die in
je anderen, endlos variablen Verhältnissen zueinander stehen, gibt es deshalb auch unendlich viele Arten von Asymptoten, worüber hier nicht gesprochen werden muß. In der
Natur der Asymptoten im allgemeinen liegt nicht mehr, als
daß sie sich dauerndzu näherkommen, ohne sich je zu berühren. Insbesondere bei der Asymptosie hyperbolischer Linien
ist das aber so zu verstehen, daß sie sich einander auf eine
Entfernung nähern, die geringer ist als jede gegebene Quantität.[171]

　　20. Lage ist die Beziehung eines Orts zu einem andern. Die
Lage mehrerer Orte bestimmt sich aber durch viererlei: ihren
gegenseitigen Abstand, den Abstand der einzelnen Orte zu
einem gegebenen Ort, die Reihenfolge der von einem gegebenen zu allen anderen gezogenen Geraden und die Winkel,
welche die so gezogenen Geraden einschließen. Denn sind

---

　　[168] »oder wenn die eine parallel zu sich selber zur andern hinbewegt
wird« ist Zusatz von *E.*

　　[169] Statt »durch vergleichbare Verlängerung oder Bewegung« (= *E*)
in *A B* »(wofern sie nur groß genug sind)«. All diese Änderungen in
Art. 19 sind durch die Kritik von John Wallis (*Elenchus Geometriae Hobbianae,* S. 35 ff.) veranlaßt. Vgl. Hobbes' Antwort darauf in den *Six
Lessons* (EW VII, S. 265 f.).

　　[170] Vgl. Kap. VII, Art. 13.

　　[171] Die letzten beiden Sätze sind Zusätze von *E.*

ihre Abstände, Reihenfolge und Winkel gegeben, d. h. liegen sie fest, so liegen auch die einzelnen Orte eindeutig fest.

21. Beliebig viele Punkte haben zueinander eine ähnliche Lage wie eine gleich große Anzahl anderer, wenn alle von einem bestimmten Punkt aus zu all jenen Punkten gezogenen Geraden zu allen ebenfalls von einem Punkt zu all diesen Punkten unter je gleichen Winkeln gezogenen Geraden dasselbe Verhältnis haben. [...]

22. Eine durch die Lage bzw. Stellung ihrer sämtlichen Außenpunkte bestimmte Quantität ist eine Figur. Außenpunkte aber nenne ich jene, die einen außerhalb liegenden Ort berühren. Bei Linie und Fläche sind daher alle Punkte außen, beim Raumkörper dagegen alle Punkte der Oberfläche, innerhalb derer der Raumkörper beschlossen ist.

Und ähnlich sind Figuren, bei denen sämtliche Außenpunkte der einen ähnlich hingesetzt sind wie sämtliche Außenpunkte der andern. Solche Figuren unterscheiden sich also nur der Größe nach.

Ähnliche Figuren sind aber ähnlich hingesetzt, wenn ihre einander entsprechenden Geraden (d. h. Geraden, die vergleichbare Punkte verbinden) parallel sind.[172]

Und da jede Gerade jeder andern und jede Ebene jeder andern, betrachtet man sie lediglich als Ebene, ähnlich ist, ist nicht schwer zu erkennen, wofern man die Verhältnisse der Linien, welche Ebenen, bzw. der Flächen, welche Raumkörper einschließen, kennt, ob eine Figur einer gegebenen andern ähnlich ist oder nicht.

Bis jetzt haben wir uns in der Ersten Philosophie aufgehalten. Die nächste Stelle gehört der Geometrie, die im Ausgang von den Proportionen von Linien sowie den Winkeln die Quantitäten von Figuren untersucht. Wer an die Geometrie

---

[172] Den *Six Lessons* (EW VII, S. 267) zufolge ist hier wie schon bei der Definition der Parallelen im allgemeinen »in derselben Richtung« zuzufügen. Dementsprechend setzt *E* am Satzende hinzu »und deren sich zueinander verhaltende Seiten sich in dieselbe Richtung neigen«. Nachdem aber oben die Verbesserung der Parallelendefinition in den Text aufgenommen wurde, ist die nochmalige Zufügung dieses Zusatzes hier entbehrlich.

gehen will, muß daher die Natur von Quantität, Proportion, Winkel und Figur im voraus kennen; weshalb ich zu dem Schluß kam, die letzten drei Kapitel mit der Erläuterung ihrer Natur der Ersten Philosophie, die ich hiermit verlasse, beigeben zu sollen.

DRITTER TEIL
VERHÄLTNISSE VON BEWEGUNGEN
UND GRÖSSEN

Kapitel XV
Natur, Eigenschaften und verschiedenartige
Betrachtungsweisen von Bewegung
und Bewegungsansatz

1. *Wiederholung der oben dargestellten Ausgangspunkte der Bewegungslehre.* 2. *Ergänzungen dazu.* 3. *Einige Lehrsätze über die Natur der Bewegung.* 4. *Verschiedene Arten, die Bewegung zu betrachten.* 5. *Auf welche Bahn sich der erste Bewegungsansatz eines Beweglichen richtet.* 6. *Fällt bei Bewegung aufgrund von Zusammentreffen eines der Bewegenden weg, so geht der Bewegungsansatz die Bahn des andern entlang. Der Bewegungsansatz eines Beweglichen, das aus der Kreisbahn, auf der es sich fortbewegt, herausgeworfen wird, geht die Tangente entlang.* 7. *[Jeder Bewegungsansatz pflanzt sich ins Unendliche fort.]*[1] 8. *Je größer die Geschwindigkeit oder Größe eines Bewegenden ist, desto größer ist seine Einwirkung auf einen Körper, auf den es auftrifft.*

1. Als nächstes ist die Behandlung von *Bewegung* und *Größe* an der Reihe, den in höchstem Maße gemeinsamen Akzidenzien der Körper. Daher beanspruchen an dieser Stelle die Elemente der Geometrie einen Großteil des Raums für sich. Da aber dieser von den vortrefflichsten Geistern aller Zeiten mit Sorgfalt kultivierte Teil der Philosophie eine reichere Ernte getragen hat als sich in den engen Rahmen unseres vorliegenden Werkes hineinpressen läßt, hielt ich es für geraten, den an dieser Stelle angekommenen Leser aufzufordern, er möge die

---

[1] *A E B* gibt als Summarie von Art. 7 irrigerweise den hier als zweiten Teil der Summarie von Art. 6 eingeordneten Satz; der obige Text der Summarie von Art. 7 ist entnommen aus der Zufügung in OL I, S. 175 bzw. EW I, S. 203.

Schriften von Euklid, Archimedes, Apollonios[2] und der sonstigen alten wie neueren Autoren zur Hand nehmen. Wozu auch schon Getanes nochmals tun?[3] Ich selber will aber in den nächsten paar Kapiteln zu geometrischen Fragen nur Weniges, und zwar Neues, sagen, und vor allem solche Dinge, die der Physik zustatten kommen.

Ein Teil der Ausgangspunkte dieses Wissenszweigs, die in Kapitel VIII und IX schon erläutert worden sind, sei an dieser Stelle zusammengetragen, um dem, der von hier aus weitergehen will, das Licht aus größerer Nähe zu spenden.

Erstens wird also (nach Kap. VIII, Art. 10) Bewegung wie folgt definiert: *Bewegung ist die stetige Privation eines Orts und das Erreichen eines anderen.*

Zweitens wurde dort dargelegt, daß, *was sich bewegt, sich in Zeit bewegt.*

Drittens haben wir (im selben Kapitel, Art. 11) definiert, daß *Ruhe statthat, sobald ein Körper sich eine Zeitlang am selben Ort befindet.*

Viertens wurde dort dargelegt, daß, *was sich bewegt, niemals an einem bestimmten Ort ist,* und daß *ein und dasselbe sowohl sich bewegt hat als auch sich bewegt als auch sich bewegen wird,* weshalb in jedem Teil des Raums, durch den die Bewegung sich erstreckt, drei Zeiten in Betracht gezogen werden können: *Vergangenheit, Gegenwart* und *Zukunft.*

Fünftens haben wir (im selben Kapitel, Art. 15) definiert, daß *Geschwindigkeit Bewegung ist, betrachtet als die Potenz des Beweglichen, in einer bestimmten Zeit eine bestimmte Strecke zurücklegen zu können.* Das läßt sich auch bündiger wie folgt ausdrükken: *Geschwindigkeit ist die nach Zeit und Linie bestimmte Quantität der Bewegung.*

Sechstens wurde (im selben Kapitel, Art. 16) dargelegt, daß *Bewegung das Maß der Zeit ist.*

Siebtens haben wir (im selben Kapitel, Art. 17) definiert,

---

[2] Vgl. Apollonios von Perge (um 260-190 v. Chr.), *Über Kegelschnitte.*

[3] *Actum agere:* ein vor allem durch Terenz, *Phormio,* V. 419 bekannt gewordenes lateinisches Sprichwort.

daß *Bewegungen gleich schnell sind, wenn in gleichen Zeitspannen gleiche Strecken zurückgelegt werden.*

Achtens haben wir (im selben Kapitel, Art. 18) definiert, daß *Bewegungen gleich sind, wenn die Geschwindigkeit des einen Beweglichen, umgerechnet auf seine Gesamtgröße, der gleichfalls auf seine Gesamtgröße umgerechneten Geschwindigkeit des andern gleich ist.* Anzumerken ist daher, daß »gleiche Bewegungen« und »gleich schnelle Bewegungen« nicht dasselbe bedeuten. Denn die Bewegung zweier vor den Wagen gespannter Pferde ist größer als die eines jeden der beiden einzeln, obwohl doch die Geschwindigkeit der beiden zusammen der des einzelnen gleich ist.

Neuntens wurde (im selben Kapitel, Art. 19) dargelegt, *daß, was ruht, immerzu ruhen wird, wofern nicht außer ihm etwas anderes vorhanden ist, das, indem es an seinen Ort gelangt, es nicht länger im Ruhezustand beläßt;*[4] und daß, *was sich bewegt, sich immerzu bewegen wird, solange nicht etwas außer ihm vorhanden ist, das seine Bewegung hindert.*

Zehntens wurde (in Kap. IX, Art. 7) dargelegt, daß *die unmittelbare Wirkursache jeder Bewegung (im Ausgang von vorheriger Ruhe) in einem bewegten und berührenden Körper liegt.*

Elftens wurde dort dargelegt, *daß, was sich bewegt, mit derselben Schnelligkeit und derselben Bahn entlang immerzu fortschreiten wird, sofern es nicht von einem bewegten und berührenden Körper daran gehindert wird.*

2. Diesen Ausgangspunkten seien hier die folgenden zugefügt. Erstens wollen wir definieren, daß *Bewegungsansatz Bewegung durch einen Raum- und Zeitabschnitt hindurch ist, die kleiner sind als jeder gegebene, d. h. als jeder bestimmte bzw. durch Darstellung oder eine Zahl angebbare, also Bewegung durch einen Punkt und in einem Augenblick.*[5] Zur Erläuterung dieser Definition ist

---

[4] Statt »das, indem es an seinen Ort gelangt, es nicht länger im Ruhezustand beläßt« (= *E*) in *AB* ungenauer »wofern nicht außer ihm etwas anderes vorhanden ist, bei dessen Unterstellung es nicht weiter ruhen kann«.

[5] Statt »also Bewegung durch einen Punkt und in einem Augenblick« (= *A*) in *E* ausführlicher »also durch die Länge eines Punkts und in

daran zu erinnern, daß unter Punkt nicht etwas zu verstehen ist, das keine Quantität hat bzw. in keiner Hinsicht geteilt werden kann (denn so etwas gibt es nicht in der Welt[6]), sondern etwas, dessen Quantität außer Betracht bleibt, d. h. bei dem weder seine Quantität noch irgendeiner seiner Teile bei der Beweisführung herangezogen wird;[7] so daß ein Punkt nicht als unteilbar gilt, sondern als ungeteilt. So ist auch der *Augenblick* zu begreifen als eine ungeteilte und nicht als unteilbare Zeitspanne.

Dementsprechend ist auch das Ansetzen zu einer Bewegung so zu verstehen, daß es zwar Bewegung ist, aber von der Art, daß weder die Quantität der Zeitspanne, in der es sich vollzieht, noch die der Linie, auf der es sich vollzieht, bei der Beweisführung mit der Quantität einer Zeitspanne oder Linie, von der die betreffende Quantität ein Teil ist, irgendwie verglichen wird, obwohl ein Bewegungsansatz, ganz wie ein Punkt mit einem andern, mit einem andern verglichen werden und der eine sich als größer oder kleiner als der andere herausstellen kann. Denn vergleicht man die Scheitelpunkte zweier Winkel miteinander, so werden sie im Verhältnis der Winkel selber gleich oder ungleich sein; oder wenn eine gerade Linie die Peripherien mehrerer konzentrischer Kreise schneidet, werden die Schnittpunkte im Verhältnis der Kreislinien selber ungleich sein. Genauso werden, wenn zwei Bewegungen gleichzeitig beginnen und gleichzeitig aufhören, ihre Bewegungsansätze im Verhältnis ihrer Geschwindigkeiten gleich oder ungleich sein; wie wir eine Bleikugel mit größerem Bewegungsansatz fallen sehen als ein Wollknäuel.

Zweitens wollen wir definieren, daß *Impuls die Geschwindigkeit selber ist, aber in einem beliebigen Zeitpunkt betrachtet, in dem der Durchgang stattfindet.* So ist der Impuls also nichts anderes als die Quantität bzw. Geschwindigkeit des Bewegungsansatzes selber.[8]

---

einem Augenblick oder Punkt der Zeit zurückgelegte Bewegung«. *B* läßt »und in einem Augenblick« versehentlich weg.

  [6] Vgl Kap. VII, Art. 13.
  [7] Vgl. Kap. VIII, Art. 12.
  [8] Statt »Zweitens wollen wir definieren, daß Impuls die Geschwindig-

Drittens wollen wir definieren, daß *Widerstand bei der Berührung zweier beweglicher Dinge der Bewegungsansatz des einen ist, der dem des andern völlig oder teilweise entgegengesetzt ist.* Von »völlig[9] entgegengesetzt« rede ich, wenn die zwei Beweglichen auf derselben Gerade von deren verschiedenen Endpunkten aus zur Bewegung ansetzen; von »teilweise entgegengesetzt«, wenn beide auf Linien ansetzen, die außerhalb der Geraden zusammentreffen, von deren Endpunkten sie ausgehen.

keit selber ist, aber in einem beliebigen Zeitpunkt betrachtet, in dem der Durchgang stattfindet. So ist der Impuls also nichts anderes als die Quantität bzw. Geschwindigkeit des Bewegungsansatzes selber.« in *E* »Zweitens wollen wir definieren, daß der Impuls oder die Schnelligkeit einer Bewegung die Geschwindigkeit des bewegten Körper ist, aber in den verschiedenen Punkten der Zeit betrachtet, in der er sich bewegt. Aber verglichen mit der Gesamtzeit ist er die Gesamtgeschwindigkeit des Körpers die ganze Zeit hindurch genommen und gleich dem Produkt einer Linie, welche die Zeit vorstellt, multipliziert mit einer Linie, welche den arithmetisch mittleren Impuls bzw. die Geschwindigkeit vorstellt. Was dieses arithmetische Mittlere ist, wurde im 29. Artikel von Kapitel XIII definiert. Da die in gleichen Zeiten durchlaufenen Strecken sich verhalten wie die Geschwindigkeiten und der Impuls die Geschwindigkeit ist, mit der sie sich bewegen, umgerechnet auf alle einzelnen Zeitpunkte, folgt daraus, daß in jeder beliebigen Zeit, gleich wie der Impuls zu- oder abnimmt, die Länge der zurückgelegten Strecke im gleichen Verhältnis zu- oder abnimmt; und ein und dieselbe Linie stellt sowohl die Strecke des bewegten Körpers vor als auch die einzelnen Impulse oder Geschwindigkeitsabstufungen, mit denen die Strecke zurückgelegt wird. Ist nun der bewegte Körper nicht ein Punkt, sondern eine gerade Linie, die so bewegt wird, daß jeder ihrer Punkte eine eigene gerade Linie bildet, so wird bei gleicher Zeit die von ihrer Bewegung – gleich ob sie gleichförmig, beschleunigt oder verlangsamt ist – beschriebene Ebene im selben Verhältnis größer oder kleiner sein, in dem der bei der einen Bewegung berechnete Impuls zu dem bei der andern berechneten steht. Denn das Verhältnis ist bei Parallelogrammen und ihren Seiten dasselbe. Aus dem gleichen Grund wird auch, wenn der bewegte Körper eine Ebene ist, der beschriebene Raumkörper im selben Verhältnis größer oder kleiner sein, in dem die auf der einen Linie berechneten Impulse oder Schnelligkeiten zu den auf der andern berechneten Impulsen stehen. [...]«

[9] »Völlig« fehlt versehentlich in *AB*.

Viertens wollen wir das Wesen von *Druck* definieren: *Wir sagen, daß zwei bewegliche Dinge auf einander Druck ausüben, wenn der Bewegungsansatz des einen dazu führt, daß das andere oder ein Teil des andern vom Platz weicht.*

Fünftens sagen wir, *daß ein dem Druck ausgesetzter, aber nicht wegbewegter Körper sich in seine vorige Lage zurückversetzt, wenn nach Aufhebung des Drucks seine bewegten Teile aufgrund der inneren Verfassung des Körpers jeder an seinen Ort zurückkehren,* wie wir das bei Federn, aufgeblasenen Ballons und vielen anderen Körpern sehen, deren Teile dem Bewegungsansatz des drückenden Körpers bei dessen erstem Auftreffen zwar mehr oder weniger nachgeben, danach aber (nach Entfernung des Drucks) sich dank einer bestimmten inneren Kraft wieder in ihre vorigen Lage versetzen und dem ganzen Körper seine vorherige Gestalt wiedergeben.

Sechstens wollen wir *Kraft* definieren als *den entweder mit sich selber oder mit der Größe des bewegenden Dings vervielfältigten Impuls, wodurch der bewegende Körper auf einen ihm widerstehenden mehr oder weniger einwirkt.*[10]

3. Nach diesen Festsetzungen wollen wir erstens beweisen, *daß ein ruhender Punkt, an den ein anderer Punkt mit beliebig geringem Impuls[11] soweit heranbewegt wird, daß er ihn berührt, durch diesen Impuls in Bewegung versetzt wird.* Denn würde er durch diesen Impuls von seinem Ort rein gar nicht wegbewegt, so würde er, da zweimal null null ist, auch von einem verdoppelten Impuls nicht wegbewegt; und aus dem gleichen Grund würde er auch von einem beliebig oft vervielfältigten Impuls nicht wegbewegt, da null, wie oft auch immer vervielfältigt, immerzu null bleibt. Gibt daher ein ruhender Punkt einem beliebig geringen Impuls nicht nach, so wird er keinem je nachgeben, und infolgedessen wäre es unmöglich, daß, was ruht, sich je bewegte.

Zweitens, *daß ein mit beliebig geringem Impuls bewegter Punkt, der auf einen Punkt irgendeines ruhenden Körpers auftrifft, ihn, selbst wenn er völlig hart ist, beim ersten Auftreffen etwas nachzugeben zwingt.* Denn würde er dem gegebenen Impuls, wie gering der

---

[10] Vgl. die Definition der Kraft in Kap. VIII, Art. 18.

[11] *E* fügt hinzu »oder Schnelligkeit seiner Bewegung«.

auch sei,[12] rein gar nicht nachgeben, so wird er auch dem Impuls beliebig vieler Punkte nicht nachgeben, die jeder für sich ihren eigenen, dem betreffenden gleichen Impuls besitzen. Denn da diese Punkte sämtlich in gleicher Weise wirken und der eine von ihnen keinerlei Wirkung zeitigt, wird auch die Gesamtheit aller zugleich so oft keine Wirkung zeitigen, als da Punkte angehäuft sind, also gar keine. Infolgedessen gäbe es Körper, die so hart wären, daß keine Kraft sie zu brechen vermöchte;[13] eine endliche Härte, d. h. eine endliche Kraft würde also einer unendlichen nicht nachgeben; was absurd ist.

Korollar. Es ist also klar, daß *Ruhe nichts hervorbringt und jeder Wirkungsmacht ermangelt;*[14] *daß aber ausschließlich Bewegung sowohl dem, was ruht, Bewegung verleiht als auch dem, was sich bewegt, sie entzieht.*

Drittens, *daß ein Innehalten des Bewegenden nicht auch das von ihm in Bewegung Versetzte innezuhalten zwingt.* Denn nach Nr. 11 von Art. 1 dieses Kapitels behält, was bewegt wird, dieselbe Schnelligkeit und Bahn bei, solange es nicht von einem in Gegenrichtung Bewegten daran gehindert wird. Es ist aber klar, daß das Innehalten eines Bewegenden nicht Bewegung in entgegengesetzter Richtung ist, woraus also folgt, daß beim Innehalten des Bewegers nicht auch das Bewegliche notwendig innehält.

Korollar. Diejenigen täuschen sich also, welche die Entfernung eines Hindernisses oder Widerstands unter die Ursachen der Bewegung zu rechnen pflegen.

4. Bewegung wird aber in verschiedenerlei Hinsichten in Rechnung gebracht:

1) Als in einem *ungeteilten* (d. h. als Punkt betrachteten) oder

---

[12] Statt »dem gegebenen Impuls, wie gering der auch sei« in *E* »dem Impuls, der an diesem Punkt statthat«.

[13] In seinem *Discours de la méthode*, Leiden 1637, 1. Anhang: *La Dioptrique*, Discours II (»De la Réfraction«) hatte Descartes die Erde hypothetisch als »vollkommen eben und hart« angesetzt, wogegen sich Hobbes in einem für Descartes bestimmten Brief an Mersenne vom 7. Februar 1641 (*The Correspondence of Thomas Hobbes*, Bd. I, S. 67 f.) mit dem gleichen Argument wie hier gewendet hatte.

[14] Vgl. Kap. IX, Art. 9.

in einem *geteilten* Körper befindlich. Als in einem ungeteilten, wenn wir unterstellen, daß die Bahn, auf der sich die Bewegung vollzieht, eine Linie ist; als in einem geteilten, wenn wir die Bewegung der einzelnen Teile eines Körpers als die der Teile berechnen.

2) Von der Verschiedenheit des Maßstabs her. Die Bewegungen eines als ungeteilt betrachteten Körpers sind teils *gleichförmig*, teils *mehrförmig*. Bei einer gleichförmigen werden in selben Zeitabschnitten jedesmal gleich große Linien durchlaufen; bei einer mehrförmigen wird in dem einen Zeitabschnitt ein größerer, im andern ein kleinerer Raum durchquert. Und bei den mehrförmigen Bewegungen schreitet der Beschleunigungs- oder Verlangsamungsgrad einiger im selben (oder im doppelten, dreifachen oder mit welcher Zahl immer vervielfältigten) Verhältnis fort, als den durchquerten Räumen entspricht, wogegen es sich bei anderen anders verhält.

3) Von der Anzahl der bewegenden Dinge her. Bewegung wird teils durch ein einziges, teils durch das Zusammentreffen mehrerer bewegender Dinge bewirkt.

4) Von der Lage der Linie her, die das Bewegliche zurücklegt, in ihrem Verhältnis zur Linie eines anderen Beweglichen. Daher kann man Bewegungen teils *lotrecht*, teils *schief* und teils *parallel* nennen.

5) Von der Lage des Bewegenden gegenüber der des Bewegten her. Daher ist manche Bewegung *Stoß* und manche *Zug*. Beim Stoß macht das Bewegende, daß das Bewegliche ihm vorangeht, beim Zug, daß es ihm nachfolgt. Der Stoß ist seinerseits teils von der Art, daß die Bewegung des Bewegten gleichzeitig mit der des Bewegenden anfängt, was man *Schub* und *Transport* nennen kann; bei der andern Art bewegt das Bewegende sich zuerst, das Bewegliche aber erst später, und diese Bewegung nennt man *Schlag*.

6) Manchmal betrachtet man an der Bewegung nur die Wirkung, die sie auf das Bewegliche ausübt, und dann pflegt man sie *Moment* zu nennen. Das Moment ist aber der Bewegungsüberschuß des bewegenden Körpers über die Bewegung des widerstehenden Körpers bzw. über seinen Ansatz dazu.

7) Bewegung kann entsprechend der Verschiedenheit des Mediums betrachtet werden. So vollzieht die eine sich im Leeren, eine andere in Flüssigem und wieder eine andere in Festem, d. h. in einem Medium, dessen Teile so stark zusammenhalten bzw. zusammenhängen, daß keiner dieser Teile einem Bewegenden nachgibt, außer das Ganze gibt nach.[15]

8) Betrachtet man das Bewegliche als Teile besitzend, so ergibt dies eine weitere Unterscheidung der Bewegung. Die eine ist nämlich *einfach*, eine andere *zusammengesetzt*. Bei der einfachen beschreiben seine einzelnen Teile jeweils gleiche Linien, bei der zusammengesetzten ungleiche.

5. Jeder Bewegungsansatz richtet sich aber dorthin, d. h. auf die Bahn, die, wenn es nur ein einziges Bewegendes gibt, von der Bewegung des Bewegenden bestimmt wird oder, wenn es mehrere Bewegende gibt, von der Bewegung, die aus dem Zusammentreffen dieser Bewegenden entsteht. Wird beispielsweise das Bewegliche geradeaus fortbewegt, so befindet sich sein erster Bewegungsansatz auf einer geraden Linie; wird es im Kreis bewegt, so befindet sich auch sein erster Bewegungsansatz auf der Peripherie des Kreises.

6.[16] Und falls das Bewegliche sich auf einer beliebigen Linie fortbewegt, wobei seine Bewegung aus dem Zusammentreffen zweier Bewegender resultiert, so wird sein Bewegungsansatz an dem Punkt, an welchem ihm das eine Bewegende seine Kraft entzieht, sich umwandeln in einen Bewegungsansatz entlang der Linie des andern Bewegenden. Wird daher irgendein Bewegliches von zwei zusammentreffenden Winden fortbewegt, und einer der Winde legt sich, so wird es zur Bewegung auf der Linie ansetzen und sich auch bewegen, auf welcher es vom allein anhaltenden Wind fortbewegt wird. Und bei einem Kreis, wo die Bewegung von dem längs der Tangente Bewegenden und vom Radius bestimmt wird, der

---

[15] Diese Definition des Festen ist identisch mit der des Harten (Kap. VIII, Art. 2; Kap. XXII, Art. 2), weil nach Kap. XXVI, Art. 4 Härte eine Abstufung von Festigkeit ist.

[16] In *AEB* wird der folgende Satz noch zum 5. Artikel gezogen und beginnt der 6. erst einen Satz später. Hier richtiggestellt nach OL I, 182 bzw. EW I, 215.

das Bewegliche in einem bestimmten Abstand vom Mittelpunkt hält, wird sein Bewegungsansatz, der sich erst auf der Kreisperipherie befand, sobald die Zurückhaltung durch den Radius wegfällt, sich nur auf der Tangente, also auf einer geraden Linie, befinden. Da nämlich der Bewegungsansatz in bezug auf einen kleineren Teil der Peripherie in Anschlag gebracht wird, als je gegeben werden kann, also in bezug auf einen Punkt, setzt die Bahn des Beweglichen entlang der Peripherie sich aus einer unendlichen Anzahl gerader Linien zusammen, deren jede kleiner ist als sich sagen läßt,[17] und die deswegen Punkte genannt werden. Es wird also das Bewegliche,[18] sobald es von der Zurückhaltung durch den Radius befreit ist, entlang dieser Geraden fortschreiten, d. h. entlang der Tangente.

7. Ein jeder Bewegungsansatz aber, ob stark oder schwach, pflanzt sich ins Unendliche fort. Schließlich ist er Bewegung. Vollzieht er sich also im Leeren, so wird das Bewegliche stets mit derselben Geschwindigkeit fortschreiten, da bei der Unterstellung von Leere unterstellt wird, daß seiner Bewegung kein Widerstand entgegengesetzt wird und es also (nach Kap. IX, Art. 7) auf derselben Bahn mit derselben Geschwindigkeit immerzu vorwärtsschreiten wird. Vollzieht er sich aber im Vollen, so wird er dennoch – da Ansatz zur Bewegung Bewegung ist –, was ihm auf seiner Bahn als erstes im Wege steht, wegbewegen, so daß es seinerseits zur Weiterbewegung ansetzt, welcher Bewegungsansatz wiederum das wegbewegen wird, was ihm als erstes im Wege steht, und so ins Unendliche. Die Fortpflanzung[19] eines Bewegungsansatzes schreitet also von dem einen Teil des Vollen zum andern ins Unendliche fort. Sie erstreckt sich auch in einem Augenblick in beliebig große Entfernung; denn im selben Augenblick, da der erste Teil des vollen Mediums den ihm nächstgelegenen Teil wegbewegt, bewegt auch der zweite Teil den ihm seinerseits

---

[17] Statt »als sich sagen läßt« in *E* »als sich geben läßt«.

[18] Statt »das Bewegliche« in *E* »irgendein Körper, der sich auf der Peripherie eines Kreises bewegt«.

[19] Statt »Fortpflanzung« (= *E*) in *AB* weniger zutreffend »Erzeugung«.

direkt im Wege stehenden weg. Jeder Bewegungsansatz schreitet also, gleich ob im Leeren oder Vollen, in beliebige Entfernung fort, und das in beliebig geringer Zeit, d.h. in einem Augenblick. Es macht auch keinen Unterschied, ob dieses Ansetzen sich im Fortgang so abschwächt, daß der Bewegungsansatz sich letztendlich jeder Wahrnehmung entzieht; ist doch Bewegung so geringen Ausmaßes möglich, daß sie die Sinne nicht zu reizen vermag.[20] Uns geht es hier indessen nicht um Sinneswahrnehmung und Erfahrung der Dinge, sondern um Vernunftgründe dafür.

8. Bei gleicher Größe ist die auf einen Widerstand leistenden Körper ausgeübte Kraft bei einem schnelleren Bewegenden größer als bei einem langsameren, und ebenso bei gleicher Geschwindigkeit die des größeren größer als die des kleineren. Denn was bei gleicher Größe mit größerer Geschwindigkeit auf ein Bewegliches auftrifft, prägt ihm eine größere Bewegung ein. Und was bei gleicher Geschwindigkeit mit größerer Masse auf denselben Punkt oder denselben Teil eines Beweglichen auftrifft, verliert weniger Geschwindigkeit, weil ein Widerstand leistender Körper nur auf den Teil des Bewegenden wirkt, den er berührt, und also nur den Impuls dieses Teils zurückstößt, während die nicht berührten Teile fortschreiten und ihre Kräfte unverkürzt erhalten bleiben, bis auch sie zur Berührung kommen und ihre Kräfte dabei eine bestimmte Wirkung ausüben. Deshalb hat beispielsweise beim Rammbock ein längeres Stück Holz mehr Wirkung auf die Wand als ein kürzeres von gleicher Dicke und Geschwindigkeit und ein dickeres von gleicher Länge und Geschwindigkeit mehr als ein dünneres.

---

[20] Statt »ist doch Bewegung so geringen Ausmaßes möglich, daß sie die Sinne nicht zu reizen vermag« in *E* kürzer »denn Bewegung kann unwahrnehmbar sein«.

Kapitel XVI
Beschleunigte und gleichförmige Bewegung
und Bewegung
durch Zusammentreffen*

1. *Die für eine beliebige Zeitspanne berechnete Geschwindigkeit eines Beweglichen ist das Produkt der Multiplikation von Impuls[21] und Zeit.* 2. usw. *Bei jeder Bewegung verhalten sich die durchlaufenen Strecken zueinander wie die Produkte aus Impuls und Zeit.* 6. *Durchlaufen zwei gleichförmig fortbewegte Dinge zwei Strecken, so stehen die durchlaufenen Strecken in einem aus den direkten Verhältnissen des einen Zeitabschnitts zum andern und des einen Impulses zum andern zusammengesetzten Verhältnis.* 7. *Durchlaufen zwei gleichförmig fortbewegte Dinge zwei Strecken, so verhalten sich die Zeitspannen zueinander wie das aus den umgekehrten Verhältnissen der einen Strecke zur andern und des einen Impulses zum andern zusammengesetzte Verhältnis. Ebenso verhalten sich die Impulse zueinander wie das aus den umgekehrten Verhältnissen der einen Strecke zur andern und der einen Zeitspanne zur andern zusammengesetzte Verhältnis.* 8. *Wird ein Bewegliches von zwei Bewegenden zugleich gleichförmig fortbewegt, die unter einem beliebigen Winkel zusammentreffen, so wird die Linie, die es durchläuft, eine Gerade sein, welche dem Komplement des Winkels[22] auf zwei Rechte hin gegenüberliegt.* 9. usw. *Wenn ein Bewegliches von zwei Bewegenden zugleich fortbewegt wird, deren eines sich gleichförmig und deren anderes sich beschleunigt bewegt, die von dem Beweglichen beschriebene Linie zu finden, wofern nur das Verhältnis der durchlaufenen Strecken zu den Zeitabschnitten, in denen sie durchlaufen werden, in [ganzen] Zahlen ausgedrückt werden kann.*

1. Die Quantität der Geschwindigkeit eines Körpers, der sich eine beliebige Zeitspanne hindurch bewegt, bestimmt sich aus der Summe aller einzelnen Schnelligkeiten oder Impulse, die er in den einzelnen Zeitpunkten seiner Bewegung hat. Alle in der Gesamtzeit auftretenden Impulse zusammen sind dasselbe wie der mittlere Impuls (wobei »mittlere« nach Kap.

---

[21] *E* fügt hinzu »oder der Schnelligkeit seiner Bewegung«.

[22] Statt »dem Komplement des Winkels« (= Druckfehlerkorrektur in *A*) in *B* irrig »dem Winkel des Komplements«.

XIII, Art. 29 zu definieren ist als »vervielfältigt mit der Gesamtzeit«).[23]

Da nämlich Geschwindigkeit (laut Definition in Kap. VIII, Art. 15)[24] die Potenz des Beweglichen ist, in einer bestimmten Zeit eine bestimmte Strecke zurücklegen zu können, und Impuls (nach Kap. XV, Art. 2, Nr. 2) die nur in einem einzigen Zeitpunkt herausgegriffene Geschwindigkeit, sind alle Impulse in allen Zeitpunkten[25] zusammengenommen dasselbe wie der mittlere, mit der Gesamtzeit multiplizierte Impuls oder, was dasselbe ist,[26] wie die Geschwindigkeit der gesamten Bewegung.

Korollar. Ist der Impuls überall gleich, so kann man eine beliebige ihn vorstellende Gerade als Maß der Zeit nehmen; und die Schnelligkeiten oder Impulse, die man der Reihe nach auf einer beliebigen Geraden abträgt, die damit einen Winkel bildet und die Richtung der Bewegung des Körpers vorstellt, wird ein Parallelogramm ergeben,[27] das die Geschwindigkeit der gesamten Bewegung vorstellt. Nimmt der Impuls aber vom Ruhezustand aus gleichförmig zu, d. h. immer im selben Verhältnis zu den verstrichenen Zeitabschnitten, so wird die Gesamtgeschwindigkeit der Bewegung durch

[23] Diese beiden Sätze haben den *Six Lessons* (EW VII, S. 270) zufolge den unvollständigen Text von *A* (der allerdings unverändert in *B* wiederabgedruckt wurde) zu ersetzen: »Die Geschwindigkeit eines Körpers, der sich eine Zeitlang bewegt, ist so groß wie das Produkt aus dem Impuls, den er zu dem Zeitpunkt hat, und der Zeitdauer der betreffenden Bewegung.« Wie Hobbes an der gleichen Stelle mitteilt, hatte er veranlaßt, daß *E* den Text in diesem Sinn korrigiert. Tatsächlich findet sich in *E* aber nur der ersten der beiden Sätze.

[24] Tatsächlich ist der nächste Bezugpunkt dieser Bemerkung die Definition der Geschwindigkeit in Kap. XV, Art. 1.

[25] »in allen Zeitpunkten« ist Zusatz von *E*.

[26] Statt »wie der mittlere, mit der Gesamtzeit multiplizierte Impuls oder, was dasselbe ist« (= *E*) in *AB* »wie die für die einzelnen Zeitpunkte berechnete Geschwindigkeit, also wie der mit der Gesamtzeit multiplizierte Impuls bzw.«.

[27] So in *E*; in *AB* stattdessen fehlerhaft »Ist der Impuls überall gleich und wählt man eine beliebige Gerade als Maß der Zeit, so bilden die der Reihe nach auf dieser Gerade abgetragenen Impulse ein Parallelogramm«.

ein Dreieck vorgestellt, dessen eine Seite die Gesamtzeit und
dessen andere der maximale zu diesem Zeitpunkt erreichte
Impuls ist; oder auch durch ein Parallelogramm, dessen eine
Seite die Gesamtzeit der Fortbewegung, dessen andere aber
die Hälfte des maximalen Impulses ist; oder schließlich durch
ein Parallelogramm, dessen eine Seite die mittlere Proportionale zwischem dem maximalen (bzw. dem zuletzt erworbenen) Impuls und der Hälfte dieses maximalen Impulses, und
dessen andere die Hälfte des maximalen Impulses ist.[28] Denn
diese beiden Parallelogramme sind sowohl untereinander als
auch dem Dreieck gleich, das aus der Gesamtzeit und dem
maximalen[29] Impuls entsteht, wie in den Elementen der Geometrie bewiesen ist.[30]

2. Bei allen gleichförmigen Bewegungen[31] verhalten sich
die durchlaufenen Strecken zueinander wie das Produkt des
einen mittleren[32] Impulses mit seiner Zeit zum Produkt des
andern mittleren[33] Impulses mit seiner Zeit.[34] [...]

Korollar. Da gezeigt worden ist, daß bei einer gleichförmigen Bewegung die durchlaufenen Strecken sich verhalten wie
die Parallelogramme aus dem mit den Zeitabschnitten multi-

---

[28] So die Verbesserung in *B* für den unvollständigen Text von *A* »die
mittlere Proportionale zwischem dem maximalen (bzw. dem zuletzt
erworbenen) Impuls und der Hälfte dieses maximalen Impulses ist«.
Wie Hobbes in den *Six Lessons* (EW VII, S. 271) mitteilt, hatte ein fran-
zösischer Freund (der Pariser Jurist und Mathematiker Claude Mylon) ihn brieflich darauf aufmerksam gemacht, daß das Parallelogramm damit nur eine Seite hätte (vgl. Mylons Text in *The
Correspondence of Thomas Hobbes*, Bd. I, S. 235). *E* verbesserte dementsprechend zu »die mittlere Proportionale zwischen der Gesamtzeit
und der Hälfte der Zeit und dessen andere Seite die Hälfte des maximalen Impuls ist«.

[29] Statt »maximalen« in *AB* irrtümlich »zunehmenden«.

[30] Dieser Beweis findet sich nicht bei Euklid (oder Archimedes).

[31] Statt »Bei allen gleichförmigen Bewegungen« (= *E*) in *AB* »Bei
jeder gleichförmigen Bewegung«. Die Änderung in *E* ist veranlaßt
durch Wallis' Kritik in seinem *Elenchus Geometriae Hobbianae*, S. 40;
vgl. Hobbes' Antwort in den *Six Lessons* (EW VII, S. 271 f.).

[32] »mittleren« ist Zusatz von *E*.

[33] »mittleren« ist Zusatz von *E*.

[34] In moderner Formulierung: $s = x_0 + vt$.

plizierten mittleren[35] Impuls, also (wegen der Gleichheit der Impulse) wie die Zeitabschnitte selber, so verhält sich bei Permutation auch, wie Zeitabschnitt zu Strecke, so Zeitabschnitt zu Strecke; wie hier überhaupt alle Eigenschaften und Metamorphosen von Analogismen statthaben, die wir im XIII. Kapitel aufgezählt und bewiesen haben.

3. Bei einer vom Ruhezustand aus gleichförmig beschleunigten Bewegung (wo also die Impulse stetig im Verhältnis der Zeitabschnitte zunehmen) verhält sich auch die im einen Zeitabschnitt durchlaufene Strecke zu der in einem andern durchlaufenen wie das eine Produkt aus mittlerem[36] Impuls und Zeit zum andern Produkt aus mittlerem[37] Impuls und Zeit. [...]

Korollar 1. Bei einer gleichförmig beschleunigten Bewegung stehen die durchlaufenen Strecken zu ihren Zeiten in einem Verhältnis, das sich aus dem ihrer Zeitabschnitte zueinander und ihrer Impulse zueinander zusammensetzt.[38] [...]

Korollar 2. In gleichen, vom Anfang der Bewegung ab gewählten Zeitabschnitten durchlaufene Strecken verhalten sich bei gleichförmig beschleunigter Bewegung wie die Differenzen der Quadratzahlen von der Eins aus, also wie 3, 5, 7 usw. Wird nämlich im ersten Zeitabschnitt eine Strecke wie 1 zurückgelegt, so in zweien eine Strecke wie 4, was das Quadrat der Zwei ist, in dreien eine Strecke wie 9, das Quadrat der 3,[39] und so immer weiter; und die Differenzen dieser Quadrate sind 3, 5, 7 usw.[40]

Korollar 3. Bei einer gleichförmig vom Ruhezustand aus[41]

---

[35] »mittleren« ist Zusatz von *E*.

[36] »mittlerem« ist Zusatz von *E*.

[37] »mittlerem« ist Zusatz von *E*.

[38] Statt »zu ihren Zeiten in einem Verhältnis, das sich aus dem ihrer Zeitabschnitte zueinander und ihrer Impulse zueinander zusammensetzt« (= *E*) in *AB* ungenauer »zueinander im doppelten Verhältnis der Zeitabschnitte«.

[39] *E* fügt hinzu »und in den vier ersten wie 16«.

[40] Vgl. Galilei, *Discorsi*, 3. Tag, »Über natürlich beschleunigte Bewegung«, Zusatz I.

[41] Die Spezifizierung »vom Ruhezustand aus« nur in *E*.

beschleunigten Bewegung verhält sich die durchlaufene
Strecke zu einer im gleichen Zeitabschnitt, aber mit gleich-
förmigem Impuls (von der Größe des im letzten Zeitabschnitt[42] erreichten) durchlaufenen wie ein Dreieck zu einem
Parallelogramm, die Höhe und Grundlinie gemein haben.
[...]

4. Wird eine vom Ruhezustand ausgehende Bewegung so
beschleunigt, daß die Impulse stetig im Verhältnis zu den verstrichenen Zeitabschnitten doppelt so schnell zunehmen,
dann verhält sich auch die in dem einen Zeitabschnitt durchlaufene Strecke zu der in einem andern Zeitabschnitt durchlaufenen wie das Produkt aus mittlerem[43] Impuls und Zeit der
einen Bewegung zu dem aus mittlerem[44] Impuls und Zeit der
anderen Bewegung. [...]

Korollar 1. Strecken, die mit dergestalt beschleunigter Bewegung durchlaufen werden, daß die Impulse stetig im Verhältnis zu den Zeitabschnitten doppelt so schnell zunehmen,
sind, wenn die Basen den Impuls darstellen, dreimal so groß
wie der zum letzten Zeitpunkt erworbene Impuls.[45] [...]

Korollar 2. In gleichen, vom Anfang ab gewählten Zeitabschnitten durchlaufene Strecken verhalten sich bei dergestalt
beschleunigter Bewegung, daß die Impulse zu den Zeitpunkten in einem doppelt so großen Verhältnis stehen (d. h. bei
doppelt beschleunigter Bewegung),[46] wie die Differenzen der
Kubikzahlen von der Eins aus, also wie 7, 19, 37 usw. Denn
wird die Strecke im ersten Zeitabschnitt als 1 angesetzt, so
wird sie am Ende des zweiten Zeitabschnitts 8, am Ende des
dritten 27, am Ende des vierten 64 usw. betragen, was Kubikzahlen mit den Differenzen 7, 19, 37 usw. sind.

[42] *E* wiederholt »von der beschleunigten Bewegung«.

[43] »mittlerem« ist Zusatz von *E*.

[44] »mittlerem« ist Zusatz von *E*.

[45] Statt »sind, wenn die Basen den Impuls darstellen, dreimal so
groß wie der zum letzten Zeitpunkt erworbene Impuls« (= Fassung
von *E* entsprechend der Korrektur in den *Six Lessons* [EW VII,
S. 279]) in *AB* irrigerweise »sind dreimal so groß wie ihre Zeitabschnitte«.

[46] »(d. h. bei doppelt beschleunigter Bewegung)« ist in *E* weggelassen.

Korollar 3. Wird eine Bewegung so beschleunigt, daß die Impulse doppelt so schnell zunehmen wie die Zeitabschnitte, so verhält sich eine beliebige durchlaufene Strecke zu einer in derselben Zeit, aber mit einem Impuls, der überall die zuletzt erreichte Größe besitzt, durchlaufenen Strecke[47] wie eine Parabel zu einem Parallelogramm von gleicher Höhe und Grundlinie, also wie 2 zu 3. [...]

5. Wollten wir die übrigen Bewegungen verfolgen, bei denen die Impulse um das Dreifache, Vierfache, Fünffache usw. der Zeitabschnitte zunehmen, so schweifte die Arbeit unnötigerweise ins Uferlose aus. Denn nach derselben Methode, mit der wir die mit einfach und zweifach zunehmendem Impuls durchlaufenen Strecken berechnet haben, kann, wer will, auch die mit dreifach, vierfach und beliebig vielfach zunehmendem Impuls durchlaufenen Strecken berechnen.

Er wird aber finden, daß, wo die Impulse dreimal so viel zunehmen wie die Zeitabschnitte, die Gesamtgeschwindigkeit durch den ersten Parabolaster (worüber mehr im folgenden Kapitel)[48] dargestellt werden kann, und daß die durchlaufenen Strecken viermal so groß sind wie die Zeitabschnitte; und wo die Impulse viermal so viel zunehmen wie die Zeitabschnitte, die Gesamtgeschwindigkeit durch den zweiten Parabolaster dargestellt werden kann, und daß die durchlaufenen

---

[47] Statt »Wird eine Bewegung so beschleunigt, daß die Impulse doppelt so schnell zunehmen wie die Zeitabschnitte, so verhält sich eine beliebige durchlaufene Strecke zu einer in derselben Zeit, aber mit einem Impuls, der überall die zuletzt erreichte Größe besitzt, durchlaufenen Strecke« (= *B*) in *A* »Wird eine Bewegung gleichförmig beschleunigt, so verhält sich eine beliebige durchlaufene Strecke zu einer in derselben Zeit, aber mit einem Impuls, der überall die zuletzt erreichte Größe besitzt, durchlaufenen Strecke« und in *E* »Wird eine Bewegung so beschleunigt, daß die durchlaufenen Strecken zueinander immer im doppelten Verhältnis ihrer Zeitabschnitte stehen, verhält sich die in der Gesamtzeit gleichförmig und mit immerzu dem letzterworbenen gleichen Impuls durchlaufene Strecke« (*E* und *B* reagieren auf Wallis' Kritik an *A* in seinem *Elenchus Geometriae Hobbianae*, S. 46).

[48] Tatsächlich erst in Kap. XVIII, Art. 2. – Der erste Parabolaster ist eine kubische Parabel.

Strecken fünfmal so groß sind wie die Zeitabschnitte; und so immer weiter.

6. Durchlaufen zwei gleichförmig fortbewegte Dinge zwei Strecken, und zwar jedes mit seinem eigenen Impuls und in seiner eigenen Zeit, so stehen die durchlaufenen Strecken in einem aus den direkten Verhältnissen des einen Zeitabschnitts zum andern und des einen Impulses zum andern zusammengesetzten Verhältnis.[49] [...]

Korollar 1. Sind bei gleichförmiger Bewegung zweier Dinge die Zeitabschnitte und Impulse umgekehrt proportional, so sind die durchlaufenen Strecken gleich. [...]

Korollar 2. Bewegen sich zwei Dinge gleich lang mit verschiedenem Impuls fort, so verhalten sich die durchlaufenen Strecken wie der eine Impuls zum andern. [...] Ähnlich verhalten, wenn zwei Dinge sich gleichförmig mit gleichem Impuls, aber ungleich lang fortbewegen, sich die von ihnen durchlaufenen Strecken wie die Zeitspannen. [...]

7. Durchlaufen zwei Bewegliche zwei Strecken mit gleichförmiger Bewegung, so verhalten sich die Zeitspannen ihrer Fortbewegung zueinander wie das aus den umgekehrten Verhältnissen der einen Strecke zur andern und des einen Impulses zum andern zusammengesetzte Verhältnis.[50] [...]

In der gleichen Weise läßt sich beweisen, daß bei zwei gleichförmigen Bewegungen die Impulse sich verhalten wie das aus den umgekehrten Verhältnissen der einen durchlaufenen Strecke zur andern und der einen Zeitspanne zur andern zusammengesetzte Verhältnis.[51] [...]

8. Wird ein Bewegliches von zwei Bewegenden zugleich fortbewegt, die sich beide mit gerader und gleichförmiger Bewegung bewegen und unter einem beliebigen gegebenen Winkel zusammentreffen, so ist die Linie, die das Bewegliche durchläuft, eine Gerade. [...]

9. Wird ein Bewegliches von zwei Bewegenden zugleich fortbewegt, die in einem gegebenen beliebigen Winkel zusam-

---

[49] Vgl. Galilei, *Discorsi*, 3. Tag, »Über natürlich beschleunigte Bewegung«, Theorem IV.

[50] Vgl. Galilei, a. a. O., Theorem V.

[51] Vgl. Galilei, a. a. O., Theorem VI.

mentreffen, wobei das eine sich gleichförmig und das andere
sich vom Ruhezustand aus beschleunigt bewegt (d. h. so, daß
sich die Impulse verhalten wie die Zeitabschnitte, das Verhältnis der Strecken also doppelt so groß ist wie das der[52]
Zeiten), bis es dank der Beschleunigung einen dem Impuls der
gleichförmigen Bewegung gleichen Impuls erreicht hat,[53] so
ist die Linie, auf der sich das Bewegliche weiterbewegt, die
Kurve einer Halbparabel, deren Grundlinie der zuletzt erreichte Impuls und deren Scheitel der Ruhepunkt[54] ist.
[...]

10. Wird ein Bewegliches von zwei Bewegenden zugleich
fortbewegt, die unter einem beliebigen gegebenen Winkel zusammentreffen, wobei das eine sich gleichförmig bewegt und
das andere, bis es einen dem Impuls der gleichförmigen Bewegung gleichen Impuls erreicht hat, vom Ruhezustand aus
so beschleunigt wird, daß das Verhältnis der durchlaufenen
Strecken überall dreimal so groß ist wie das Verhältnis der
Zeitabschnitte, in denen sie durchlaufen werden, so ist die
Linie, auf der sich das Bewegliche fortbewegt, die Kurve des
ersten Halbparabolasters aus zwei Mittleren, dessen Grundlinie der zuletzt erreichte Impuls ist. [...]

11. Nach derselben Methode läßt sich auch zeigen, welche
Linie ein Bewegliches durchläuft, das von zwei durch ihr Zusammentreffen bewegenden Dingen angetrieben wird, wobei
das eine sich gleichförmig, das andere dagegen sich beschleunigt bewegt, wenngleich nach solchen Verhältnissen zwischen
den Raum- und Zeitabschnitten, daß sie in [ganzen] Zahlen
ausdrückbar sind (wie doppelt, dreimal usw. so großes Verhältnis) oder durch irgendeine Bruchzahl bezeichnet werden
können. [...]

---

[52] *E* fügt hinzu »Linien ihrer«.

[53] Statt »bis es dank der Beschleunigung einen dem Impuls der gleichförmigen Bewegung gleichen Impuls erreicht hat« in *E* »bis die Linie des
größten durch die Beschleunigung erreichten Impulses gleich dem
der Linie der Zeit der gleichförmigen Bewegung ist«.

[54] »und deren Scheitel der Ruhepunkt« ist spezifizierender Zusatz
von *E* in Reaktion auf Wallis, *Elenchus Geometriae Hobbianae*, S. 48,
entsprechend den *Six Lessons* (EW VII, 282). – Vgl. Galilei, *Discorsi*, 4.
Tag, Theorem I.

12. Bei Bewegung durch Zusammentreffen eines gleichförmig mit einem vom Ruhezustand aus im Winkel des Zusammentreffens[55] beliebig beschleunigt Bewegenden bewegt das gleichförmig Bewegende das Bewegliche in den jeweils parallelen Raumabschnitten weniger, als wenn beide Bewegungen gleichförmig wären; und zwar in dem Maße weniger, als die Bewegung des anderen Bewegenden[56] mehr beschleunigt wird. [...]

13. Wenn die in einer gegebenen Zeitspanne mit gleichförmiger Bewegung durchlaufene Strecke gegeben ist, die Strecke zu finden, die in derselben Zeitspanne mit gleichförmig beschleunigter Bewegung dergestalt durchlaufen wird, daß die durchlaufenen Strecken dabei überall doppelt so groß sind wie die Zeitabschnitte und die Line des zuletzt erreichten Impulses so groß ist wie die Linie der ganzen Zeitspanne der Bewegung.[57] [...]

14. Wenn die in einer gegebenen Zeitspanne mit gleichförmiger Bewegung durchlaufene Strecke gegeben ist, die Strecke zu finden, die in derselben Zeit mit einer dergestalt beschleunigten Bewegung durchlaufen wird, daß die durchlaufenen Strecken überall dreimal so groß sind wie die Zeitabschnitte und der zuletzt erreichte Impuls so groß ist wie die gegebene Zeitspanne.[58] [...]

Ist eine in beliebiger gegebener Zeitspanne mit gleichförmiger Bewegung durchlaufene Strecke gegeben, so läßt sich nach derselben Methode auch die in der gleichen Zeit mit beschleunigter Bewegung derart durchlaufene Strecke fin

---

[55] Die Spezifizierung »vom Ruhezustand aus im Winkel des Zusammentreffens« ist Zusatz von *E*.

[56] »des anderen Bewegenden« ist spezifizierender Zusatz von *E*.

[57] Statt »und die Line des zuletzt erreichten Impulses so groß ist wie die Linie der ganzen Zeitspanne der Bewegung« (= *E*) in *AB* »und der zuletzt erreichte Impuls so groß ist wie die Zeitspanne«. Die Verdeutlichung in *E* ist veranlaßt durch Wallis' Kritik im *Elenchus Geometriae Hobbianae*, S. 52; vgl. Hobbes' Antwort in den *Six Lessons* (EW VII, S. 285).

[58] Statt »und der zuletzt erreichte Impuls so groß ist wie die gegebene Zeitspanne« in *E* »und die Linie des zuletzt erreichten Impulses gleich der Linie der gegebenen Zeitspanne ist«.

den, daß die Strecken viermal, fünfmal usw. so groß sind wie die Zeitspannen. [...]

15. Wenn die durchlaufenen Strecken sich zu den Zeitabschnitten verhalten wie eine beliebige Zahl zu einer beliebigen anderen, so läßt sich nach der gleichen Methode auch die von dieser Bewegung[59] in dieser Zeit durchlaufene Strecke finden. [...]

17. Durchläuft ein Bewegliches in einer gegebenen Zeitspanne zwei Strecken, und zwar die eine mit gleichförmiger Bewegung, die andere mit beschleunigter, wobei die Strecken zu den Zeitabschnitten in irgendeinem Verhältnis stehen, und durchläuft es des weiteren in einem Teil dieser Zeit mit denselben Bewegungen Teile derselben Strecken, so verhält sich der Überschuß der einen Gesamtstrecke über die andere wie der Überschuß des einen Teils über den andern. [...]

18. Bewegen sich in einem beliebigen Parallelogramm zwei einen Winkel umfassende Seiten in der gleichen Zeitspanne zu den ihnen gegenüberliegenden Seiten hin, und zwar die eine mit gleichförmiger, die andere mit gleichförmig beschleunigter Geschwindigkeit, so hat die gleichförmig bewegte Seite dank ihres Mitwirken auf der ganzen Strecke die gleiche Wirkung, als wenn auch die andere Bewegung gleichförmig wäre, aber die in derselben Zeit durchlaufene Strecke eine mittlere Proportionale wäre zwischen der ganzen Strecke und der halben. [...]

Soviel denn über Bewegung durch Zusammentreffen.

Kapitel XVII
Schrumpfende Figuren*

1. *Definition von schrumpfender und vollständiger Figur, von Komplement und proportionalen und kommensurablen Verhältnissen.* 2. *Verhältnis einer schrumpfenden Figur zu ihrem Komplement.* 3. *Tabellarische Darstellung des Verhältnisses der einem Parallelogramm einbeschriebenen schrumpfenden Figuren zu ihrem Komplement.* 4. *Beschreibung und Her-*

---

[59] Statt »von dieser Bewegung« in *E* »mit einem solchen Impuls«.

vorbringung dieser Figuren. 5. Anlegung von Tangenten daran. 6. In welchem Verhältnis diese Figuren ein geradliniges Dreieck von gleicher Höhe und Grundlinie übertreffen. 7. Tabelle der einem Zylinder einbeschriebenen schrumpfenden raumkörperlichen Figuren. 8. In welchem Verhältnis diese Figuren einen Kegel von gleicher Höhe und Grundlinie übertreffen. 9. Wie einem Parallelogramm eine schrumpfende ebene Figur so einbeschrieben werden kann, daß sie sich zu einem Dreieck von gleicher Höhe und Grundlinie so verhält wie eine andere schrumpfende (ebene oder raumkörperliche) Figur doppelt genommen zur betreffenden schrumpfenden mitsamt der vollständigen Figur, der sie einbeschrieben ist. 10. Übertragung einiger Eigenschaften der genannten einem Parallelogramm einbeschriebenen Figuren auf das Verhältnis der in verschiedenen Geschwindigkeitsstufen durchmessenen Raumabschnitte. 11. Einem Kreis einbeschriebene schrumpfende Figuren. 12. Eine Bestätigung des in Art. 2 bewiesenen Satzes von der Ersten Philosophie aus.[60] 13. Eine ungewöhnliche Art, die Gleichheit des Teils einer Kugeloberfläche mit einem Kreis zu erörtern.[61] 14. Wie im Ausgang von den einem Parallelogramm einbeschriebenen schrumpfenden Figuren zwischen zwei gerade Linien beliebig viele mittlere Proportionale eingeschoben werden können.

1. *Schrumpfend nenne ich Figuren, die sich verstehen lassen als von einer gleichförmig bewegten und dabei bis zu ihrem völligen Verschwinden abnehmenden Quantität erzeugt.*

Vollständig nenne ich diejenige der schrumpfenden entsprechende Figur, die in der gleichen Zeit wie die schrumpfende und von der gleichen, sich unverkürzt durchhaltenden Quantität erzeugt wird.

Komplement einer schrumpfenden Figur ist diejenige Figur, deren Hinzufügung zur schrumpfenden diese vollständig macht.

Proportionale Verhältnisse sind vier Verhältnisse, deren erstes sich zum zweiten verhält wie das dritte zum vierten.[62]

Ist beispielsweise das erste Verhältnis doppelt so groß wie das zweite und das dritte seinerseits doppelt so groß wie das vierte, so nennt man diese Verhältnisse proportional.

---

[60] Statt »von der Ersten Philosophie aus« in *E* »von den Elementen der Philosophie aus«.

[61] Statt »Eine ungewöhnliche Art, die Gleichheit des Teils einer Kugeloberfläche mit einem Kreis zu erörtern« (= *E*) in *AB* einfacher »Die Gleichheit eines Teils der Kugeloberfläche mit einem Kreis«.

[62] Wiederholung der Definition von Kap. XI, Art. 4.

Verhältnisse sind aber kommensurabel, wenn sie in einem ganz-zahligen Verhältnis zueinander stehen.[63] Ist etwa ein Verhältnis doppelt so groß wie ein gegebenes, ein anderes aber dreimal so groß, so verhält sich das doppelt zum dreimal so großen wie 2 zu 3 und zum gegebenen wie 2 zu 1, weshalb ich diese drei Verhältnisse kommensurabel nenne.

2. Eine nach allseitig proportionalen und kommensurablen Verhältnissen von einer bis zu ihrem Verschwinden stetig schrumpfenden Quantität zustande gebrachte Figur verhält sich zu ihrem Komplement wie das Verhältnis ihrer Gesamt-höhe zu der in einem beliebigen Zeitpunkt verringerten Höhe zum Verhältnis der unverkürzten Quantität, welche diese Fi-gur beschreibt, zu ihrer im gleichen Zeitpunkt erreichten Verminderung.[64] [...]

Lemma I

Im selben Verhältnis wie die Geschwindigkeit eines bewegten Punktes zunimmt, nehmen auch die von ihm in denselben oder gleich großen Zeitabschnitten durchlaufenen Räume zu.

Lemma II

Schaltet man zwischen zwei Geraden unendlich viel arithme-tische, dann auch geometrische Mittelglieder ein, so werden sie sich hinsichtlich der Größe nicht voneinander unterschei-den.[65] [...]

3. Aufgrund dieses Satzes kann man alle schrumpfenden Figuren (bei denen die Verhältnisse, in denen ihre Grund-linien abnehmen, den Verhältnissen, in denen ihre Höhen abnehmen, stetig proportional sind) mit der Größe ihrer

---

[63] Vgl. Euklid, *Die Elemente*, X. Buch, § 5, wo allerdings ganz allge-mein von Größen, nicht nur von Verhältnissen die Rede ist.

[64] Vgl. Bonaventura Cavalieri (ca. 1598-1647), *Exercitationes geome-tricae sex*, Bologna 1647, Exercitatio IV, Prop. 23.

[65] Entlehnt aus Kap. XIII, Art. 28, Korollar. – Die beiden Lemmata fehlen in *A* und *E*, wie schon vorher ihre Beweise des Satzes von Art. 2 von dem in *B* (und z. T. auch untereinander) abweichen.

Komplemente und infolgedessen auch mit der der vollständigen Figuren vergleichen. [...]

6. Kennt man das Verhältnis einer schrumpfenden Figur zu ihrem Komplement, so kennt man auch das Verhältnis eines geradlinigen Dreiecks zu dem Überschuß, um den die schrumpfende Figur es übertrifft. [...]

10. Ausgehend von dem über die einem Parallelogramm eingeschriebenen schrumpfenden Figuren Gesagten läßt sich auch das Verhältnis der in bestimmten Zeitabschnitten mit beschleunigter Bewegung durchlaufenen Raumabschnitte zu den Zeitabschnitten selber finden, je nachdem die Geschwindigkeit des Beweglichen in den einzelnen Zeitabschnitten um einen oder mehrere Grade zunimmt. [...]

Der bisherigen Darlegung läßt sich entnehmen, daß, wenn die Geschwindigkeit eines Beweglichen im gleichen Verhältnis zunimmt wie die Zeitspannen, die Geschwindigkeitsgrade wachsen wie die Zahlen[66] von der Eins aus: 1, 2, 3, 4 usw. Wo die Geschwindigkeit aber im doppelten Verhältnis der Zeitspannen zunimmt, wachsen sie wie die Zahlen von der Eins aus, wenn man abwechselnd eine ausläßt, also wie 1, 3, 5, 7 usw. Wo schließlich das Verhältnis zwischen den Geschwindigkeiten dreimal so groß ist wie das der Zeitspannen, steigern sich die Grade wie die Zahlen von der Eins aus unter Auslassung von zwei Zwischenzahlen, also wie 1, 4, 7, 10, und so immer weiter. Denn geometrische Proportionale, insgesamt Punkt um Punkt herausgegriffen, sind den arithmetischen Proportionalen gleich.

11. Zu bemerken ist noch, daß, wie sich bei den durch schrumpfende Größen entstehenden Quantitäten die Figuren zueinander verhalten wie die Höhen jeweils zu den Grundlinien, das auch auf diejenigen zutrifft, die durch schrumpfende Bewegung entstehen, welche Bewegung nichts anderes ist als die Potenz, mit der diese Figuren als größer oder kleiner beschrieben werden. So entsteht bei der Beschreibung der Archimedischen Spirale[67] durch stetige Verringerung des Halbmessers eines Kreises im selben Verhältnis, in dem sich

---

[66] *E* fügt spezifizierend hinzu »in direkter Aufeinanderfolge«.
[67] Spirale der Formel r = aφ.

die Peripherie verringert, ein von Halbmesser und Spirale umschriebener Raum, der ein Drittel des Vollkreises ist. Da die Halbmesser der Kreise, sofern aus ihrer Gesamtheit der Kreis selber hervorgehen oder vervollständigt werden soll, ebensoviele Sektoren sind, verringert sich der die Spirale beschreibende Sektor doppelt so schnell wie die Peripherie des Kreises, dem er einbeschrieben wird, weshalb das Komplement der Spirale, also der im Kreis außerhalb ihrer liegende Raum, doppelt so groß ist wie der der Spirale selber. Nimmt man in der gleichen Weise überall eine mittlere Proportionale zwischen dem Halbmesser des die Spirale enthaltenden Kreises und jenem Teil des Halbmessers, der innerhalb der Spirale liegt, so entspringt daraus eine Figur von der halben Größe des ganzen Kreises. Schließlich unterstehen alle Raumgrößen, die von einer Linie oder Oberfläche beschrieben werden können, welche in bezug auf ihre Größe oder aber ihre Potenz abnimmt, dieser selben Regel, so daß, wenn das Verhältnis ihrer Abnahme dem der Zeitabschnitte, in denen sie abnehmen, kommensurabel ist, auch die Größe der Figuren bekannt ist, die sie beschreiben.

12. Die Wahrheit des schon in Art. 2 bewiesenen Satzes (welcher die Grundlage alles dessen ist, was wir über schrumpfende Figuren gesagt haben) scheint ihren Ursprung in der Ersten Philosophie[68] zu haben, genauer darin, daß alle Gleichheit und Ungleichheit zweier Wirkungen, also daß jedes Verhältnis ausgeht und bestimmt wird von den gleichen und ungleichen Ursachen dieser Wirkungen bzw. von dem Verhältnis, in dem die Ursachen, die zur einen Wirkung beitragen, zu den Ursachen stehen, die zur andern beitragen,[69] weshalb auch das Verhältnis zwischen Quantitäten dasselbe ist wie das zwischen ihren Ursachen. Da also bei zwei schrumpfenden Figuren, deren eine das Komplement der andern ist, die eine zustande kommt durch Bewegung, die in einer bestimmten Zeit und in einem bestimmten Verhältnis abnimmt, und die andere durch den im gleichen Zeitabschnitt auftre-

---

[68] Statt »in der Ersten Philosophie« in *E* »in den Elementen der Philosophie«.

[69] Vgl. Kap. IX, Art. 8.

tenden Bewegungsverlust, so unterscheiden sich die Ursachen, welche die Quantität bzw. das Verhältnis[70] der beiden Figuren zustande bringen und sie dahin bestimmen, daß sie nicht anders sein können, als sie sind, nur darin, daß die Verhältnisse, denen zufolge die erzeugende Quantität in ihrem Fortgang die betreffende Figur beschreibt (also die Verhältnisse der jeweils übrigbleibenden Zeitabschnitte bzw. Höhen), anders sein können als die Verhältnisse, denen zufolge die nämliche erzeugende Quantität bei ihrer Abnahme das Komplement zustande bringt (also als die Verhältnisse der allseits verminderten erzeugenden Quantität). Wie sich daher die Zeitabschnitte, in denen der Bewegungsverlust eintritt, zu den schrumpfenden Größen verhalten, durch welche die schrumpfende Figur erzeugt wird, so verhält sich auch der Fehlbetrag bzw. das Komplement zur betreffenden zustande gebrachten Figur.

13. Auch andere Quantitäten lassen sich im Ausgang von der Kenntnis ihrer Ursachen, also ausgehend vom Vergleich der Bewegungen, durch die sie zustande kommen, leichter bestimmen als von den üblichen Elementen der Geometrie aus. Beispielsweise, daß ein beliebiger Teil einer Kugeloberfläche gleich dem Kreis ist, der eine vom Pol des Teils zur Peripherie der Basis gezogene Gerade zum Radius hat.[71] [...]

14. Ließen sich die schrumpfenden Figuren, die wir einem Parallelogramm einbeschrieben haben, vollkommen darin einschreiben, so könnte man auch zwischen zwei gegebene Geraden beliebig viel mittlere Proportionale einschalten. [...]

---

[70] »bzw. das Verhältnis« fehlt in *E*.

[71] Ein bekannter archimedischer Satz (*De Sphaera et Cylindro* I, 42 bzw. 43), für den Hobbes hier einen ungewöhnlichen, weil bloß auf Bewegung gestützten Beweis zu geben sucht.

Kapitel XVIII*
Gleichung gerader und parabolischer Linien[72]

1. *Eine gerade Linie darzustellen, die einer gegebenen parabolischen gleich ist.* 2. *Eine gerade Linie zu finden, die der gegebenen gekrümmten des ersten Parabolasters, d. h. einer kubischen Parabel, gleich ist.* 3. *Die allgemeine Methode zur Auffindung von Geraden, die gegebenen gekrümmten parabolischen Linien gleich sind.*[73]

1. Eine gerade Linie darzustellen, die einer gegebenen parabolischen gleich ist.[74] [...]

2. Eine gerade Linie zu finden, die der gekrümmten des ersten Parabolasters, d. h. einer kubischen Parabel,[75] gleich ist. [...]

3.[76] Mit der gleichen Methode läßt sich auch die gerade Linie finden, die der gekrümmten Linie eines jeden beliebigen Halbparabolasters [...] gleich ist, indem man nämlich den Durchmesser in zwei gleiche Teile teilt und wie oben verfährt.[77]

---

[72] Statt »Gleichung gerader und parabolischer Linien« in *E* »Von der Gleichheit gerader Linien mit parabolischen Kurven und anderen in Nachahmung von Parabeln zustande gebrachten Figuren«.

[73] Kap. XVIII enthält in *E* (da der 3. Artikel von *AB* dort nur Ende des 2. ist) nur zwei Artikel mit den folgenden Summarien: »1. Die gerade Linie zu finden, die der gekrümmten Linie einer Halbparabel gleich ist. – 2. Eine gerade Linie zu finden, die der gekrümmten Linie des ersten Halbparabolasters oder der gekrümmten Linie irgendeiner anderen unvollständigen Figur aus der Tabelle in Art. 3 des vorigen Kapitels gleich ist.«

[74] Statt »Eine gerade Linie darzustellen, die einer gegebenen parabolischen gleich ist« in *E* »Eine gerade Linie zu finden, die der gekrümmten einer Halbparabel gleich ist«.

[75] »d. h. einer kubischen Parabel« fehlt in *E*. – Ein Parabolaster ist eine Parabel höherer Ordnung (deren Äste ins Unendliche auslaufen ohne Annäherung an eine Asymptote).

[76] »3.« fehlt in *E*.

[77] Bis hierher laufen *B* und *E*, die den Text von *A* ersetzen, parallel. Während *B* hier endet, übersetzt *E* ab hier den Schluß von *A* »Aber bislang ist es noch niemandem gelungen, irgendeine gekrümmte Linie

Kapitel XIX*
Als gleich unterstellte[78] Einfalls- und Reflexionswinkel

1. *Sind zwei Geraden, die auf eine Gerade fallen, parallel, so sind auch die reflektierten Linien parallel.* 2. *Fallen zwei vom selben Punkt ausgehende Geraden auf eine Gerade, so treffen ihre reflektierten Linien, auf die Gegenseite verlängert, in einem Winkel zusammen, der dem von den einfallenden Linien gebildeten Winkel gleich ist.* 3. *Fallen zwei parallele Geraden, die nicht auf entgegengesetzten, sondern auf derselben Seite liegen,[79] auf die Peripherie eines Kreises, so bilden ihre reflektierten, nach innen verlängerten Linien einen Winkel, der doppelt so groß ist wie der, den die vom Mittelpunkt zu den Einfallspunkten gezogenen Geraden bilden.* 4.

mit irgendeiner geraden zu vergleichen, obwohl recht viele Geometer aller Zeitalter dies unter Aufbietung aller Kräfte versucht haben. Der Grund dafür ist, daß Euklid weder eine Definition der Gleichheit noch sonst ein κριτήριον [Merkmal] für sie angegeben hat außer der Kongruenz, die sich im 8. Axiom des I. Elements findet, für einen Vergleich von Geradem und Gekrümmtem indessen nutzlos ist. Deshalb war mit Ausnahme von Archimedes und Apollonios und in unserer Zeit Bonaventura [Cavalieri] die Nachwelt der Meinung, in der Geometrie ließe sich nichts über ihre erfolgreichen Bemühungen Hinausgehendes erreichen. So glaubte man, daß alles entweder aus ihren Schriften herzuleiten oder aber unmöglich auszumitteln sei. Auch blieb bei einigen Alten die Frage umstritten, ob Gleichheit überhaupt zwischen etwas anderem als geraden Linien bestehen könne; welche Frage Archimedes, der annahm, eine bestimmte gerade Linie sei der Kreisperipherie gleich, aus gutem Grund mit Geringschätzung behandelt zu haben scheint. Es gibt sogar Leute, die der Auffassung sind, zwischen einer geraden und einer gekrümmten Linie bestehe durchaus ein Gleichheitsverhältnis, aber es lasse sich, so sagen sie, derzeit nicht auffinden. Derzeit, nach Adams Fall, bedürfte es dazu der speziellen Unterstützung durch die Gnade Gottes.« Letztere Bemerkung zitiert, wie die *Six Lessons* (EW VII, S. 320) bestätigen, das Werk des Jesuiten Antonius Lalovera (Antoine de La Loubère, 1600-1664), *Quadratura circuli et hyperbolae segmentum demonstrata*, Toulouse 1651, S. 13 f.

[78] Statt »Als gleich unterstellte« (= E) in *AB* »Gleiche«.

[79] Die unerläßliche Bedingung »die nicht auf entgegengesetzten, sondern auf derselben Seite liegen« findet sich nur in E.

Fallen vom selben Punkt außerhalb eines Kreises[80] *zwei Geraden auf die Peripherie, so bilden ihre reflektierten, nach innen verlängerten Linien einen Winkel, der doppelt so groß ist wie der Winkel, den zwei vom Mittelpunkt zu den Einfallspunkten gezogene Geraden bilden, mitsamt dem Winkel der einfallenden Linien. 5. Fallen von einem Punkt zwei Geraden auf die konkave Kreisperipherie und bilden dabei einen Winkel, der kleiner ist als der doppelte Mittelpunktswinkel, so bilden ihre reflektierten, sich innerhalb des Kreises treffenden*[81] *Linien einen Winkel, der, zum Winkel der einfallenden Linien hinzugefügt, gleich dem doppelten Mittelpunktswinkel ist. 6. Werden durch einen Punkt zwei ungleiche Sehnen gezogen, die einander schneiden, liegt weiter der Kreismittelpunkt nicht zwischen ihnen und treffen ihre reflektierten Linien irgendwo zusammen, so kann vom Ausgangspunkt der zwei ersten Geraden aus keine weitere Gerade gezogen werden, deren reflektierte Linie durch den Punkt ginge, den die zwei ersten reflektierten Linien gemein haben. 7. Bei gleichen Sehnen trifft dies nicht zu. 8. Zu zwei auf der Kreisperipherie gegebenen Punkten zwei Geraden so zu ziehen, daß ihre reflektierten Linien einen gegebenen Winkel umschließen. 9. Wird eine auf die Kreisperipherie fallende Gerade bis zum Halbmesser durchgezogen und ist der Teil von ihr, der zwischen Peripherie und Halbmesser fällt, gleich dem Teil des Halbmessers, der vom Schnittpunkt bis zum Mittelpunkt reicht, so läuft die reflektierte Linie dem Halbmesser parallel. 10. Werden von einem Punkt innerhalb des Kreises zwei Geraden zur Peripherie gezogen, deren reflektierte Linien auf der Peripherie dieses Kreises zusammentreffen, so ist der von den reflektierten Linien umschlossene Winkel ein Drittel des von den einfallenden Linien umschlossenen Winkels.*

Ob ein Körper, der auf die Oberfläche eines andern auftrifft und von ihr reflektiert wird, auf dieser Fläche gleiche Winkel bildet, ist an dieser Stelle nicht zu diskutieren, da die Kenntnis dieser Dinge von den natürlichen Ursachen der Reflexion abhängt, worüber bisher nichts gesagt wurde, da später noch davon die Rede sein wird.[82]

Deshalb wollen wir an dieser Stelle die Gleichheit von Einfalls- und Reflexionswinkel einfach unterstellen, um nicht die

---

[80] »außerhalb eines Kreises« ist spezifizierender Zusatz von *E*.
[81] »sich innerhalb des Kreises treffenden« ist spezifizierender Zusatz von *E*.
[82] Vgl. Kap. XXIV.

Ursachen dieses Sachverhalts, sondern einige Folgerungen daraus zu untersuchen.

Einfallswinkel nennen wir den Winkel, den eine einfallende Gerade mit der geraden oder auch gekrümmten Linie, auf die sie fällt,[83] bildet; *Reflexionswinkel* aber den dem betreffenden gleichen Winkel, der im selben Punkt errichtet wird und von der reflektierten und der reflektierenden Geraden eingeschlossen wird.

1. Sind zwei Geraden, die auf dieselbe Gerade fallen, parallel, so sind auch ihre reflektierten Linien parallel. [...]

2. Fallen zwei vom selben Punkt ausgehende Geraden auf eine andere Gerade, so treffen ihre reflektierten Linien, auf die Gegenseite verlängert, in einem Winkel zusammen, der dem von den einfallenden Linien gebildeten Winkel gleich ist. [...]

3. Fallen von zwei außerhalb eines Kreises gewählten Punkten zwei parallele Geraden von derselben Seite her[84] auf die Peripherie des Kreises, so bilden ihre reflektierten, nach innen verlängerten Geraden, wenn sie sich innen treffen,[85] einen Winkel, der doppelt so groß ist wie der, den die vom Mittelpunkt zu den Einfallspunkten gezogenen Geraden bilden. [...]

Korollar. Fallen von zwei innerhalb eines Kreises gewählten Punkten zwei parallele Geraden auf die Peripherie, so treffen ihre reflektierten Linien in einem Winkel zusammen, der doppelt so groß ist wie der, den vom Mittelpunkt zu den Einfallspunkten gezogene Geraden bilden. [...]

4. Fallen zwei vom selben Punkt außerhalb eines Kreises aus gezogene Geraden auf die Kreisperipherie, so bilden ihre

---

[83] *E* fügt hinzu »und welche ich die reflektierende Linie nenne«.

[84] Das in *A* fehlende »von derselben Seite her« bezeichnet Hobbes (in Antwort auf Wallis, *Elenchus Geometriae Hobbianae*, S. 92) in den *Six Lessons* (EW VII, S. 322) als notwendige Ergänzung; es findet sich auch in *B*. *E* sagt ausführlicher »nicht entgegengesetzt, sondern von derselben Seite her gezogen«.

[85] Das in *A* fehlende »wenn sie sich innen treffen« bezeichnet Hobbes (in Antwort auf Wallis, *Elenchus Geometriae Hobbianae*, S. 93 f.) in den *Six Lessons* (EW VII, S. 322) als notwendige Ergänzung; es findet sich dementsprechend in *E*, fehlt dann aber wieder in *B*.

reflektierten, nach innen verlängerten Linien einen Winkel, der doppelt so groß ist wie der Winkel, den zwei vom Mittelpunkt zu den Einfallspunkten gezogene Geraden bilden, mitsamt dem Winkel, den die einfallenden Linien selber bilden. [...]

5. Fallen von einem Punkt zwei Gerade auf die konkave Kreisperipherie und bilden dabei einen Winkel, der kleiner ist als der doppelte Mittelpunktswinkel, so bilden ihre reflektierten Linien beim Zusammentreffen innerhalb des Kreises[86] einen Winkel, der, zum Winkel der einfallenden Linien hinzugefügt, gleich dem doppelten Mittelpunktswinkel ist. [...]

6. Werden durch einen Punkt zwei beliebige ungleiche Sehnen gezogen, die einander entweder innerhalb oder (verlängert) außerhalb eines Kreises schneiden, liegt weiter der Kreismittelpunkt nicht zwischen ihnen und treffen ihre reflektierten Linien irgendwo zusammen, so kann vom Ausgangspunkt jener zwei ersten Geraden aus keine weitere Gerade gezogen werden, deren reflektierte Linie durch den Punkt ginge, an dem die zwei ersten reflektierten Linien zusammentreffen. [...]

7. Werden nun innerhalb eines Kreises durch denselben Punkt zwei gleiche Sehnen gezogen, deren reflektierte Linien in einem andern Punkt zusammentreffen, so kann zwischen ihnen eine andere Gerade durch den ersten Punkt gezogen werden, deren reflektierte Linie durch den zweiten Punkt hindurchgeht. [...]

8. Zu zwei auf der Kreisperipherie gegebenen Punkten zwei Geraden so zu ziehen, daß ihre reflektierten Linien parallel sind oder einen gegebenen Winkel umschließen. [...]

9. Wird eine auf die Kreisperipherie fallende Gerade bis zum Halbmesser durchgezogen und ist der Teil von ihr, der zwischen Peripherie und Halbmesser fällt, gleich dem Teil des Halbmessers, der vom Punkt des Zusammentreffens bis zum Mittelpunkt reicht, so läuft ihre reflektierte Linie dem Halbmesser parallel. [...]

10. Werden von einem Punkt innerhalb des Kreises zwei

---

[86] »innerhalb des Kreises« ist spezifizierender Zusatz von E.

Geraden zur Peripherie gezogen, deren reflektierte Linien
genau auf der Peripherie des Kreises zusammentreffen, so ist
der von den reflektierten Linien umschlossene Winkel ein
Drittel des von den einfallenden Linien umschlossenen Winkels. [...]

Korollar. Ist ein Punkt in der Kreisebene gegeben, so können von ihm aus zwei Geraden so zur Peripherie gezogen
werden, daß ihre reflektierten Geraden ebenfalls auf der Peripherie zusammentreffen. [...]

Kapitel XX*
Kreismessung und Teilung von Bögen bzw. Winkeln[87]

[87] In *A* besteht das Kapitel aus sechs Artikeln mit den Summarien
»1. Eine falsche Kreisquadratur im Ausgang von einer falschen Hypothese. 2. Auffindung einer Geraden, die dem Bogen eines Viertel-
kreises so nahe kommt, wie man nur will. 3. Die in jeder Hinsicht
richtige Winkelteilung und Kreisquadratur. 4. Quadratur von Sektoren und Segmenten. 5. Eine der Archimedischen Spirale gleiche
Gerade. 6. Exkurs zur Analytik der Geometer.«

Text von *A*: »1. Ein Viertelkreis werde einem Quadrat einbeschrieben. [...] Fast hätte ich [dies] als bewiesen veröffentlicht, hätte mich
nicht vorschnelle Verhöhnung seitens Übelgesinnter zurückgehalten,
mit dem Ergebnis, daß ich der Sache zusammen mit meinen Freunden näher auf den Grund ging. 2. Die Geometer vermögen den
Kreisumfang zahlenmäßig so zu bestimmen, daß sie dabei von der
Wahrheit weniger als jede je vorgelegte Ungenauigkeit abweichen.
Sehen wir zu, ob sich das auch durch Ziehung gerader Linien erreichen läßt. [...] Ich weiß zwar, daß der Verfasser einer Schmähschrift
des Titels *Rechtfertigung der Universitäten*, wessen Name sich auch immer dahinter verbergen mag, ein läppischer Rechtfertiger von Universitäten, denen ich nie irgendwelche Kränkung zugefügt habe, ein
Mann, der verlogene Anschuldigungen gegen mich vorbringt, mir
das versprochene Lob nicht zollen, sondern sagen wird, er sei es mir
nicht schuldig. Ich verzichte aber gern darauf, oder wenn er es mir
schuldig sein sollte, schenke ich es ihm, bin ich doch der Meinung,
daß es weit weniger ehrenhaft ist, von einem Menschen solchen Be-
nehmens gelobt als getadelt zu werden. Denn jemanden, den er nicht
kennt, in einer veröffentlichten Schrift jähzornig, einen Plagiator und

Feind der Religion nennen, heißt denn doch, selbst wenn diese Vor-
würfe zuträfen (eben weil er das nicht weiß und auch gar nicht
vorgibt, davon anders als von einem Hörensagen zu wissen, das er
leicht selber ersonnen haben könnte und offenbar auch ersonnen hat,
da er nicht angibt, von wem er es gehört haben will), sich, ich will
nicht sagen, töricht, sondern – obgleich es Nichtsnutzigkeit ohne Tor-
heit nicht gibt – frevelhaft benehmen. 3. Einen Kreisbogen oder
gegebenen Winkel in einem gegebenen Verhältnis zu teilen. [...] *Und
zumindest jetzt wären Sie ›Rechtfertiger‹ mir Ihr Lob schuldig, wäre mir
überhaupt daran gelegen.* Ausgehend von der Winkelteilung ist es leicht,
ein Quadrat zu finden, das so groß ist wie ein beliebiger Sektor. Denn
das Rechteck aus Radius und einer Geraden von der Größe des halben Sektorbogens ist so groß wie der Sektor. Zu jedem beliebigen
Rechteck läßt sich aber ein ihm gleiches Quadrat darstellen. Ebenso
ist es möglich, ein Quadrat zu konstruieren gleich einem Dreieck,
dessen Grundlinie die Sehne eines Sektorbogens von bekannter
Länge ist. Infolgedessen kann es auch ein Quadrat von der Größe des
von Bogen und Sehne umschlossenen Segments geben. 4. Kennt man
die Länge des Umfangs, so kennt man auch die Gerade, welche eine
dem Kreis einbeschriebene Spirale nach Vollzug ihrer ersten Umdrehung berührt. [...] 5. Die einer Spirale [...] gleiche Gerade zu
finden. [...]« Hobbes' Angriffe auf den »Rechtfertiger« [vindex] beziehen sich auf Wards anonyme *Vindiciae Academiarum,* S. 6 f. und
S. 53-61. Für das im 5. Artikel behandelte Problem hatte Hobbes
schon Ende 1642 / Anfang 1643 in Paris in Mersennes Klosterzelle
eine (unzulängliche) Lösung vorgetragen, wie dieser in Korollar II
zum 25. Satz der »Phaenomena hydraulico-pneumatica« seiner *Cogitata physico-mathematica* von 1644 berichtet.

   E, das aus *A* lediglich den 4. und 5. (als 5.) sowie einen Großteil des
6. Artikels übernimmt, hat die sechs folgenden Summarien: »1. Die
Kreismessung wurde von Archimedes und anderen nie zahlenmäßig
bestimmt. 2. Erster Versuch, die Kreismessung durch Linien zu finden. 3. Zweiter Versuch, die Kreismessung aus einer Betrachtung der
Natur der Krümmung zu gewinnen. 4. Dritter Versuch und Vorlage
einiger Fragen für weitere Untersuchungen. 5. Die Gleichheit der
Archimedischen Spirale mit einer Geraden. 6. Die Analyse der Geometer aufgrund der Potenzen von Linien.«

   Text von *E:* »1. Viele und große Geometer haben schon von den
ältesten Zeiten an ihren Scharfsinn an den Vergleich eines Kreisbogens mit einer geraden Linie gewendet; noch mehr hätten es getan,
hätten sie nicht ihre immerhin um des Gemeinwohls willen unter-
nommenen Mühen, sofern nicht zur Vollkommenheit gediehen, von
solchen Männern verunglimpft gesehen, welche anderen jedes Lob

mißgönnen. Unter denjenigen antiken Autoren, deren Werke auf uns gekommen sind, war Archimedes der erste, der die Länge des Kreisumfangs zwischen Zahlen eingegrenzt hat, die von der Wahrheit nur minimal abweichen, indem er bewies, daß er geringer ist als drei Durchmesser plus ein Siebtel, aber größer als drei Durchmesser plus zehn Einundsiebzigstel des Durchmessers. Gesetzt also, der Radius bestünde aus 10 000 000 gleichen Teilen, so wird der Viertelbogen zwischen 15 714 285 und 15 704 225 dergleicher Teile liegen. In unseren Tagen sind Ludovicus Van Cullen und Willebrordus Snellius in einer Gemeinschaftsanstrengung der Wahrheit noch ein Stück näher gekommen. Von richtigen Ausgangspunkten aus kamen sie zu der Aussage, daß der Viertelkreisbogen, wenn man den Radius wieder gleich 10 000 000 setzt, von der Zahl 15 707 963 um weniger als eine Einheit abweicht, was von ihnen bewiesen gewesen wäre, hätten sie ihre arithmetischen Operationen dargetan und hätte niemand in ihrem langen Werk einen Fehler entdeckt. Dies ist der weiteste Fortschritt, zu dem man es auf dem Wege zahlenmäßiger Operation gebracht hat; und wer so weit vorgeschritten ist, verdient für seine Bemühungen Lob. Veranschlagen wir indessen den Nutzen, der doch das Ziel ist, auf das alle Betrachtung abzwecken sollte, so ist der von ihnen realisierte Gewinn gering oder gleich null. Denn ein gewöhnlicher Mensch kann eine dem Kreisumfang gleiche gerade Linie, also die Quadratur des Kreises, schneller und genauer auffinden, indem er um einen gegebenen Zylinder einen dünnen Faden wickelt, als ein Geometer das kann, wenn er den Radius in 10 000 000 gleiche Teile teilt. Aber selbst wenn die Länge des Umfangs, gleich ob zahlenmäßig, mechanisch oder bloß durch Zufall, präzise dargetan würde, trüge das dennoch zur Winkelteilung rein gar nichts bei, solange nicht diese beiden Probleme ›Einen gegebenen Winkel in einem bezeichneten Verhältnis zu teilen‹ und ›Eine gerade Linie gleich einem Kreisbogen zu finden‹ durch einen Glücksfall aufeinander bezogen würden und eines sich ans andere schlösse. Da also der Nutzen, der aus der Kenntnis der Länge des Viertelkreisbogens erwächst, darin besteht, daß wir damit einen Winkel in jedem Verhältnis entweder genau oder doch für den Alltagsbedarf hinreichend genau zu teilen vermögen, und da sich dies nicht mit den Mitteln der Arithmetik durchführen läßt, hielt ich es für passend, es mit denen der Geometrie zu versuchen und in diesem Kapitel zu prüfen, ob es sich nicht bewerkstelligen läßt, indem man gerade und kreisförmige Linien zieht. […] 3. Nun will ich dasselbe versuchen mit Hilfe von Argumenten, die der Natur der Krümmung des Kreises selber entnommen sind. Zunächst aber will ich einige für diese Überlegung erforderliche Prämissen hierhersetzen. Erstens: Wird eine Gerade zu einem Kreis-

Erster Satz

Enthält der Kreisradius 10 000 000 gleiche Teile, so enthält der Tangens eines Bogens von 30° annäherungsweise 5 811 704.[88] [...]

bogen gleicher Größe umgebogen (beispielsweise ein ausgestreckter Faden, der einen geraden Zylinder berührt, in jedem Punkt so abgebogen, daß er überall mit dem Umfang der Grundlinie des Zylinders zusammenfällt), so ist die Beugung dieser Linie in all ihren Punkten gleich. Die Krümmung eines Kreisbogens ist infolgedessen überall gleichförmig. Als Beweis dafür genügt der Hinweis, daß ein Kreisumfang eine gleichförmige Linie ist. Zweitens und infolgedessen: Entstehen zwei ungleiche Bögen ein und desselben Kreises, indem man zwei ihnen gleiche Geraden abbeugt, so ist das Beugungsmaß der längeren Linie, während sie zum größeren Bogen umgebogen wird, größer als das der kürzeren, und zwar entsprechend dem Verhältnis der Bögen selber. Infolgedessen verhält sich die Krümmung des größeren Bogens zu der des kleineren wie der größere Bogen zum kleineren. Drittens: Berühren zwei ungleiche Kreise und eine Gerade einander im selben Punkt, so wird die Krümmung eines beliebigen Bogens im kleineren Kreis größer sein als die eines gleich großen Bogens im größeren, und zwar im umgekehrten Verhältnis der Radii dieser Kreise bzw., anders gesagt (wenn man vom Berührungspunkt aus eine Gerade zieht, welche die Peripherien der beiden Kreise schneidet), wie das von der Peripherie des größeren Kreises abgeschnittene Linienstück zu dem von der Peripherie des kleineren Kreises abgeschnittenen. [...]« Archimedes hatte in *De mensura circuli*, prop. 3, bewiesen, daß π zwischen $3\frac{10}{71}$ und $3\frac{1}{7}$ liegt. In seinem *Cyclometricus*, Leiden 1621, hatte Willebrord Snellius (1580-1626) neben einer von Ludolf van Ceulen (1539-1610) gefundenen, aber nicht mehr publizierten Berechnung von π auf 35 Stellen hinter dem Komma auch seine eigene kürzere Berechnung veröffentlicht.

In *B* besteht das Kapitel, das keine Summarien trägt, aus sechs Sätzen unter Anfügung des versehentlich immer noch als 6. Artikel bezeichneten Schlußtexts über Analyse und Synthese, der schon in *A* und *E* figurierte.

[88] Mit diesem (falschen, weil nicht zwischen Zahl und Anzahl unterscheidenden) Satz sucht Hobbes nachzuweisen, daß die seinerzeit übliche (richtige, an ihrer letzten Stelle aufgerundete) Berechnung des Tangens eines Winkels von 30° als 5 773 503 Zehnmillionstel um 38 201 Zehnmillionstel zu klein sei. Da sich die folgenden Sätze auf diesen Satz stützen, sind sie ebenfalls fehlerhaft.

Fünfter Satz

Der Kreisradius ist die mittlere Proportionale zwischen dem Viertelbogen und zwei Fünfteln dieses Bogens. [...]

Sechster Satz

Aus dem, was schon bewiesen wurde, ergibt sich klar, wie der einer gegebenen Geraden gleiche Bogen und die einem gegebenen Bogen gleiche Gerade zu finden sind; des weiteren auch, wie ein gegebener Bogen sich in einem gegebenen Verhältnis teilen läßt. [...]

6. Was im Kapitel VI bei der Darstellung der Methode von der Analytik der Geometer zu sagen gewesen wäre, schien mir, da ich Linien, Flächen, Raumkörper, Gleiches und Ungleiches dort noch nicht besprochen hatte und mich daher nicht verständlich machen konnte, noch etwas Aufschub zu verdienen; ich will darum meine diesbezügliche Auffassung hier auseinandersetzen. *Analyse* also ist das beständige Schlußfolgern im Ausgang von den Definitionen der Satzglieder einer als wahr unterstellten Aussage und weiter von Definitionen der Satzglieder dieser Definitionen, bis man zu etwas Bekanntem kommt, dessen Zusammensetzung den Beweis für die Wahrheit oder Falschheit der unterstellten Aussage bildet. Und diese Zusammensetzung bzw. Beweisführung ist genau das, was man *Synthese* nennt. Die Analytik ist also die Kunst, schlußfolgernd von etwas Unterstelltem zu soviel Ausgangspunkten zu kommen – also zu ersten Sätzen oder aus ersten bewiesenen Sätzen –, als zum Beweis der Wahrheit oder Falschheit dessen ausreichen, was man unterstellt hat; die Synthetik dagegen ist die Kunst des Beweisens selber.

Synthese und Analyse unterscheiden sich also nur wie Hin- und Rückweg. Die Logistik umschließt indessen beides. Deshalb müssen bei der Analyse und Synthese irgendeiner Frage oder eines Problems die Glieder aller Sätze vertauschbar sein; und werden sie hypothetisch ausgesagt, muß nicht nur aus der Wahrheit des Vordersatzes unbedingt die des Hintersatzes ableitbar sein, sondern auch im Gegenzug aus der Wahrheit des Hintersatzes die des Vordersatzes. Anders wäre, sobald man mittels Zergliederung bei den Ausgangspunkten angekommen ist, eine Rückkehr mittels Zusammensetzung zu dem,

was in Frage steht, ausgeschlossen. Denn was bei der Analyse
die ersten Satzglieder sind, werden bei der Synthese die
letzten sein. Sagen wir etwa mittels Zergliedung: »Diese
Rechtecke sind gleich, also sind auch ihre Seiten umgekehrt
proportional«, so ist mittels Zusammensetzung unbedingt zu
sagen: »Diese Seiten sind umgekehrt proportional, also sind
auch die Rechtecke selber einander gleich«; was man unmöglich sagen könnte, wenn nicht »umgekehrt proportionale
Seiten besitzen« und »gleiche Rechtecke sein« austauschbare
Satzglieder wären.

Bei jeder Analyse sucht man aber nach dem Verhältnis
zweier Quantitäten, aufgrund dessen die in Frage stehende
Quantität sich sinnlich darstellen läßt, indem man eine Figur
beschreibt.[89] Besteht in dieser Darstellung doch Ziel und Lösung der Frage bzw. die Konstruktion des Problems. Und da
die Analyse eine Schlußfolgerung vom Unterstellten zu den
Ausgangspunkten ist, also zu vorher schon bekannten Definitionen oder Lehrsätzen, und dieses Schlußfolgern letztendlich auf eine Gleichung ausgeht, kommt das Zergliedern an
kein Ende, bevor man nicht bei den Ursachen der betreffenden Gleichheit und Ungleichheit oder bei vorher im Ausgang
von diesen Ursachen bewiesenen Lehrsätzen angelangt ist,
und zwar bei sovielen, als zum Beweis dessen, was in Frage
steht, ausreichen.

Da nun das Ziel der Analytik die Konstruktion eines Problems (sofern möglich) oder aber der Aufweis ihrer Unmöglichkeit ist, darf der Analytiker, falls das Problem möglich ist,
nicht eher haltmachen, als bis er zu etwas gelangt, das die
Wirkursache der aufgegebenen Konstruktion in sich enthält.
Bei den ersten Sätzen aber muß man unweigerlich haltmachen. Das aber sind die Definitionen. In diesen Definitionen
muß also die Wirkursache der Konstruktion enthalten sein.
Ich wiederhole: der Konstruktion, nicht für den Erweis einer
Konklusion. Denn die Ursache einer Konklusion ist zwar in
den Sätzen enthalten, die ihre Prämissen darstellen, d. h. die
Wahrheit einer bewiesenen Aussage liegt in den sie beweisen-
den Aussagen. Die Ursache einer Konstruktion liegt dagegen

---

[89] Vgl. Kap. XII, Art. 2.

in den Dingen selber und besteht in Bewegung oder auch im Zusammenwirken von Bewegungen. Die Sätze also, bei denen die Analyse zu Ende ist, sind Definitionen, aber nur solche, die die Art und Weise anzeigen, wie das betreffende Ding konstruiert bzw. erzeugt wird.[90] Denn andernfalls wäre, da man auf dem Wege der Synthese nur wieder bei dem zu beweisenden Problem herauskäme, nichts bewiesen. Es gibt nämlich keine Beweisführung, die nicht Wissen erzeugte. Wissen erzeugt sie aber nur, wenn sie von der Erkenntnis der Ursachen ausgeht, welche die Konstruktion des Problems bewerkstelligen. Um das Gesagte also auf den Punkt zu bringen: *Analyse ist das Schlußfolgern von der Unterstellung des konstruierten oder zustande gebrachten Dings zur Wirkursache oder den verschiedenen zusammenwirkenden Ursachen dieses konstruierten oder zustande gebrachten Dings.* Entsprechend ist *Synthese das fortwährende Schlußfolgern von den ersten Ursachen der Konstruktion durch die Zwischenglieder hindurch bis hin zum zustande gebrachten Ding selber.*

Da es nun viele Weisen gibt, wie ein und dasselbe Ding erzeugt bzw. ein und dasselbe Problem konstruiert werden kann, haben nicht alle Geometer, ja hat nicht einmal ein und derselbe Geometer sich jedesmal derselben Methode bedient. Denn lautete der Auftrag, eine Quantität zu konstruieren, die einer anderen gegebenen gleich ist, so könnte man zum einen untersuchen, ob dies erfolgen kann, indem man irgendeine Bewegung ersinnt. Denn man kann ja die Gleichheit und Ungleichheit von Quantitäten im Ausgang von Bewegung und Zeit nicht weniger begründen als aufgrund ihrer Kongruenz. Und tatsächlich kann man mit Hilfe einer bestimmten Bewegung zwei Quantitäten, gleich ob Linien oder Flächen, auch wenn die eine gerade und die andere gekrümmt ist, ihrer Erstreckung nach[91] kongruieren und zusammenfallen lassen; welcher Methode sich Archimedes in *Über Spiralen* bedient hat. Gleichheit oder Ungleichheit[92] lassen sich aber auch durch Betrachtung von Gewichten auffinden und beweisen,

---

[90] Vgl. Kap. VI, Art. 13.
[91] »ihrer Erstreckung nach« fehlt in *E.*
[92] *E* fügt hinzu »zweier Quantitäten«.

wie das wiederum Archimedes in *Die Quadratur der Parabel*
getan hat. Außerdem findet man Gleichheit und Ungleichheit
oft im Ausgang von der Aufteilung beider Quantitäten in
Teile, die man als unteilbar betrachtet, wie das in unserer Zeit
Bonaventura Cavalieri getan hat[93] und auch Archimedes vie-
lerorts. Zum selben Ergebnis kommt man schließlich, indem
man die Potenzen von Linien oder die Seiten[94] dieser Potenzen mittels Vervielfältigung, Teilung, Hinzufügung, Abzug und Ziehung der Seiten aus den Potenzen betrachtet oder
aber herausfindet, wo die Endpunkte von Geraden desselben
Verhältnisses liegen. Beispielsweise enden alle Geraden, wieviel es immer sein mögen, die von einer geraden Linie aus
gezogen werden und durch denselben Punkt hindurchgehen,
wenn ihre Teile von diesem Punkt aus im selben Verhältnis
stehen, ebenfalls auf einer geraden Linie, und dasselbe ist der
Fall, wenn man diesen Punkt zwischen zwei Kreisen wählt, so
daß die Örter all ihrer Endpunkte[95] entweder gerade Linien
oder Kreisperipherien sind: was man »ebene Örter« nennt.
Ebenso befinden sich, wenn man die Endpunkte paralleler
Geraden so auf ein und dieselbe Gerade legt, daß die Teile
der Geraden, auf die sie gelegt sind, im Verhältnis zueinander
doppelt so groß sind wie die darauf gelegten benachbarten
Parallelen untereinander, alle Endpunkte der letzteren auf
einem Kegelschnitt, und der betreffende Schnitt ist der Ort
dieser Endpunkte, den man »raumkörperlich« nennt, weil er
zur Ermittlung der Quantität einer aus drei Dimensionen bestehenden Gleichung[96] dient. Es gibt daher drei Weisen, die
Ursache der Gleichheit oder Ungleichheit zweier gegebener
Quantitäten zu ergründen, nämlich durch Berechnung von
Bewegungen (da durch gleiche Bewegung in gleicher Zeit glei-

---

[93] Vgl. Bonaventura Cavalieri, *Geometria indivisibilibus continuorum
nova quadam ratione promota*, Bologna 1635.

[94] »Seiten« von Kubikzahlen sind nach Euklid (*Die Elemente*, VII.
Buch, 17. Definition) die drei einander vervielfältigenden Zahlen. *E*
hat statt »Seiten« in diesem Artikel darum immer »Wurzeln«.

[95] »all ihrer Endpunkte« ist hier aus *E* übernommen anstelle des
mißverständlichen »all jener Punkte« von *AB*.

[96] Kubische Gleichung.

che Raumabschnitte beschrieben werden, Wägung aber Bewegung ist), durch *Indivisibilien* (da alle Teile zusammen dem Ganzen gleichzusetzen sind), und durch *Potenzen* (da Seiten gleich sind, deren Potenzen gleich sind, und umgekehrt Potenzen gleich sind, deren Seiten gleich sind). Aber schon bei einer auch nur etwas verwickelteren Frage erlaubt keine dieser Weisen die Aufstellung einer unfehlbaren Regel dafür, welche Unbekannte[97] vorzugsweise den unterstellten Ausgangspunkt der Analyse zu bilden habe, und welche der anfangs sich anbietenden verschiedenen Gleichungen vorzugsweise zu wählen sei, sondern der Erfolg ist Sache der Begabung, des schon erworbenen Wissens und zum Teil auch der glücklichen Hand. Darum ist man nachher nur ein so großer Analytiker, als man vorher Geometer war, und nicht die Regeln der Analyse machen den Geometer aus, sondern die direkt von den Elementen ausgehende Synthese sowie der weitere logische Umgang mit ihnen. Denn die angemessene Darstellungsart der Geometrie ist die Synthese im Sinne der von Euklid gelehrten Methode. Und wer Euklid zum Lehrmeister hat, kann Geometer werden auch ohne Vieta (auch wenn Vieta ein rundum bewundernswerter Geometer war); wer aber Vieta zum Lehrmeister hat, nicht ohne Euklid.

Obwohl aber einige (nicht gerade erstklassige) Geometer der Meinung waren, jener Teil der Analytik, der mit Potenzen arbeitet, erlaube die Lösung aller Arten von Problemen, ist er doch nur von begrenzter Bedeutung. Denn er beschränkt sich ganz auf die Lehre von den Rechtecken und den von Rechtecken umschlossenen Raumkörpern; so daß sie, auch wenn sie zu einer die gesuchte Quantität bestimmenden Gleichung gelangen, diese Quantität bisweilen doch nicht kunstgerecht in der Ebene darstellen können, sondern nur in einem Kegelschnitt, also, wie die Geometer sagen, nicht geometrisch, sondern mechanisch. Solche Probleme nennen sie raumkörperlich, und können sie eine Quantität auch mit Hilfe eines Kegelschnitts nicht darstellen, sprechen sie von einem linearen Problem. Daher ist der Nutzen der mit Potenzen arbeitenden Analytik bei den Quantitäten von Winkeln und

---

[97] Statt »Unbekannte« in *E* »unbekannte Quantität«

Kreisbögen gleich null. Die Alten haben sich deshalb dahingehend ausgesprochen, daß Winkelteilungen, die weitergehen als die Zweiteilung und fortgesetzte Zweiteilung, sich in der Ebene unmöglich anders als mechanisch darstellen lassen. Denn wo Pappos (vor Satz 31 des IV. Buchs)[98] die Problemgattungen unterscheidet und definiert, sagt er: »Manche nennt man eben, andere raumkörperlich und wieder andere linear. Die also mittels gerader Linien und der Kreisperipherie gelöst werden können« – also die mit Lineal und Zirkel ohne Zuhilfenahme anderer Instrumente beschrieben werden können –, »heißen zu Recht eben; denn die Linien, mit denen man solche Probleme ermittelt, haben ihren Ursprung in der Ebene. Die aber gelöst werden, indem man bei ihrer Konstruktion einen oder auch mehrere Kegelschnitte heranzieht, hat man raumkörperlich genannt, da zu ihrer Konstruktion unbedingt die Oberflächen raumkörperlicher Figuren, genauer: von Kegeln, benutzt werden müssen. Bleibt noch die dritte, als linear bezeichnete Gattung, weil dabei noch andere Linien als die genannten bei der Konstruktion herangezogen werden« usw. Und kurz darauf: »Zu dieser Gattung gehören die Spirallinien, Quadratrices, Muschellinien und Efeulinien. Es wird bei den Geometern aber als ein nicht unbeträchtlicher Fehler angesehen, wenn jemand ein ebenes Problem mit Hilfe von Kegelschnitten oder als lineares Problem löst.« Er stellt die Dreiteilung des Winkels aber unter die raumkörperlichen und seine Fünfteilung unter die linearen Probleme. Wie also? Haben die alten Geometer, welche zur Auffindung einer dem Kreisbogen gleichen Geraden das mit Hilfe einer Quadratrix [taten], und Pappus selber, der die Dreiteilung eines gegebenen Winkels mit Hilfe einer Hyperbel fand,[99] etwa gefehlt? Keineswegs.[100] Denn die Alten

---

[98] Pappos von Alexandrien (3. Jh. n. Chr.), *Mathematische Sammlung*, Buch IV, Kap. 36.

[99] A. a. O., Buch IV, Kap. 44.

[100] Statt »Keineswegs.« in *E* (entsprechend der ursprünglich gedruckten, aber vor der Veröffentlichung von Hobbes wieder zurückgezogenen ersten Fassung dieses Kapitels in *A*) »Oder gehe ich fehl, der ich denke, die Konstruktion dieser beiden Probleme allein mit

benützten dazu die Analyse mittels Potenzen, und es galt ihnen als fehlerhaft, etwas, das durch die nächstliegenden Potenzen zustande gebracht werden konnte, durch entferntere
zustande zu bringen; das galt ihnen nämlich als Beweis für
eine unzulängliche Einsicht in die Natur der Sache.

Die Verdienste der Analyse mittels Potenzen bestehen in
der Vertauschung, Umwendung und Verzerrung von Rechtecken und Analogismen, und der Kunstverstand der Analytiker ist eine Logik, durch welche sich, was immer in Subjekt
oder Prädikat der in Frage stehenden Konklusion verborgen
liegt, methodisch auffinden läßt. Aber die Symbolik, deren
sich heutzutage so viele bedienen, in der Meinung, es handle
sich um Analytik, ist weder analytisch noch synthetisch, sondern eine für den arithmetischen Kalkül zwar angemessene,
für den geometrischen aber unpassende Kurzschrift;[101] eine
Kunst nicht der Lehre oder des Erlernens der Geometrie,
sondern um die Funde der Geometer schnell und kurz in
Abrissen unterzubringen. Denn wenn es dem Denken auch
leicht fällt, sich mit Hilfe von Symbolen zwischen weit aus-
einanderliegenden Sätzen hin- und herzubewegen, so bin ich
mir doch keineswegs sicher, ob man diese Denkbewegung, die
ohne eine Vorstellung der Dinge selber verläuft, wirklich für
nützlich halten sollte.[102]

Lineal und Zirkel gefunden zu haben? Sie nicht und ich auch
nicht.«

[101] Statt der gegen die algebraische Notation vor allem von John Wallis gerichteten Bemerkung »Aber die Symbolik, deren sich heutzutage so
viele bedienen, in der Meinung, es handle sich um Analytik, ist weder
analytisch noch synthetisch, sondern eine für den arithmetischen Kalkül
zwar angemessene, für den geometrischen aber unpassende Kurzschrift«
(= B) in A »Und es ist die Analytik sozusagen eine βραχυγραφία [Kurz-
schrift]« und in E »Aber das gehört eigentlich nicht in die Algebra
oder die speziöse, symbolische oder cosische Analytik, welche, wenn
ich so sagen darf, die Kurzschrift der Analytiker ist« (Viète hatte die
Algebra als »logistica speciosa« bezeichnet, in Italien war sie »regola
de la cosa« genannt worden).

[102] A fügt den relativierenden Schlußabsatz bei »Als ich, nachdem
dies schon gesetzt war, bemerkte, daß sich gegen die obige Quadratur

Kapitel XXI
Kreisförmige Bewegung*

1. *Bei einer einfachen Bewegung bewegt sich jede am bewegten Ding gewählte gerade Linie so, daß sie jederzeit zu den von ihr selber hinterlassenen Spuren*[103] *parallel verläuft.* 2. *Findet um einen festen Mittelpunkt eine kreisförmige Bewegung statt und ist auf dem Kreis ein Nebenkreis, der sich in entgegengesetztem Sinn so dreht, daß er in gleichen Zeiten gleiche Winkel macht, so wird jede beliebige auf dem Nebenkreis gewählte Gerade so bewegt, daß sie jederzeit zu den von ihr selber hinterlassenen Spuren*[104] *parallel verläuft.* 3. *Eigenschaften der einfachen Bewegung.* 4. *Wird eine Flüssigkeit in einfache kreisförmige Bewegung versetzt, so beschreiben alle darin beliebig gewählten Punkte ihre Kreise in Zeitabschnitten, die dem Verhältnis ihres Abstands zum Mittelpunkt entsprechen.* 5. *Einfache Bewegung zerstreut Heterogenes und sammelt Homogenes.* 6. *Ist der Kreis, den ein in gleichförmige Bewegung Versetztes beschreibt, dem Kreis, den ein von ihm herumgetriebener Punkt beschreibt, kommensurabel, so kehren die Punkte beider Kreise gelegentlich in dieselbe Lage zurück.* 7. *Hat eine Kugel eine einfache Bewegung, so zerstreut ihre Bewegung Heterogenes umso mehr, je weiter es von den Polen entfernt ist.* 8. *Steht der kreisförmigen einfachen Bewegung einer Flüssigkeit ein nichtflüssiger Körper im Wege, so breitet sich die Bewegung entlang seiner Oberfläche aus.* 9. *Kreisförmige Bewegung um einen festen Mittelpunkt schleudert, was auf die Peripherie gelegt wird, ohne darauf zu haften, längs der Tangente weg.* 10. *In einfache kreisförmige Bewegung Versetztes erzeugt einfache kreisförmige Bewegung.* 11. *Hat etwas dergestalt Bewegtes einen harten und einen flüssigen Teil, so wird seine Bewegung nicht völlig kreisförmig sein.*

doch noch einiges einwenden läßt, glaubte ich den Leser lieber auf diesen Sachverhalt aufmerksam machen als das Erscheinen des ganzen Buchs noch länger hinauszuzögern zu sollen. Auch hielt ich es für gut stehen zu lassen, was mit gutem Recht auf den ›Rechtfertiger‹ gemünzt ist. Aber was in Sachen der Kreis- und Winkelmessung für zuverlässig ermittelt erklärt wurde, möge der Leser als lediglich nach Art eines Problems gesagt auffassen.«

[103] Statt »zu den von ihr selber hinterlassenen Spuren« in *E* »zu den Stellen, an denen sie sich vorher befand«.

[104] Statt »zu den von ihr selber hinterlassenen Spuren« in *E* »zu den Stellen, an denen sie sich vorher befand«.

1. Wir wollen die *einfache kreisförmige* Bewegung als diejenige definieren[105], bei der die jeweiligen[106] Punkte in jeweils gleichen Zeiten jeweils gleiche Kreisbögen beschreiben. Daher muß bei der einfachen kreisförmigen Bewegung eine am bewegten Ding gewählte gerade Linie immerzu parallel zu sich selber verlaufen. [...]

Korollar 1. Es ist auch klar, daß dies für jedes einfach bewegte Ding zutrifft, auch wenn seine Bewegung nicht kreisförmig ist. Denn die Punkte einer beliebigen geraden Linie werden jeder für sich, wenn schon nicht kreisförmige, so doch gleiche Linien beschreiben. [...]

2. [...] Korollar. Aufgrund dessen steht fest, daß jene zwei jährlichen Bewegungen, die Nikolaus Kopernikus der Erde zuschreibt,[107] beide auf diese eine einfache kreisförmige Bewegung rückführbar sind, durch welche es nämlich geschieht, daß[108] die Punkte eines bewegten Dings sich immerzu mit der gleichen Geschwindigkeit bewegen, d. h. daß sie in gleichen Zeiten gleiche Kreise[109] gleichförmig zurücklegen.

Diese Bewegung ist unter den kreisförmigen aber nicht nur die einfachste, sondern auch die häufigste, und zwar gleicht sie der, welche jedermann ausführt, der einen Gegenstand etwa beim Mahlen oder Sieben mit den Armen herumbewegt. Denn bei dieser Bewegung beschreiben die Punkte des bewegten Dings jeder für sich immerzu gleiche und ähnliche Linien;[110] ganz so wie jemand, der eine Latte hätte, aus der die Spitzen vieler gleich langer Schreibstifte herausragten,

---

[105] Statt »wollen... definieren« in *AEB* »haben... definiert«. Wegen der Unrichtigkeit dieser Angabe läßt *E* in »die einfache kreisförmige Bewegung«, offensichtlich unter Bezugnahme auf die Beschreibung der einfachen Bewegung in Kap. XV, Art. 4, Nr. 8, das Wort »kreisförmige« weg.

[106] *E* spezifiziert »an einem bewegten Körper gewählten«.

[107] Der Jahresumlauf und die jährliche »Deklinationsbewegung«, eine gleichförmige Bewegung der Erdachse zur Erklärung der Konstanz des Neigungswinkels der Erdachse.

[108] *E* läßt das überflüssige »es nämlich geschieht, daß« weg.

[109] Statt »Kreise« in *E* »Umwälzungen«.

[110] Zu dem euklidischen Ausdruck »gleich und ähnlich« vgl. oben Anm. 75 zur »Ersten Philosophie«.

mit dieser einzigen Bewegung viele Zeilen zugleich vollschreiben könnte.

3. Nachdem wir die Art der einfachen Bewegung erläutert haben, wollen wir auch einige ihrer Eigenschaften erläutern.

Erstens, daß ein Körper, der sich in einem flüssigen und vollen Medium mit einfacher Bewegung fortbewegt, die Lage aller, auch der kleinsten Teile der ihn umgebenden Flüssigkeit,[111] die seiner Bewegung im Wege stehen, so ändert, daß überall ständig neue Teilchen der Flüssigkeit an die Stelle der alten treten. [...] Daraus wird klar, daß eine einfache Bewegung, gleich ob sie kreisförmig oder sonst von der Art ist, daß das Bewegte dabei immer wieder an denselben Ort zurückkehrt, ihrer Schnelligkeit und dem größeren oder kleineren Ausmaß der von ihr beschriebenen Linien entsprechend über mehr oder weniger Kraft zur Zerstreuung der Teile der ihr im Wege stehenden Körper verfügt. Man kann sich aber auch eine sehr hohe Geschwindigkeit auf einer sehr kleinen Umlaufbahn sowie eine sehr geringe auf einer sehr großen denken und sie, wenn nötig, unterstellen.

4. Zweitens werden, wenn man unterstellt, diese einfache Bewegung vollziehe sich in der Luft, im Wasser oder sonst einer Flüssigkeit, die dem bewegenden Körper am nächsten befindlichen Teile dieser Flüssigkeit[112] mit der nämlichen Bewegung und Geschwindigkeit herumgeführt, so daß gleichzeitig mit der Vollendung eines Kreises durch einen beliebigen Punkt des Bewegenden auch der ihm am nächsten befindliche Teil der Flüssigkeit[113] jenen Teil seines eigenen Kreises beschreibt, der dem Gesamtkreis des Bewegenden entspricht. Ich wiederhole: jenen Teil seines Kreises, nicht seinen Gesamtkreis. Denn jene Teile erhalten ihre Bewegung allesamt von dem sich auf dem inneren konzentrischen Kreis Bewegenden; und bei konzentrischen Kreisen sind die äußeren immer größer als die inneren. Auch kann ein Bewegendes einem andern unmöglich eine Bewegung einprägen, die

---

[111] E fügt hinzu »wie weit sie sich auch fortsetzt«.
[112] Statt »dieser Flüssigkeit« in E allgemeiner »des Mediums«.
[113] Statt »der Flüssigkeit« in E allgemeiner »des Mediums«.

schneller wäre als seine eigene.[114] Von daher versteht sich,
daß die von der Oberfläche des Bewegenden[115] weiter entfernten Teile der umgebenden Flüssigkeit ihre Kreise in
Zeitspannen vollenden, die im selben Verhältnis zueinander
stehen wie ihre Entfernung vom Bewegenden. Ein beliebiger
Punkt des Umgebenden wird nämlich, solange er den ihn
herumbewegenden Körper berührt, mit ihm zusammen herumgeführt und würde denselben Kreis ausführen, nur daß er
eben um soviel, als der äußere Kreis den inneren übertrifft,
zurückbleiben muß. Unterstellt man also, daß in der Flüssigkeit, die sich dem Bewegenden am nächsten befindet, etwas
Nichtflüssiges schwimmt, so wird es zusammen mit dem sich
herumbewegenden Ding herumbewegt. Die Flüssigkeit[116]
nun, die nicht die nächste, sondern sozusagen die zweitnäch-
ste ist, empfängt ihre Bewegung[117] von der nächstliegenden;
welche Bewegung[118] nicht größer sein kann als die des Ge-
bers. Sie wird also in derselben Zeit zwar eine kreisförmige
Linie beschreiben, aber nicht derem Gesamtumfang nach,
sondern gleich dem Gesamtumfang des innersten Bewegenden. Daher wird in derselben Zeit, in der das Bewegende
seinen Kreis beschreibt, ein es nicht berührendes Ding nicht
den seinigen, sondern einen Bogen des seinigen beschreiben,
der so groß ist wie der Gesamtumfang jenes Kreises. In der
gleichen Weise beschreiben die übrigen weiter entfernten
Punkte in der gleichen Zeit die jeweiligen Abschnitte ihrer
Kreise, welche dem Gesamtkreis des Bewegenden gleich sind,
und infolgedessen ihre eigenen Gesamtkreise in Zeitspannen, die ihrem Abstand vom Bewegenden proportional sind:
was zu zeigen war.

5. Drittens sammelt bzw. drängt diese selbe einfache Bewegung eines in ein flüssiges Medium eingebrachten Körpers
das, was seiner Natur zufolge in dieser Flüssigkeit obenauf

---

[114] Dieser Satz wird in *De Corpore* nicht bewiesen.

[115] »von der Oberfläche des Bewegenden« fehlt in *E*.

[116] Statt »Die Flüssigkeit« in *E* »Jener Teil der umgebenden Flüssigkeit«.

[117] Statt »ihre Bewegung« in *E* »ihren Geschwindigkeitsgrad«.

[118] Statt »welche Bewegung« in *E* »welcher Grad«.

schwimmt, sofern es homogen ist, an einem Ort zusammen; ist es aber heterogen, trennt und zerstreut sie es. Heterogenes, das nicht schwimmt, sondern sich absetzt, wird durch diese selbe Bewegung aufgerührt und durcheinandergewirbelt.

Da nämlich unähnliche, also heterogene Körper einander nicht unähnlich sind, sofern sie Körper sind (als Körper unterscheiden sie sich schließlich nicht), sondern aufgrund einer besonderen Ursache, also aufgrund bestimmter kleinster Bewegungen ihrer Teile bzw. aufgrund einer inwendigen Bewegung (in Kap. IX, Art. 9 war nämlich dargelegt worden, daß alle Veränderung inwendige Bewegung ist), wird Heterogenes unterschiedliche inwendige oder spezifische Bewegungen haben.[119] Was sich aber in dieser Weise unterscheidet, erfährt eine gemeinschaftliche von außen kommende Bewegung unterschiedlich. Deshalb wird es nicht als Einheit fortbewegt, d. h. es wird zerstreut. Zerstreutes aber trifft manchmal auf ihm ähnliche Körper und bewegt sich dann ähnlich wie sie und zusammen mit ihnen fort; und auch das wird auf andere ähnliche Körper stoßen, mit ihnen eine Einheit bilden und größer werden. Deshalb wird Homogenes in einem Medium, in dem es seiner Natur zufolge obenauf schwimmt, von einer einfachen Bewegung gesammelt, Heterogenes dagegen zerstreut. Was des weiteren in dieser selben Flüssigkeit nicht obenauf schwimmt, sondern sich absetzt, wird, wenn eine für seine Aufwühlung ausreichende Bewegung der Flüssigkeit darauf auftrifft, aufgewühlt und entsprechend der Bewegung der Flüssigkeit selber umhergetrieben und demgemäß daran gehindert, den Ort wieder einzunehmen, an dem es sich seiner Natur entsprechend absetzt und an dem allein es Einheiten bildet, während es außerhalb desselben sich wahllos bewegt, also durcheinandergewirbelt wird.

Diese Bewegung aber, wodurch Homogenes gesammelt und Heterogenes zerstreut wird, heißt [lateinisch] gewöhnlich »fermentatio« [Gärung], von »fervere« [wallen], entspre-

---

[119] Statt »wird Heterogenes unterschiedliche inwendige oder spezifische Bewegungen haben« in *E* »so bleibt, daß heterogene Körper ihre Unähnlichkeit oder gegenseitige Verschiedenheit von ihren inwendigen oder spezifischen Bewegungen her haben«.

chend griechisch ζύμη von ζέω. Denn auch wallendes Wasser macht, daß seine Teile ihre Lage jeder für sich ändern, und daß die Teilchen eines Dings, die in es, wenn es in Bewegung ist, hineingeworfen werden, ihrer unterschiedlichen Natur entsprechend in verschiedene Richtungen auseinanderstreben. Dennoch rührt nicht jede Wallung vom Feuer her, hat doch auch junger Wein gleich zahllosen anderen Dingen seine eigene Gärung und Wallung, aber nicht unbedingt von einem Feuer. Vielmehr bewirkt die Gärung selber Wärme (wofern man beim Gärungsprozeß welche bemerkt). [...]

7. Ein in einfache Bewegung versetzter Körper hat, falls er kugelförmig ist, zu den Polen seiner Bewegung hin weniger Kraft zur Zerstreuung des Heterogenen bzw. zur Vereinigung des Homogenen als zur Mitte hin. [...]

Korollar. Diese einfache Bewegung kann auch keinerlei Wirkung auf Ebenen haben, die zur Achse senkrecht stehen und vom Mittelpunkt der Kugel weiter entfernt sind als der Pol selber. [...]

8. Denkt man sich ein in der genannten Weise kreisförmig[120] bewegtes flüssiges Medium, in dem ein anderes nichtflüssiges kugelförmiges Bewegliches schwimmt, so werden die darauf auftreffenden Teile der Flüssigkeit[121] dazu ansetzen, sich entlang der Oberfläche des nichtflüssigen Körpers nach allen Seiten auszubreiten. Das tut auch schon die Erfahrung bei der Ausbreitung von ausgegossenem Wasser auf dem Fußboden zur Genüge kund. [...]

9. Eine zusammengesetzte kreisförmige Bewegung, bei der also die einzelnen Teile des Bewegten je nach Abstand vom gemeinsamen Mittelpunkt teils größere, teils kleinere Umfänge zusammen beschreiben, bewegt dem so bewegten Körper anhaftende nichtflüssige Körper mit sich herum; wird ihr Kontakt aber unterbrochen, so schleudert sie sie am Unterbrechungspunkt längs der Tangente weg. [...]

10. Wird in einem flüssigen Medium ein kugelförmiger Körper in einfache kreisförmige Bewegung versetzt, und schwimmt in diesem Medium eine weitere Kugel aus nicht-

---

[120] Statt »kreisförmig« in *E* »mit einfacher Bewegung«.
[121] Statt »der Flüssigkeit« in *E* »des Mediums«.

flüssigem Material, so wird auch sie in einfache kreisförmige Bewegung versetzt. [...]

11. Versetzt[122] ein in einfacher Bewegung befindlicher Körper (gleich ob seine Bewegung völlig kreisförmig verläuft oder elliptisch oder sonst auf einer in sich rückläufigen Linie) ein allseits flüssiges Medium in starke Bewegung und legt man einen anderen flüssigen Körper hinein, der aber verdichteter ist als das Medium: so behaupte ich erstens, daß einige winzige Teile davon wegen jener Unruhe des Mediums von der übrigen Masse losgerissen werden und in das Medium eintreten, wobei diejenigen, welche sich zuerst zum Bewegenden hinkehren, näher an es herankommen werden; zweitens, daß die übrige Masse anschwillt; drittens, daß diese Masse sich mehr dorthin begibt, wo der größte Flüssigkeitsgrad herrscht. Unterstellen wir nämlich, ein Körper befinde sich in einem flüssigen Medium, etwa der Luft, und versetze die Luft durch einfache, in sich zurückkehrende Bewegung in starke Bewegung, in dieser Luft befinde sich aber auch eine andere Flüssigkeit, die aber verdichteter ist als Luft, also etwa Wasser. Ich behaupte nun, daß einige kleine Teile des Wassers unweigerlich in die Luft eintreten werden. Da nämlich in Art. 5 dargelegt worden ist, daß ein Medium, also die Luft, in der Weise in starke Bewegung versetzt wird, daß seine Teile bis hinab zu den allerkleinsten ihren Ort jeder für sich mit den nächstliegenden Teilchen ständig vertauschen,[123] tauschen

---

[122] In *E* weicht dieser Artikel stark ab: »Schwimmt in einem flüssigen Medium, dessen Teile von einem mit einfacher Bewegung sich bewegenden Körper aufgewühlt werden, ein anderer Körper, dessen Oberfläche entweder zur Gänze hart oder zur Gänze flüssig ist, so nähern sich die Teile dieses Körpers dem Mittelpunkt gleichmäßig von allen Seiten, d. h. die Bewegung des Körpers wird kreisförmig und mit der Bewegung des Bewegenden konzentrisch sein. Ist aber eine seiner Seiten hart und die andere flüssig, dann haben diese beiden Bewegungen nicht denselben Mittelpunkt, und der schwimmende Körper wird sich nicht auf der Peripherie eines vollkommenen Kreises bewegen. [...]«

[123] Diese in den Druckfassungen von *AEB* fehlende Darstellung scheint in einer früheren Fassung von Art. 5 enthalten gewesen zu sein, auf die sich Hobbes auch in Kap. XXVII, Art. 3 bezieht.

auch die die Luft berührenden Teile des Wassers notwendig
ihren Ort mit den Teilen der Luft. Einige Teile des Wassers
treten also in die Luft ein: was das Erste ist. Da zweitens jene
in die Luft eingetretenen Teile des Wassers sich von der übrigen Wassermasse losgerissen haben und das Wasser der
Hypothese zufolge einen gewissen Verdichtungsgrad besitzt,
wird die Wasseroberfläche, aus der diese Teilchen ausgetre-
ten sind, ihnen ein Stück weit folgen, was bedeutet, daß das
Wasser merklich anschwillt: was das Zweite ist. Da drittens
unterstellt ist, daß der eine Teil des Körpers flüssiger ist als
der andere, werden die flüssigeren Teile leichter anschwellen
als die weniger flüssigen. An der Stelle aber, wo sie anschwellen, wird auch die Gesamtmasse mehr zur Bewegung ansetzen. Deshalb wird aufgrund der Verdichtung der Teile ein
Teil, der weniger zur Bewegung in entgegengesetzter Richtung ansetzt, ihr folgen, d. h. die Gesamtmasse wird sich
dorthin bewegen: was noch zu beweisen blieb.

Kapitel XXII
Die Vielfalt sonstiger Bewegungen*

1. *Wie Bewegungsansatz sich von Gegendruck unterscheidet.* 2. *Zwei Arten von Medien, in denen Bewegung stattfindet.* 3. *Wesen der Fortpflanzung der Bewegung von einem Körper zum andern.*[124] 4. *Welche
Bewegung von zusammendrückenden Dingen ausgeht.* 5. *Zusammenge-
drückte Flüssigkeiten durchdringen einander.* 6. *Ein Körper, der auf einen
andern auftrifft, ohne ihn zu durchdringen, wirkt senkrecht zur Oberfläche des Körpers, auf den er auftrifft.* 7. *Dringt ein harter Körper in einen
andern, auf den er auftrifft, ein, so dringt er nur dann senkrecht ein, wenn
er senkrecht einfällt.* 8. *Das Bewegte nimmt manchmal eine dem Bewegenden entgegengesetzte Richtung.* 9. *In einem vollen Medium pflanzt Bewegung sich in beliebige Entfernung fort.* 10. *Wesen von Ausdehnung und
Zusammenziehung.* 11. *Ausdehnung und Zusammenziehung unterstellen
eine Lageänderung winzigster Teile.* 12. *Aller Zug ist Stoß.* 13. *Alles,
was nach Druck oder Beugung sich in seine vorige Lage zurückversetzt,
besitzt eine Bewegung in seinen inwendigen Teilen.* 14. *Auch wenn das*

---

[124] »von einem Körper zum andern« fehlt in *E*.

Transportierende auf etwas auftrifft, setzt das Transportierte seinen Weg fort. 15., 16. *Die Wirkungen eines Schlags und eines Gewichts scheinen sich nicht vergleichen zu lassen.* 17., 18. *In den inwendigen Teilen eines Körpers kann keine Bewegung anfangen.* 19. *Wirkung und Gegenwirkung setzen sich derselben Linie entlang fort.* 20. *Wesen der Gewohnheit.*

1. Bewegungsansatz ist, wie wir oben (Kap. XV, Art. 2) definiert haben, Bewegung zwar über eine gewisse Strecke hin, die aber nicht als Strecke, sondern als Punkt betrachtet wird. Der Bewegungsansatz bleibt daher, was er ist, gleich ob sich ihm etwas widersetzt oder nicht. Denn schlichtweg zur Bewegung ansetzen und sie ausführen, ist ein und dasselbe. Wenn nun zwei Körper, die in entgegengesetzter Richtung zur Bewegung ansetzen, aufeinander Druck ausüben, pflegt man dieses Ansetzen der beiden *Gegendruck* zu nennen. Er ist des näheren ein Ansatz zur Bewegung, dem sich etwas in Gegenrichtung zur Bewegung Ansetzendes entgegenstellt bzw. widersetzt.[125]

2. Sowohl die bewegten Körper selber als auch die Medien, in denen sie sich bewegen, sind aber von zweifacher Gattung. Entweder sind sie nämlich von der Art, daß ihre Teile untereinander zusammenhängen, so daß kein Teil des Bewegten dem Bewegenden leicht nachgibt, außer das Ganze gibt nach; und solche Dinge nennt man *hart*.[126] Oder ihre Teile geben, auch wenn das Ganze unbewegt bleibt, dem Bewegenden leicht nach, wie das bei dem der Fall ist, was man *flüssig* und *weich* nennt.[127] Ganz wie groß und klein werden nämlich auch »flüssig«, »weich«, »zäh« und »hart« nur vergleichsweise ausgesagt,[128] und es handelt sich dabei nicht um verschiedene Gattungen, sondern um verschiedene Qualitätsabstufungen.

---

[125] Statt »Er ist des näheren ein Ansatz zur Bewegung, dem sich etwas in Gegenrichtung zur Bewegung Ansetzendes entgegenstellt bzw. widersetzt« in *E* kürzer » und er ist gegenseitig, wenn ihr Druck entgegengesetzt ist«.

[126] Vgl. Kap. XXVIII, Art. 5.

[127] Vgl. Kap. XXVI, Art. 4.

[128] Vgl. Kap. XIII, Art. 1.

3. Wirken aber und leiden heißt bewegen und bewegt werden;[129] und was bewegt wird, wird, wie im Vorhergehenden dargelegt worden ist,[130] von einem Bewegten und Berührenden bewegt. Auch bei beliebig großer Entfernung sagen wir, daß das erste Bewegende das letzte Bewegliche bewegt, aber mittelbar, nämlich so, daß das Erste das Zweite bewegt, das Zweite das Dritte, und so immer weiter, bis man zur Berührung des Letzten kommt. Setzt also ein Körper zur Gegenbewegung gegen einen andern an und bewegt ihn, und dieser in Bewegung versetzte Körper bewegt in der gleichen Weise einen dritten und so immer weiter, so nennen wir dieses Wirken die *Fortpflanzung* der Bewegung.

4. Üben zwei flüssige Körper im offenen Raum aufeinander Druck aus, so bewegen sich ihre Teile bzw. setzen zur Bewegung in seitlicher Richtung an, und zwar nicht nur die an der Berührungsstelle befindlichen Teile, sondern alle. Sowie es nämlich zur Berührung kommt, bleibt den Teilen, die unter den Druck des zur Bewegung auf sie hin ansetzenden Dings geraten, weder nach vorn noch nach hinten zu ein Raum, in den sie sich hineinbewegen könnten; also werden sie seitlich weggedrückt, und zwar, wenn die Kräfte beidseitig gleich sind, in einer Linie, die senkrecht steht zu den Körpern, von denen sie weggedrückt werden. Da aber, wenn auf die vorderen Teile der beiden Körper Druck ausgeübt wird, auch die rückwärtigen unter Druck geraten (denn die Bewegung der rückwärtigen Teile wird durch den Rückstoß der vorderen nicht augenblicklich zum Stillstand gebracht, sondern hält eine Zeitlang an), bedarf es auch für sie eines Raums, in den sie sich hineinbewegen können. Für eine Bewegung nach vorne zu ist aber kein Platz, weshalb sie sich zu dem ringsum seitwärts gelegenen Raum hinbewegen müssen. Und das ist nicht nur bei Flüssigkeiten ganz unbedingt der Fall, sondern auch bei festen und harten Körpern, auch wenn es da bisweilen nicht so klar vor den Sinnen liegt. Denn auch wenn wir beim Zusammendrücken zweier Steine, anders als bei zwei geschmeidigen Körpern, eine seitliche Aus-

---

[129] Dieser Satz wird in *De Corpore* nicht bewiesen.
[130] Kap. IX, Art. 7.

stülpung mit dem Auge nicht gewahr werden, läßt sich doch aus Vernunftgründen hinreichend einsichtig machen, daß dort eine Schwellung, wie gering auch immer, auftreten muß.

5. Befinden sich die beiden[131] Körper aber in einem geschlossenen Raum, und sie werden zusammengedrückt, so durchdringen sie sich gegenseitig, und zwar je nach der Verschiedenheit ihrer Bewegungsansätze unterschiedlich. Unterstellen wir nämlich ein zylinderförmiges hohles Gefäß aus hartem Material, das unten mit irgendeiner schwereren Flüssigkeit, etwa Quecksilber, und oben mit Luft oder Wasser gefüllt[132] und danach auf beiden Seiten gut verstopft wird. Kehrt man nun den Zylinder um, so wird, da das Schwerere mehr zur Bewegung zum Boden hin ansetzt und ihm bei der Härte des Gefäßes die Möglichkeit seitwärts wegzulaufen genommen ist, das oben befindliche Schwere notwendig vom Leichteren aufgenommen und setzt sich ab.[133] Was eine leichtere Scheidung seiner Teile zuläßt, wird nämlich als erstes geteilt; und ist es geteilt, so ist es unnötig, daß die Teile des andern ebenfalls voneinander geschieden würden. Tauschen also zwei in einem Gefäß eingeschlossene Flüssigkeiten ihren Platz, so ist nicht erforderlich, daß ihre Teile bis hinunter zum kleinsten durcheinandergemischt würden. Denn tritt eine der beiden auseinander, so ist eine Scheidung der Teile der anderen nicht mehr nötig.

Drängt nun eine Flüssigkeit in einem nicht geschlossenen Raum zu einem harten Körper hin oder trifft auf ihn auf, so kommt zwar ein Bewegungsansatz zu den inwendigen Teilen des harten Körpers hin zustande, die Teile der Flüssigkeit werden aber, da der Widerstand des Harten sie nicht hinein-

---

[131] *E* fügt hinzu »flüssigen«.

[132] So in *E*; in *AB* irrig »das unten mit Luft oder Wasser und oben mit irgendeiner schwereren Flüssigkeit, etwa Quecksilber, gefüllt wurde«.

[133] Statt »aufgenommen und setzt sich ab« in *E* »entweder aufgenommen, so daß es hindurchsinken kann, oder es muß einen Durchgang durch sich selber öffnen, durch den der leichtere Körper aufsteigen kann«.

gelangen läßt, sich entlang seiner Oberfläche nach allen Seiten bewegen, und zwar, wenn der Gegendruck senkrecht dazu verläuft, gleichmäßig. Ist nämlich alles, was der Ursache innewohnt,[134] gleich, so werden auch die Wirkungen gleich sein.[135] Verläuft der Gegendruck aber nicht senkrecht, so sind die Einfallswinkel ungleich, und dementsprechend wird auch die Ausbreitung ungleich erfolgen, und zwar ist sie größer auf seiten des größeren Winkels, weil eine mehr horizontal gerichtete Bewegung mehr horizontal verläuft.

6. Trifft ein Körper auf einen andern auf oder drängt zu ihm hin, ohne ihn zu durchdringen, so wird er dennoch dem Teil, auf den er auftrifft oder zu dem er hindrängt, einen Ansatz zur Rückwärtsbewegung in einer geraden Linie verleihen, die zu seiner Oberfläche im Punkt des Auftreffens senkrecht steht. [...]

7. Durchdringt ein harter Körper einen andern, auf den er auftrifft oder zu dem er hindrängt, so wird sein Bewegungsansatz nach Beginn der Durchdringung weder in der Verlängerung seiner Neigungslinie noch in der Senkrechten dazu verlaufen, sondern bald innerhalb, bald außerhalb der beiden. [...]

8. Aufgrund von Lehrsatz 6 ist klar, daß sich die bewegende Kraft so aufstellen läßt, daß sie das Bewegliche in eine der Richtung des Bewegenden fast entgegengesetzte Richtung treibt, wie man das bei der Bewegung von Schiffen sieht.[136] [...] Hängt man aber statt des Segels ein Brett hin und verwendet statt des Schiffs ein Wägelchen auf kleinen Rädern sowie statt des Meers den Fußboden, so habe ich das als dermaßen wahr erfunden, daß ich das Brett dem Wind kaum in auch noch so geringfügiger Schräge entgegenstellen konnte, ohne daß er das Wägelchen fortgezerrt hätte.

Ausgehend vom gleichen Lehrsatz 6 läßt sich auch ermitteln, um wieviel ein schräg geführter Streich, wenn sonst alles gleich ist, schwächer ist als ein senkrecht geführter. [...]

---

[134] Statt »alles, was der Ursache innewohnt« in *E* »alle Teile der Ursache«.

[135] Vgl. Kap. IX, Art. 8.

[136] Segeln gegen den Wind.

9. In einem vollen Medium setzt jeder Bewegungsansatz sich soweit fort, wie sich das Medium selber erstreckt; also wenn es unendlich ist, bis ins Unendliche.[137]

Was nämlich zur Bewegung ansetzt, bewegt sich und bewirkt daher ein zumindest geringfügiges Ausweichen dessen, was ihm im Wege steht, und zwar um soviel, als sich das Bewegende vorwärtsbewegt. Was aber ausweicht, bewegt sich ebenfalls und bewirkt daher ein Ausweichen dessen, was ihm seinerseits im Wege steht; und so immer weiter, soweit ein volles Medium eben vorhanden ist, also, wenn das Medium unendlich ist, bis ins Unendliche: was zu beweisen war.

Obwohl ein solcher sich ununterbrochen fortpflanzender Bewegungsansatz den Sinnen nicht immer als tatsächliche Bewegung erscheint, so erscheint er doch als ein Wirken bzw. als Wirkursache von Veränderungen. Denn wird einem beispielsweise ein winzig kleiner Gegenstand vor Augen gestellt, ein Sandkorn etwa, so ist es bis zu einer gewissen Entfernung zwar gut zu sehen. Es ist aber klar, daß man es immer weiter wegbewegen kann, bis es sich aller sinnlichen Wahrnehmung entzieht, ohne daß es jedoch aufhörte, auf das Gesichtsorgan einzuwirken, da, wie soeben gezeigt, jeder Bewegungsansatz sich bis ins Unendliche fortsetzt. Man denke sich nun das Sandkorn in eine beliebige, ja in die größtmögliche Entfernung vom Auge gebracht und hinreichend viele andere Sandkörner von gleicher Größe ihm eins nach dem andern hinzugefügt, so wird schließlich das aus den aufgehäuften Körnern sich aufbauende Ganze zur Erscheinung kommen. Und obwohl man keins dieser Sandkörner von den übrigen getrennt zu sehen vermag, ist doch klar, daß man den ganzen Haufen oder Sandhügel sieht. Das aber wäre unmöglich, wenn die Teile jeder für sich überhaupt nichts bewirkten.

10. Zwischen den Abstufungen des Weichen und des Harten liegt das sogenannte Zähe. *Zäh* aber ist, was auch bei Beugung sich gleich bleibt. Bei einer Linie nun ist Beugung die Zueinander- oder Auseinanderziehung ihrer Außenpunkte unter Beibehaltung ihrer Länge, also die Bewegung von Geradheit zu Krümmung oder umgekehrt (denn zieht

[137] Vgl. Kap. XV, Art. 7.

man die Endpunkte einer Linie so weit wie möglich auseinander, so wird die ansonsten gekrümmte Linie gerade);[138] bei einer Oberfläche aber ist Beugung die Auseinander- oder Zueinanderziehung ihrer Außenlinien, d. h. ihre Ausdehnung und Zusammenziehung.

11. Ausdehnung und Zusammenziehung, überhaupt alle Beugung unterstellt aber notwendig das Herantreten der inneren Teile des gebogenen Körpers an die äußeren bzw. ihr Zurücktreten von den äußeren weg. Denn obwohl dabei ausschließlich die Länge des Körpers in Betracht kommt, entsteht an dem gebogenen Ding auf der einen Seite eine konvexe und auf der andern eine konkave Linie, wobei letztere, da sie innen liegt (solange von ihr nicht etwas weggenommen und der konvexen hinzugefügt wird), die gebogenere, also die größere ist. Tatsächlich sind sie aber gleich lang. Also treten die inneren Teile des Gebogenen an die äußeren heran, und bei Spannung umgekehrt die äußeren an die inneren.

Was aber eine solche Versetzung seiner Teile nicht so leicht zuläßt, nennt man *spröde*. Und da es sich nur mit viel Kraftaufwand biegen läßt, springt es in einer plötzlichen Bewegung auseinander.

12. Bewegung wird auch eingeteilt in *Stoß* und *Zug*. Und zwar liegt (entsprechend unserer weiter oben gegebenen Definition)[139] ein Stoß dann vor, wenn das, was bewegt wird, dem, was bewegt, vorangeht; ein Zug dagegen, wenn das Bewegende dem Bewegten vorangeht. Bei näherem Hinsehen scheint aber auch das ein Stoß zu sein. Denn wenn von zwei Teilen eines harten Körpers der vordere das vor ihm befindliche Medium stößt, in dem die Bewegung stattfindet, so stößt dieses Gestoßene ein anderes, dieses wieder ein anderes und so immer weiter. Unterstellt man nun, kein Raum sei körperleer, so ist es bei dieser Handlung unumgänglich, daß durch stetiges Stoßen – also sobald die Handlung einen Umlauf vollzogen hat – das Bewegende sich im Rücken jenes Teils befindet, der anfangs nicht gestoßen, sondern gezogen zu

---

[138] Vgl. Kap. XIV, Art. 1.
[139] Kap. XV, Art. 4, Nr. 5.

werden schien, so daß das Gezogene sich nun vor dem Körper befindet, der es bewegt, und es daher gestoßen und nicht
gezogen wird.

13.[140] Was durch Zusammendrücken oder Spannung ge-
waltsam von seinem Platz geschoben wurde und nach Entfernung dieser Kraft sofort in seine frühere Lage zurückkehrt
und sich in sie zurückversetzt, hat den Ausgangspunkt seiner
Rückversetzung in diese Lage in sich selber, und zwar als eine
gewisse Bewegung in seinen inwendigen Teilen, die ihm
schon innewohnte, als sie vor Entfernung der Kraft noch gespannt oder zusammengedrückt waren.[141] Jene Rückversetzung ist nämlich Bewegung; bewegen aber kann sich etwas
Ruhendes nicht ohne ein bewegtes und berührendes Bewegendes.[142] Bei Aufhebung der zusammendrückenden oder
auch spannenden Kraft ist aber in dieser Aufhebung des Zusammendrückenden oder Spannenden selber keine Ursache
für die Zurückversetzung gegeben. Denn die Beseitigung eines Hindernisses hat (wie am Ende von Art. 3 von Kap. XV
dargelegt worden ist) keine verursachende Wirkungsmacht.
Die Ursache der Rückversetzung liegt also entweder in einer
Bewegung der Teile des den zusammengedrückten oder gespannten Körpers[143] umgebenden Körpers oder der Teile
dieses zusammengedrückten oder gespannten Körpers selber.
Die Teile des umgebenden Körpers setzen indes nicht zur
Bewegung an, weder zu einer solchen, die auf Zusammendrücken und Spannung hinausliefe, noch zu einer auf Befrei-
ung und Rückversetzung in die alte Lage gerichteten. Bleibt
also nur übrig, daß vom Zeitpunkt des Zusammendrückens
oder der Spannung her ein Bewegungsansatz bzw. eine Bewegung zurückgeblieben ist, wodurch nach Entfernung des
Hindernisses ein jeder Teil seinen früheren Ort wieder ein-

---

[140] Eine Doublette zu diesem Artikel ist Kap. XXVIII, Art. 12.

[141] Diese Erklärung für die Rückversetzung eines Bogens in seine frühere Lage hatte Hobbes schon 1634 in Mersennes Klosterzelle diesem
vorgetragen; Mersenne erwähnt sie in den 1644 in Paris als Teil seiner
Cogitata physico-mathematica erschienenen *Ballistica*, S. 29.

[142] Vgl. Kap. IX, Art. 7.

[143] »den zusammengedrückten oder gespannten Körper« fehlt in *E*.

nimmt, das Ganze also in seine ursprüngliche Lage zurückversetzt wird.

14. Wenn beim Transport das Transportierende auf etwas
auftrifft oder sonstwie plötzlich zum Stehen gebracht wird,
das Transportierte dagegen nicht, so setzt das Transportierte
seinen Weg fort, bis etwas außer ihm Befindliches seine Bewegung zum Erlöschen bringt. Es ist nämlich gezeigt worden
(Kap. VIII, Art. 19), daß ein bewegtes Ding, wofern seine Bewegung nicht durch etwas außer ihm, das ihm Widerstand
leistet, gehemmt wird, sich ohne aufzuhören mit ein und derselben Schnelligkeit bewegt. Ebenso (Kap. IX, Art. 7), daß
ohne Berührung die Einwirkung eines äußeren Dings ausgeschlossen ist. Der Aufschlag des Transportierenden hebt also
die Bewegung des Transportierten nicht[144] auf. Das Transportierte setzt also seinen Weg fort, bis auch seine Bewegung
allmählich von etwas Äußerem, das Widerstand leistet, aus-
gelöscht wird: was zu beweisen war – auch wenn zum Erweis
dieses Sachverhalts die Erfahrung selber ausgereicht hätte.
Ebenso wird, wo ein Transportierendes und ein Transportier-
tes gegeben sind und das Transportierende vom Ruhezustand
plötzlich in Bewegung übergeht, das Transportierte nicht mit
fortbewegt, sondern zurückgelassen. Denn der Teil des
Transportierten, der das Transportierende berührt, hat zwar
in etwa die gleiche Bewegung wie das Transportierende, aber
seine entfernteren Teile erhalten ihrem unterschiedlichen
Abstand vom Transportierenden entsprechend unterschiedliche Geschwindigkeiten mitgeteilt, und zwar die entfernteren
geringere Geschwindigkeitsgrade. Es ist also unvermeidlich,
daß das Transportierte vom Transportierenden mehr oder
weniger zurückgelassen wird; wie das die Erfahrung zeigt,
wenn ein vorwärtsstürmendes Pferd den Reiter hinterwärts
abwirft.

15. Deshalb ist es bei einem Schlag, wobei ein harter Körper von einem andern harten an einer schmalen Stelle mit viel
Kraft durchschlagen wird, nicht notwendig, daß deswegen
der ganze Körper mit der nämlichen Geschwindigkeit ausweicht, mit der der durchschlagene Teil weicht. Denn die

---

[144] *E* fügt hinzu »sogleich«.

übrigen Teile haben ihre Bewegung von der des durchschla-
genen und ausweichenden Teils her, welche Bewegung sich
weniger seitwärts nach allen Richtungen als nach vorn zu
fortpflanzt, weswegen wir bisweilen sehen, daß sehr harte aufgerichtete Körper, die nur mit Mühe stehen bleiben, durch
einen heftigen Streich eher zerschmettert als umgeworfen
werden, obwohl sie doch, wenn ihre Teile alle auf einmal mit
noch so geringer Bewegung vom Fleck geschoben würden, zu
Boden fielen.

16. Auch wenn der Unterschied zwischen *Schub* und *Schlag*
nur darin besteht, daß beim Schub die Bewegung des Bewegenden und des Bewegten gleichzeitig, und zwar genau im
Augenblick ihrer Berührung, anfangen, beim Schlag dagegen
das Schlagende sich schon vor dem Geschlagenen bewegt,[145]
so unterscheiden sich ihre Wirkungen doch so stark, daß es
unmöglich scheint, ihre Leistungen miteinander vergleichen
zu wollen. Ich sage: Ist die Wirkung eines Schlags gegeben,
beispielsweise der Streich eines Schlegels von gegebenem Gewicht, mit dem ein Pfahl in einen Boden von gegebener
Konsistenz bis zu einer gegebenen Tiefe hineingetrieben
wird, so scheint es mir zumindest, wenn schon nicht unmöglich, so doch höchst schwierig zu bestimmen, durch welches
Gewicht, aber ohne Streich, und in welcher Zeit derselbe
Pfahl in denselben Boden genauso tief eingetrieben würde.
Der Grund für diese Schwierigkeit liegt aber darin, daß offenbar die Geschwindigkeit des durch den Schlag Einwirkenden mit der Größe des durch seine Last Einwirkenden
verglichen werden müßte. Die Geschwindigkeit aber, die im
Ausgang von der Länge von Raumabschnitten berechnet
wird, hat nur für eine einzige Dimension zu gelten, das Gewicht aber, das wir nach der Dimension des Körpers als
ganzen bemessen, hat raumkörperlichen Charakter. Ein
Raumkörper und eine Strecke, also eine Linie, lassen sich
aber in keiner Weise vergleichen.

17. Ruhen die inwendigen Teile eines Körpers oder behalten sie zumindest für kurze Zeit untereinander dieselbe Lage
bei, so kann in diesen Teilen keine Bewegung sowie kein Be-

---

[145] Vgl. Kap. XV, Art. 4, Nr. 5.

wegungsansatz entstehen, wofür sich die Wirkursache nicht
außerhalb des Körpers befände, um dessen Teile es sich handelt. Unterstellen wir nämlich, daß in einem Körper irgendein von seiner Gesamtoberfläche umfaßtes Teilchen erst
ruhte und danach sich bewegte, so muß dieser Teil unbedingt
von etwas Bewegtem, das ihn berührt, bewegt werden.[146] Ein
solches Bewegtes und Berührendes gibt es aber laut Hypothese innerhalb des ganzen Körpers nicht. Entsteht also
(sofern überhaupt) ein Bewegungsansatz, eine Bewegung oder
eine Lageänderung, dann aufgrund einer Wirkursache außerhalb des Körpers, um dessen inwendige Teile es sich handelt:
was zu beweisen war.

18. Bei harten Körpern, die zusammengedrückt oder aus-
einandergespannt waren, ist es deshalb unvermeidlich, wenn
sie nach Beseitigung des Drucks oder der Spannung an ihren
früheren Ort bzw. in ihre frühere Lage zurückkehren, daß in
ihnen irgendein Bewegungsansatz ihrer inwendigen Teile
(also eine Bewegung), wodurch sie ihre früheren Orte und
Lagen wiedererlangen können, auch schon vorhanden war,
bevor das Drückende bzw. Spannende entfernt wurde. Daher
waren auch beim Stahlbogen einer gespannten Armbrust,
der sich, sobald ihm dies zugestanden wird, in seine ursprüngliche Lage zurückversetzt, obwohl dem Urteil der Sinneswahrnehmung zufolge sowohl er selber wie alle seine Teile zu
ruhen scheinen, seine Teile dennoch dem Urteil der Vernunft
zufolge, welche weder die Beseitigung eines Hindernisses
unter die Wirkursachen zählt noch begreift, daß etwas ohne
Wirkursache vom Ruhezustand zur Bewegung übergehen
könne,[147] schon in Bewegung, bevor sie sich in ihre ursprüngliche Lage zurückzuversetzen begannen.

19. Wirkung und Gegenwirkung erfolgen entlang derselben
Linie, aber von entgegengesetzten Punkten aus. Da Gegenwirkung nämlich nichts anderes ist als der Ansatz des leidenden Körpers, sich in genau die Lage zurückzuversetzen, aus

---

[146] Vgl. Kap. IX, Art. 7.
[147] Vgl. Kap. XV, Art. 3, Korollar, und Kap. VIII, Art. 19.

der der Bewegungsansatz des wirkenden[148] ihn vertreibt, findet die Fortpflanzung der beiden Bewegungsansätze bzw. Bewegungen – der des wirkenden und der des gegenwirkenden Körpers – zwischen den gleichen Grenzpunkten statt (so zwar, daß, was bei der Wirkung Terminus a quo [Anfangspunkt] ist, bei der Gegenwirkung Terminus ad quem [Zielpunkt] ist). Und da dies nicht nur auf die entgegengesetzten Endpunkte der Linie als ganzer zutrifft, der entlang das Wirken sich fortpflanzt, sondern auch auf alle ihre Teile, werden der Terminus a quo und der Terminus in quem [Zielungspunkt] sowohl der Wirkung als auch der Gegenwirkung auf ein und derselben Linie liegen. Wirkung und Gegenwirkung spielen sich also auf derselben Linie ab.

20. Dem über die Bewegung Gesagten sei ein Wort über die *Gewohnheit* angeschlossen. Gewohnheit ist eine bestimmte Erzeugungsweise von Bewegung, aber nicht von Bewegung schlechthin, sondern die mühelose Führung eines bewegten Dings auf einer bestimmten vorgezeichneten Bahn. Da dies durch die Abschwächung ablenkender Bewegungsansätze geschieht, sind solche Ansätze allmählich abzuschwächen. Das aber ist unmöglich ohne lang anhaltende Durchführung oder auch erneute Durchführungen, weshalb nur aufgrund von Gewöhnung jene Mühelosigkeit sich einstellt, die man gemeinhin und zutreffend als Gewohnheit bezeichnet. Sie läßt sich aber wie folgt definieren: *Gewohnheit ist eine Bewegung, die dank Gewöhnung, d.h. durch fortwährenden Bewegungsansatz oder auch wiederholte Ansätze gegenüber widerständigen Bewegungsansätzen, sich auf einer bestimmten, von der ursprünglichen Ausgangsbahn verschiedenen Bahn zügiger ausführen läßt.* Um das anhand eines Beispiels besser zu verdeutlichen, bemerken wir, daß ein unerfahrener Lautenspieler, der die Hand zum Instrument führt, sie nach dem ersten Schlag erst dann an die Stelle bringen wird, an der er den zweiten Schlag ausführen will, wenn er sie in einem neuen Bewegungsansatz zurückruft und vom ersten zum zweiten Schlag in der Weise übergeht, daß er sozusagen von vorn anfängt. Und auch von diesem Bewegungs-

---

[148] Statt »der Bewegungsansatz des wirkenden« in *E* »der wirkende«.

ansatz aus wird er die Hand nicht an die dritte Stelle bringen, sondern wird auch da erst die Hand wieder zurückziehen müssen, und so immer weiter, wobei er den Ansatz bei jedem Schlag ändert, bis die Hand schließlich, wenn er das oft genug getan und die vielen unterbrochenen Bewegungen bzw. Bewegungsansätze zu einem einzigen gleichmäßigen Ansatz zusammengesetzt hat, den von Anfang an vorbestimmten Weg zügig zu durchlaufen vermag. Gewohnheiten kann man nicht nur bei Lebewesen beobachten, sondern auch bei unbelebten Körpern. Wir sehen nämlich, daß der mit viel Kraftaufwand gespannte Bogen einer Armbrust, der bei Beseitigung des Hindernisses kraftvoll zurückschnellen würde, sobald er lang genug gespannt blieb, sich eine dahingehende Gewohnheit erwirbt, daß er, wenn ihm dies verstattet wird, sich nicht nur nicht seiner Anlage entsprechend in seine ursprüngliche Lage zurückversetzt, sondern es dazu einer um nichts geringeren Kraft bedarf, als mit der er ursprünglich gespannt worden war.

Kapitel XXIII

Der Schwerpunkt von Dingen, die entlang
paralleler Geraden Druck ausüben*

1. *Definitionen und Hypothesen.* 2. *Keine zwei Schwerebenen sind parallel.* 3. *In jeder beliebigen Schwerebene befindet sich ein Schwerpunkt.* 4. *Die Momente gleicher Lasten verhalten sich wie ihr Abstand vom Waagemittelpunkt.* 5., 6. *Das Verhältnis der Momente ungleicher Lasten setzt sich zusammen aus dem Verhältnis[149] der Gewichte und ihres Abstands vom Waagemittelpunkt.* 7. *Stehen Moment und Abstand zweier Lasten vom Waagemittelpunkt in umgekehrtem Verhältnis zueinander, so tritt Gleichgewicht ein, und umgekehrt.* 8. *Üben die Teile einer Last überall gleichmäßig Druck auf den Arm der Waage aus, so stehen die Momente einzelner, vom Mittelpunkt aus gewählter abgeschnittener Teile zueinander im selben Verhältnis wie die Teile eines Dreiecks, die von der Spitze aus von Geraden abgeschnitten werden, welche parallel zur Grundlinie verlau-*

---

[149] So in EWI, 350; in *AEB* irrig »aus dem umgekehrten Verhältnis«.

fen. 9. *Die Schwerlinie schrumpfender Figuren, die hinsichtlich der Verhältnisse ihrer Höhen und Grundlinien kommensurabel sind, teilt deren Achse in der Weise, daß der Teil nächst dem Scheitel sich zum Rest verhält wie die vollständige Figur zur schrumpfenden.* 10. *Die Schwerlinie des Komplements der Hälfte einer jeden der genannten schrumpfenden Figuren teilt eine parallel zur Grundlinie durch den Scheitel gezogene Linie so, daß der Teil nächst dem Scheitel sich zum Rest verhält wie die vollständige Figur zum Komplement.* 11. *Der Schwerpunkt der Hälfte einer jeder der Figuren in der ersten Reihe der Tabelle in Kapitel XVII, Art. 3*[150] *läßt sich mit Hilfe der Zahlen in der zweiten Reihe ermitteln.* 12. *Der Schwerpunkt der Hälfte einer jeden Figur in der zweiten Reihe derselben Tabelle läßt sich mit Hilfe der Zahlen in der vierten Reihe ermitteln.* 13. *Kennt man den Schwerpunkt der Hälfte einer jeden Figur aus derselben Tabelle, so kennt man auch den Mittelpunkt des Überschusses, um den sie ein Dreieck von gleicher Grundlinie und Höhe übertrifft.* 14. *Der Schwerpunkt des Sektors eines Raumkörpers befindet sich auf seiner Achse, wobei sie so geteilt wird, daß der Teil nächst dem Scheitel sich nach Abzug der halben Haubenachse zur ganzen Achse verhält wie 3 zu 4.*

1.[151] *Definitionen*

1) Eine *Waage* ist eine gerade Linie, deren Mittelpunkt festgehalten wird, während alle übrigen Punkte frei beweglich sind. Die beiden Teile der Waage vom Mittelpunkt bis zum angehängten Gewicht heißen *Arm.*

2) Man spricht von *Gleichgewicht,* wenn der Bewegungsansatz des auf den einen Arm drückenden Körpers dem des auf den andern drückenden so widersteht, daß keiner von beiden sich bewegt. Körper aber, die sich im Gleichgewicht befinden, nenne ich gleichgewichtet.

3) *Gewicht* ist die Gesamtheit aller Bewegungsansätze, mit denen die einzelnen Punkte des Körpers, der auf den Arm drückt, in untereinander parallelen Geraden zur Bewegung ansetzen; der drückende Körper selber wird *Last* genannt.

4) Das *Moment* der Last ist ihr infolge ihrer fest bestimmten Lage fest bestimmtes Vermögen zur Bewegung des Arms.

5) Die *Schwerebene* ist diejenige, durch welche die Last sich

---

[150] In vorliegender Übersetzung nicht abgedruckt.
[151] »1.« nur in *E.*

so teilen läßt, daß die Momente auf beiden Seiten gleich sind.

6) Die *Schwerlinie* ist der gemeinsame Schnitt zweier Schwerebenen und befindet sich auf der geraden Linie, in der das Gewicht aufgehängt ist.[152]

7) Der *Schwerpunkt* ist der gemeinsame Punkt zweier Schwerlinien.

Hypothesen

1) Kommt zu einem von zwei gleichgewichteten Dingen ein Gewicht hinzu, zum andern aber nicht, so wird das Gleichgewicht aufgehoben.[153]

2) Lasten von gleicher Größe und derselben Art haben gleiche Momente, wenn sie hier wie dort in gleicher Entfernung vom Waagemittelpunkt auf den Arm drücken. Ebenso hat, was in gleicher Entfernung vom Mittelpunkt der Waage zur Bewegung ansetzt, wenn es von gleicher Größe und derselben Art ist, gleiche Momente.

2. Keine zwei Schwerebenen sind parallel. [...]

3. In jeder Schwerebene befindet sich ein Schwerpunkt. Denn wählt man eine andere Schwerebene, so ist sie (nach Art. 2) zur ersteren nicht parallel, weshalb beide einander schneiden. Dieser Schnitt ist (nach Definition 6) die Schwerlinie. Wählt man nun irgendeine weitere Schwerlinie, so schneidet sie die erstere, und in diesem Schnittpunkt befindet sich (nach Definition 7) ein Schwerpunkt. Also befindet sich auf der Mittellinie, die in der gegebenen Schwerebene liegt, ein Schwerpunkt.

4. Das auf den einen Punkt des Arms gelegte Moment der Last verhält sich zu dem Moment derselben oder einer gleichen, auf einen anderen Punkt dieses Arms gelegten Last wie der Abstand jenes Punkts vom Waagemittelpunkt zu dem dieses Punkts von dem betreffenden Mittelpunkt[154] bzw. wie die Bögen der über dem Waagemittelpunkt durch jene Punkte des Arms im selben Zeitabschnitt beschriebenen Kreise bzw.

---

[152] »und befindet sich auf der geraden Linie, in der das Gewicht aufgehängt ist« ist spezifizierender Zusatz von *E*.

[153] Vgl. Archimedes, *De aequilibrio* I, Postulat 2.

[154] Vgl. a. a. O., Lehrsatz 6.

auch noch wie die parallelen Grundlinien zweier Dreiecke, die im Waagemittelpunkt einen gemeinsamen Winkel haben. [...]

5. Das Verhältnis der Momente ungleicher Lasten, die auf verschiedene Punkte des Arms gelegt sind,[155] setzt sich zusammen aus dem Verhältnis der Abstände zum Waagemittelpunkt und des einen Gewichts zum andern. [...]

7. Stehen die Gewichte zweier Lasten und ihre Abstände vom Mittelpunkt in umgekehrtem Verhältnis zueinander und befindet sich der Waagemittelpunkt zwischen den Punkten, auf denen diese Lasten liegen, so tritt Gleichgewicht ein; und umgekehrt, wenn Gleichgewicht eintritt, stehen Gewichte und Abstände vom Waagemittelpunkt in umgekehrtem Verhältnis zueinander. [...]

Korollar. Sind die Lasten homogen, so sind ihre Größen und Abstände vom Waagemittelpunkt, sofern sie gleiche Momente besitzen, umgekehrt proportional. Denn bei homogenen Dingen verhält sich Größe zu Größe wie Gewicht zu Gewicht.

8. Werden ein Parallelogramm, ein Parallelepiped, ein Prisma, ein Zylinder, die Oberfläche eines Zylinders oder einer Kugel oder eines Teils der Kugel oder eines Prismas auf die ganze Länge des Arms gelegt, so stehen die Momente ihrer in parallel zur Basis verlaufenden Ebenen abgeschnittenen Teile zueinander im gleichen Verhältnis wie die in parallel zur Grundlinie verlaufenden Ebenen abgeschnittenen Teile eines Dreiecks, dessen Scheitel der Waagemittelpunkt und dessen eine Seite der betreffende Arm ist. [...]

9. Der Schwerpunkt einer beliebigen schrumpfenden Figur, bei der die Verhältnisse der verkürzten Höhen und verkürzten Grundlinien kommensurabel sind und zu der als vollständige Figur ein Parallelogramm oder ein Zylinder oder ein Parallelepiped gehören, teilt die Achse der Figur in der Weise, daß der Teil nächst dem Scheitel sich zum Rest verhält

---

[155] *E* setzt spezifizierend hinzu »und frei hängen, d.h. so, daß die Linie, in der sie hängen, die Schwerlinie ist, gleich welche Figur das Lastende hat«.

wie die vollständige Figur zur betreffenden schrumpfenden.
[...]

14. Der Schwerpunkt eines Kugelsektors (d. h. einer Figur,
die sich aus einem geraden Kegel zusammensetzt, dessen
Scheitel der Kugelmittelpunkt ist, und aus dem Teil der Kugel, der dieselbe Grundfläche hat wie der Kegel)[156] teilt die
Gerade, die aus der Achse des Kegels und der halben Achse
dieses Teils zusammengenommen besteht, in dem Verhältnis,
daß der Teil nächst dem Scheitel dreimal so groß ist wie der
Rest bzw. daß er sich zu der ganzen Geraden verhält wie 3 zu
4. [...]

Kapitel XXIV
Brechung und Reflexion*

1. *Definitionen.* 2. *Bei senkrecht auftreffender Bewegung entsteht keine
Brechung.* 3. *Aus einem dünnen in ein dichtes Medium Hineingeworfenes
wird so gebrochen, daß der gebrochene Winkel größer ist als der Neigungswinkel.* 4. *Der von einem Punkt aus in alle Richtungen gehende Bewegungsansatz wird so gebrochen, daß der Sinus des gebrochenen Winkels
sich zum Sinus des Neigungswinkels verhält wie die Dichtigkeit des ersten
Mediums umgekehrt genommen zur Dichtigkeit des zweiten.* 5. *Der Sinus
des nach der einen Neigungsrichtung gebrochenen Winkels verhält sich zum
Sinus des nach einer andern Neigungsrichtung gebrochenen wie der Sinus
jenes Neigungswinkels zum Sinus dieses Neigungswinkels.* 6. *Befindet
sich von zwei Einfallslinien gleicher Neigung die eine in einem dünnen, die
andere in einem dichten Medium, so ist der Sinus ihres Neigungswinkels
eine mittlere Proportionale zwischen den beiden Sinussen ihrer gebrochenen Winkel.* 7. *Beträgt der Neigungswinkel die Hälfte eines Rechten und
liegt die Neigungslinie im dichteren Medium, verhält sich des weiteren die
Dichtigkeit der Medien wie die Diagonale des Quadrats zu seiner Seite und
ist die Trennungsfläche eben, so liegt die gebrochene Linie in der betreffenden Trennungsfläche selber.* 8. *Wird ein Körper in gerader Linie zu einem
andern hinbewegt, wobei er nicht darin eindringt, sondern reflektiert wird,
so ist der Reflexionswinkel gleich dem Einfallswinkel.* 9. *Das gleiche tritt
bei Erzeugung von Bewegung entlang der Einfallslinie ein.*

---

[156] Die Kalotte (Kugelhaube).

1.[157] *Definitionen*

1) *Brechung* ist die Zerteilung einer[158] Linie, der entlang ein bewegter Körper oder seine Wirkung in ein und demselben Medium fortschreiten würde, in zwei gerade Linien aufgrund der unterschiedlichen Natur zweier Medien.

2) Die erstere Linie heißt die *einfallende*, die letztere die *gebrochene*.

3) Der *Brechungspunkt* ist der gemeinsame Punkt der einfallenden und der gebrochenen Linie.

4) *Brechungsfläche*, auch *Trennungsfläche* der Medien ist diejenige, in welcher der Brechungspunkt liegt.

5) *Gebrochen* ist der Winkel, den die gebrochene Linie im Brechungspunkt mit der vom selben Punkt lotrecht zur Trennungsfläche im anderen Medium gezogenen Linie bildet.

6) *Brechungswinkel* ist der Winkel, den die gebrochene Linie mit der verlängerten Einfallslinie bildet.

7) *Neigungswinkel* ist der Winkel, den die Einfallslinie mit derjenigen bildet, die vom Brechungspunkt senkrecht zur Trennungsfläche nach außen gezogen wird.

8) Der *Einfallswinkel* ist das Komplement des Neigungswinkels zu einem Rechten. [...]

9) Außerdem versteht man unter einem dünneren Medium dasjenige, in dem der Bewegung oder der Erzeugung von Bewegung geringerer Widerstand entgegengesetzt wird. Dichter ist eines, in dem der Widerstand größer ist.

10) Ein Medium aber, in dem der Widerstand überall gleich ist, ist ein homogenes Medium. Alle übrigen Medien sind heterogen.

2. Geht ein Bewegliches oder die von ihm erzeugte Bewegung von dem einen Medium in einer zur Trennungsfläche senkrecht stehenden Linie in eines von anderer Dichtigkeit über, so entsteht keine Brechung.

Da nämlich um die Senkrechte herum alles, was in den betreffenden Medien vorhanden ist, als allseits gleich und

157 »1.« nur in *E*.
158 *E* fügt hinzu »geraden«.

ähnlich[159] unterstellt ist, so treten, wenn man obendrein die
betreffende Bewegung als senkrecht ansetzt, auch gleiche
Neigungen auf, oder besser: es tritt gar keine auf. Es kann
darum keinen Grund geben, aus dem sich eine Brechung auf
einer Seite der Senkrechten herleiten ließe, der nicht ebensosehr die gleiche Brechung auf einer anderen Seite bewiese.
Diesen Fall gesetzt, würde die Brechung auf der einen Seite
die auf der anderen aufheben; weshalb die gebrochene Linie
sich entweder überall befände, was ungereimt ist, oder es
keine gibt, was zu zeigen aufgegeben war.

Korollar. Daraus ergibt sich klar, daß die Schiefe der Einfallslinie die alleinige Ursache der Brechung ist, gleich ob der
einfallende Körper beide Medien durchdringt oder, ohne
darin einzudringen, nur seine Bewegung durch Ausübung
von Druck fortpflanzt.

3. Dringt ein bewegter Körper (etwa ein Stein)[160] unter
Beibehaltung der Lage seiner inwendigen Teile aus einem
dünnen Medium schief in ein dichtes ein und bewegt sich
darin fort, wobei das dichtere Medium so beschaffen ist, daß
seine inwendigen Teile, nachdem sie bewegt wurden, wieder
in ihre ursprüngliche Lage zurückkehren, so wird der gebrochene Winkel größer als der Neigungswinkel sein. [...]

4. Unterstellt man, daß in einem beliebigen Medium von
irgendeinem Punkt aus ein Bewegungsansatz sich nach allen
Seiten zugleich fortpflanzt, und daß diesem Ansatz ein Medium anderer Natur (also ein dünneres oder dichteres) schief
entgegensteht, so wird der Ansatz in der Weise gebrochen,
daß der Sinus des gebrochenen Winkels sich zum Sinus des
Neigungswinkels verhält wie die Dichtigkeit des ersten Mediums umgekehrt genommen zur Dichtigkeit des zweiten.[161]
[...]

---

[159] Zu diesem euklidischen Ausdruck vgl. oben Anm. 75 zur »Ersten
Philosophie«.

[160] Gedacht ist an einen flachen, beim Wurf über die Wasseroberfläche hüpfenden Stein.

[161] Das sog. Gesetz von Snellius $\left(\dfrac{\sin i}{\sin r} = \dfrac{1}{n} \right)$, erstmals veröffentlicht

5. Der Sinus des nach der einen Neigungsrichtung gebrochenen Winkels verhält sich zum Sinus des nach einer andern Neigungsrichtung gebrochenen wie der Sinus jenes Neigungswinkels zum Sinus dieses Neigungswinkels.

Da nämlich der Sinus des gebrochenen Winkels sich zum Sinus des Neigungswinkels, wie immer diese Neigung beschaffen ist, verhält wie die Dichtigkeit des einen Mediums zur Dichtigkeit des andern, so setzt sich das Verhältnis des Sinus des gebrochenen Winkels zum Sinus des Neigungswinkels zusammen aus dem Verhältnis der einen Dichtigkeit zur andern und des Sinus des einen Neigungswinkels zu dem des andern. Die Dichtigkeitsverhältnisse in ein und demselben homogenen Körper sind aber als gleich unterstellt. Also verhalten sich die gebrochenen Winkel in ihren verschiedenen Neigungsrichtungen wie die Sinusse der betreffenden Neigungswinkel: was zu zeigen war.

6. Befindet sich von zwei Einfallslinien gleicher Neigung die eine in einem dünnen, die andere in einem dichten Medium, so ist der Sinus ihres Neigungswinkels eine mittlere Proportionale zwischen den beiden Sinussen ihrer gebrochenen Winkel. [...]

7. Beträgt der Neigungswinkel die Hälfte eines Rechten und liegt die Neigungslinie im dichten[162] Medium, verhält sich des weiteren die Dichtigkeit der Medien wie die Diagonale des Quadrats zu seiner Seite[163] und ist die Trennungsfläche eben, so liegt die gebrochene Linie in der betreffenden Trennungsfläche selber. [...]

Korollar. Es ist also klar, daß es bei einer Neigung von über 45° oder auch bei einer geringeren (wofern nur die Dichtigkeit größer ist) vorkommen kann, daß die Brechung aus dem dichten Medium niemals in das dünne übergeht.

8. Wird ein Körper geradlinig zu einem andern hinbewegt, wobei er nicht darin eindringt, sondern reflektiert wird, so ist der Reflexionswinkel gleich dem Einfallswinkel. [...]

von Descartes im *Discours de la méthode,* 1. Anhang: *La Dioptrique,* Discours II.
[162] Statt »dichten« in *E* »dichteren«.
[163] Also wie 1 : $\sqrt{2}$.

Und damit bringe ich den dritten Teil dieser Abhandlung zu Ende, in dem wir Bewegung und Größe für sich und abstrakt betrachtet haben. Es folgt der vierte und letzte Teil über die Phänomene der Natur, also über die Bewegung und Größe von Körpern in der Welt, bzw. die tatsächlich existieren.

VIERTER TEIL
PHYSIK ODER DIE PHÄNOMENE
DER NATUR

Kapitel XXV
Sinneswahrnehmung und animalische Bewegung

1. *Anknüpfung des hier zu Sagenden ans Gesagte.* 2. *Untersuchung der Natur des sinnlich Wahrnehmenden und Definition der Sinneswahrnehmung.* 3. *Subjekt und Objekt der Sinneswahrnehmung.* 4. *Das Sinnesorgan.* 5. *Nicht alle Körper sind mit Sinnen ausgestattet.* 6. *In jedem einzelnen Zeitpunkt ist nur ein einziges Erscheinungsbild da.* 7. *Die Bildvorstellung oder auch Erinnerung ist Überrest vergangener Sinneswahrnehmung. Des weiteren vom Schlaf.* 8. *Art der Aufeinanderfolge der Erscheinungsbilder.* 9. *Wodurch der Traum zustandekommt.* 10. *Gattungen, Organe, eigentümliche und gemeinsame Erscheinungsbilder der Sinne.* 11. *Wonach sich die Größe der Erscheinungsbilder bemißt.* 12. *Wesen von Lust, Schmerz, Begehren und Vermeiden.* 13. *Wesen von Überlegung und Wille.*

1. Die Philosophie haben wir in Kapitel I definiert als *die durch richtiges Schlußfolgern gewonnene Erkenntnis von Wirkungen im Ausgang von der Kenntnis ihrer Erzeugungsweise*[1] *und der Erzeugungsweise*[2] *(irgendeiner möglichen) im Ausgang von der Kenntnis der Wirkungen bzw. Phänomene.*

Es gibt daher zwei Methoden des Philosophierens: die eine geht von der Erzeugungsweise zu den möglichen Wirkungen, die andere von den φαινομένοις [erscheinenden] Wirkungen zu ihrer möglichen Erzeugungsweise. Bei der ersteren sind wir es, die die ersten Ausgangspunkte des Schlußfolgerns (nämlich die Definitionen) wahrmachen, indem wir bezüglich der Benennung der Dinge Übereinstimmung herstellen. Und

---

[1] Statt »ihrer Erzeugungsweise« in *E* »ihrer Ursachen oder Erzeugungsweise«.

[2] Statt »der Erzeugungsweise« in *E* »der Ursachen oder Erzeugungsweise«.

diesen ersteren Teil habe ich im Vorhergehenden ausgeführt, wobei ich, wenn ich nicht irre, abgesehen von den Definitionen nichts behauptet habe, was nicht mit den Definitionen selber fachgerecht zusammenhängt; was also für diejenigen, die hinsichtlich des Gebrauchs der Wörter mit mir übereinstimmen – und mit ihnen allein habe ich es hier zu tun –, nicht hinlänglich bewiesen wäre. Ich nehme nun den anderen Teil in Angriff, den von den Phänomenen bzw. Wirkungen der Natur, wie sie uns durch die Sinne bekannt sind, hin zur Ermittlung eines bestimmten Verfahrens, demzufolge sie (ich sage nicht: erzeugt wurden, sondern) hatten erzeugt werden können. Die Ausgangspunkte, von denen das Folgende abhängt, machen wir daher nicht selber noch auch sprechen wir sie universal aus wie die Definitionen, sondern beobachten nur, was vom Urheber der Natur in die Dinge selber gesetzt wurde, und bedienen uns nicht universaler, sondern auf Einzeldinge bezüglicher Aussagen. Und diese führen nicht zu notwendigen Lehrsätzen, sondern zeigen nur (wenngleich nicht ohne die weiter oben bewiesenen universalen Sätze) die Möglichkeit einer bestimmten Erzeugungsweise auf. Und da das hier mitgeteilte Wissen seine Ausgangspunkte in den Phänomenen der Natur hat und in eine gewisse Kenntnis der natürlichen Ursachen mündet, habe ich diesen Teil »Physik oder die Phänomene der Natur« überschrieben. Phänomen aber heißt alles, was erscheint, bzw. was uns von der Natur *dargeboten* wird.

Von allen Phänomenen, die in unserer Umgebung vorkommen, ist das wunderbarste τὸ φαίνεσθαι [das Erscheinen] selber, daß nämlich unter den Naturkörpern einige von fast allen Dingen, andere von überhaupt keinen Musterbilder in sich tragen; ja was noch mehr ist, daß, sofern die Phänomene die Ausgangspunkte der Erkenntnis alles Sonstigen sind, man sagen muß, daß die Sinneswahrnehmung der Ausgangspunkt der Erkenntnis der Ausgangspunkte selber ist und alles Wissen sich von ihr herleitet, so daß man zum Zwecke der Untersuchung ihrer Ursachen von keinem andern Phänomen als ihr selber den Ausgang nehmen kann. Aber, wird man fragen, mit welchem Sinn sollen wir denn die Sinneswahrnehmung betrachten? Mit ihr selbst, genauer: mit Hilfe der Erinnerung an

anderes sinnlich Wahrgenommenes, die, auch wenn es vorüber ist, doch noch eine Zeitlang zurückbleibt Denn wahrnehmen, daß man wahrgenommen hatte, ist *sich erinnern.*

Zu untersuchen sind also vor allen Dingen die Ursachen
der Sinneswahrnehmung, d. h. der Vorstellungen bzw. Erscheinungsbilder, welche dem Zeugnis der Erfahrung zufolge
in uns, solange wir sinnlich wahrnehmen, unaufhörlich entstehen, sowie die Art und Weise, wie deren Erzeugung vor
sich geht. Zu dieser Untersuchung trägt an erster Stelle die
Beobachtung bei, daß unsere Erscheinungsbilder[3] sich nicht
immerzu gleich bleiben, sondern nacheinander neue entstehen und alte sich verlieren, je nachdem man die Sinnesorgane
bald dem einen, bald dem andern Gegenstand zuwendet. Sie
werden also erzeugt und vergehen, woraus ersichtlich ist, daß
sie bestimmte Veränderungen des sinnlich wahrnehmenden
Körpers sind.

2. Daß aber jede Veränderung eine bestimmte Bewegung
oder ein Ansatz dazu ist (welcher Ansatz ebenfalls Bewegung
ist), und zwar in den inwendigen Teilen des sich ändernden
Gegenstands, wurde in Kap. IX,[4] Art. 9 im Ausgang von der
Tatsache dargetan, daß, solange die Teile eines Körpers bis
hinunter zu den kleinsten untereinander dieselbe Lage beibehalten, sich an ihm (außer vielleicht, daß er sich als ganzer
zugleich bewegen kann) nichts Neues ereignet, so daß er derselbe ist und auch als derselbe erscheint, der er vorher war
und als welcher er vorher erschien. Sinneswahrnehmung
kann im sinnlich wahrnehmenden Wesen daher nichts anderes sein als die Bewegung bestimmter Teile, die im Innern des
Wahrnehmenden vorhanden sind; welche bewegten Teile
Teile der Organe sind, mit denen wir wahrnehmen. Denn die
Körperteile, mittels derer die Sinneswahrnehmung sich vollzieht, sind genau die gewöhnlich sogenannten *Sinnesorgane.*
Damit haben wir also schon das Subjekt der Sinneswahrnehmung (dies ist das Wesen, dem die Erscheinungsbilder innewohnen) und zum Teil auch schon ihre Natur, nämlich daß sie

---

[3] *E* fügt hinzu »oder Vorstellungen«.
[4] Statt »Kap. IX« in *AEB* irrig »Kap. VIII«.

eine bestimmte innere Bewegung im sinnlich wahrnehmenden Wesen ist.

Außerdem war dargelegt worden (Kap. IX,[5] Art. 7), daß
Bewegung nur durch ein Bewegtes und Berührendes erzeugt
werden kann. Von daher versteht sich, daß die unmittelbare
Ursache der Sinneswahrnehmung in einem Ding gelegen ist,
welches das vorderste Sinnesorgan sowohl berührt als auch
Druck darauf ausübt. Wird nämlich auf den am weitesten
außen befindlichen Teil des Organs Druck ausgeübt, so gibt
er nach und drückt auf den nach innen hin nächstgelegenen,
und so pflanzt sich der Druck bzw. diese Bewegung durch alle
Teile des Organs bis zum innersten fort. Ganz so geht auch
der Druck auf den am weitesten außen befindlichen Teil vom
Druck eines weiter entfernten Körpers aus; und so immer
weiter, bis man zu dem kommt, von dem sich unserem Urteil
zufolge das betreffende durch die Sinneswahrnehmung zustande gebrachte Erscheinungsbild[6] als von seiner ersten
Quelle herschreibt. Das aber, was immer es auch sei, pflegt
man den *Gegenstand* zu nennen. Sinneswahrnehmung ist also
eine bestimmte innere Bewegung im Wahrnehmenden, erzeugt durch eine bestimmte Bewegung der inwendigen Teile
des Gegenstands, die sich durch alle Medien bis zum innersten Teil des Organs fortpflanzt. Mit welchen Worten wir das
Wesen der Sinneswahrnehmung so ziemlich definiert haben.

Ebenfalls wurde (Kap. XV, Art. 2) dargelegt, daß Widerstand in jedem Fall der einem Bewegungsansatz entgegengesetzte Bewegungsansatz, also Gegenwirkung ist. Da also
aufgrund der natürlichen inneren Bewegung des betreffenden
Organs ein bestimmter Widerstand bzw. eine Gegenwirkung
des ganzen Organs gegen die vom Gegenstand durch alle
Medien[7] bis zum innersten Teil des Organs sich fortpflanzende Bewegung hervorgerufen wird, entsteht dergestalt vom
Organ her ein Bewegungsansatz, der dem vom Gegenstand

---

[5] Statt »Kap. IX« (so richtig in EW I, 390) in *AEB* irrig »Kap.
VIII«.

[6] *E* fügt hinzu »oder die Vorstellung«.

[7] »durch alle Medien« fehlt in *E*.

herkommenden entgegengesetzt ist; so daß – da jener ins Innerste gelangte Bewegungsansatz der letzte bei der Sinneswahrnehmung eintretende Vorgang ist – dann schließlich infolge dieser eine Weile anhaltenden Gegenwirkung ein Erscheinungsbild[8] auftritt, das wegen seines nach außen gerichteten Bewegungsansatzes immerzu als ein außerhalb des Organs gelegener Gegenstand erscheint (φαίνεται). Wir wollen also die folgende vollständige Definition der Sinneswahrnehmung vorlegen, welche die Erläuterung ihrer Ursachen und die Reihenfolge ihrer Erzeugung beinhaltet: *Sinneswahrnehmung ist das aufgrund von Gegenwirkung durch den eine Zeitlang andauernden Bewegungsansatz des Sinnesorgans nach außen zustande gebrachte Erscheinungsbild, welcher Ansatz seinerseits durch einen vom Gegenstand her nach innen gerichteten Bewegungsansatz erzeugt wurde.*

3. Das Subjekt der Sinneswahrnehmung ist aber der sinnlich Wahrnehmende selbst, also das Lebewesen; und wir sagen zutreffender, daß das Lebewesen, als daß das Auge sieht. Ihr Objekt ist das, was wahrgenommen wird. Daher sagen wir genauer, daß wir die Sonne, als daß wir das Licht sehen. Licht und Farbe, Wärme, Ton und die übrigen Qualitäten, die man »sinnliche« zu nennen pflegt, sind nämlich keine Gegenstände, sondern Erscheinungsbilder des sinnlich Wahrnehmenden. Das Erscheinungsbild ist nämlich der Vollzug des Wahrnehmens, und es unterscheidet sich von der Sinneswahrnehmung nicht anders, als wie sich »zustande bringen« von »zustande gebracht« unterscheidet; welcher Unterschied bei Augenblicklichem gleich null ist. Ein Erscheinungsbild entsteht aber in einem Augenblick. Bei jeder Bewegung, die sich in einem Körper[9] ununterbrochen fortpflanzt, bewegt nämlich der erste bewegte Teil den zweiten, der zweite den dritten und so immer weiter bis zum letzten; und das bis in jede noch so große Entfernung.[10] Und zu dem Zeitpunkt, da der erste oder vorderste Teil an den Ort des zweiten rückt, den er selbst weggestoßen hat – genau zu dem

---

[8] *E* fügt hinzu »oder eine Vorstellung«.
[9] »in einem Körper« fehlt in *E*.
[10] Vgl. Kap. XXII, Art. 3 und 9.

Zeitpunkt ist der vorletzte Teil an die Stelle des zurückwei-
chenden letzten nachgerückt,[11] der im selben Augenblick
Gegenwirkung übt, die, falls sie stark genug ist, ein Erscheinungsbild bewirkt. Ist aber das Erscheinungsbild zustande
gebracht, so ist ineins damit auch die Sinneswahrnehmung
zustande gebracht.

4. Sinnesorgane, wie sie sich ja im Wahrnehmenden befinden, sind diejenigen seiner Teile, bei deren Verletzung die
Erzeugung von Erscheinungsbildern aufgehoben ist, auch
wenn sonst kein Teil verletzt ist. Bei den meisten Lebewesen
findet man aber, daß es sich dabei um die Lebensgeister und
jene Häutchen handelt, die von ihrem Ursprung in der weichen Hirnhaut aus das Hirn und sämtliche Nerven einhüllen,
außerdem um das Gehirn und die im Gehirn befindlichen
Arterien. Ihre heftige Bewegung versetzt auch den Ursprung
aller Sinneswahrnehmung in heftige Bewegung: das Herz.
Denn wo immer die Einwirkung eines Gegenstands auf den
Körper des Wahrnehmenden auftrifft, pflanzt sie sich durch
einen Nerv zum Hirn fort; und wird nun der dorthin führende
Nerv verletzt oder verstopft, so daß die Bewegung sich nicht
weiter fortpflanzen kann, so erfolgt keine Sinneswahrnehmung. Ebenso findet keine Wahrnehmung des Gegenstandes
statt, wenn die betreffende Bewegung zwischen Hirn und
Herz wegen des Ausfalls irgendeines weiterleitenden Organs
unterbrochen ist.

5. Obgleich aber, wie gesagt, alle Sinneswahrnehmung
durch Gegenwirkung zustande kommt, ist dennoch nicht erforderlich, daß alles, was Gegenwirkung zeigt, auch wahrnimmt. Ich weiß, daß es Philosophen gegeben hat, und zwar
durchaus gelehrte Männer, die behaupteten, alle Körper
seien mit Sinneswahrnehmung ausgestattet,[12] und ich sehe
nicht, wie man sie widerlegen könnte, wenn man die Natur
der Sinneswahrnehmung ausschließlich in die Gegenwirkung
verlegen wollte. Aber selbst wenn infolge von Gegenwirkung

---

[11] Vgl. Kap. XV, Art. 7.
[12] Bernardino Telesio (1509-1588) und Tommaso Campanella (1568-
1639).

auch bei anderen[13] Körpern ein Erscheinungsbild entstünde, fiele es bei Entfernung des Gegenstands doch auf der Stelle weg. Denn sofern sie keine zum Behalten der eingeprägten Bewegung auch nach Entfernung des Gegenstands[14] geeigneten Organe besitzen, wie die Lebewesen welche haben, nehmen sie nur in der Weise wahr, daß sie sich niemals daran erinnern, wahrgenommen zu haben; was indessen mit der Sinneswahrnehmung, wie sie hier besprochen wird, nichts zu tun hat. Denn unter Sinneswahrnehmung verstehen wir gemeinhin eine Art Beurteilung der sich darbietenden Dinge mittels der Erscheinungsbilder, indem wir nämlich diese Erscheinungsbilder vergleichen und unterscheiden. Das aber ist unmöglich, wenn nicht die Bewegung, die das Erscheinungsbild hat entstehen lassen, eine Zeitlang im Organ andauert sowie das betreffende Erscheinungsbild gelegentlich wieder auftritt. Zur Sinneswahrnehmung in dem Sinne, wie hier davon die Rede ist und wie man sie gemeinhin so nennt, gehört darum ganz unbedingt ein gewisses Sicherinnern, wodurch Vorheriges mit Späterem verglichen und beides voneinander unterschieden werden kann.

Daher gehört zur Sinneswahrnehmung im eigentlichen Sinne auch die fest darin verwurzelte unaufhörliche Abwechslung der Erscheinungsbilder, derzufolge das eine vom andern unterschieden werden kann. Unterstellten wir nämlich einen Menschen, der zwar mit klaren Augen und sonstigen in guter Verfassung befindlichen Sehorganen versehen, sonst aber mit keinem andern Sinn ausgestattet wäre, und der fortwährend demselben Ding von gleicher Farbe und Aussehen zugewandt bliebe, das ihm ohne jede, selbst nicht die geringste Abwechslung erschiene, so scheint er mir jedenfalls – was immer andere auch sagen mögen – um nichts mehr zu sehen, als ich für meinen Teil durch meine Tastorgane die Knochen meiner Glieder fühle; und doch werden sie ununterbrochen und überall von einem höchst empfindlichen Häutchen berührt. Ich würde sagen, daß er wie vom Schlag

---

[13] Statt »anderen« in *E* »unbelebten«.
[14] »auch nach Entfernung des Gegenstands« fehlt in *E*.

gerührt sei und vielleicht, wenngleich wie betäubt,[15] hinschaue, aber nicht, daß er sehe; so daß immerzu dasselbe wahrnehmen und nichts wahrnehmen auf eins hinauskommt.

6. Auch läßt es die Natur der Sinneswahrnehmung nicht zu, daß mehrere Dinge zugleich wahrgenommen werden. Denn da die Natur der Wahrnehmung in Bewegung besteht, können die Sinnesorgane, während sie von dem einen Gegenstand mit Beschlag belegt sind, von einem andern nicht in der Art bewegt werden, daß aus der Bewegung beider ein getreues Erscheinungsbild beider entstünde. Es entstehen also nicht zwei Erscheinungsbilder zweier Gegenstände, sondern ein einziges, das aus der Einwirkung beider verschmolzen ist. Denn selbst wenn wir einen Gegenstand sehen, der verschiedene Farben hat, ist der verschieden gefärbte Gegenstand doch nur einer und nicht verschiedene Gegenstände.[16]

Wie außerdem eine einzige Teilung Körper und Ort teilt, so daß, wie in Kapitel VIII[17] erklärt wurde, die Zählung mehrerer Körper unbedingt auch mehrere Orte abzählt und umgekehrt, so verhält es sich auch bei der Teilung von Bewegung und Zeit, weshalb, wo immer Bewegungen viele genannt werden, auch die Zeiten viele genannt werden, und wo immer Zeiten viele genannt werden, auch die Bewegungen als viele zu verstehen sind.

Dazu kommt noch, daß die allen Sinnen gemeinsamen Organe (beim Menschen also alle Teile des Organs von den Nervenwurzeln bis zum Herzen), wenn sie durch die Wahrnehmung eines einzigen Gegenstands in starke Bewegung versetzt werden, zur Aufnahme der Einwirkung aller übrigen Gegenstände, gleich welchen Sinn sie betreffen, aufgrund der Widerspenstigkeit, die jedem bewegten Ding gegenüber der Aufnahme neuer Bewegung eigen ist, weniger geeignet sind. Deswegen läßt auch die aufmerksame Betrachtung eines ein-

---

[15] »wenngleich wie betäubt« fehlt in *E*.

[16] Dieser Satz steht in *AEB* am Ende des nächsten Absatzes, ist aber offensichtlich hier einzuschalten.

[17] Statt »in Kapitel VIII« in *AB* »in Kapitel 7«, in *E* unverständlicherweise sogar »im ersten Artikel des 7. Kapitels«. Der Bezugspunkt ist aber Kap. VIII, Art. 8.

zigen Gegenstands die gleichwohl vorhandene Empfindung anderer Gegenstände nicht zu. Aufmerksame Betrachtung ist nämlich nichts anderes als Beschlagnahme des Geistes, d. h. die von einem einzigen Gegenstand verursachte starke Bewegung der Sinnesorgane, bei der es für alles andere, solange sie andauert, wie betäubt ist; ganz wie Terenz einmal sagt: »Der Geist des von der aufmerksamen Betrachtung des Seiltänzers wie betäubten Volks war mit Beschlag belegt.«[18] Was wäre eine solche Betäubung auch anderes als ἀναισθησία [Fühllosigkeit], d. h. das Aufhören der Wahrnehmung anderer Dinge? Es ist also nur ein einziger Gegenstand, der zu ein und demselben Zeitpunkt durch Sinneswahrnehmung bewußt aufgenommen wird. So sehen wir auch, wenn wir Buchstaben nacheinander lesen, nicht alle zugleich, obwohl uns doch die Seite als ganze vor Augen liegt, und wenn wir den Blick auf die ganze Seite richten, lesen wir trotzdem nichts, obwohl die einzelnen Buchstaben in aller Deutlichkeit darauf geschrieben stehen.

Daher versteht sich auch, daß nicht jeder Bewegungsansatz eines Organs nach außen Sinneswahrnehmung zu nennen ist, sondern nur der zum jeweiligen Zeitpunkt vorherrschende und die andern an Stärke übertreffende, der die Erscheinungsbilder der übrigen Dinge aufhebt wie das Sonnenlicht das Licht der übrigen Sterne, das ja die Einwirkung des letzteren nicht verhindert, wohl aber sie durch seinen überhellen Glanz verdunkelt und verunsichtbart.

7. Man pflegt aber die Organbewegung, aus der das Erscheinungsbild erwächst, nur bei Anwesenheit des Gegenstands Wahrnehmung zu nennen. Entfernt man den Gegenstand aber bzw. zieht er vorüber, und das Erscheinungsbild bleibt, so spricht man von Phantasie und Bildvorstellung, welch letzterer Ausdruck, da nicht alle Erscheinungsbilder Abbilder sind, dem generell genommenen Ausdruck »Phantasie« nicht genau entspricht. Aber wir können ihn dennoch mit hinreichender Verläßlichkeit benützen, da man ihn nachgerade meist als Entsprechung dessen versteht, was die Griechen »Phantasie« nannten.

---

[18] Terenz, *Hecyra*, Prolog 1, V. 4 f.

Bildvorstellung ist also tatsächlich nichts anderes als eine infolge der Entfernung des Gegenstands dahinwelkende und sich abschwächende Sinneswahrnehmung. Was aber könnte die Ursache ihrer Abschwächung sein? Ist die Bewegung vielleicht schwächer, weil der Gegenstand entfernt wurde? Falls ja, wären auch Erscheinungsbilder, die man sich bildlich vorstellt, jedesmal und unbedingt weniger deutlich als in der sinnlichen Wahrnehmung, was indessen nicht der Fall ist. Im Traum (der die Bildvorstellung des Schlafenden ist) sind sie nämlich um nichts weniger deutlich als beim Wahrnehmen. Die Erscheinungsbilder vergangener Dinge sind beim Wachenden aber deswegen abgedunkelter als diejenigen gegenwärtiger, weil die zugleich auch von den gegenwärtigen Gegenständen in starke Bewegung versetzten Organe sie weniger vorherrschen lassen. Dagegen steht im Schlaf, wo ihnen der Zugang verschlossen ist, der inwendigen Bewegung eine Einwirkung von außen nicht im Wege.

Trifft dies zu, so ist als nächstes zu überlegen, ob sich eine Ursache finden läßt, deren Unterstellung den äußeren Gegenständen der Sinne den Zugang zu den inneren Organen notwendig verschlösse. Ich unterstelle also, daß bei der täglichen Einwirkung der Gegenstände, auf welche notwendig eine Gegenwirkung des Organs und vor allem der Lebensgeister erfolgt, das Organ ermüdet, seine Teile also sich von den Lebensgeistern nicht ohne einen gewissen Schmerz bewegen lassen und sie infolgedessen die Nerven verlassen, deren Spannung lockern und sich an ihren Ursprungsort zurückziehen (ob dieser nun in der Höhlung des Hirns oder des Herzens gelegen ist), wodurch die durch die Nerven hindurchgeleitete Einwirkung notwendig unterbunden wird. Denn die Einwirkung auf ein Leidendes, das vor ihr flieht, hat erst weniger Wirkung und danach, wenn sich die Nerven allmählich gelockert haben, gar keine mehr. Es hört also auch die Gegenwirkung, d. h. die Sinneswahrnehmung auf, bis daß sie, sobald das Organ durch Ruhe gekräftigt ist und die Lebensgeister sich vermehrt haben,[19] wieder erwacht. Und so

---

[19] Statt »die Lebensgeister sich vermehrt haben« in *E* »dank der Zufuhr neuer Lebensgeister Stärke und Bewegung wiedererlangt hat«.

scheint es in der Tat jedesmal zu sein, sofern nicht irgendeine andere, der natürlichen Einrichtung des Lebewesens zuwiderlaufende Ursache dazwischentritt, etwa eine innere Hitze infolge Ermattung oder Krankheit, welche die Lebensgeister und sonstigen Teile des Organs in außergewöhnliche Erregung versetzt.

8. Daß aber die Erscheinungsbilder in ihrer ganzen Mannigfaltigkeit auseinander hervorgehen und ausgehend von den einen uns bald ähnliche, bald ihnen völlig unähnliche vor den Geist treten, geschieht nicht ohne Grund und keineswegs so planlos, wie viele vielleicht meinen. Denn bei der engen Verbindung der Teile eines zusammenhängenden Körpers folgt, wenn man sie in Bewegung versetzt, der eine Teil dem andern nach. Wenden wir also die Augen oder andere Sinnesorgane nacheinander mehreren Gegenständen zu und bleibt die von jedem einzelnen verursachte Bewegung erhalten, so entstehen ihre Erscheinungsbilder immer wieder von neuem, sobald eine dieser Bewegungen den andern gegenüber vorherrscht. Sie gelangen aber in derselben Reihenfolge zur Vorherrschaft, in der sie zu einem inzwischen vergangenen Zeitpunkt durch die Sinneswahrnehmung erzeugt worden waren, so daß, nachdem wir im Laufe unseres Lebens sehr viel wahrgenommen haben, so gut wie jeder Gedanke aus jedem andern hervorgehen kann und es deswegen Sache des Zufalls zu sein scheint, welcher welchem nachfolgt. Bei einem, der wacht, ist das aber meistenteils weniger ungewiß, da der Gedanke bzw. das Erscheinungsbild des begehrten Ziels die Erscheinungsbilder der zu diesem Ziel hinführenden Mittel herbeiführt, und das in analytischer[20] Reihenfolge vom letzten bis zum ersten Mittel und umgekehrt vom Anfang bis zum Ziel. Das aber setzt sowohl ein Begehren als auch die Beurteilung der Mittel in ihrem Verhältnis zum Ziel voraus, wie es die Erfahrung uns beibringt. Erfahrung aber ist der aus der Wahrnehmung vieler Dinge entstandene Reichtum an Erscheinungsbildern.

Φαντάζεσθαι [sich etwas bildlich vorstellen] und Erinnerung unterscheiden sich nämlich nur darin, daß die Erinne-

---

[20] Statt »analytischer« in *E* »rückläufiger«.

rung Vergangenheit unterstellt, φαντάζεσθαι dagegen nicht.
In der Erinnerung werden die Erscheinungsbilder als gleichsam im Lauf der Zeit abgenützt betrachtet, in der Phantasie
dagegen, wie sie sind, was allerdings kein Unterschied in sachlicher Hinsicht ist, sondern nur in der Betrachtungsart des
Wahrnehmenden. Bei der Erinnerung tritt nämlich etwas
ähnliches ein wie beim Anblick entfernter Dinge. Denn wie
da die kleineren Teile der Körper wegen des allzu großen
Abstands nicht deutlich gesehen werden, so gehen dort durch
die Länge der Zeit viele Akzidenzien und Umstände und
Teile der Dinge verloren, die man seinerzeit mit den Sinnen
wahrgenommen hatte.

Das unaufhörliche Entstehen von Erscheinungsbildern sowohl beim Wahrnehmen als auch beim Denken ist genau das,
was man die Denkbewegung des Geistes zu nennen pflegt,
und sie hat der Mensch mit den Tieren gemein. Denn wer
denkt, vergleicht vorüberziehende Erscheinungsbilder, d. h.
er achtet auf ihre gegenseitige Ähnlichkeit oder Unähnlichkeit. Und zwar gilt das schnelle Bemerken von Ähnlichkeiten
zwischen Dingen verschiedener Natur oder solchen, die weit
auseinanderliegen, insgemein als Ruhmesblatt der Phantasie,
die Auffindung von Unterschieden zwischen ähnlichen Dingen dagegen als ein solches der Urteilskraft. Das Bemerken
von Unterschieden ist aber nicht eine bestimmte, von der
Wahrnehmung im eigentlichen Sinn unterschiedene Wahrnehmung mittels einer Art Gemeinsinn, sondern die Erinnerung an die Unterschiede, sofern die Besonderheiten des
Erscheinungsbilds eine Zeitlang verharren; wie etwa die Unterscheidung eines warmen Dings von einem glänzenden
nichts anderes ist als die Erinnerung an einen wärmenden
und einen leuchtenden Gegenstand.

9. Die Erscheinungsbilder Schlafender sind ihre *Träume*.
Über sie lehrt uns die Erfahrung fünferlei. Erstens, daß sie
meist ungeordnet sind und unzusammenhängend. Zweitens,
daß wir nichts träumen, was sich nicht aus den Erscheinungsbildern vergangener Sinneswahrnehmungen zusammensetzt
und von da aus ersonnen wird. Drittens, daß sie manchmal
beim Einschlafen aus einer Unterbrechung des bei Schläfrig-
keit allmählich sich einstellenden Verblassens der Erschei-

nungsbilder entstehen, manchmal aber auch mitten im Schlaf. Viertens, daß sie stärker sind als alle Bildvorstellungen im Wachzustand mit Ausnahme der Sinneswahrnehmungen, den Sinneswahrnehmungen selber aber an Deutlichkeit nicht nachstehen. Fünftens, daß wir uns im Traum weder über die Umstände noch über das Aussehen der Dinge wundern.[21] Aufgrund des vorher Gesagten ist es nicht schwierig, die möglichen Ursachen dieser φαινόμενα [Phänomene] anzugeben. Was das erste Phänomen anbelangt, so ist es – da alle Ordnung und jeder Zusammenhang aus der geregelten Berücksichtigung eines Ziels, also aus dem Nachdenken erwächst – unumgänglich, daß, wenn man durch den Schlaf des Zielgedankens verlustig geht, unsere Erscheinungsbilder nicht länger in der zu einem Ziel hinleitenden Reihenfolge aufeinanderfolgen, sondern wie es sich gerade trifft; ganz wie die Gegenstände des Gesichtssinns von jemandem, solange er sich gegenüber allem, was es zu sehen gibt, gleichgültig verhält, ohne jede Reihenfolge gesehen werden, und das nicht, weil er es so will, sondern weil er die Augen nicht geschlossen hält. Das zweite Phänomen aber kommt dadurch zustande, daß beim Aufhören der Sinneswahrnehmung von den Gegenständen keine neue Bewegung ausgeht und somit auch kein neues Erscheinungsbild; es sei denn, man wollte etwas aus Altem Zusammengesetztes wie die Chimäre, den goldenen Berg u.dgl. neu nennen. Zum dritten: Der augenscheinliche Grund dafür, daß der Traum manchmal, wie das bei Kranken der Fall ist, gewissermaßen als Fortsetzung der Sinneswahrnehmung durch abgeblaßte Erscheinungsbilder auftritt, liegt darin, daß die Wahrnehmung durch einige Organe zwar fortbesteht, die durch andere dagegen sich verliert. Wie gewisse Erscheinungsbilder aber trotzdem, daß alle äußeren Organe zur Ruhe gekommen sind, wiedererweckt werden, ist schwieriger zu sagen. Dennoch hat auch das im vorhin Gesagten seine Ursache. Alles nämlich, was die weiche Hirnhaut in Erregung versetzt, erweckt einige der Erscheinungsbilder, deren Bewegung im Gehirn noch fortdauert, und das Erscheinungsbild entsteht aus der die übrigen überherrschenden

---

[21] *E* fügt hinzu »die uns erscheinen«.

Bewegung, wofern nur dieses Häutchen durch eine inwendige
Bewegung des Herzens in Erregung versetzt wird. Diese Bewegungen des Herzens nun sind die Begehrungen und Abnei-
gungen (worüber gleich mehr). Wie aber Begehren und
Vermeiden durch Erscheinungsbilder erzeugt werden, so umgekehrt auch Erscheinungsbilder durch Begehren und Vermeiden. Beispielsweise erwächst im Herzen aus Zorn und
Kampf Wärme und wird andererseits durch Wärme im Herzen, auch wenn sie eine andere Ursache hat, im Schlaf Zorn
und das Bild eines Feindes erregt. Und wie Liebe und ein
wohlgestaltetes Äußeres in gewissen Organen Wärme erzeugen, so erregt auch die, wenngleich anderswoher kommende
Wärme in denselben Organen manchmal Begierde und das
Bild einer unwiderstehlich schönen Gestalt. Und schließlich
führt das Frösteln des Schläfers ihm im Traum das Erscheinungsbild eines fürchterlichen Gespensts oder einer Gefahr
vor Augen und bewirkt in ihm in derselben Weise Furcht, wie
beim Wachenden Furcht die Ursache seines Fröstelns ist: so
sehr wirken die Bewegungen von Herz und Hirn aufeinander
zurück. Was das vierte Phänomen anlangt, weshalb das, was
wir im Traum zu sehen oder wahrzunehmen meinen, ebenso
deutlich ist wie in der Sinneswahrnehmung selber, so hat das
eine zweifache Ursache. Die eine ist, daß beim Aussetzen des
äußeren Sinnes die[22] Bewegung, aus der das Erscheinungsbild
hervorgeht, als die gegenwärtige[23] vorherrscht; die andere,
daß die im Lauf der Zeit abgenützten Teile der Erscheinungsbilder durch andere, ersonnene Teile ersetzt werden. Und
schließlich wundern wir uns im Traum deswegen nicht über
uns vorher unbekannte Umstände und Gestaltungen der
Dinge, weil Verwunderung erfordert, daß ein Ding als neu und
ungewöhnlich erscheint, was nur eintreten kann, wenn man
sich sein früheres Erscheinungsbild vergegenwärtigt. Im
Traum erscheint uns aber alles als gegenwärtig.

Zu beachten ist aber, daß manche Träume – vor allem, die
sich im Halbschlaf ereignen und die bei Menschen auftreten,

---

[22] Statt »die« in *E* genauer »jene innere«.
[23] Statt »als die gegenwärtige« in *E* »bei Abwesenheit aller anderen
Eindrücke«.

welche mit der Natur der Träume nicht vertraut und aber-
gläubisch sind – in früheren Zeiten nicht für Träume gehalten
wurden und auch heute es nicht werden. Man glaubte nämlich, daß die Gespenster und Stimmen, die man im Traum zu
hören meinte, nicht Erscheinungsbilder wären, sondern daß
sie unter den Dingen von sich her als subsistierende Gegenstände außerhalb des Träumenden bestünden. Denn bei einigen, vor allem bei solchen, die sich einer Untat bewußt waren,
löste die schiere Furcht nachts und an geweihten Stätten, ein
wenig auch unterstützt durch Geschichten von solchen Erscheinungen, nicht nur, wenn sie schlafen, sondern auch im
Wachzustand in ihrem Geist schreckliche Erscheinungsbilder
aus, welche sich unter den Titeln »Gespenst« und »unkörperliche Substanzen« für wirkliche Dinge ausgaben und ausgaben.

10. Bei den meisten Lebewesen hat man fünf Gattungen
von Sinnen beobachtet, die sich sowohl ihren Organen als
auch der Gattung ihrer Erscheinungsbilder nach voneinander unterscheiden: *Gesichtssinn, Gehörsinn, Geruchssinn, Geschmackssinn* und *Tastsinn,* die teils ihnen eigentümliche, teils
ihnen allen gemeinsame Organe haben. Das Organ des Gesichtssinns ist teils belebt, teils unbelebt. Unbelebt sind die
drei Flüssigkeiten: die wäßrige, welche samt der dazwischenliegenden, in der Mitte mit einer Öffnung versehenen (welche
Öffnung Pupille genannt wird) Iris auf der einen Seite von der
äußeren gewölbten Oberfläche des Auges eingefaßt wird, auf
der anderen Seite von den Ziliarfortsätzen und der Hülle der
kristallinischen Flüssigkeit; die kristallinische, die auf allen
Seiten von einem eigenen durchsichtigen Häutchen umhüllt
ist (sie hängt in der Mitte zwischen den Ziliarfortsätzen, hat
fast kugelförmige Gestalt und ist von dichterer Beschaffenheit); und die glasartige, welche die übrige Höhlung des Auges
ausfüllt und dichter ist als die wäßrige, aber dünner als die
kristallinische. Als belebter Teil des Organs bietet sich zunächst die Aderhaut dar, ein Teil der weichen Hirnhaut, die
aber bedeckt wird von einer aus dem Mark des optischen
Nervs herkommenden Haut, welche Netzhaut heißt. Diese
Aderhaut läuft (da sie Teil der weichen Hirnhaut ist) ununterbrochen bis zum Anfang des Rückenmarks durch, der sich

innerhalb des Schädels befindet, und in dem alle Nerven innerhalb des Schädels ihre Wurzel haben. Alles, was an animalischen Lebensgeistern in die Nerven hineingeschickt wird, tritt also dort in sie ein, und es ist undenkbar, daß sie anderswo einträten. Da Sinneswahrnehmung also nichts anderes ist als die bis ans Ende des Organs fortgepflanzte Einwirkung der Gegenstände und die animalischen Lebensgeister nichts anderes als die vom Herzen durch die Arterien fortbewegten und gereinigten vitalen Geister, wird diese Einwirkung vom Herzen durch irgendwelche Arterien unfehlbar zu den im Kopf befindlichen Nervenwurzeln hingeleitet, gleich ob diese Arterien selber das netzförmige Gewebe sind oder ob es sich dabei um andere handelt, die in die Hirnmasse eingelassen sind. Diese Arterien bilden also die Ergänzung bzw. den Abschluß des ganzen Sehorgans. Dieser Schlußteil ist aber das gemeinsame Organ aller Sinne, während der Teil vom Auge bis zu den Nervenwurzeln dem Sehen eigentümlich ist. Das eigentümliche Organ des Gehörsinns ist das Trommelfell des Ohrs und der von dort ausgehende dazugehörige Nerv; die übrigen Organe bis zum Herzen sind gemeinsam. Das eigentümliche Organ von Geruchssinn und Geschmackssinn sind Haut und Nerv im Innern: das des letzteren in Gaumen und Zunge, das des ersteren in der Nase. Vom Anfangspunkt dieser Nerven ab ist alles, was danach kommt, gemeinsam. Das Organ des Tastsinns schließlich sind die über den ganzen Körper verteilten Häutchen und Nerven, die ebenfalls vom Ursprung der Nerven ausgehen. Alles übrige, was von dort ab allen Sinnen gemeinsam ist, scheint nicht durch Nerven, sondern durch die Arterien besorgt zu werden.

Das vom Gesichtssinn herrührende eigentümliche Erscheinungsbild ist der *Lichtschein.* Im Titel Lichtschein ist auch Farbe (die gestörtes Licht ist)[24] inbegriffen. Deshalb ist das Erscheinungsbild eines leuchtenden Körpers der Lichtschein, das eines farbigen die Farbe. Und der Gegenstand des Gesichtssinns ist im eigentlichen Sinne weder Lichtschein noch Farbe, sondern der leuchtende oder beleuchtete oder far-

---

[24] Vgl. Kap. XXVII, Art. 13.

bige Körper selber. Jene sind nämlich, da sie Erscheinungsbilder sind, Akzidenzien des sinnlich Wahrnehmenden und
nicht dessen, was da sinnlich wahrgenommen wird. Das ergibt sich mit hinreichender Klarheit daraus, daß die sichtbaren Dinge oft an Stellen erscheinen, an denen sie sich, wie
wir mit Sicherheit wissen, nicht befinden, weiter daraus, daß
sie verschiedenerorts verschieden gefärbt erscheinen, und
daß sie an verschiedenen Stellen zugleich erscheinen können.
Bewegung, Ruhe, Größe und Figur sind dem Gesichtssinn
und dem Tastsinn gemeinsam. Doch können weder Licht
noch Farbe ohne Figur sein.[25] Das betreffende Ganze aber,
»die Figur samt Licht oder Farbe«, pflegt man im Griechischen εἶδος [Gestalt] und εἴδωλον [Bild] und ἰδέα [Aussehen]
zu nennen, im Lateinischen species [Gestaltung] und imago
[Bild], welche beiden Ausdrücke dasselbe meinen wie Aussehen.

Das vom Gehörsinn herstammende Erscheinungsbild ist
der *Ton*, das vom Geruchssinn der *Geruch*, das vom Geschmackssinn der *Geschmack*. Vom Tastsinn rühren aber Härte
und Weichheit, Wärme und Kälte, Wäßrigkeit, Öligkeit und
vieles andere her, was mit den Sinnen sich gut, mit Worten
dagegen nur unzulänglich unterscheiden läßt. Glätte, Rau-
heit, Dünnheit und Dichte beziehen sich auf die Figur und
sind deshalb dem Tast- und dem Gesichtssinn gemeinsam.
Gegenstände des Gehör-, Geruchs-, Geschmacks- und Tastsinns sind gleichermaßen nicht Ton, Geruch, Geschmack,
Härte usw., sondern die Körper, welche Ton, Geruch, Geschmack, Härte usw. bewirken. Von ihren Ursachen und der
Weise ihrer Hervorbringung werden wir weiter unten handeln.

Obwohl diese Erscheinungsbilder Wirkungen sind, welche
die auf die Organe einwirkenden Gegenstände im sinnlich
wahrnehmenden Subjekt hervorbringen, sind doch außerdem in denselben Organen noch andere von denselben Gegenständen hervorgebrachte Wirkungen vorhanden, nämlich
gewisse durch die Sinneswahrnehmung veranlaßte Bewegungen, die man »animalische Bewegungen« nennt. Da nämlich

---

[25] In *E* ist dieser Satz weggelassen.

bei jeder Wahrnehmung äußerer Dinge wechselseitig Wirkung und Gegenwirkung auftreten, also zwei einander entgegengesetzte Bewegungsansätze, so ist klar, daß sich die von beiden gleichzeitig vollzogene Bewegung seitwärts[26] nach allen Richtungen fortsetzt, insbesondere aber zu den Grenzgebieten beider Körper hin.[27] Geschieht das nun bei einem innenliegenden Organ, so richtet sich der Bewegungsansatz in einem größeren Raumwinkel[28] nach außen, als bei einem leichteren Eindruck der Fall gewesen wäre, und somit entsteht eine größere Vorstellung.

11. Damit kommt auch die physikalische Ursache zum Vorschein, weshalb erstens (unter gleichen Umständen) größer zu sein scheint, was unter einem großeren Winkel gesehen wird. Zweitens dafür, weshalb in einer ruhigen, mondlosen, kalten Nacht mehr Fixsterne zum Vorschein kommen als zu einem anderen Zeitpunkt. Ihre Einwirkung wird nämlich durch die ruhige Luft weniger gehemmt und obendrein wegen der Mondstille weniger verunsichtbart bzw. verdunkelt; die Kälte aber, welche die Luft beruhigt, unterstützt bzw. verstärkt die Einwirkung der Sterne auf das Auge, so daß sonst nicht sichtbare Sterne nunmehr gesehen werden können.

Dies nun möge genügen, was die Sinneswahrnehmung generell gesprochen betrifft, sofern sie durch Gegenwirkung des Organs entsteht. Denn über den Ort des Bildes, die Täuschungen des Gesichtssinnes und was wir sonst noch beim sinnlichen Wahrnehmen an uns selber bemerken, wird erst dann zu reden sein, wenn wir vom Menschen handeln, da es großenteils vom eigentümlichen Bau des menschlichen Auges abhängt.[29]

12. Es gibt aber noch eine andere Gattung von Sinneswahrnehmung, von der wir nun einiges sagen wollen, nämlich die Wahrnehmung von *Lust* und *Schmerz*, die nicht aus der Gegenwirkung des Herzens nach außen entsteht, sondern vom außen gelegenen Teil des Organs aus durch dessen stetiges

---

[26] »seitwärts« ist in *E* weggelassen.
[27] Vgl. Kap. XXII, Art. 7.
[28] Zum Raumwinkel vgl. Kap. XIV, Art. 7.
[29] Vgl. *De Homine*, Kap. III und IV.

Wirken zum Herzen hin. Da sich nämlich das Lebensprinzip im Herzen befindet, ist es unvermeidlich, daß eine im wahrnehmenden Wesen zum Herzen hin sich fortpflanzende Bewegung die Lebensbewegung irgendwie verändert bzw. ablenkt, indem sie sie einfacher oder schwieriger gestaltet, sie unterstützt oder hemmt. Ist sie hilfreich, so erwächst *Lust*, ist sie hinderlich, dann *Schmerz, Unbehagen, Mißmut*. Und wie die Erscheinungsbilder wegen des Bewegungsansatzes nach außen außerhalb zu bestehen scheinen, so Lust und Schmerz beim Wahrnehmen[30] wegen des Bewegungsansatzes des Organs nach innen im Innern, und zwar dort, wo sich die erste Ursache der Lust bzw. des Schmerzes befindet, wie etwa beim Schmerz infolge einer Wunde der Schmerz sich dort zu befinden scheint, wo die betreffende Wunde ist.

Die Lebensbewegung ist aber die Bewegung des ununterbrochen durch Venen und Arterien zirkulierenden Bluts, wie das der erste Beobachter dieser Tatsache, unser Landsmann Harvey, anhand vieler und untrüglicher Anzeichen dargelegt hat. Wird diese Bewegung von einer durch die Einwirkung der sinnlich wahrnehmbaren Gegenstände verursachten Bewegung gehemmt, so wird sie durch Beugung oder Streckung der Körperteile wiederhergestellt, indem nämlich die Lebensgeister bald in diese, bald in jene Nerven hineingetrieben werden, bis alles Unbehagen, soweit nur irgend möglich, beseitigt ist. Wo aber die Lebensbewegung durch die von der Sinneswahrnehmung herrührende Bewegung unterstützt wird, veranlaßt das die Teile des Organs dazu, die Lebensgeister so zu lenken, daß die betreffende Bewegung mit Hilfe der Nerven soweit wie möglich erhalten und vermehrt wird. Das nun ist bei der animalischen Bewegung der erste Bewegungsansatz, der sich sogar beim Embryo findet, der, um ein etwaiges Unbehagen zu vermeiden oder etwas Angenehmes festzuhalten, im Mutterleib seine Glieder in einer freiwilligen Bewegung bewegt. Dieser erste Bewegungsansatz heißt aber, sofern er sich auf erfahrungsmäßig als angenehm Bekanntes richtet, *Begehren*, d. h. Herangehen, und sofern Unbehagliches vermieden wird, *Abkehr* und *Vermeiden*.

[30] »beim Wahrnehmen« ist in *E* weggelassen.

Anfangs aber und gleich nach der Geburt begehren kleine
Kinder mangels Erfahrung und Erinnerung nur wenig und
vermeiden wenig, weshalb sie nicht über so mannigfaltige animalische Bewegungen verfügen, wie wir sie bei Erwachsenen
sehen. Denn ob Gegenstände sich als angenehm oder schädlich herausstellen werden, kann man ohne sinnliche Kenntnis
einer großen Anzahl von Dingen, also ohne Erfahrung und
Gedächtnis nicht wissen. Ihnen bleibt also nur die Möglichkeit, aufgrund des Aussehens der Dinge in gewissen Grenzen
Vermutungen anzustellen; und da sie nicht wissen, ob sie sich
als gut oder übel für sie herausstellen werden, gehen sie un-
entschlossen darauf zu bzw. genauso wieder davon weg. In
der Folge aber werden sie durch Gewohnung allmählich ge-
übter sowohl in bezug auf das, was zu begehren und zu
vermeiden ist, als auch im Gebrauch ihrer Nerven und sonstigen Organe beim Vermeiden bestimmter Dinge und beim
Herangehen an andere. Begehren und Vermeiden bzw. Abkehr des Geistes sind also die ersten Bewegungsansätze der
animalischen Bewegung.

Auf den ersten Bewegungsansatz folgt aber das Hineintrei-
ben der animalischen Lebensgeister (die unbedingt in der
Nähe des Ursprungs der Nerven einen Sammelort bzw. eine
Unterkunft haben müssen) in die Nerven und ihre neuerliche
Zurückziehung, auf diese Bewegung bzw. diesen Bewegungs-
ansatz folgt notwendig ein Anschwellen und Lockern der
Muskeln, und darauf folgt schließlich jene Zusammenziehung
und Ausstreckung der Gliedmaßen, in der die animalische
Bewegung besteht.

13. Begehren wie auch Vermeiden können aber unter verschiedenen Gesichtspunkten betrachtet werden. Da nämlich
Lebewesen ein und dasselbe Ding bald begehren und bald
vermeiden, je nachdem ob sie glauben, es werde sich für sie
als angenehm oder schädlich herausstellen, kommt es, solange dieser Wechsel von Begehren und Vermeiden anhält, zu
jener Aneinanderreihung der Gedanken, die man *Überlegung*
nennt, und die so lange anhält, als es in jemandens Macht
liegt, das Angenehme zu erlangen oder aber dem Unange-
nehmen zu entfliehen. Begehren und Vermeiden heißen also,
wofern keine Überlegung voranging, schlechtweg Begehren

und Vermeiden. Ging aber eine Überlegung vorher, dann heißt der letzte Vorgang darin, falls er ein Begehren ist, *Wollen* oder *Wollung*, falls ein Vermeiden, dann *Nichtwollen*, so daß es ein und dieselbe Sache ist, die man Wollen und Begehren heißt, ihre Betrachtungsweise jedoch verschieden ist, je nachdem man sich dabei auf den Zeitpunkt vor oder nach der Überlegung bezieht. Auch ist, was im Innern eines Menschen vorgeht, wenn er etwas will, keineswegs dem unähnlich, was in anderen Lebewesen vorgeht, die nach vorausgegangener Überlegung etwas begehren.

Auch die Freiheit, zu wollen oder nicht zu wollen, ist beim Menschen nicht größer als bei den übrigen Lebewesen. Denn in dem, der begehrt, ging die vollständige Ursache seines Begehrens voran, und damit konnte, wie in Kap. IX, Art. 5 dargelegt worden ist, das betreffende Begehren unmöglich nicht erfolgen, d. h. es erfolgte notwendig. Eine Freiheit von der Art, daß sie von der Notwendigkeit befreit wäre, kommt also weder dem Willen des Menschen noch dem der Tiere zu. Versteht man unter Freiheit aber die Fähigkeit – nicht des Wollens, sondern – zur *Ausführung* dessen, was man will, so ist diese Freiheit unstreitig allen beiden zuzugestehen; und ist sie in ihnen vorhanden, so ist sie in beiden in gleichem Maße vorhanden.

Folgen andererseits Begehren und Vermeiden schnell aufeinander, so erhält die ganze aus ihnen aufgebaute Reihe ihren Namen bald nach dem einen, bald nach dem andern. Denn dieselbe Überlegung heißt, wenn sie bald zur einen, bald zur andern Seite hinneigt, wegen des Begehrens *Hoffnung* und wegen des Vermeidens *Furcht*. Denn ohne Hoffnung kann man nicht von Furcht reden, sondern von *Haß*, und ohne Furcht nicht von Hoffnung, sondern von *Begierde*. Alle sogenannten Leidenschaften des Geistes bestehen schließlich (sieht man von der schieren Lust und dem schieren Unbehagen ab, die der sichere *Genuß* des Guten oder Üblen sind) aus Begehren und Vermeiden. *Zorn* etwa ist das Vermeiden eines bevorstehenden Übels, das aber mit dem Begehren verbunden ist, sich diesem Übel durch Gewaltanwendung zu entziehen. Von Gegenständen aber, die (sofern es derlei gibt) den Geist überhaupt nicht bewegen, sagen wir, daß wir sie *verach-*

ten.[31] Da es aber unzählige Leidenschaften und Störungen des Geistes gibt und man viele davon nur beim Menschen zu Gesicht bekommt, wollen wir von ihnen ausführlicher in der Abteilung, die *Vom Menschen* handelt, reden.[32] Soviel also über die Sinne im allgemeinen. Nun haben wir zu den sinnlich wahrnehmbaren Dingen überzugehen.

Kapitel XXVI
Weltall und Sterne*

1. *Größe und Dauer des Weltalls sind unerforschlich.* 2. *Im Weltall gibt es keinen leeren Ort.* 3. *Lukrez' Argumente für das Leere sind nicht triftig.* 4. *Einige andere nicht triftige Argumente zur Setzung des Leeren.* 5. *Sechs Hypothesen zur Rettung der Phänomene der Natur.*[33] 6. *Angabe der möglichen Ursachen von jährlicher und täglicher Bewegung und von scheinbarer Richtung, Stillstand und Rückläufigkeit der Planeten.* 7. *Wodurch die Unterstellung von einfacher Bewegung wahrscheinlich wird.* 8. *Die Ursache für die Exzentrizität der Jahresbewegung der Erde.* 9. *Die Ursache dafür, daß der Mond der Erde immer dieselbe Seite zukehrt.* 10. *Die Ursache der Flutungsbewegungen im Ozean.* 11. *Die Ursache für die Präzession der Äquinoktialpunkte.*

1. Auf die Betrachtung der Sinneswahrnehmung folgt die der Körper, welche die Wirkursachen oder Gegenstände des Wahrnehmens sind. Jeder Gegenstand ist aber entweder Teil der gesamten Welt oder die Gesamtheit dieser Teile. Der größte aller Körper oder sinnlich wahrnehmbaren Gegenstände ist die Welt selber, die wir, wenn wir uns über diesen Punkt hinaus umschauen, den wir Erde nennen, nach allen Seiten hin wahrnehmen können. Bezüglich ihrer, als der einen Gesamtheit vieler Teile, kann nur äußerst wenig gefragt und schon gar nichts entschieden werden. Fragen kann man,

---

[31] In *AEB* steht dieser Satz hinter dem folgenden.

[32] Vgl. *De Homine,* Kap. XII.

[33] Hier wie auch im Verfolg des Texts bedient Hobbes sich des angeblich auf Platon zurückgehenden Worts von der »Rettung«, d. h. einer ihre Eigenart berücksichtigenden Erklärung der Phänomene.

wie groß die Welt im ganzen ist, wie lange sie dauert und wieviele es gibt, sonst aber nichts. Denn Ort und Zeit, also Größe und Dauer sind, wie in Kapitel VII dargelegt worden ist, die Erscheinungsbilder des schlechthin als solchen angesprochenen Körpers, d. h. des indefinit genommenen Körpers. Alle andern Erscheinungsbilder aber sind solche von Körpern bzw. ihrer Gegenstände nur, sofern diese sich voneinander unterscheiden. Farbe etwa ist das von farbigen, Ton das von gehörten Dingen usw. Die Fragen nach der Größe der Welt lauten, ob sie endlich oder unendlich und ob sie voll ist oder nicht voll; die nach ihrer Dauer, ob sie einen Anfang hatte oder ewig ist; die nach ihrer Zahl, ob es eine oder mehrere gibt (obwohl bezüglich ihrer Zahl, wenn sie unendlich groß sein sollte, kein Streit möglich ist). Ebenso erheben sich, falls sie einen Anfang hatte, neue Fragen, von welcher Ursache und aus welcher Materie sie gemacht worden ist, und bezüglich dieser Ursache und Materie wieder, woher sie kommen, bis man schließlich zu einer oder mehreren ewigen Ursachen gelangt. Und all das hätte derjenige zu entscheiden, der die gesamte Philosophie in vollem Umfang zu übersehen beansprucht – wenn man soviel, wie man fragen kann, auch wissen könnte. Aber ein auf Unendliches bezogenes Wissen bleibt einem endlichen Fragesteller verschlossen. Alles, was wir Menschen wissen, kommt uns zur Kenntnis durch unsere Erscheinungsbilder. Ein Erscheinungsbild von etwas Unendlichem, gleich ob in bezug auf Größe oder Zeit, gibt es aber nicht. Denn weder ein Mensch noch sonst ein Ding, es sei denn, es wäre selber unendlich,[34] kann sich vom Unendlichen überhaupt einen Begriff machen. Und auch wenn jemand von irgendeiner Wirkung zu ihrer unmittelbaren Ursache und von da aus zu einer entfernteren und so immer weiter in ganz und gar unanfechtbarer Schlußfolgerung hinaufstiege, kann er doch nicht in alle Ewigkeit so fortfahren, sondern wird irgendwann erschöpft aufhören ohne zu wissen, ob man noch weiter hätte fortgehen können oder nicht. Auch wird, gleich ob man die Welt als endlich oder unendlich bestimmt, nichts Ungereimtes daraus folgen. Denn was von beiden der Urhe-

---

[34] »es sei denn, es wäre selber unendlich« ist in *E* weggelassen.

ber der Welt auch festgelegt hätte, man bekäme doch genau
all das zu Gesicht, was man jetzt zu Gesicht bekommt. Obwohl man ferner aus der Tatsache, daß nichts sich selber in
Bewegung setzen kann,[35] ganz zutreffend ableitet, daß es irgendein erstes Bewegendes gibt, das ewig sein muß, kann man
doch nicht das daraus ableiten, was man daraus abzuleiten
pflegt, nämlich ein Ewiges, das unbeweglich ist, sondern im
Gegenteil ein ewiges Bewegtes. Denn so wahr es ist, daß
nichts sich selber bewegt, so wahr ist auch, daß nichts sich
bewegt außer durch etwas Bewegtes.[36] Die Fragen nach der
Größe und dem Ursprung der Welt sind also nicht von den
Philosophen zu entscheiden, sondern von denjenigen, die von
Rechts wegen zur Regelung der Gottesverehrung eingesetzt
sind. Denn wie Gott der Allmächtige, als er sein Volk nach
Judäa geführt hatte, die ihm vorbehaltenen Erstlinge der
Früchte den Priestern zugestand, so wollte er doch auch, als er
die von ihm gemachte Welt den Menschen zur Erörterung
überließ,[37] daß die Meinungen über die ihm allein bekannte
Natur des Unendlichen und Ewigen gleichsam als die Erstlinge der Weisheit von denen beurteilt würden, deren Dienst-
leistung er sich bei der Regelung der Religion bedienen
wollte. Ich kann daher jene Leute nicht loben, die sich damit
brüsten, sie hätten im Ausgang von den Dingen der Natur
durch ihre Beweisgründe dargetan, daß die Welt einmal einen
Anfang genommen habe. Von den Laien werden sie verachtet,
weil sie, was sie sagen, nicht verstehen; von den Gelehrten,
weil sie es verstehen – und von beiden zu Recht. Wer könnte
es auch gutheißen, wenn jemand den folgenden Beweis liefert:
Wenn die Welt von Ewigkeit her war, dann ging dem Geburts-
tag Abrahams eine unendliche Anzahl von Tagen oder eines
sonstigen Zeitmaßes vorher; aber die Geburt Abrahams ging
der Geburt Isaaks vorher; also wäre das eine Unendliche bzw.
das eine Ewige größer als das andere, was – wie er sagt –
ungereimt ist.[38] Das ist ganz so, als wollte jemand aus der

---

[35] Vgl. Kap. VIII, Art. 19.
[36] Vgl. Kap. IX, Art. 7.
[37] Nach Kohelet 3,11.
[38] Vgl. Seth Ward, *A Philosophicall Essay towards an Eviction of the*

Tatsache, daß die Anzahl der geraden Zahlen unendlich ist,
schließen, daß es ebensoviel gerade Zahlen gebe wie Zahlen
schlechthin, also gerade und ungerade zusammengenommen.
Hebt nicht, wer dergestalt die Ewigkeit der Welt aufhebt, im
gleichen Atemzug auch die des Schöpfers der Welt mit auf?
Deshalb fallen sie von dieser Ungereimtheit in eine andere
und sehen sich gezwungen zu sagen, die Ewigkeit sei ein »stehendes Jetzt«[39] und die unendliche Anzahl der Zahlen »die
Eins«, was noch viel ungereimter ist. Denn warum wäre die
Ewigkeit eher ein »stehendes Jetzt« als ein »stehendes Damals« zu nennen? Dann gibt es aber entweder viele Ewigkei-
ten oder »jetzt« und »damals« bedeuten dasselbe. Indessen
können wir mit solchen ἀλλογλώσσοις[40] [eine andere Sprache sprechenden] Beweisführern nicht in Diskussion treten.
Dabei sind diejenigen, die so ungereimt schlußfolgern, keine
Laien, sondern Leute, denen man das keinesfalls nachsehen
kann, nämlich Geometer, die sich obendrein zu – läppischen
zwar, aber strengen – Richtern über die Beweisführungen
anderer aufwerfen. Der Grund [für ihren Irrtum] ist, daß sie,
sobald sie sich in die Ausdrücke »unendlich« und »ewig« ver-
strickt haben, denen im Geist (außer dem Versagen unseres
eigenen Erfassens) keine Vorstellung eines Dings unterlegt ist,
entweder etwas Ungereimtes zu sagen genötigt sind oder, was
ihnen noch weit lästiger ist, zu schweigen. Die Geometrie hat
nämlich ich weiß nicht welche Ähnlichkeit mit dem Wein: ist
sie jung, so verursacht sie Blähungen; hat sie ausgebraust, so
ist sie weniger süß, aber hilft. Die junge Geometrie glaubt
daher alle Wahrheiten beweisen zu können; hat sie sich einmal gesetzt, dann nicht mehr. Ich übergehe also bewußt die

---

*Being and Attributes of God. Immortality of the Souls of Men. Truth and
Authority of Scripture*, Oxford 1652, S. 17 f. Das »Nichtlobenkönnen«
spielt wieder an auf Wards in Anm. 20 zum Widmungsbrief zitierte
ironische Bemerkung über Hobbes' geometrische Künste in seinen
1654 anonym erschienenen *Vindiciae Academiarum*.
[39] Thomas von Aquin, *Summa Theologica*, Pars Ia, qu. 10, art. 2,
zitiert Boethius' Bemerkung: »das stehende Jetzt macht die Ewigkeit
aus«.
[40] Nach Baruch 4,15.

Fragen nach dem Unendlichen und Ewigen und gebe mich zufrieden mit der Lehre von der Größe und dem Ursprung der Welt, welche die Heilige Schrift empfiehlt sowie der Ruf der sie bestätigenden Wunder und die Sitte meines Vaterlands und die den Gesetzen geschuldete Ehrerbietung. Ich gehe nun über zu anderen Dingen, die zu erörtern kein Frevel ist.

2. Bezüglich der Welt pflegt man außerdem zu fragen, ob ihre Teile sich untereinander so berühren, daß sie auch nicht die geringste dazwischenliegende Leere zulassen. Und man erörtert diese Frage nach beiden Seiten mit recht wahrscheinlichen Gründen. Zur Aufhebung des Leeren will ich nur eine einzige Erfahrungstatsache anführen, die zwar reichlich abgegriffen, aber, wie mir scheint, überaus triftig ist.[41] [...]

3. Dagegen werden zur Stützung des Leeren viele und recht bestechende Argumente und Erfahrungstatsachen beigebracht, in denen allerdings jeweils zur Erhärtung der Konklusion immer etwas zu fehlen scheint. Die Argumente für das Leere stammen aber teils von denen, die der Lehre Epikurs nachfolgten. Der aber lehrte, daß das Weltall aus kleinsten, von keinem Körper besetzten Stellen bestehe, zwischen denen sich kleinste, keine Leerstellen beinhaltende Körper befänden, die er ihrer Härte wegen Atome nennt.[42] Die von Lukrez dargestellten Argumente der Epikuräer sind die folgenden.

Er sagt also erstens, daß, wenn es sich anders verhielte, es keine Bewegung geben könnte. Es ist nämlich, wie er sagt, Sache des Körpers, der Bewegung entgegenzutreten und ihr den Weg zu verbauen. Wäre also alles mit Körpern erfüllt, so gäbe es rundum nichts als Bewegungshindernisse. Die Bewegung könnte also keinen Anfang haben, und somit gäbe es

[41] Hobbes erörtert hier das seit der Antike bekannte Experiment mit der Klepsydra, einem mit Wasser gefüllten Gefäß mit Löchern im Boden, aus dem das Wasser nur abfließt, wenn die Öffnung obenan geöffnet wird, d. h. wenn Luft nachfließen kann. Dies galt den meisten Philosophen und gilt noch Hobbes als Anzeichen für die Vollheit der Welt.

[42] *E* fügt hinzu »und daß diese kleinen Körper und Räume überall miteinander vermischt sind«.

keine Bewegung.[43] Nun kann tatsächlich Bewegung in einem
Vollen, das nach all seinen Teilen ruht, unmöglich einen Anfang nehmen;[44] aber daraus läßt sich kein Beweis für das
Leere entnehmen. Denn selbst wenn man die Existenz des
Leeren zugestände, die ihm untermischten Körper aber auf
einen Schlag alle zugleich zur Ruhe kämen, würden sie sich
nie wieder in Bewegung setzen. Oben wurde nämlich bewiesen (Kap. IX, Art. 7), daß nichts bewegt werden kann außer
von einem Bewegten und Berührenden. Da also alles zugleich
als in Ruhe befindlich unterstellt wird, wird es kein berührendes Bewegtes geben und also auch nie den Beginn irgendwelcher Bewegung. Die Verneinung eines Beginns der Bewegung
hebt aber das Vorkommen von Bewegung nicht auf, wenn sie
ineins damit den Beginn des Körpers aufhebt.[45] Die Bewegung konnte nämlich genauso ewig wie der Körper oder doch
zugleich mit ihm geschaffen sein. Es scheint nämlich um
nichts notwendiger zu sein, daß die Körper erst ruhten und
danach sich bewegten, als daß sie erst in Bewegung waren und
danach (sofern überhaupt) zur Ruhe kamen. Auch scheint es
keinen gewichtigeren Grund dafür zu geben, daß die Welt-
materie, um Bewegung zuzulassen, vielmehr mit leeren Räumen durchsetzt sein müßte, als dafür, daß sie es mit vollen
wäre – ich sage: mit vollen, aber mit Flüssigem [gefüllten].
Und endlich ist nicht einzusehen, weshalb jene harten Atome
nicht auch durch die Bewegung irgendeiner ihnen untergemischten Flüssigkeit zur Masse der zusammengesetzten Körper, die uns vor Augen stehen, hätten vereinigt und zusam-
mengetrieben werden können. Aus diesem Argument läßt
sich also weiter nichts schließen, als daß die Bewegung genauso ewig oder doch genauso alt ist wie das Bewegliche; was
keines von beiden mit der Lehre Epikurs harmoniert, der
zwar nicht der Welt, aber der Bewegung[46] allen Beginn ge-

---

[43] Vgl. Lukrez (ca. 99-55 v. Chr.), *De Rerum Natura* I, 335-339.

[44] Vgl. Kap. XXII, Art. 17.

[45] Statt »wenn sie ineins damit den Beginn des Körpers aufhebt« in
AEB »außer sie hebt ineins damit den Beginn des Körpers auf«.

[46] Statt »zwar nicht der Welt, aber der Bewegung« in *AEB* »sowohl
der Welt als auch der Bewegung«.

nommen hat. Damit ist die Notwendigkeit des Leeren also noch nicht bewiesen. Der Grund [für die gegenteilige Annahme] ist aber – soviel ich aus den Reden derer, die mit mir über das Leere diskutiert haben, entnehmen kann – der, daß sie bei der Betrachtung der Natur des Flüssigen es sich als aus harten Körnchen zusammengesetzt vorstellen, ganz so wie aus gemahlenem Getreide flüssiges Mehl entsteht; während man sich doch Flüssiges als seiner Natur nach genauso homogen denken kann, wie es das Atom selber oder das Leere selber ist.

Das zweite Argument ist vom Gewicht hergenommen und in Lukrez' folgenden Versen enthalten:

»Sache des Körpers ist es, alles nach unten zu
        drücken,
Die Natur des Leeren dagegen ist ohne Gewicht.
Also zeigt, was gleich groß ist, aber leichter,
Daß darin mehr Leeres vorhanden ist.«[47]

Ich will übergehen, daß, was er hier bezüglich eines Bewegungsansatzes der Körper nach unten annimmt, er nicht zu Recht annimmt, da ein Unten mit der Welt der Dinge ja nichts zu schaffen hat, sondern etwas von uns Ersonnenes ist, und daß, wenn alles zum selben Untersten hinstrebte, nichts sich zusammenschlösse oder aber alles an ein und dieselbe Stelle getrieben würde. Jedenfalls verliert das Argument dadurch seine Kraft, daß den Atomen untermischte Luft in diesem Fall genau dasselbe bewirken würde, was seiner Meinung nach das untergemischte Leere bewirkt.

Das dritte Argument geht davon aus, daß Blitz, Ton, Wärme, Kälte offenbar alle Körper, auch die festesten, mit Ausnahme der Atome selber zu durchdringen scheinen.[48] Aber sofern man nicht schon im voraus bewiesen hat, daß all das, wenn man das Leere ausschließt, nicht auch mittels fortwährender Erzeugung von Bewegung geschehen kann, ist dieser Beweisgrund nicht triftig. An geeigneter Stelle wird aber bewiesen werden, daß es das kann.

---

[47] Lukrez, *De Rerum Natura* I, 362-365.
[48] A. a. O., 489-496.

Schließlich legt Lukrez in den folgenden Versen ein viertes Argument vor:

> »Wenn zwei zusammentreffende glatte Körper
> Schnell auseinanderspringen, muß Luft den ganzen
> Zwischen den Körpern entstehenden[49] leeren Raum
> einnehmen.
> Aber auch wenn sie mit schnellem Wehen ringsum
> Zusammenströmt, kann sie doch nicht im Nu den ganzen
> Raum ausfüllen; denn notwendig muß sie zunächst den je ersten
> Ort einnehmen, und danach erst alles besetzen.«[50]

Das widerspricht allerdings der Auffassung Epikurs selber erheblich mehr als derjenigen der Leugner der Existenz des Leeren. Denn obwohl es zutrifft, daß zwei unendlich harte Körper, legte man ihre vollkommen ebenen Oberflächen aufeinander, unmöglich auseinandergerissen werden könnten, da dies nur durch Bewegung in einem Augenblick geschehen könnte, so wird es doch – da, wie es unter den Größen keine größte und unter den Bewegungen keine schnellste gibt, es auch beim Harten kein Härtestes gibt – bei einem Kraftaufwand von bestimmter Größe möglich sein, daß der Luft sukzessiv Zutritt gestattet wird, indem nämlich die am weitesten außen befindlichen Teile der miteinander verbundenen Körper eher voneinander getrennt werden als die weiter innen liegenden. Er hätte also erst zeigen müssen, daß es ein Härtestes gibt, und zwar nicht nur im Verhältnis zum Weicheren, sondern ein absolut, also unendlich Hartes, was nicht der Fall ist. Unterstellen wir aber mit Epikur unzertrennliche Atome, von denen jedoch jedes seine eigenen kleinen Oberflächen hätte, und setzte man zwei Körper entlang mehreren oder auch nur einer einzigen ihrer kleinen Oberflächen zusammen, dann ist dieses Argument des Lukrez der stärkste Beweis dafür, daß kein Körper, der, wie er unterstellt, aus Atomen aufgebaut ist, mit irgendwelchem Kraftaufwand je

---

[49] Statt »entstehenden« (wie OLI, S. 341 in Übereinstimmung mit Lukrez schreibt) in *AEB* »vorher befindlichen«.
[50] Lukrez, *De Rerum Natura* I, 385-391.

auseinandergebrochen werden könnte; was der täglichen Erfahrung widerspricht.

Soweit die Argumente des Lukrez. Sehen wir uns nun die aus Erfahrungstatsachen geschöpften Argumente der Neueren an.

4. Die erste Erfahrungstatsache ist die: Wird ein hohles Gefäß mit dem Boden nach oben in Wasser eingetaucht, so steigt das Wasser darin hoch, was, wie man sagt, nicht möglich wäre, würde nicht die darin befindliche Luft auf engerem Raum zusammengepreßt. Das aber wäre nicht möglich, gäbe es in der Luft nicht kleine Hohlräume. Und ist sie einmal bis zu einem gewissen Punkt zusammengedrückt, so kann man sie nicht weiter zusammendrucken, weil die Luftteilchen sich nicht auf noch engerem Raum zusammendrängen lassen. Könnte nur die Luft, von dem im Gefäß hochsteigenden Wasser unter Druck gesetzt, nicht durch das Wasser hindurchgehen, so möchte dies ein höchst respektabler Beweisgrund scheinen. Doch ist hinreichend bekannt, daß Luft bei Kraftanwendung Wasser durchdringt, wobei die Kraft nicht größer zu sein braucht als die Schwere des Wassers selber. Ist also die Kraft, mit der das Gefäß nach unten gedrückt wird, größer als (oder doch genauso groß wie) der Bewegungsansatz, mit dem das Wasser von Natur aus nach unten strebt, so wird die im Gefäß eingeschlossene Luft in derselben Richtung, in der es Widerstand bietet, nämlich auf den Gefäßrand zu, durch das Wasser hinausgehen, wenn auch nicht vollständig.[51] Je mehr Wassertiefe nämlich zu durchdringen ist, desto größer muß die nach unten drückende Kraft sein. Aber diese nach unten drückende Kraft, d. h. die des aufsteigenden Wassers, erhöht sich nicht mehr, sobald nur das Gefäß als ganzes untergetaucht ist. Es kommt also zu einem Gleichgewicht der Art, daß der natürliche Bewegungsansatz des Wassers nach unten gleich dem Ansatz wird, die schon größer gewordene Wassertiefe zu durchdringen.

---

[51] »wenn auch nicht vollständig« fehlt in *E*.

Die[52] zweite Erfahrungstatsache[53] ist die: Wird ein hinreichend langer gläserner (damit man das Experiment sehen kann) Hohlzylinder, der an einer Seite offen und an der andern geschlossen ist, mit Quecksilber gefüllt, die offene Seite dann mit dem Finger zugehalten und er mitsamt dem Finger in ein Gefäß, in dem sich gleichfalls Quecksilber befindet, eingetaucht und darin aufgerichtet, so sieht man, nimmt man den Finger weg, damit das Quecksilber frei fallen kann, daß es ins darunter gestellte Gefäß fällt, aber nur bis zu dem Punkt, wo der im Zylinder verbleibende Teil ungefähr 26 Zoll beträgt. Dabei ist die nähere Beschaffenheit des Zylinders gleichgültig, solange er nur nicht kleiner ist als die genannten 26 Zoll. Also, sagt man, ist das übrige Volumen des Zylinders[54] leer. Ich jedoch sehe darin nichts, was das Leere notwendig machen würde. Denn fällt das im Zylinder befindliche Quecksilber, so wird der Pegel des darunter gestellten Gefäßes unweigerlich steigen und dabei soviel von der umgebenden Luft verdrängen, wie der Masse des gefallenen Quecksilbers entspricht. Fragt man nun, wo sich die verdrängte Luft hinbegeben hat – was wäre da anders zu antworten, als daß jene Luft genausoviel von der nächstgelegenen Stelle vertreibt, diese wieder andere, und so immer weiter, bis man zum Ausgangspunkt des ersten Stoßes zurückkommt? Dort aber wird die zuletzt weggestoßene Luft mit genau der gleichen Kraft auf das im Gefäß befindliche Quecksilber drücken, als den ersten Luftteil weggestoßen hatte, und ist nur die Kraft, mit der das Quecksilber nach unten fällt, hinreichend groß (größer ist sie aber, wenn es von weiter oben herabfällt, kleiner, wenn von weiter unten), so bewirkt sie, daß die Luft das betreffende im Gefäß befindliche Quecksilber durchdringt und somit[55] emporsteigt, um den Raum, den jene für leer halten, auszufüllen. Da die Kraft des Quecksilbers aber nicht bei jeder Höhe stark genug ist, um

---

[52] Statt »Die« (= E) in AB »2. Die«

[53] Der von Evangelista Torricelli (1608-1647) 1643 entworfene Barometerversuch.

[54] E fügt hinzu »oberhalb des Quecksilbers«.

[55] E fügt hinzu »in den Zylinder«.

eine solche Durchdringung zu erzwingen, muß sie beim Fallen irgendwo zum Stehen kommen, und zwar dort, wo ein Gleichgewicht entsteht zwischen seinem Bewegungsansatz nach unten und seinem Widerstand gegen das Durchdrungenwerden von der Luft, welches Gleichgewicht, wie gerade aus diesem Experiment klar hervorgeht, bei einer Höhe von ungefähr 26 Zoll liegt.

Die[56] dritte Erfahrungstatsache ist die: In ein rein mit Luft (soweit Luft ihrer Natur nach das zuläßt) gefülltes Gefäß läßt sich gleichwohl soviel Wasser hineintreiben, als in etwa dem Fassungsvermögen von drei Vierteln des Gefäßes entspricht. [...] Aber die Behauptung des Leeren widerspricht eben dieser Erfahrungstatsache, die zum Zwecke der Behauptung des Leeren angeführt wird.[57]

Man pflegt auch viele andere Phänomene zum Beweis des Leeren beizubringen wie das Wetterglas,[58] den Luftballon und die Windbüchse, die in der Tat, wenn Wasser luftundurchlässig wäre, ohne Zugeständnis leeren Zwischenraums nur sehr schwer gerettet werden könnten. So aber, da Luft (wozu sie nicht einmal eines großen Bewegungsansatzes bedarf) nicht nur durch Wasser, sondern auch durch jede andere Flüssigkeit hindurchzugehen vermag, selbst wenn sie so schwerflüssig ist wie Quecksilber, beweisen sie nichts. Es ist indessen nur vernünftig, daß, wer das Leere aufzuheben beabsichtigt, selber für die genannten Phänomene (ohne Rückgriff auf das Leere) andere Ursachen aufweist, die, wenn schon nicht wahrscheinlicher, so doch mindest ebenso wahrscheinlich sind. Das nun soll im folgenden jeweils an geeig-

---

[56] Statt »Die« (= E) in AB »3. Die«

[57] Nach Hobbes entweicht ein Teil der Luft durch das Wasser nach außen.

[58] Ein mit Wasser gefülltes Glas, in das ein erwärmtes, oben geschlossenes Glasrohr hineingestellt wird, bei dessen Abkühlung die sich zusammenziehende Luft das Wasser bis zu einem gewissen Punkt steigen läßt. Erhöht sich nun die Temperatur der Außenluft, so sinkt der Wasserspiegel entsprechend ab und umgekehrt, wodurch sich Temperaturunterschiede bestimmen lassen.

neter Stelle[59] geschehen. Zuvor aber sind die allgemeinsten Hypothesen der gesamten Physik aufzustellen.

Da Hypothesen aber als die wahren Ursachen der uns erscheinenden Wirkungen angesetzt werden, ist es, soll eine Hypothese nicht ungereimt sein, unbedingt erforderlich, daß sie in der Unterstellung irgendeiner möglichen Bewegung besteht (Ruhe kann nämlich für nichts die Wirkursache sein).[60] Bewegung aber setzt bewegliche Körper voraus, und davon gibt es drei Gattungen: flüssige, feste und aus beidem gemischte. Flüssig sind diejenigen, deren Teile schon beim leichtesten Bewegungsansatz sich voneinander abteilen lassen, bei festen muß dagegen zur Trennung dieser Teile mehr Kraft angewandt werden. Festes hat daher Abstufungen, die man, je nachdem man etwas mit mehr oder minder Festem vergleicht, bald Weichheit, bald Härte nennt.[61] Flüssiges ist also immerzu in gleichermaßen Flüssiges teilbar, ganz wie Quantität immerzu in Quantitäten und Weiches gleich welcher Abstufung in Weiches derselben Abstufung. Viele scheinen aber unter den Unterschieden bei Flüssigkeiten nur solche zu verstehen, die von der unterschiedlichen Größe ihrer Teile herrühren, in der Art, wie man offenbar Diamantstaub flüssig nennen kann. Ich aber verstehe unter Flüssigem etwas von Natur aus in jedem seiner Teile gleichermaßen Flüssiges, also nicht in der Art, wie Staub fließt (so müßte man nämlich auch ein einstürzendes Haus flüssig nennen), sondern wie Wasser offenbar in immerzu flüssige Teile zerfließt. Ist dies verstanden, so komme ich nun zu den Hypothesen.

5. Ich unterstelle also an erster Stelle, daß der unermeßliche Raum, den wir die Welt nennen, die Gesamtheit der Körper ist, und zwar der festen und sichtbaren (Erde und Sterne), der unsichtbaren (die winzig kleinen Atome, die über die Zwischenräume von Erde und Sternen zerstreut sind) und schließlich des im höchsten Maße flüssigen Äthers, der alle

---

[59] *E* fügt hinzu »wenn die Besprechung dieser Phänomene an die Reihe kommt«.

[60] Vgl. Kap. XV, Art. 3, Korollar.

[61] Vgl. Kap. XXII, Art. 2.

übrigen Orte im Weltall in einer Weise einnimmt, daß keiner
leer bleibt.

Zweitens unterstelle ich mit Kopernikus,[62] daß die größeren und festen und deshalb dauerhaften Weltkörper in der
Reihenfolge zueinander stehen, daß zuerst die Sonne kommt,
Merkur als zweiter, Venus als dritte, die Erde (mit dem sie
umkreisenden Mond) als vierte, Mars als fünfter, Jupiter (mit
seinem Gefolge) als sechster, Saturn als siebter und danach in
verschiedener Entfernung von der Sonne die Fixsterne.

Drittens unterstelle ich, daß nicht nur der Sonne, sondern
auch der Erde und[63] den einzelnen Planeten eine einfache
Kreisbewegung innewohnt und immer schon innewohnte, die
gleichalt ist wie ihre Naturen.[64]

Viertens unterstelle ich, daß dem ätherischen[65] Körper bestimmte nichtflüssige Körper eingestreut sind, die aber unwahrnehmbar klein sind und sich ebenfalls mit einer ihnen
eigentümlichen einfachen Bewegung bewegen, und von denen einige mehr und andere weniger hart oder fest sind.

Fünftens unterstelle ich mit Kepler,[66] daß sich die Entfernung des Monds von der Erde zum Halbmesser der Erde
verhält wie die Entfernung der Sonne von der Erde zu der des
Monds von der Erde.

Hinsichtlich der Größe der Kreise und der Zeiten, in denen
sie von den darauf befindlichen Körpern beschrieben werden, werde ich jeweils das unterstellen, was den betreffenden
in Frage stehenden Phänomenen offenbar am meisten entspricht.

6. Nach Kopernikus haben Kepler, Galilei und andere die
Ursachen des sich über die ganze Erdoberfläche erstrecken-
den Wechsels der verschiedenen Jahreszeiten und von Tag
und Nacht aus der Unterstellung der täglichen Umwälzung
der Erde um ihre eigene Achse zusammen mit ihrer jähr-

---

[62] Kopernikus, *De revolutionibus orbium caelestium* I, 10.

[63] »der Erde und« fehlt in *E*.

[64] »die gleichalt ist wie ihre Naturen« fehlt in *E*.

[65] Statt »ätherisch« (bzw. »Äther«) in *E* hier und in der Folge oft
»Luft«.

[66] Kepler, *Astronomia nova*, Kap. XXXIV.

lichen Bewegung um die Sonne auf der Ekliptik in der Reihenfolge der Tierkreiszeichen und drittens ihrer jährlichen
Bewegung (Umwälzung über ihrem eigenen Mittelpunkt in
deren umgekehrter Reihenfolge)[67] bewiesen. Wir nun unterstellen mit Kopernikus, daß die tägliche Umwälzung von
jener Erdbewegung herrührt, wodurch um die Erde der Äqui-
noktialkreis beschrieben wird. Die beiden übrigen jährlichen
Bewegungen nun sollen bewirken, daß die Erde sich auf der
Ekliptik so herumbewegt, daß die Erdachse immer parallel zu
sich selber bleibt; welcher Parallelismus deswegen eingeführt
worden ist, damit es nicht gegen alle Erfahrung danach aus-
sehe, als würden durch die jährliche Umwälzung der Erde
notwendig auch ihre Pole um die Sonne herumbewegt. Wir
haben indessen im Ausgang von der unterstellten einfachen
kreisförmigen Bewegung der Sonne in Kapitel XXI, Art. 10
bewiesen, daß die Erde sich so um die Sonne bewegt, daß ihre
Achse immer parallel zu sich selber bleibt.[68] Aus den zwei
unterstellten Bewegungen in der Sonne – einmal der einfachen kreisförmigen, dann der kreisförmigen um ihren eigenen Mittelpunkt – können daher der gleiche Wechsel beim
Jahr und bei Tag und Nacht bewiesen werden, wie sie von
Kopernikus bewiesen wurden. [...]
Wie wir aber im Ausgang von der unterstellten einfachen
Bewegung der Sonne die einfache jährliche Bewegung der
Erde bewiesen haben, so läßt sich im Ausgang von der unterstellten einfachen Bewegung der Erde die einfache monat-
liche Bewegung des Monds beweisen. Dieser Beweis wird
nämlich, nur mit anderen Benennungen, genau derselbe sein
und braucht deshalb hier nicht wiederholt zu werden.
7. Was diese einfache Herumbewegung der Sonne (auf einem Nebenkreis) wahrscheinlich macht, ist in erster Linie der
Umstand, daß alle Planeten ihre Umläufe nicht nur überhaupt um die Sonne beschreiben, sondern sie zudem so
beschreiben, daß sie sich allesamt innerhalb des Tierkreises

---

[67] Die drei von Kopernikus angesetzten Bewegungen.

[68] Der Beweis dort war allgemein für zwei feste Körper in einem
flüssigen Medium geliefert worden, ist aber auf das Verhältnis der Sonne
zur Erde anwendbar.

halten, also innerhalb einer Bandbreite von ca. 16 Graden. Denn um das zu erreichen, ist offenbar eine bestimmte Kraft in der Sonne gefordert, und zwar vor allem in dem Teil der Sonne, der zum Tierkreis hin ausgerichtet ist. Zum zweiten, daß sich im ganzen Himmelsraum kein anderer Körper zeigt, dem die Verursachung eines solchen Phänomens mit einiger Wahrscheinlichkeit zugeschrieben werden könnte. Des weiteren konnte ich mich nicht zu der Meinung durchringen, daß die zahlreichen höchst unterschiedlichen Bewegungen der Planten außer allem gegenseitigen Zusammenhang stünden. Legt man aber der Sonne bewegende Kraft bei, so legt man ihr auch Bewegung bei, denn es gibt keine andere bewegende Kraft als Bewegung.

Ich habe also sowohl in der Sonne zur Regierung der primären Planeten[69] wie in der Erde zur Regierung des Monds Bewegung von der Art unterstellt, wie die primären Planeten und der Mond sie empfangen müssen, damit sie gerade so erscheinen, wie sie uns erscheinen. Zu diesem Zweck ist indessen jene kreisförmige Bewegung um eine feste Achse,[70] die man ihre Umdrehung nennt, und die keine Bewegung des ganzen Körpers, sondern seiner Teile ist, nicht geeignet.[71] Da nämlich, was sich so bewegt, keinen Bewegungsansatz zu außerhalb seines Kreises gelegenen Teilen hin hat, wird es den Bewegungsansatz in keiner Weise auf außerhalb des Kreises gelegene Körper fortpflanzen. Diejenigen aber, die unterstellen, dies geschehe durch magnetische Kraft oder durch unkörperliche bzw. immaterielle Species,[72] unterstellen keine physikalische Ursache, ja sie setzen eigentlich gar nichts an, da es ein unkörperliches Bewegendes nicht gibt und man bei der magnetischen Kraft nicht weiß, was sie ist – und sobald man sie kennt, wird man finden, daß sie die Bewegung eines

---

[69] Die um die Sonne bewegenden Planeten (im Unterschied zu den Monden als sekundären Planeten).

[70] *E* fügt hinzu »die man ihnen gewöhnlich zuschreibt«.

[71] Statt »nicht geeignet« in *E* »unzureichend, um ihre Erscheinungen zu retten«.

[72] Kepler, *Astronomia nova*, Kap. XXXIII und XXXIV.

Körpers ist.[73] Es bleibt also dabei, daß die primären Planeten, sollen sie von der Sonne herumbewegt werden, und der Mond, soll ihn die Erde herumbewegen, die Ursache ihrer Herumbewegung in einer einfachen kreisförmigen Bewegung von Sonne und Erde haben. Würden sie nicht von Sonne und Erde herumbewegt, sondern hätte jeder Planet eine seinem Körper gleichalte Bewegung, so gäbe es rein gar keine physikalische Ursache dieser Bewegungen. Denn entweder sind sie zugleich mit ihren Körpern geschaffen und haben daher eine übernatürliche Ursache, oder sie sind genauso ewig wie sie und haben so überhaupt keine Ursache; denn eine Erzeugung von etwas Ewigem gibt es nicht. Zur Untermauerung der Wahrscheinlichkeit dieser einfachen Bewegung kommt außerdem hinzu, daß, da heutzutage so gut wie alle Gelehrten die kopernikanische Meinung bezüglich des Parallelismus der Erdachse unterschreiben, er wahrscheinlicher oder zumindest kunstgerechter durch diese einfache kreisförmige Bewegung erklärt werden dürfte als durch zwei Bewegungen, von denen die eine auf der Ekliptik und die andere, der ersten entgegengesetzte, um die Erdachse verläuft, keine der beiden aber einfach und so beschaffen ist, daß sie durch irgendeine Bewegung der Sonne hervorgebracht werden könnte. Deshalb schien es angebracht, an dieser Hypothese von der einfachen Bewegung festzuhalten und die Ursachen aller Phänomene, die ich davon abzuleiten vermochte, davon auch abzuleiten, sowie auch, was ich davon nicht abzuleiten vermochte, nicht anzurühren.

Man wird vielleicht einwenden, daß durch eine solche Hypothese zwar der Grund für den Parallelismus der Erdachse und viele andere uns erscheinende Dinge angegeben werden kann, daß aber, da dies in der Weise geschieht, daß der Sonnenkörper in den Mittelpunkt des Umlaufs gesetzt wird, den die Erde bei ihrer Jahresbewegung beschreibt, die Hypothese selber falsch ist, weil ihr Jahresumlauf im Verhältnis zur Sonne exzentrisch ist. Sehen wir also an erster Stelle zu, was es mit dieser Exzentrizität auf sich hat und wie sie zustande kommt.

[73] Vgl. Kap. XXX, Art. 15.

8. [...] Ich stimme also mit Kepler überein, wenn er die Exzentrizität der Erde einem bestimmten Unterschied in den Teilen der Erde selber zuschreibt, wobei er unterstellt, daß der eine dieser Teile der Sonne freundlich, der andere ihr feindlich gesinnt sei. Ich weiche aber von ihm ab, wenn er glaubt, dies geschehe durch magnetische Kraft, wobei er der Meinung ist, diese magnetische Kraft oder Anziehung und Abstoßung der Erde werde durch immaterielle Species ausgeübt. Das ist aber deswegen unmöglich, weil nur ein bewegter und berührender Körper etwas bewegt. Denn wenn Körper, die einen ruhenden Körper berühren, sich nicht bewegen, ist es undenkbar, daß er zu ruhen aufhörte.[74] Das ist in Kap. IX, Art. 7 zu dem Zweck bewiesen und oben auch andernorts wiederholt eingeschärft worden, damit die Philosophen endlich aufhören möchten, sich einer solchen ἀδιανοήτῳ [unbegreiflichen] Wortverbindung zu bedienen. Ich weiche von ihm auch ab, wenn er sagt, Ursache der gegenseitigen Anziehung der Körper sei ihre Verwandtschaft. Denn wenn dem so wäre, sehe ich nicht ein, warum ein Ei nicht von einem andern angezogen werden sollte. Wenn also zwischen der Sonne und dem einen Teil der Erde eine größere Freundschaft als mit einem andern besteht, so wird sie darin bestehen, daß der eine Teil von Wasser bedeckt und der andere trocken ist; wodurch es (wie eben bewiesen wurde) kommt, daß die Erde sich mehr der Sonne nähert, wenn der mit Wasser bedeckte Teil von der Sonne beschienen wird, als wenn es der trockene wird.

9. Diese Exzentrizität der Erde hat zur Folge, daß ihre jährliche Bahn nicht ein vollendeter Kreis, sondern eine elliptische Linie oder jedenfalls doch eine nahezu elliptische Linie ist, und daß die Erdachse nicht immerzu, sondern nur in den Äquinoktialpunkten genau parallel zu sich selber verläuft.

Da ich aber sage, daß, wie die Erde von der Sonne, so auch der Mond von der Erde herumbewegt wird, und da die Erde die Sonne so umkreist, daß sie ihr bald die eine, bald die andere der beiden Hälften zeigt, ist nach der Ursache zu fra-

---

[74] Statt »ist es undenkbar, daß er zu ruhen aufhörte« in *E* »ist nicht vorstellbar, wie dieser Körper anfangen sollte sich zu bewegen«.

gen, weshalb der Mond der Erde immer dieselbe Seite zu-kehrt. [...]

Festzuhalten ist aber, daß wir nicht immer exakt dieselbe Seite sehen,[75] und zwar dann nicht, wenn der Mond sich außerhalb der Ekliptik befindet. Denn wir sehen nur, was beleuchtet wird. Aber der beleuchtete Teil und der uns zuge-kehrte sind außerhalb der Ekliptik nie genau identisch. [...]

11. Zur Erklärung der Ursache der jährlichen Präzession der Äquinoktialpunkte ist daran zu erinnern, daß dargelegt worden ist, daß die jährliche Bahn der Erde nicht die Peri-pherie eines Kreises ist, sondern die einer Ellipse, oder doch nur unmerklich von einer Ellipse abweicht. [...]

Mit der Ursache der Exzentrizität von Saturn, Jupiter, Mars und Merkur will ich mich nicht befassen. Da die Ex-zentrizität der Erde aber, wie gezeigt, von der ungleichen Natur der Erdseiten herrühren kann, welche die Erde der Sonne abwechselnd zukehrt, ist es glaubhaft, daß auch sie ungleiche Seiten[76] haben, wodurch sich bei ihnen ähnliche Wirkungen einstellen.

Und soviel sei zur Physik der Gestirne[77] gesagt. Auch wenn ihre Phänomene nicht aus den Ursachen entstanden sein soll-ten, die ich unterstellt habe,[78] so haben wir doch – was von Anfang an unser Vorhaben gewesen war – bewiesen, daß de-ren Unterstellung zur Hervorbringung solcher Phänomene geeignet ist.

[75] Die Libration des Mondes.
[76] Statt »ungleiche Seiten« in *E* »Oberflächen von ungleichen Tei-len«.
[77] Statt »Physik der Gestirne« in *E* »Gestirnphilosophie«.
[78] Statt »Auch wenn ihre Phänomene nicht aus den Ursachen ent-standen sein sollten, die ich unterstellt habe« in *E* »Auch wenn die Ursachen, die ich unterstellt habe, nicht die wahren Ursachen dieser Phänomene sein sollten«.

Kapitel XXVII
Licht, Wärme und Farben*

1. *Die unermeßliche Größe mancher Körper und die unaussprechliche Kleinheit anderer.* 2. *Die Ursache des Sonnenlichts.* 3. *Wie Licht warm macht.* 4. *Die Erzeugung von Feuer durch die Sonne.* 5. *Die Erzeugung von Feuer durch Zusammenschlagen.* 6. *Die Ursache des Lichts im Glühwürmchen, in faulem Holz und im Bologneser Stein.* 7. *Die Ursache des Lichts in aufgepeitschtem Seewasser.* 8. *Die Ursache von Flamme, Funke, Schmelze.* 9. *Weshalb sich feuchtes Heu manchmal von selbst entzündet; desgleichen die Ursache des Blitzes.* 10. *Die Ursache der Kräfte des Schießpulvers; und was dabei der Holzkohle, was dem Schwefel und was dem Salpeter zuzuschreiben ist.* 11. *Wie Wärme durch Reiben entsteht.* 12. *Unterscheidung des Lichts in erstes, zweites usw. Licht.* 13. *Die Ursachen der durch ein Prisma gesehenen roten, gelben, blauen und violetten Farbe.* 14. *Weshalb Mond und Sterne am Horizont rötlicher und größer erscheinen als mitten am Himmel.* 15. *Die Ursache der Weiße.* 16. *Die Ursache der Schwärze.*

1. Sieht man ab von den Sternen, von deren Bewegung soeben[79] die Rede war, so können alle sonstigen im Weltall befindlichen Körper unter dem einen Namen des Zwischengestirnlichen zusammengefaßt werden. Der Hypothese nach sind das aber entweder der im höchsten Maße flüssige Äther oder aber Körper, deren Teile einen bestimmten Zusammenhalt haben.[80] Sie unterscheiden sich aber nach ihrer *Festigkeit*, ihrer *Größe*, ihren *Bewegungen* und *Figuren*. Der Festigkeit nach unterstelle ich durch alle Zähigkeitsgrade hindurch einige als härter und andere als weicher, der Größe nach ebenfalls einige als größer und andere als kleiner, die meisten aber als unaussprechlich winzig. Ich erinnere nämlich daran, daß Quantität zumindest in Gedanken teilbar ist in immer wieder Teilbares,[81] weshalb ein Mensch, der mit der Hand ebensoviel vermöchte wie in Gedanken, in der Lage wäre, von jeder gegebenen Größe einen Teil wegzunehmen, der kleiner ist als

---

[79] Statt »soeben« in *E* »im letzten Kapitel«.
[80] Vgl. Kap. XXVI, Art. 5.
[81] Vgl. Kap. VII, Art. 13.

jede gegebene Größe. Jedenfalls vermag der allmächtige Schöpfer des Weltalls in dem Maß, wie wir uns ein jedes Ding als teilbar denken, auch dessen einen Teil tatsächlich vom andern abzutrennen. Keine noch so geringe Winzigkeit ist also bei Körpern unmöglich. Was aber sollte verhindern, daß sie nicht auch aller Wahrscheinlichkeit nach vorkommt? Wissen wir doch, daß es so winzige Lebewesen gibt, daß man sie kaum als ganze mit den Augen wahrnehmen kann, und doch haben auch sie ihre eigenen, durch kein Mikroskop wahrnehmbaren Embryonen, eigene kleine Venen und andere kleine Gefäße sowie eigene Äuglein. Wir sind also nicht imstande, eine so winzige Größe je zu unterstellen, daß unsere Unterstellung nicht von der Natur selber noch übertroffen würde. Dazu kommt, daß man heutzutage gemeinhin solche Mikroskope herstellt, daß die darin gesehenen Dinge über hunderttausendmal größer erscheinen, als man sie mit bloßem Auge sieht. Auch läßt sich nicht bezweifeln, daß bei Erhöhung des Vermögens des Mikroskops (denn es läßt sich soweit erhöhen, als nur immer das Material und die Hand des Herstellers nicht versagen) jeder dieser hunderttausendsten Teile noch hunderttausendmal größer erscheinen wird als bisher. Auch ist die Winzigkeit mancher Körper nicht wunderbarer als die ungeheure Größe anderer. Es liegt nämlich im Vermögen ein und derselben unendlichen Macht, ins Unendliche zu steigern und unendlich zu verringern. Es liegt im Vermögen ein und desselben Urhebers der Natur zu bewirken, daß die große Kreisbahn, deren Radius sich von der Erde bis zur Sonne erstreckt, sich zur Entfernung der Sonne zu den Fixsternen verhält wie ein Punkt, und umgekehrt so kleine Körper herzustellen, daß sie im gleichen Verhältnis kleiner sind als jeder sichtbare. Was da von der unermeßlichen Entfernung der Fixsterne gilt und lange Zeit für unglaublich gehalten wurde, glauben gegenwärtig so gut wie alle Gelehrten. Wieso also sollte das von der Kleinheit mancher Körper Gesagte nicht irgendwann in Zukunft glaubhaft sein? Bleibt sich doch die göttliche Majestät im Großen wie im Kleinen gleich und übertrifft, wie bei der Größe des Weltalls, so bei der Schmächtigkeit seiner Teile das menschliche Wahrnehmungsvermögen in gleicher Weise. Daher sind ja die ersten Elemente bei Zusammensetzungen, die ersten Anläufe bei Handlungen, die ersten Augenblicke bei Zeiten nicht weniger glaubhaft, als was man jetzt von der Entfernung der Fixsterne glaubt. Die Sterblichen erkennen an, daß es mancherlei gibt, das groß, wenngleich endlich ist, da sie sehen, daß dem so ist; auch erkennen sie an, daß die Größe von Dingen, die sie nicht sehen, unendlich sein kann. Daß es aber ein Mittleres gibt zwischen dem Unendlichen und dem, was sie als Größtes sehen oder sich ausdenken, davon lassen sie sich nicht sogleich und nur durch viel Aufklärungsarbeit überzeugen. Aber vieles dieser Art, das wunderbar zu sagen ist, glauben wir, sobald es uns nur durch Nachdenken und Betrachten vertrauter geworden ist, und übertragen dann unsere Bewunderung von den Werken auf den Baumeister. Doch wie klein auch einige Körper sein mögen, wir werden ihre Quantität doch nicht als geringer unterstellen, als die fraglichen Phänomene dies erfordern.[82] Ähnlich werden wir über ihre Bewegung, also über ihre Schnelligkeit und Langsamkeit, sowie über die Mannigfaltigkeit ihrer Figuren befinden, indem wir sie nämlich als so groß bzw. klein unterstellen, als es zur Erklärung ihrer natürlichen Ursachen erforderlich ist. Schließlich unterstelle ich in den Teilen des reinen Äthers (als gleichsam der ersten Materie) keinerlei Bewegung außer der, die er von den darin schwimmenden nichtflüssigen Körpern erhält.

2. Ist dies unterstellt, so wollen wir an die Aufweisung von Ursachen herantreten und an erster Stelle nach der Ursache des Sonnenlichts fragen. Da also der Sonnenkörper durch seine einfache kreisförmige Bewegung die ihn umgebende Äthersubstanz bald nach der einen, bald nach der anderen Seite von sich wegschleudert, so daß die der Sonne zunächst liegenden Teile, von der Sonne in Bewegung versetzt, ihrerseits die nächst entfernteren fortstoßen,[83] ist es unvermeid-

---

[82] Statt »als die fraglichen Phänomene dies erfordern« in *E* »als zur Rettung der Phänomene erforderlich ist«.

[83] Statt »ihrerseits die nächst entfernteren fortstoßen« in *E* »diese

lich, daß schließlich auf den vorderen Teil des Auges, gleich in welcher Entfernung es sich befindet, Druck ausgeübt wird und durch den Druck auf diesen Teil die Bewegung sich bis zum innersten Teil des Sehorgans, dem Herzen, fortpflanzt. Aus der gegenwirkenden Bewegung des Herzens, die den gleichen Rückweg nimmt, entsteht aber ein Bewegungsansatz, der (nach außen zu) in einem Bewegungsansatz der Netzhaut genannten Membran endet. Und dieser Bewegungsansatz nach außen ist (wie oben in Kap. XXV definiert worden ist) eben das, was man Lichtschein oder das Erscheinungsbild eines leuchtenden Dings nennt, denn genau wegen dieses Erscheinungsbilds wird der Gegenstand leuchtend genannt. Damit haben wir also die mögliche Ursache des Sonnenlichts, die zu ermitteln wir uns vorgenommen hatten.

3. Die Erzeugung von Sonnenlicht geht Hand in Hand mit der von Wärme. Wärme aber kennt ein jeder von sich selber, da er sie sinnlich wahrnimmt, wenn ihm warm wird; bei anderen Dingen weiß man davon nur durch Schlußfolgerung. Warm werden ist nämlich nicht dasselbe wie warm machen. Daher merken wir, daß das Feuer oder die Sonne warm machen; daß sie selber warm seien, merken wir nicht. Daß nun Lebewesen, wenn sie anderes warm machen, selber warm sind, leiten wir durch Schlußfolgerung aus der Ähnlichkeit mit uns selber ab. Aber nicht zwingend. Denn selbst wenn man zutreffend sagen könnte: »Das Lebewesen macht warm, also ist es warm«, trifft doch die Ableitung nicht zu: »Das Feuer macht warm, also ist es warm«. Wie träfe das nämlich eher zu als »Das Feuer bereitet Schmerzen, also hat es Schmerzen«? Warm ist also im eigentlichen Sinne nur das zu nennen, was wir unweigerlich wahrnehmen, wenn uns warm wird.

Wenn uns aber warm wird, werden wir dessen inne, daß Lebensgeister, Blut und was sonst noch in unserem Körper an Flüssigem vorhanden ist, von den inwendigen Teilen aus je nach dem Grad der Wärme mehr oder weniger nach außen

Bewegung zu den nächst entfernteren Teilen fortpflanzen, und diese zu den nächsten, und so stetig weiter«.

getrieben wird, und die Haut anschwillt. Wer also die mögliche, mit den übrigen Phänomenen der Wärme im Einklang stehende Ursache dieses Heraustreibens und Anschwellens anzugeben vermag, der hat, so ist zu urteilen, die Ursache der Sonnenwärme angegeben.

In Kapitel XXI, Art. 5 war dargelegt worden, daß das flüssige Medium, das wir Luft nennen, durch die einfache kreisförmige Bewegung der Sonne in der Weise in starke Bewegung versetzt wird, daß alle seine Teile bis hinab zu den kleinsten ihren Ort ständig vertauschen, welchen Ortswechsel wir als Gärung bezeichnet haben.[84] Im 8. Artikel des vorigen Kapitels[85] haben wir bewiesen, daß es durch diese Gärung der Luft zur Emporhebung des Wassers in die Wolken kommen kann. In ähnlicher Weise, so wollen wir nun zeigen, können durch dieselbe Gärung die flüssigen Teile aus dem Innern unseres Körpers nach außen gezogen werden. [...]

4. Wir haben schon gesehen, wie Licht und Wärme erzeugt werden: Wärme nämlich dadurch, daß bei der einfachen Bewegung des Mediums die Teile ihren Ort miteinander tauschen, Licht aber dadurch, daß bei derselben einfachen Bewegung die Einwirkung sich in gerader Linie fortpflanzt. Trägt aber ein bestimmtes Subjekt[86] eine solche Bewegung seiner Teile in sich, daß es fühlbar warm macht und zugleich leuchtet, dann haben wir es mit dem zu tun, was wir die Erzeugung von Feuer nennen. Unter Feuer verstehen wir aber nicht irgendeinen vom brennbaren bzw. erglühenden Material (dem Holz oder Eisen etwa) verschiedenen Körper, sondern dieses Material selber, aber nicht schlechthin und jederzeit, sondern nur dann, wenn es zugleich strahlt und warm macht. Wer also die mögliche, mit den übrigen Phänomenen im Einklang stehende Ursache anzugeben vermag, warum und durch welche Tätigkeit beides zugleich – Strahlen

---

[84] Diese in der Druckfassung von Kap. XXI, Art. 5 fehlende Darstellung könnte in einer früheren Fassung dieses Artikels enthalten gewesen zu sein.

[85] Diese (in OLI, S. 366 weggelassene) unverständliche Fehlinformation von *AEB* scheint sich auf Kap. XXI, Art. 11 zu beziehen.

[86] Statt »ein bestimmtes Subjekt« in *E* »ein Körper«.

und Warmmachen – eintritt, der hat, so ist zu urteilen, die mögliche Entstehung des Feuers erklärt. [...]

5. Von der Art und Weise her, wie die Sonne Feuer erzeugt, läßt sich leicht die Art und Weise erklären, wie Feuer durch das Zusammenschlagen zweier Feuersteine erzeugt werden kann. [...]

6. Die gemeinsame Ursache dafür, daß Glühwürmchen, manche faulenden Hölzer und eine bestimmte in Bologna bearbeitete Gesteinsart leuchten, kann darin liegen, daß sie der glühenden Sonne ausgesetzt waren. [...] Daß dies nicht bei jedem Würmchen noch bei jedem Holz oder jedem Stein stattfindet, kann an Unterschieden in der Bewegung und Form der Teilchen liegen, aus denen diese Körper gebildet sind, gegenüber denen artverschiedener Körper.

7. Auch die von Rudern geschlagene oder von einem Schiff machtvoll durchpflügte salzige See leuchtet, und zwar je nach Verschiedenheit der Windrichtung mehr oder weniger. [...]

8. Fängt ein aus harten Körperchen zusammengesetztes Material zu brennen an, so entsteht notwendig aus den einzelnen[87] zusammengedrängt wegfliegenden Körperchen eine größere oder kleinere Flamme. [...]

Wird nun vom gleichen Material ein etwas größerer Teil (der sich also aus mehreren winzigen Teilchen zusammensetzt) weggebrochen, so entsteht ein Funke. Das Herausbrechen verleiht ihm nämlich eine heftige Drehbewegung, weshalb er aufleuchtet. Aber auch wenn von einem brennbaren Material weder Flamme noch Funken ausgehen, können dennoch manche seiner Teilchen an die Oberfläche treten[88] als eine Asche von so winzigen Teilen, daß man nicht länger darüber im Unklaren sein kann, wie weit die Natur im Teilen fortgeht.

Fliegt schließlich von einem brennenden Material wenig oder nichts weg, so setzen die Teile dennoch zu einer einfachen Bewegung an, wodurch der ganze Körper schmilzt oder (was eine Stufe des Schmelzens ist) weich wird. Alle Bewegung

---

[87] E fügt hinzu »in größeren oder kleineren Mengen«.
[88] E fügt hinzu »und dort bleiben«.

hat nämlich (wie in Kap. XV,[89] Art. 3 gezeigt worden ist) auf alles Material irgendeine Wirkung. [...]

9. Es ist Erfahrungstatsache, daß feuchtes aufgehäuftes Heu nach einiger Zeit erst Rauch gleichsam αὐτομάτως [von selber] aussendet und danach in Brand gerät. [...]

10. Das bekannteste, zugleich auch verwunderlichste unter den vom Feuer herrührenden Phänomenen ist die Kraft des entzündeten Schießpulvers. Da dieses Pulver sich aus gemahlenem Salpeter, Schwefel und Holzkohle zusammensetzt, hat es seine Initialzündung von der Kohle, Zündstoff und Stichflamme, also Licht und Bewegung, vom Schwefel, und daß es dann mit aller Stärke aufleuchtet und zum Ausbruch kommt,[90] vom Salpeter. Legt man aber noch ungestoßenen Salpeter auf glühende Holzkohle, so wird er zunächst flüssig und bringt die Kohle an der Stelle, wo er aufliegt, ganz wie Wasser zum Erlöschen. Alsdann geht von der Kontaktstelle von Salpeter und Kohle ein Dampf oder Luftzug aus, dessen schnelle Bewegung die Kohle in alle Richtungen mit Macht auseinanderbläst. Zwei entgegengesetzte Bewegungen – einerseits die der Teilchen, welche die entzündete Holzkohle verlassen, andererseits die der Teilchen der eingeschlossenen zugleich ätherischen und wäßrigen Substanz[91] – verursachen also Bewegung und Verbrennung von großer Stärke. Sobald der Salpeter dann aufhört zu wirken (also wenn die im Salpeter enthaltenen flüchtigen Stoffe sich verflüchtigt haben), findet man an den Seitenwänden eine bestimmte weiße Substanz, die, wieder ins Feuer geworfen, wieder zu glühen anfängt, aber nicht mehr zerstreut wird, außer man verstärkt das Feuer. Findet sich also die mögliche Ursache dieses Sachverhalts, so wird dies auch die mögliche Ursache dafür sein, daß die Körner des Schießpulvers sich so stark ausdehnen, leuchten und sich bewegen. [...]

Es zeigt sich aber, daß es zur Angabe der Ursache dafür, daß eine Blei- oder Eisenkugel dermaßen schnell aus dem

---

[89] Statt »Kap. XV« (OLI, S. 370) in *AEB* irrig »Kap. XVI«.

[90] Statt »daß es dann mit aller Stärke aufleuchtet und zum Ausbruch kommt« in *E* »die Stärke von beidem«.

[91] *E* fügt hinzu »des Salpeters«.

Lauf eines Geschützes getrieben wird, nicht des Rückgriffs auf einen Dichtigkeitsverlust von der Art bedarf, wie man ihn gewöhnlich definiert, nämlich als bald mehr, bald weniger Quantität in ein und derselben Materie: was undenkbar ist.[92] Wir nennen Dinge schließlich größer oder kleiner, je nachdem sie mehr oder weniger Quantität besitzen. Die Heftigkeit, mit der die Kugel aus dem Gewehr getrieben wird, kommt von der Geschwindigkeit der kleinsten Teilchen des brennenden Schießpulvers oder kann jedenfalls davon kommen, auch ohne daß man dafür irgendwelchen leeren Raum unterstellen müßte.

11. Außerdem wird durch Reiben zweier Körper, etwa von Holz gegen Holz, erfahrungsgemäß nicht nur bis zu einem gewissen Grad Wärme erzeugt, sondern auch Feuer. [...]

12. Licht ist aber teils erstes Licht, teils zweites, teils drittes, und so endlos immer weiter. Erstes nennen wir das Licht, das sich in einem ersten Leuchtenden befindet, etwa in der Sonne oder im Feuer; zweites, das sich in einem undurchsichtigen Körper befindet, der von der Sonne beschienen wird, etwa im Mond oder einer Hauswand; drittes, das sich in einem undurchsichtigen Körper befindet, der vom zweiten Licht beleuchtet wird, usw.

13. Farbe aber ist Licht, jedoch gestörtes, d. h. von gestörter Bewegung erzeugtes, wie das klar wird bei den Farben Rot, Gelb, Blau und Violett, die dadurch erzeugt werden, daß man zwischen Lichtquelle und Beschienenes ein durchsichtiges Prisma mit dreieckigen, einander gegenüberliegenden Grundflächen hineinstellt. [...]

Zur[93] Erzeugung dieser vier Farben ist nicht einmal nötig, daß das Glas Prismaform hat. Denn ein kugelförmiger Körper bewirkt genau das gleiche, da auch bei einer Kugel die Sonnenstrahlen zweimal gebrochen und zweimal reflektiert werden. Als Descartes das bemerkt hatte sowie auch, daß ein Regenbogen nur dann erscheint, wenn es tatsächlich regnet, außerdem, daß die fallenden Tröpfchen beinahe kugelförmig

---

[92] Vgl. z. B. Kap. II, Art. 14, und Kap. XXX, Art. 1.
[93] Dieser Absatz steht in *AEB* irrig am Ende des nächsten Artikels.

sind, erklärte er daraus die Ursache der Farben im Regenbogen;[94] was hier nicht wiederholt zu werden braucht.

14. Aus dem eben Dargelegten kann auch die Ursache dafür entnommen werden, daß Mond und Sterne, wenn man sie
nahe beim Horizont erblickt, sowohl röter als auch größer zu
sein scheinen als hoch am Himmel. [...]

15. Weiße ist zwar Licht, aber durch die Reflexion (innerhalb eines sehr engen Raums) vieler gleichzeitiger Strahlen
des leuchtenden Dings zum Auge hin gestörtes. Zerstößt oder
zerstampft man nämlich Glas oder sonst etwas Durchsichtiges
in kleinste Teile, so wird es (sofern es nur die Strahlen eines
leuchtenden Dings von irgendeinem Punkt zum Auge hin reflektiert) im Sehenden eine Vorstellung bzw. ein Bild des
ganzen leuchtenden Dings erwecken, also das Erscheinungsbild von etwas Weißem. Denn sehr starkes Licht ist auch
ausgesprochen hell. Daher werden auch viele solche Teile
viele Bilder des betreffenden Dings erwecken. Werden also
die betreffenden Teile sehr eng zusammengedrängt, so machen diese vielen Bilder einen verworrenen Eindruck und
stellen sich aufgrund des verworrenen Lichts als die eine
weiße Farbe dar. [...]

16. Wie Weiße Licht ist, so ist Schwärze Privation des Lichts
oder Dunkelheit. Daher kommt es erstens, daß Löcher, aus
denen kein Licht zum Auge hingeworfen werden kann,
schwarz erscheinen. Zweitens, daß eine Oberfläche schwarz
erscheint, aus der aufgerichtete Teilchen des Körpers so her-
ausstehen, daß darauf auftreffende Lichtstrahlen zum Körper
und nicht zum Auge hingeworfen werden, wie etwa das vom
Wind gekräuselte Meer einen dunklen Schein bekommt. Drittens, daß Feuer brennbares Material schwarz macht, bevor es
zu leuchten anfängt. Denn da das Feuer darauf ausgeht, die
winzigsten Teile eines hineingeworfenen Körpers auseinan-
derzutreiben, richtet es sie auf, bevor es sie auseinandertreibt.
Kohle erscheint darum pechschwarz, wenn das Feuer gelöscht wird, bevor es zur völligen Zerstreuung ihrer Teile
kommt. Sind die Teile nämlich aufgerichtet, so werden die

---

[94] Descartes, *Discours de la méthode*, 2. Anhang: *Les Météores*, Discours VIII.

Lichtstrahlen nicht zum Auge hin, sondern auf die Kohle selber zurückgeworfen. Viertens, daß ein Brennspiegel schwarzes Material leichter entzündet als weißes. Die auf einer weißen Oberfläche herausstehenden Teile sind nämlich wie Bläschen gewölbt, und deshalb werden darauf fallende Lichtstrahlen so zurückgeworfen, daß sie vom reflektierenden Körper aus in alle Richtungen zurückfallen. Dagegen werden bei einer schwarzen Oberfläche, bei der die herausstehenden Teilchen höher aufgerichtet sind, die darauf fallenden Lichtstrahlen notwendig allesamt auf den Körper selber zurückgeworfen, weshalb Sonnenstrahlen Schwarzes leichter entzünden als Weißes. Fünftens, daß alle aus der Mischung von Schwarz und Weiß entstehenden Farben ihren Ursprung in der unterschiedlichen Lage der aus der Oberfläche hervorstehenden Teilchen und ihren entsprechend unterschiedlich gestalteten Unebenheiten haben. Daher kommt es auch, daß einige Körper mehr, andere weniger Lichtstrahlen zum Auge hinwerfen. Aber da es unzählige solche Unterschiede gibt und die fraglichen Körperchen nicht mit dem Auge wahrnehmbar sind, ist eine genauere Bestimmung und Erläuterung der Ursachen der einzelnen Farben zu schwierig, als daß ich mich daran wagen möchte.

Kapitel XXVIII
Kälte, Wind, Hartes, Eis, Rückversetzung von Gebogenem in seine vorige Lage, Durchsichtiges, Blitz und Donner und die Entstehung[95] von Flüssen*

1. *Warum Atem aus demselben Munde bald warm, bald kalt macht.* 2. *Woher Wind und die Unbeständigkeit des Winds kommen.* 3. *Warum es in Äquatornähe einen beständigen, wenngleich nicht starken Wind von Ost nach West gibt.* 4. *Die Wirkung von Luft, die in Wolken eingeschlossen ist.* 5. *Hartes entsteht aus Weichem ausschließlich durch Bewegung.* 6. *Die Ursache der Kälte in den Polgebieten.* 7. *Die Ursache des Eises; warum bei Regen die Kälte milder ist als bei heiterem Himmel; warum*

---

[95] Statt »die Entstehung« in *E* »die Quellen«.

Wasser in tiefen Brunnen nicht so stark gefriert als dicht an der Erdober-
fläche; warum Eis leichter ist als Wasser; und warum Wein nicht so leicht
gefriert wie Wasser. 8. *Eine zweite Ursache von Härte ist die engere Be-*
rührung der Atome. Ebenso, wie Hartes zerbricht. 9. *Eine dritte Ursache*
von Härte ist Wärme. 10. *Eine vierte Ursache von Härte ist die Bewegung*
der Atome auf engem Raum. 11. *Wie Hartes weich wird.* 12. *Woher die*
spontane Rückversetzung von Gebogenem in seine vorige Lage kommt. 13.
Wesen und Ursprung von Durchsichtigem und Undurchsichtigem. 14. *Die*
Ursache von Blitz und Donner. 15. *Wie es kommt, daß vereiste Wolken,*
einmal emporgehoben, danach herabsinken. 16. *Wie eine Mondfinsternis*
auch zustande kommen konnte, als der Mond nicht in völliger Opposition
zur Sonne zu stehen schien. 17. *Wie mehrere Sonnen zugleich erscheinen*
konnten. 18. *Die Entstehung*[96] *von Flüssen.*

1. Wie wir Wärme daran erkennen, daß die Lebensgeister und
flüssigen Teile unseres Körpers durch die Bewegung der umgebenden ätherischen Substanz nach außen getrieben werden,[97] so fühlen wir beim Bewegungsansatz dieser selben
Lebensgeister und Säfte nach innen Kälte. Abkühlen heißt
also bewirken, daß die äußeren Teile des Körpers zur Bewegung nach innen ansetzen, und zwar in einer Bewegung, die
der bei Erwärmung auftretenden, bei der die inwendigen
Teile nach außen getrieben werden, entgegengesetzt ist. Zur
Erkenntnis der Ursache der Kälte muß man darum ermitteln,
durch welche Bewegung oder Bewegungen es kommen kann,
daß die Außenteile des Körpers dazu ansetzen, sich ins Innere
zurückzuziehen. Um also mit den allerbekanntesten Phänomenen den Anfang zu machen: Jedermann weiß ja, daß stark
aus dem Mund hinausgeblasener Atem (also wenn er aus nicht
allzu weit geöffnetem Mund ausströmt) die vorgehaltene
Hand abkühlt, und daß derselbe Atem bei offenem Mund
(also wenn er ruhig ausströmt) sie erwärmt. [...]
2. Da aber jeder, und nicht nur starker Wind, sondern so
gut wie jeder Lufthauch bzw. jede Luftbewegung kalt macht,
kann der Grund vieler die Kälte betreffenden Erfahrungstatsachen erst angegeben werden, wenn die Ursachen der Winde

---

[96] Statt »die Entstehung« in *E* »die Quellen«.
[97] Vgl. Kap. XXVI, Art. 3.

aufgefunden sind. Wind aber ist nichts anderes als Gerade-
ausbewegung fortgestoßener Luft, welche Bewegung aber
auch, wenn mehrere Winde gleichzeitig wehen, kreisförmig
oder sonstwie gekrümmt sein kann wie etwa beim Wirbel-
wind. An erster Stelle sind also die Ursachen der Winde zu
erforschen. Luftbewegung bzw. Wind ist aber zum einen das
Strömen oder Wogen von viel Luft auf einmal,[98] zum andern
ihre geradlinige Vorwärtsbewegung. [...]

Jene [wogenden, durch aufsteigende Dünsten verursach-
ten] Winde können nicht an Orten entstehen, die höher
gelegen sind, als bis wohin die Dünste sich erheben können, so
daß durchaus glaubwürdig ist, was man von sehr hohen Bergen berichtet (dem Pico auf Teneriffa und den peruvianischen
Anden), daß nämlich derlei unbeständige Winde dort keine
Unruhe stiften. Hätte man aber ganz sicher in Erfahrung gebracht, daß auf den höchsten Gipfeln dieser Berge niemals
Regen oder Schnee zu sehen ist, so stünde unzweifelhaft fest,
daß diese Berge höher sind, als bis wohin die Dünste im allgemeinen reichen.

3. Dennoch ist auch dort Wind zu spüren, wenngleich nicht
jener aus aufsteigenden Dünsten entstandene, so doch ein
anderer, schwächerer und beständigerer (ähnlich dem gleichmäßigen und ununterbrochenen Blasen eines Blasebalgs), der
aus östlicher Richtung weht.[99] Das aber aus doppelter Ursache. Die eine davon ist die Tagesbewegung der Erde, die
andere die einfache auf ihrem eigenen Nebenkreis. [...]
Beide Bewegungen zusammen ergeben also eine gut merk-
liche Hinbewegung [der Berge] auf die Luft zu, und somit
spürt man Wind. Denn die Bewegungsempfindung ist die
gleiche, ob nun die Luft auf das sinnlich wahrnehmende Wesen auftrifft oder dieses auf die Luft. Aber da dieser Wind
nicht aus aufsteigenden Dünsten entsteht, ist er mit Notwendigkeit überaus beständig.

4. Hat eine Wolke sich in die Höhe gehoben und eine weitere steigt auf, so wird der zwischen beiden Wolken einge-

---

[98] *E* fügt hinzu »in der Art wie Wogen, also sowohl vorwärts als
auch nach oben und unten«.

[99] Die Passatwinde.

schlossene Teil des Äthers nach allen Seiten hinausgedrückt. Und schließen sich beide, während die eine aufsteigt und die andere oben bleibt oder herabsteigt, in der Weise aneinander, daß sie die Äthersubstanz allseits umschließen, so wird sie, dergestalt zusammengedrückt, gleichfalls durch das Wasser hindurch- und hinausgehen. Dabei werden jedoch die dem Äther untergemischten harten und (wie wir unterstellt haben)[100] in einfacher Bewegung umgetriebenen Teilchen durch das Wasser der Wolke nicht hindurchgehen, sondern in den Höhlungen der Wolken enger zusammengedrückt. Das ist ja auch in Kap. XXII, Art. 4 und 5 bewiesen worden. Da außerdem der Erdball in dem von der Sonnenbewegung angestoßenen Äther schwimmt, breiten sich, wie in Kap. XXI, Art. 8 bewiesen wurde, die auf die Erde auftreffenden Teile des Äthers entlang der Erdoberfläche nach allen Seiten aus.

5. Hartes erkennen wir daran, daß, wenn wir den von uns berührten Teil eines Körpers weiter vorwärtsbewegen wollen, wir das vergebens wollen, wenn nicht der Körper sich als ganzer zugleich vorwärtsbewegt. Ein berührtes oder angestoßenes Luft- oder Wasserteilchen schieben wir zwar leicht ein merkliches Stück fort, auch wenn die übrigen Teile, soweit sich mit den Sinnen wahrnehmen läßt, unbewegt bleiben. Die eines Steins nicht ebenso. Als hart definieren wir daher einen Körper, von dem kein Teil sich merklich bewegen läßt, außer er bewegt sich als ganzer.[101] Was weich oder flüssig ist, kann darum durch keine andere Ursache als eine Bewegung solcher Art hart werden, daß dabei mehrere Teile die Bewegung jedes beliebigen einzelnen Teils verhindern, indem sie alle zusammen ihr Widerstand leisten.

6. Nachdem dies vorausgeschickt wurde, wollen wir die mögliche Ursache dafür aufzeigen, daß in den Polgebieten der Erde stärkerer Frost herrscht als in einiger Entfernung von den Polen. [...]

8. Die eine Art, wie Hartes zustande gebracht wird (nämlich durch Gefrieren), haben wir gesehen. Eine andere aber ist wie folgt. Da wir schon vorher unterstellt haben, daß der

---

[100] Kap. XXVI, Art. 5.
[101] Vgl. Kap. XXII, Art. 2.

Äthersubstanz zahllose Atome von verschiedener Härteabstu-
fung, deren jedes über eine ihm eigentümliche einfache Bewegung verfügt, untergemischt sind,[102] ist es aufgrund der
Gärung des gesamten Äthers, von der in Kap. XXI die Rede
war,[103] unvermeidlich, daß sie aufeinander auftreffen und, je
nachdem ihre Bewegung und gegenseitige Berührung es mit
sich bringt, sich aneinanderfügen, bis sie untereinander zusammenhängen; sowie, daß sie (da es ein Leeres nicht gibt)
nur von einer so großen Kraft auseinandergerissen werden
können, als zur Überwindung ihrer Härte erforderlich ist.
[...]
Nun kann auch der Grund dafür angegeben werden,
warum zwei Körper, die sich entlang einer gemeinsamen
Oberfläche berühren, unter Gewaltanwendung voneinander
getrennt werden können, selbst wenn es kein Leeres gibt;[104]
was Lukrez für unmöglich erachtete, da ihn eben diese Trennung offenbar von der Existenz des Leeren überzeugt hatte.
Denn hängt man eine Marmorsäule an einer ihrer Grundflächen auf, so wird sie, wenn sie nur lang genug ist, unter der
Last ihres eigenen Gewichts auseinanderbrechen. Daraus
folgt aber nicht notwendig die Existenz des Leeren, sofern
nämlich die Auflösung ihres Zusammenhalts vom Außenrand
zur Mitte hin schrittweise vor sich gehen kann. [...]
11. Was (wie z. B. Gekochtes) durch plötzliche Hitzeeinwir-
kung hart wird, gewinnt seine frühere weiche Gestalt oft
durch Einweichen wieder. Gekochtes wird nämlich meist
durch Flüssigkeitsverlust hart; wird die gleiche Flüssigkeits-
menge also wieder zugefügt, so stellt sich auch seine vorherige
Natur[105] wieder ein. Was durch Kälte gefroren wurde, taut
wieder auf, wenn der Wind, der es erstarren ließ, die gegenteilige Richtung einschlägt (außer es war vielleicht schon so
lange hart, daß es sich eine neue Bewegung bzw. einen neuen
Bewegungsansatz angewöhnt hat).[106] Zum Auftauen reicht es

---

[102] Kap. XXVI, Art. 5.
[103] Vgl. oben Anm. 84.
[104] Vgl. Kap. XXVI, Art. 3.
[105] *E* fügt hinzu »und Form«.
[106] Vgl. Kap. XXII, Art. 20.

also nicht, daß der gefrieren machende Luftzug nachläßt
(denn die Aufhebung einer Ursache macht nicht ihre Wirkung zunichte),[107] sondern es bedarf einer eigenen Ursache
für das Auftauen, somit eines entschieden oder zumindest
halbwegs entgegengesetzten Luftzugs, wie wir ja auch aus Erfahrung wissen. Wird Eis nämlich an einen wohlverschlosse-
nen Ort gebracht, an den keinerlei Luftbewegung hingelan-
gen kann, so fühlt man dort die Kälte weniger, aber das Eis
bleibt erhalten.

12.[108] Manches Harte läßt sich offenkundig biegen, anderes dagegen nicht, sondern springt schon in dem Augenblick
auseinander, da man anfängt, es zu beugen. Und bei dem, was
sich offenkundig biegen laßt, stellt einiges sich, sobald ihm
dies gestattet wird, sofort wieder her, wogegen anderes gebogen bleibt. Es fragt sich also, was die Ursache dieser Wieder-
herstellung ist; und ich sage, daß sie in folgendem liegen kann.
Da nämlich die Teilchen des gebogenen Körpers auch dann
in Bewegung sind, wenn er gebogen gehalten wird, versetzen
sie, was gebogen war, durch ihre Bewegung wieder in seine
erste Lage zurück, sobald die beugende Kraft entfernt wurde.
Es ist nämlich offensichtlich, daß man die Ursache der plötzlichen Rückversetzung von etwas Gebogenem, einem Stahlbogen etwa, in seine vorige Lage, sowie nur die beugende
Kraft entfernt wird, nicht der umgebenden Luft zuschreiben
kann. Ebenso offensichtlich ist, daß die Ursache seiner Wie-
derherstellung nicht darin liegt, daß die beugende Kraft
entfernt wurde. Denn bei dem, was ruht, ist die Entfernung
eines Hindernisses keine zureichende Ursache seiner künftigen Bewegung.[109] Bewegung hat nämlich keine andere Ursache als Bewegung.[110] Die Ursache seiner Rückversetzung in
die vorige Lage liegt also in den Teilen, aus denen der betreffende Bogen besteht. [...]

13. *Durchsichtig* nennt man Körper, in denen, sobald die
Strahlen eines leuchtenden Körpers darauf einwirken, die

107 Vgl. Kap. XV, Art. 3.
108 Dieser Artikel ist teilweise Doublette zu Kap. XXII, Art. 13.
109 Vgl. Kap. XV, Art. 3, Korollar.
110 Vgl. Kap. IX, Art. 7.

Einwirkung aller einzelnen Strahlen sich in der Weise fortpflanzt, daß sie untereinander dieselbe Anordnung beibehalten oder aber die umgekehrte einnehmen. Deshalb sind
vollkommen durchsichtige Körper in jedem Fall auch vollkommen homogen. Ein Ding ist dagegen *undurchsichtig*, wenn
die darauf fallenden Strahlen wegen seiner heterogenen Natur unzählige Male von Teilchen, die unterschiedliche Gestalt
haben oder ungleichmäßig hart sind, zurückgeworfen und
gebrochen und somit abgeschwächt werden, bevor sie das
Auge erreichen.

Einiges Durchsichtige hat aber die Natur von Anfang an so
gemacht, wie die Substanz des Äthers und des Wassers und
vielleicht auch die, welche sich in Steinen findet,[111] sofern es
sich dabei nicht um Wasser handeln sollte, das seit geraumer
Zeit gefroren ist. Anderes aber entsteht durch die Kraft der
Wärme, welche Homogenes zusammenbringt.[112] Durchsichtiges, das auf diese Weise zustande kommt, war es indessen
vorher schon in seinen Teilen.

14. In Kap. XXI war erklärt worden, wie durch die Bewegung der Sonne aus dem Meer und anderen feuchten Orten
Wasserteilchen in die Höhe gehoben werden, woraus dann
Wolken entstehen. Ebenso wurde oben in Art. 7 gesagt, wie
Wolken zu Eis werden. Nun kann daraus, daß Luftteile beim
Aufeinandertreffen empor- und herabsteigender Wolken
nach und nach wie in Hohlräumen eingeschlossen und ein-
geengt werden können, die mögliche Ursache von Donner
und Blitz hergeleitet werden. Die Luft besteht nämlich aus
zwei Teilen. Einmal dem ätherischen, der keine ihm eigentümliche Bewegung besitzt, da er bis ins Kleinste teilbar ist.[113]
Zum andern dem harten, nämlich vielen harten Atomen, deren jedes für sich in der Luft über seine eigene sehr schnelle
einfache Bewegung verfügt. Verengen aufeinandertreffende
Wolken die zwischen ihnen eingeschlossenen Höhlungen
mehr und mehr, so entweichen die ätherischen Teile durch
die eigentliche Wassersubstanz der Wolke hindurch, die har-

[111] Gemeint sind z. B. durchsichtige Saphire.
[112] Vgl. Kap. XXI, Art. 5.
[113] Vgl. Kap. XXVII, Art. 1.

ten Teile aber werden umso stärker zusammengepreßt und üben aufeinander Druck aus. Daher setzen sie auch wegen der heftigen Bewegung eines jeden dieser Teilchen dazu an, voneinander abzuprallen. [...]

15. Aber wenn die in Wolken emporgehobenen Dünste sich zu einer einheitlichen Wassermasse aneinandergeschlossen haben bzw. zu Eis zusammengedrängt wurden, wie kommt es dann, daß die Luft sie so lange oben halten kann, da doch Eis sowohl als Wasser schwer sind? Oder vielmehr, aus welchem Grund fallen sie, da sie doch emporgehoben wurden, wieder zurück? Es steht schließlich außer Zweifel, daß die Kraft, die das Wasser emporzuheben vermochte, auch in der Lage war, es oben zu halten. Warum also fällt es wieder zurück, nachdem es hinaufgehoben wurde? Ich behaupte also, daß es von ein und derselben einfachen Bewegung der Sonne kommt, daß die Dünste emporgehoben sowie die zu Wolken verbundenen Wassertropfen wieder hinabgeworfen werden.

In Kap. XXI, Art. 11 wurde nämlich dargetan, wie Dünste in die Höhe gehoben werden. Aber im gleichen Kapitel, Art. 5, wurde auch dargetan, wie ein und dieselbe Bewegung Homogenes sammelt und Heterogenes zerstreut, d. h. wie alles, was in etwa die gleiche Natur hat wie die Erde, zur Erde hingetrieben wird, d. h. wie der Fall schwerer Körper verursacht wird. Wird also die Aktivität der Sonne, durch welche sie die Dünste hinaufhebt, gehemmt, diejenige, durch welche sie sie hinabstürzt, dagegen nicht, so fällt das Wasser herab. [...]

16. Gibt man die Möglichkeit von Eisbildung in Wolken zu, so ist es nicht verwunderlich, daß man gelegentlich den Mond zu einem Zeitpunkt sich verfinstern sah, als die Sonne am Horizont stand, wogegen der Mond sich ungefähr zwei Grad über dem Horizont befand. Eine solche Mondfinsternis hat nämlich Maestlin im Jahre 1590 in Tübingen beobachtet.[114]

---

[114] Diese von Michael Maestlin (1555-1631) 1596 in seinen Tübinger *Theses de ecliptibus* veröffentlichte Beobachtung wurde vor allem dank ihrer Zitierung bei seinem Schüler Kepler im IV. Kapitel, Nr. 8 seiner *Ad Vitellionem Paralipomena*, Frankfurt 1604, bekannt; auch Hobbes entnimmt den Bericht zweifellos aus Kepler.

Zwischen die Sonne und das Auge des Beobachters konnte sich nämlich eine vereiste Wolke geschoben haben. [...]

17. Gibt man des weiteren das Vorkommen von Eis hoch in der Luft zu, dann ist es auch keineswegs verwunderlich, daß man manchmal mehrere Sonnen gesehen hat.[115] Spiegel kann man nämlich so aufstellen, daß durch Reflexion derselbe Gegenstand an mehreren Orten erscheint. Könnten aber nicht ebensoviele vereiste Wolken die Rolle von Spiegeln gespielt haben? Oder könnten sie sich nicht zu diesem Zweck passend aufgestellt haben? Außerdem kann die Zahl dieser Erscheinungen durch Brechung noch vergrößert werden. Daher käme es mir noch viel verwunderlicher vor, wenn solche Phänomene niemals aufträten.

Ich würde eigentlich glauben, daß Kometen in der gleichen Weise entstehen, nämlich aus Dünsten, die nicht nur von der Erde, sondern auch von den übrigen Planeten ausgehen und danach zu einem einzigen zusammenhängenden Körper zusammenfrieren, wenn dem nicht das Phänomen des in Cassiopeia gesehenen neuen Sterns entgegenstünde.[116] Denn die Gründe für Schweif bzw. Haar der Kometen, dazu auch für ihre Bewegung, vermöchte ich recht gut darzulegen. Aber da jener Stern volle sechzehn Monate an derselben Stelle unter den Fixsternen stehen blieb, kann ich nicht glauben, daß seine Materie Eis gewesen sein soll. Die Erforschung der Ursache der Kometen überlasse ich also uneingeschränkt der Nachwelt. Denn was bisher darüber geschrieben wurde, ist (sieht man von den bloßen Beobachtungsberichten ab) keiner Beachtung wert.

18. Die Entstehung[117] von Flüssen läßt sich von Regenwasser oder schmelzenden Schneemassen sehr leicht, von anderweitigen Ursachen dagegen nur sehr schwer oder gar nicht herleiten. Von den Flanken der Berge laufen nämlich Regenwasser und geschmolzener Schnee herab. Strömen sie die Außenseite des Bergs hinunter, so betrachtet man die betref-

---

[115] Das Phänomen der Nebensonnen.

[116] Eine zuerst von dem dänischen Astronomen Tycho Brahe (1546-1601) 1572 beobachtete Supernova (kein Komet).

[117] Statt »Die Entstehung« in *E* »Die Quellen«.

fenden Regengüsse oder den Schneefall selber als die Quelle. Dringen sie aber in den Boden ein und rinnen verdeckt nach unten, dann sind die Quellen dort, wo sie zuerst hervorbrechen; sie werden zu Rinnsalen und die zusammenfließenden Rinnsale zu Flüssen. Eine Quelle aber, die weiter oder genauso weit vom Erdmittelpunkt entfernt läge wie das zu ihr hinlaufende Wasser, hat sich niemals gefunden. Denn was ein gewisser Philosoph großen Namens einwendet, daß auf dem Gipfel des Mont Cenis (welcher Berg Savoyen von Piemont scheidet) ein Fluß entspringe, der durch Susa hindurchläuft, trifft nicht zu.[118] Denn diesen Fluß flankieren beidseitig hohe Berge auf eine Länge von zweitausend Schritt, die fast ganz mit ewigem Schnee bedeckt sind, die zahllosen von dort herabströmenden Rinnsale versorgen den Fluß offenkundig, und für seine Größe mehr als genug, mit Wasser.

Kapitel XXIX
Ton, Geruch, Geschmack und Tastbares*

1. *Definition des Tons und Einteilung der Töne.* 2. *Die Ursache der Stärkeabstufungen von Tönen.* 3. *Der Unterschied zwischen tiefen und hohen Tönen.* 4. *Woher der Unterschied zwischen hellen und rauhen Tönen*

---

[118] Nach Julius Caesar Scaliger (1484-1558), *Exotericarum exercitationum libri XV. De subtilitate ad Hieronymum Cardanum*, Frankfurt 1612, Exercitatio 46, gäbe es auf dem Mont Cenis unter dem Schnee einen See, aus dem zwei Flüsse entspringen; ihre Quellen müßten sich also im Erdinnern befinden. Auf seinen Reisen nach Italien war Hobbes 1636 dieser Frage (u. a. bezüglich der durch Susa fließenden Dora Riparia) nachgegangen und hatte festgestellt, daß Scaliger unrecht hatte. Noch im *Decameron Physiologicum* von 1678 erinnert sich Hobbes: »Ich bin zweimal über diesen Berg gekommen, seitdem ich das bei Scaliger gelesen hatte, und habe diesen Fluß, wie ich vorbeikam, gefunden und bin fast zwei Meilen weit daneben auf ebener Erde hergegangen. Ich sah das Wasser dort von zwei hohen Bergen, dem einen auf der einen Seite und dem andern auf der anderen, in tausend kleinen Rinnsalen von schmelzendem Schnee in ihn hinabfallen. Das hat mich dazu gebracht, niemals irgendwelche Erfahrungstatsachen zu benützen, die ich nicht selber gesehen habe.« (EW VII, S. 115).

kommt. 5. *Woher der Ton beim Donner und beim Geschütz kommt.* 6. *Woher bei angeblasenen Flöten ihr heller Ton kommt.* 7. *Zurückgeworfener Ton.* 8. *Woher gleichmäßige und langanhaltende Töne kommen.* 9. *Wie Töne durch Wind gefördert und behindert werden können.* 10. *Nicht nur die Luft, sondern jeder beliebig harte Körper trägt Töne weiter.* 11. *Die Ursache der Tontiefe und Tonhöhe sowie der Konsonanz.* 12. *Phänomene beim Riechen.* 13. *Das erste Organ beim Riechen und die Entstehung des Riechens.* 14. *Wie es von Wärme und Wind unterstützt wird.* 15. *Warum Körper, denen der wenigste Äther untergemischt ist, am wenigsten duften.* 16. *Warum zerriebene Duftstoffe stärker riechen.* 17. *Das erste*[119] *Organ des Schmeckens, und warum gewisse Geschmäcke Übelkeit hervorrufen.* 18. *Das erste Organ des Tastens, und wie Gegenstände erkannt werden, die der Tastsinn mit den übrigen Sinnen gemein hat.*

1. *Ton* ist die Sinneswahrnehmung, die durch Einwirkung eines bewegten Mediums auf das Ohr und das übrige Hörorgan zustande kommt. Die Bewegung des Mediums ist aber nicht selber der Ton, sondern seine Ursache, denn nur das Erscheinungsbild, also die Gegenwirkung des Sinnes, ist in eigentlichem Sinne Ton zu nennen.

Die hauptsächlichen Einteilungen von Tönen sind erstens, daß es stärkere und schwächere gibt; zweitens, daß es tiefere und höhere gibt; drittens, daß es helle und rauhe gibt; viertens, daß es erste und abgeleitete gibt; fünftens, daß es gleichmäßige und ungleichmäßige gibt; sechstens, daß es länger und kürzer dauernde gibt. Die Glieder all dieser Einteilungen lassen sich schier endlos in ihrerseits einteilbare unterteilen, so daß die Verschiedenartigkeit der Töne kaum geringer zu sein scheint als die bei Farben.

Wie das Sehen wird auch das Hören durch die Bewegung des Mediums erzeugt, aber in anderer Weise. Das Sehen kommt nämlich durch Druck zustande, also durch einen Bewegungsansatz, bei dem aber kein Teil des Mediums sich merklich fortbewegt; vielmehr pflanzt die Einwirkung, indem der eine Teil auf den andern eindrängt bzw. ihn anstößt, sich schrittweise letztendlich doch in jede beliebige Entfernung fort. Die Bewegung des Mediums, aus welcher der Ton her-

---

[119] »erste« ist Zusatz von *E.*

vorgeht, ist dagegen der Schlag. Beim Hören wird nämlich auf das Trommelfell geschlagen, welches das erste Organ des Hörens ist. Durch die Erschütterung des Trommelfells wird auch die weiche Hirnhaut erschüttert sowie die darin eingelassenen Arterien, und so entsteht durch Fortpflanzung der Einwirkung bis hin zum Herzen durch die Gegenwirkung des Herzens das Erscheinungsbild, das wir Ton nennen und von dem wir (da die Gegenwirkung nach außen strebt) meinen, es befinde sich draußen.

2. Da aber nicht nur eine schnellere Bewegung eine größere Wirkung hervorbringt als eine weniger schnelle, sondern auch bei gleicher Geschwindigkeit ein größerer Körper eine größere als ein kleinerer,[120] entsteht auf beiderlei Weise ein lauterer Ton. Und da es weder bei der Größe noch bei der Geschwindigkeit ein Kleinstes oder Größtes gibt,[121] kann es sowohl sein, daß eine Bewegung so geringfügig ist bzw. sie die Bewegung eines so winzigen Körpers ist, daß sie keinen Ton bewirkt, als auch, daß er so laut ist, daß er das Organ verletzt und die Hörfähigkeit zunichte macht.

Von daher werden die möglichen Ursachen der folgenden die Stärke und Schwäche von Tönen betreffenden Phänomene ersichtlich. Das erste ist, daß, wenn jemand durch ein Rohr spricht, dessen eines Ende er an seinen Mund hält und das andere ans Ohr des Hörers, der Ton stärker ankommt als durch die freie Luft. Die nicht nur mögliche, sondern ausgemachte und offensichtliche Ursache dafür ist, daß die vom Atemstoß zunächst in starke Bewegung versetzte und durch das Rohr fortgeleitete Luft sich nicht wie in der offenen Luft nach allen Seiten ausbreitet und infolgedessen mit fast derselben Geschwindigkeit ans Ohr gelangt, wie sie ausgeatmet wurde. In der offenen Luft, wo sich die ursprüngliche Bewegung kreisförmig nach allen Seiten ausbreitet, verhält es sich dagegen anders, wie wir das bei stehendem Wasser sehen, in das man einen Stein wirft. Deshalb wird im Fortgang der Wellenbewegung die Geschwindigkeit ständig lang-

---

[120] Vgl. Kap. XV, Art. 8.
[121] Vgl. Kap. XXVI, Art. 3.

samer, je weiter man vom Ausgangspunkt der Bewegung fortgeht.

Das zweite ist, daß auch beim Gebrauch eines eher kurzen Rohrs, falls die dem Redenden zugewandte Öffnung größer ist als die ans Ohr gehaltene, der aufgefangene Ton stärker ist als in der offenen Luft. [...]

Das dritte ist, daß jemand, der sich in einem Zimmer aufhält, leichter hört, was draußen gesprochen wird, als jemand, der sich draußen aufhält, was drinnen gesprochen wird. [...]

Das vierte ist, daß jemand, der am Meeresstrand steht, das Zusammenschlagen zweier Wellen noch nicht einmal ganz in der Nähe deutlich hören kann, wo er doch das ungeheure Brausen der ganzen See wahrnimmt. Die Ursache dafür scheint zu sein, daß der einzelne Schlag das Sinnesorgan zwar bewegt, aber doch nicht stark genug ist, um eine Sinneswahrnehmung hervorzurufen; nichts hindert aber, daß alle übrigen zusammen einen Ton hervorrufen.

3. Daß einige Körper beim Anschlagen einen tieferen, andere einen höheren Klang geben, kann an den unterschiedlichen Zeitspannen liegen, in denen die geschlagenen und von ihrem Platz gerückten Teile wieder an diesen ihren Platz zurückkehren. Denn einige bewegte Teile eines Körpers versetzen sich zwar rasch, andere zögerlich in ihre ursprüngliche Lage zurück. Daher kommt es auch, daß die vom Medium in Bewegung versetzten Teile des Organs bald rascher, bald zögerlicher zur Ruhe kommen. Je dichter aber die Anschläge bzw. Hin- und Herschwingungen der Teile aufeinanderfolgen, aus desto mehr und daher desto winzigeren Teilen besteht bei gleichbleibender Zeitspanne der durch den einen Schlag erzeugte Gesamtton. Was nämlich beim Ton die Höhe ist, das ist bei der Materie die Subtilität; bauen sie sich doch beide – ich meine: hoher Ton und subtile Materie – aus allerwinzigsten Teilen auf: jener aus solchen der Zeit, diese aus solchen der Materie.[122]

---

[122] Statt »jener aus solchen der Zeit, diese aus solchen der Materie« (= E) in AB »dieser aus solchen der Zeit, jene aus solchen der Materie«.

[4.][123] Die dritte Einteilung der Töne läßt sich weder mit Hilfe der von mir gebrauchten Namen »hell« und »rauh« noch, soweit ich sehe, durch andere hinreichend deutlich machen, weshalb Beispiele erforderlich sind. Wenn ich »rauh« sage, meine ich Pfeifen, Zischen, Knirschen, und was es sonst noch Ähnliches, unter welchem Namen immer, gibt. Solche Töne scheinen aber durch ziemlich starke Windkraft verursacht zu sein, wobei der Wind an verhältnismäßig harten Körpern, die ihm im Wege stehen, mehr entlangstreicht, als daß er sie anschlägt. Dagegen meine ich, wenn ich »hell« sage, nicht einen mühelos und deutlich hörbaren Ton (denn in dieser Weise sind auch Pfiffe hell), sondern einen in der Art von Getöse, Geschrei, Geklirr, Geschetter und (mit einem vielleicht hinreichend bezeichnenden Wort gesagt) Lärm. Und da Töne ausschließlich beim Zusammentreffen von mindestens zwei Körpern entstehen, bei welchem Zusammentreffen es notwendig zu Wirkung und Gegenwirkung, also zu Bewegung und Gegenbewegung kommt, ist es unvermeidlich, daß entsprechend dem unterschiedlichen Verhältnis zwischen diesen beiden entgegengesetzten Bewegungen je andere Töne entstehen. Und ist ihre Proportion so groß, daß die Bewegung des einen Körpers im Vergleich zu der des andern unmerklich wird, hört der Ton sich andersartig an; so wenn ein starker Wind ganz schräg auf einen harten Körper auftrifft oder ein harter Körper sich schnell durch die Luft bewegt. Dann entsteht nämlich ein συριγμός [Pfeifton][124] bzw. jener Ton, den ich rauh nannte. [...]

5. Ist dies zugestanden, so kann, sofern Donner nur durch den heftigen Ausbruch von Luft aus den Höhlungen gefrorener Wolken entsteht,[125] das plötzliche Auseinanderbrechen

---

[123] In *AEB* fängt der 4. Artikel irrtümlich erst zwei Absätze später an.

[124] Den seltenen Ausdruck συριγμός entlehnt Hobbes offenbar aus Aristoteles, *Historia Animalium* IV, 9: »Unter den Tieren, die Zunge und Lunge haben, besitzen die eierlegenden Vierfüßer eine, wenn auch schwache Stimme: die einen (wie die Schlangen) einen langen Pfeifton [συριγμός], die andern (wie die Schildkröten) einen kurzen Pfiff.« (536 a 6; korrupter Satz).

[125] Vgl. Kap. XXVIII, Art. 14.

eben dieses Eises die Ursache des Donnerkrachens sein. Denn dabei müssen nicht nur die Bruchteilchen der auseinanderge- brochenen Teile völlig durchgeschüttelt werden, sondern muß diese Erschütterung sich auch der Luft mitteilen und zum Hörorgan weitergeleitet werden, dem sie sich dann ein- prägt. Danach entsteht aufgrund einer ersten Gegenwirkung des Organs als erstes jener überaus starke Ton, den die Teile, während sie in ihre ursprüngliche Lage zurückkehren, durch ihr Zusammenschlagen bewirken und den man Donnerkra- chen nennt.[126] Da es aber bei jeder Erschütterung zum abwechselnden Hin- und Herschwingen der erschütterten Teile kommt (denn entgegengesetzte Bewegungen können einander nur nach Verlauf von Zeit zum Erliegen bringen, wie in Kap. VIII, Art. 11 dargelegt ist), muß der Ton sowohl weiterbestehen als auch sich langsam abschwächen, bis die Hin- und Herbewegung der Luft so schwach wird, daß sie nicht mehr wahrgenommen wird. Damit ist also die mögliche Ursache des Donners offengelegt, und zwar sowohl die seines zunächst krachenden Tons als die des darauffolgenden rollen- den Geräusches. [...]

7. Den Ton, welchen eine vom Tönenden[127] in gerader, nicht zurückgeworfener Linie ausgehende Bewegung erzeugt, nenne ich den *ersten*; den dagegen, der durch einmalige oder auch mehrmalige Zurückwerfung entsteht, *zurückgeworfen*, welch letzteren man auch »Echo« nennt und der sich so oft wiederholt, als es[128] Zurückwerfungen zum Ohr hin gibt. Zu- rückwerfung aber kommt zustande durch Berge, Mauern und andere Widerstand bietende Körper, die so aufgestellt sind, daß sie ihrer Anzahl entsprechend die Bewegung mehr oder weniger oft und ihrem Abstand entsprechend sie mehr oder weniger gebündelt zurückwerfen. Die Ursache für beides hat man in der Stellung der zurückwerfenden Dinge zu suchen, wie das auch beim Sehen der Fall zu sein pflegt. Die Refle- xionsgesetze sind nämlich beide Male dieselben, nämlich daß

---

[126] »und den man Donnerkrachen nennt« ist in *E* weggelassen.

[127] *E* fügt hinzu »zum Organ hin«.

[128] *E* fügt hinzu »vom Gegenstand her«.

Einfalls- und Reflexionswinkel untereinander gleich sind.[129]
[...]

9. Anders als beim Sehen ist es aber beim Hören so, daß das
Wirken des Mediums durch günstigen Wind verstärkt und
durch widrigen geschwächt wird. Die Ursache dafür scheint
ausschließlich von der unterschiedlichen Erzeugungsweise
von Ton und Lichtschein herleitbar zu sein. Denn bei der
Erzeugung von Lichtschein werden die einzelnen Teile des
Mediums vom Gegenstand bis zum Auge nicht von ihrem Ort
weg- und zu anderen merklich davon entfernten Orten hinbewegt, sondern die Einwirkung pflanzt sich in unmerklichen
Raumteilen fort, so daß ein widriger Wind den Lichtschein
weder verringern noch ein günstiger ihn verstärken kann, außer er entzöge den betreffenden Gegenstand gleichfalls dem
Auge bzw. bewegte ihn an es heran. Die Zwischenfügung von
Wind, d. h. von bewegter Luft, zwischen Gegenstand und
Auge hat nämlich keinen anderen Effekt, den nicht auch ruhige Luft hätte. Wird nämlich bei ununterbrochenem Druck
der eine Luftteil weggeführt, so empfängt der ihm nachfolgende denselben Eindruck, den vorher der weggeführte empfangen hatte. Dagegen wird bei der Entstehung eines Tons
beim Zusammenschlagen oder Auseinanderreißen der gleiche Luftteil sofort und mit merklicher Schnelligkeit ein merkliches Raumstück weit fortgetrieben und von seinem Platz
gestoßen, und wegen der weiträumigeren Kreisbahnen der
entfernteren Teile wird seine Bewegung zerstreut, so daß sie
schnell erlischt. Wird daher die fortgetriebene, den Ton be-
wirkende Luft vom Wind erfaßt, so bewegt er sie als ganze,
und zwar als günstiger näher ans Ohr heran bzw. als widriger
weiter davon weg. Und so kommt es, daß, wenn der Wind vom
Gegenstand her weht, der Ton gleichsam als von einer näheren Stelle kommend gehört wird; weht er in die entgegengesetzte Richtung, als von einer entfernteren Stelle kommend,
da nämlich wegen der ungleichen [von der Luft tatsächlich
zurückgelegten] Entfernungen hier eine schwächere und dort
eine stärkere Einwirkung gegeben ist. [...]

10. Was das Medium des Hörens anlangt, ist nicht nur Luft

ein Medium, sondern kann auch Wasser und jeder andere, selbst der härteste Körper Medium für das Hören sein. Bewegung pflanzt sich nämlich in jedem stetigen[130] Körper endlos fort.[131] Da die Teile eines harten Körpers sich aber nur schwer bewegen lassen, wird der Luft, wenn diese Bewegung aus dem harten Material in sie übergeht, nur eine recht schwache Bewegung eingeprägt. [...]

11. Oben haben wir gezeigt, daß der Unterschied zwischen Tiefe und Höhe darin besteht, daß ein Ton umso höher ist, je weniger Zeit die angeschlagenen Teile für ihre Hin- und Herschwingung benötigen. Je schwerer oder (bei gleicher Größe) weniger angespannt aber das angeschlagene Material ist, desto langsamer vollziehen sich auch die Hin- und Herschwingungen. Deshalb geben unter gleichen Umständen schwerere und lockerer gespannte Körper einen tieferen Ton. [...]

12. Zur Erkenntnis der Ursache der *Gerüche* ziehen wir das Zeugnis der folgenden Phänomene heran. Erstens, daß das Riechen durch Kälte behindert und von Wärme unterstützt wird. Zweitens, daß das Riechen stärker wird, wenn der Wind vom duftenden Gegenstand herweht, und umgekehrt schwächer, wenn er vom Riechenden zum Duftstoff hinweht (die Wahrheit von beidem ergibt sich hinreichend klar aus der Erfahrung mit Hunden, die mit dem Geruchssinn die Spur eines Wilds verfolgen). Drittens, daß Körper, die weniger feuchtigkeitsdurchlässig sind, auch weniger gut gerochen werden können als feuchtigkeitsdurchlässigere, was man an Steinen und Metallen sehen kann, die im Vergleich zu den Teilen, Früchten und Ausscheidungen von Pflanzen und Tieren nur sehr wenig oder gar keinen Geruch haben. Viertens, daß, was aufgrund seiner Natur Duft verursacht, einen noch stärkeren verursacht, wenn man es zerreibt. Fünftens, daß zumindest beim Menschen das Riechen aufgehoben wird, wenn man den Atem anhält. Sechstens, daß man mit verstopften Nasenlöchern nicht riechen kann, selbst wenn man den Mund offen hat.

---

[130] *E* fügt hinzu »harten«.
[131] Vgl. Kap. XV, Art. 7 und Kap. XXII, Art. 9.

13. Aus dem fünften und sechsten[132] Phänomen ergibt sich klar, daß das nächste und unmittelbare Geruchsorgan das innerste Häutchen der Nase ist, genauer jener Teil davon, der unterhalb des Gangs liegt, den Nase und Gaumen gemein haben. Denn wenn wir den Atem durch die Nase einziehen, ziehen wir ihn zur Lunge. Der Atem transportiert den Geruch also auf der gleichen Bahn, auf dem er selber in die Lungen bewegt wird, also in jenen Teil der Nase, der unterhalb des Gangs liegt, durch den der Atem hindurchgeht. Denn Duft wird weder tiefer unten wahrgenommen, als bis wohin ihn der Atem trägt, noch auch, bevor er in die Nase aufgenommen ist.

Da aber, wenn man nacheinander etwas anderes wahrnimmt, im Organ notwendigerweise eine Veränderung vor sich gehen muß, und da jede Veränderung Bewegung ist,[133] müssen beim Riechen entsprechend der Verschiedenheit der Gerüche auch die Teile des Organs, also jenes inneren Häutchens, notwendig in verschiedener Weise bewegt werden, und dementsprechend auch die Nerven, die in dem Häutchen eingelassen sind.

Da nun dargelegt worden ist, daß nichts sich bewegen kann, außer durch einen bewegten und berührenden Körper,[134] und da beim Riechen kein anderer Körper die Innenhaut der Nase berührt als der Atem, d. h. die angesogene Luft und die festen unsichtbaren Körperchen, die ihr (wenn es sie denn gibt) untergemischt sind,[135] folgt daraus notwendig, daß die Ursache des Riechens eine Bewegung dieser reinen Luft bzw. der Äthersubstanz ist oder ansonsten eine Bewegung dieser Körperchen. Aber diese Bewegung wurde vom duftenden Gegenstand verursacht. Also bewegt sich notwendig entweder der betreffende Gegenstand als ganzer oder seine einzelnen Teile. Wir wissen aber, daß Duftendes Duft abgibt, auch wenn es sich nicht als ganzes bewegt. Also liegt die Ursache des Dufts

---

[132] Statt »fünften und sechsten« (OL I, 408) in *AEB* irrig »vierten und fünften«.

[133] Vgl. Kap. IX, Art. 9.

[134] Kap. IX, Art. 7.

[135] Vgl. Kap. XXVI, Art. 5.

in einer Bewegung der unsichtbaren Teile des duftenden Dings. Diese unsichtbaren Teile aber verlassen entweder den Gegenstand, oder aber sie behalten die Lage bei, die sie vorher den übrigen Teilen gegenüber hatten, und werden mit ihnen zusammen bewegt, d. h. haben eine einfache und unsichtbare Bewegung. Diejenigen, die sagen, daß etwas den duftenden Gegenstand verlasse, nennen das seine »Ausflüsse«. Ausflüsse aber sind entweder solche der Äthersubstanz oder aber der in ihr eingestreuten Körperchen.

Daß die Verschiedenheit der Gerüche durch Ausflüsse von in die Äthersubstanz eingestreuten Körperchen entsteht, ist aber unglaubwürdig erstens deswegen, weil gewisse Salben, auch wenn sie nur geringes Volumen haben, einen starken Duft aussenden, und zwar nicht nur über einen räumlichen, sondern auch über einen sehr langen zeitlichen Abstand hinweg, so daß man sie in jedem Punkt dieses Zeitraums wahrnehmen kann, weshalb die ausgeflossenen Teile dann einen Raum ausfüllen müßten, der mehr als zehntausendmal größer wäre als der ganze Duftstoff selber; was unmöglich ist. Zweitens deswegen, weil, wenn aus einem anderen duftenden Ding mit derselben Bewegung genausoviel ausflösse (gleich ob dieser Ausfluß sich in gerader oder gekrümmter Bewegung vollzieht), daraus folgen würde, daß alles Duftende einen ähnlichen Geruch hätte. Drittens, weil – da diese Ausflüsse eine sehr schnelle Bewegung haben, wie sich daraus klar ergibt, daß man den aus einer Höhle ausströmenden üblen Geruch in ziemlich großer Entfernung sofort wahrnimmt – das Riechen schon allein durch diese Bewegung zustande kommen müßte, sofern nur den Ausflüssen der Zugang zum Organ nicht versperrt ist. Das ist indessen nicht der Fall; denn wenn wir unseren Atem nicht durch die Nase einziehen, erfolgt kein Riechen. Das Riechen kommt also nicht durch den Ausfluß von Atomen zustande. Aus dem gleichen Grund aber auch nicht durch den Ausfluß von Äthersubstanz. Denn auch dann würden wir riechen, ohne den Atem einzuziehen. Da außerdem in allen duftenden Körpern die gleiche Äthersubstanz eingeschlossen ist, würden sie das Organ auch in gleicher Weise berühren, und die Dinge hätten deswegen alle den gleichen Geruch.

Es bleibt also nur übrig, daß Ursache des Riechens die
einfache Bewegung der Teile des Duftenden ist ohne jeden
Ausfluß von etwas aus dem Ganzen,[136] und dank dieser Bewegung pflanzt sich durch das Medium der Luft hindurch
eine vergleichbare Bewegung bis zum Organ fort, die aber
von sich aus nicht heftig genug ist, um ohne die Einziehung
der Luft beim Atemholen die Sinneswahrnehmung zu erregen. Das also ist die mögliche Ursache des Riechens.

14. Daß Kälte aber das Riechen beeinträchtigt und Wärme
es unterstützt, kann daran liegen, daß Wärme, wie oben in
Kapitel XXI gezeigt wurde,[137] einfache Bewegung erzeugt,
eine schon vorhandene also auch verstärkt. Verstärkt sich
aber die Ursache des Dufts, so verstärkt sich auch der Duft
selber. [...]

17. Es folgt der *Geschmack*, dessen Erzeugung sich von der
von Gesicht, Gehör und Geruch insofern unterscheidet, als
bei ihnen die sinnliche Wahrnehmung eines entfernten Gegenstands stattfindet, wogegen es Geschmack nur von etwas
Berührendem gibt und wir nichts schmecken, das nicht die
Zunge, den Gaumen oder beides unmittelbar anrührt. Daher
versteht sich, daß die Häutchen von Zunge und Gaumen und
die darin eingelassenen Nerven das erste Geschmacksorgan
sind, und daß (da, wenn ihre Teile in heftige Bewegung versetzt werden, notwendig auch die weiche Hirnhaut in solche
Bewegung versetzt wird) die Einwirkung sich zum Hirn fortpflanzt und von dort zum letzten Organ, nämlich zum Herzen selber, in dessen Gegenwirkung die Natur der Sinneswahrnehmung besteht. [...]

Welche unterschiedlichen Bewegungen die verschiedenen
Gattungen von Geschmäcken (deren es zahllose gibt) ausmachen, ist mir unbekannt. Ich könnte gleich anderen aus der
unterschiedlichen Gestalt der Atome, aus denen jeder Ge-
schmacksstoff besteht, oder aus den verschiedenen Bewegungen, die ich diesen Atomen (als bloß unterstellt) beilegen
könnte, mit einiger Wahrscheinlichkeit manches mutmaßen:

[136] *E* fügt hinzu »oder Verminderung ihrer Gesamtsubstanz«.
[137] In Kap. XXI, Art. 5 wurde vielmehr gezeigt, daß einfache Bewegung Wärme erzeugt.

Süßes habe eine langsame Kreisbewegung und kugelige Gestalt, so daß es das Organ streichelt; Bitteres eine heftige Kreisbewegung und eckige Gestalt, so daß es das Organ reibt; Saures eine gerade Hin- und Herbewegung und längliche Gestalt von geringer Breite, so daß es das Organ verletzt. Und ähnlich könnte ich bei den übrigen Geschmäcken für die Bewegung oder Gestalt ihrer Atome mir etwas ausdenken, das einen wahrscheinlichen Eindruck machte, wenn ich vorhätte, mich von der Philosophie zur Wahrsagerei hinüberzuflüchten.

18. Mit dem *Tastsinn* nehmen wir Warmes und Kaltes auch auf Abstand wahr; anderes, wie Hartes, Weiches, Rauhes und Glattes, dagegen nur, wenn wir es berühren. Tastorgan ist jede sich von der weichen Hirnhaut aus fortsetzende Membran, die sich so über den ganzen Körper erstreckt, daß kein Teil des Körpers gedrückt werden kann, ohne daß sie ebenfalls gedrückt wird. Wahrgenommen wird also, was Druck ausübt, etwa Hartes und Weiches (d. h. mehr oder weniger Hartes). Die Wahrnehmung von Rauhem ist aber nichts anderes als zahllose in kürzesten Zeit- und Raumabständen aufeinanderfolgende Wahrnehmungen erst des einen, dann des andern Harten. Daher werden Rauhes und Glattes, ganz wie auch Größe und Figur, nicht nur durch den Tastsinn, sondern auch durch Erinnerung daran erkannt. Tasten geschieht nämlich an einem bestimmten Punkt und in einem bestimmten Augenblick, Rauhes, Glattes, Quantität und Figur werden aber nicht ohne das Fließen eines Punkts,[138] also ohne Zeit wahrgenommen. Um aber Zeit wahrzunehmen, bedarf es des Gedächtnisses.

---

[138] Eine gängige antike Definition der Linie (vgl. Kap. VI, Art. 6). Nach Kap. XII, Art. 4 dient die Linie zur Darstellung von Zeit.

Kapitel XXX
Die Schwere*

1. *Dichtes enthält (auf gleichem Raum) nicht mehr Materie als Dünnes.* 2. *Der Fall schwerer Körper kommt nicht von ihrem Begehren, sondern von einer Kraft der Erde.* 3. *Unterschiedliche Schwere entsteht aus der Unterschiedlichkeit der Impulse, mit denen die Bestandteile schwerer Körper auf die Erde auftreffen.* 4. *Die Ursache des Falls schwerer Körper.* 5. *In welchem Verhältnis der Fall schwerer Körper beschleunigt wird.*[139] 6. *Warum Taucher das Gewicht des Wassers, in das sie eintauchen, nicht wahrnehmen.* 7. *Ein im Wasser schwimmender Körper hat das gleiche Gewicht wie die Wassermenge, die der von seinem eingetauchten Teil eingenommene Raum aufzunehmen vermag.* 8. *Ein Körper von beliebiger Masse, der leichter ist als Wasser, schwimmt auf Wasser, wie gering dessen Menge auch sei.* 9. *Wie es kommt, daß Wasser, das in einem Gefäß in die Höhe gestiegen ist, von der Luft hinausgetrieben wird.*[140] 10. *Warum ein mit Luft gefüllter Ballon schwerer ist als ein schlaffer.* 11. *Die Ursache des Herausschleuderns schwerer Körper aus der Windbüchse.* 12. *Die Ursache des Aufstiegs von Wasser im Wetterglas.* 13. *Die Ursache der Aufwärtsbewegung von Lebewesen.* 14. *Es gibt in der Natur eine Gattung von Körpern, die schwerer sind als Luft, sich durch die Sinne aber nicht von Luft unterscheiden lassen.* 15. *Die Ursache der Magnetkraft.*

1. In Kapitel XXIV haben wir (wie es der dortige Zusammenhang erforderte) Dichtes und Dünnes so definiert, daß mit »dicht« das einen größeren und mit »dünn« das geringeren Widerstand Bietende bezeichnet wurde,[141] womit ich der Übung derer folgte, die vor mir über Brechung gehandelt haben. Im übrigen werden wir finden, wenn wir die wahre und gängige Bedeutung dieser Wörter betrachten, daß sie kollektive Namen sind, also Namen für eine Vielheit, und zwar meint »dicht«, was viele Teile eines gegebenen Raums besetzt, und »dünn«, was im selben oder einem vergleichbaren Raum weniger Teile von gleicher Größe enthält. Dicht ist

[139] Galileis Fallgesetz ($s = g/2 \cdot t^2$, d. h. die Fallräume verhalten sich wie die Quadrate der Fallzeiten), das schon in Kap. XVI, Art. 3, Korollar II besprochen worden war.

[140] Hobbes' Erklärung der in Kap. XXVI, Art. 4 dargestellten dritten Erfahrungstatsache.

[141] Vgl. Kap. XXIV, Art. 1, Def. 9.

also dasselbe wie zahlreich, wie in »dichter Soldatenhaufen«;[142] dünn dasselbe wie nicht zahlreich, wie in »dünne Schlachtreihe«,[143] »dünn [gesäte] Dächer«.[144] Nicht als ob an dem einen Ort mehr Materie vorhanden wäre als an einem andern gleich großen, sondern mehr von einer bestimmten näher bezeichneten Art von Körpern. Denn sofern die Räume gleich groß sind,[145] ist in einer Wüste nicht weniger Materie bzw. an indefinit genommenem Körper vorhanden als in einer Stadt, wohl aber gibt es dort weniger Dächer und weniger Menschen. Ebenso ist in einer dichten Schlachtreihe nicht mehr Körper, sondern sind darin mehr Soldaten vorhanden als in einer dünnen. Die große bzw. geringe Menge der im selben Raum enthaltenen Teile, gleich ob diese Teile durch Luft oder Leeres voneinander getrennt sind, macht also die Dichte und Dünne aus – deren Betrachtung für die Philosophie nicht von sonderlichem Gewicht ist. Wir wollen eine solche Betrachtung denn auch unterlassen und zur Erforschung der Ursachen der Schwere übergehen.

2. Schwer nennen wir aber jene Körper, die sich, sofern nicht irgendeine Kraft sie daran hindert, zum Erdmittelpunkt hinbewegen, und zwar, soweit wir mit den Sinnen wahrnehmen können, aus eigenem Antrieb. Daher waren die einen Philosophen der Meinung, der Fall schwerer Körper sei ein inneres Begehren, wodurch Emporgeworfenes aus eigenem Bewegungsantrieb wieder an den seiner Natur angemessenen Ort herabfalle; andere aber, es würde von der Erde angezogen. Den ersteren kann ich nicht beistimmen, da ich weiter oben,[146] wie mir scheint, mit hinreichender Deutlichkeit be-

---

[142] *Densa caterva*: vgl. Lukan, *Bellum civile* VI, 492: »densis acies stipata catervis« [die mit dichten Soldatenhaufen vollgedrängte Schlachtreihe].

[143] *Rara acies*: vgl. Vergil, *Aeneis* IX, 508: »rara est acies« [dünn ist die Schlachtreihe].

[144] *Rara tecta*: vgl. Vergil, *Aeneis* VIII, 98 f.: »rara domorum tecta« [dünn gesät der Häuser Dächer].

[145] »sofern die Räume gleich groß sind« ist in *E* weggelassen.

[146] Kap. VIII, Art. 19, und Kap. IX, Art. 7.

wiesen habe, daß es keinen Beginn von Bewegung geben kann, außer durch etwas Äußeres und Bewegtes, und daß darum, was einmal eine Bewegung oder einen Bewegungsansatz in bestimmter Richtung hat, in der gleichen Richtung immer weitergehen wird, sofern es nicht durch ein äußeres gegenwirkendes Ding daran gehindert wird. Deshalb können auch nach oben bewegte schwere Dinge nur durch eine von außen kommende Bewegung zu Boden gebracht werden. Außerdem ist es höchst lächerlich, daß unbelebte Körper aufgrund eines eingeborenen Begehrens, da sie doch überhaupt kein Begehren haben, um ihrer Erhaltung willen, welche Ursache sie nicht verstehen, den Ort, an dem sie sich befinden, verlassen und sich an einen andern begeben sollen, wo doch der Mensch, der sowohl Begehren als auch Verstand hat, sogar zur Erhaltung seines Lebens keinen Sprung von mehr als drei, vier Fuß in die Höhe machen kann. Und schließlich einem geschaffenen Körper das Vermögen zuerteilen, sich selber zu bewegen, was ist das anderes als sagen, daß es Geschöpfe gebe, die nicht von ihrem Schöpfer abhängen? Den letzteren, welche den Fall schwerer Körper der Erdanziehung zuschreiben, stimme ich allerdings zu. Aber wie das geschieht, hat noch niemand erklärt. Deshalb sind an dieser Stelle einige Worte vonnöten über die Art und Weise, wie die Erde bei der Anziehung schwerer Körper verfährt.

3. In Kapitel XXI, Art. 5 war gezeigt worden, daß aufgrund der unterstellten einfachen Bewegung der Sonne Homogenes sich sammelt und Heterogenes zerstreut wird. Weiter haben wir unterstellt,[147] daß dem Äther gewisse Körperchen bzw. (wie andere sie nennen) Atome eingestreut sind, die wegen ihrer unerhörten Winzigkeit unsichtbar sind und sich nach Festigkeit, Form, Bewegung und Größe unterscheiden, weshalb einige von ihnen zur Erde, andere zu den übrigen Planeten hingetrieben werden und wieder andere sich in den dazwischenliegenden Räumen umherbewegen. Da aber die zur Erde gelangenden Atome unterschiedliche Form, Bewegung und Größe haben, fallen einige mit größe-

---

[147] Kap. XXVI, Art. 5.

rem, andere mit kleinerem Impuls zu Boden. Und da wir die Abstufungen der Schwere nicht anders berechnen als nach dem größeren oder kleineren Impuls, mit dem sie zu Boden fallen, sind diejenigen schwerer zu nennen,[148] deren Impuls größer ist, und weniger schwer, deren Impuls kleiner ist. [...]

7. Schwimmt ein Körper im Wasser, so ist sein Gewicht gleich dem Gewicht einer solchen Wassermenge, als der Ort faßt, den der im Wasser eingetauchte Teil des schwimmenden Körpers einnimmt.[149] [...]

8. Daraus folgt, daß es vorkommen kann, daß ein Körper von beliebiger Größe, sofern er nur aus Material von geringerer Schwere als Wasser besteht, in wie wenig Wasser auch immer doch schwimmt. [...]

10. Pumpt man Luft in ein geschlossenes Rohr oder einen Ballon, so erhöht sich ihr Gewicht geringfügig, wie einige in mühevoller Präzisionsmessung festgestellt haben. Dies ist nicht weiter verwunderlich, sind doch der gewöhnlichen Luft unserer Unterstellung zufolge viele nichtflüssige Körperchen untergemischt.[150] Diese Körperchen sind schließlich schwerer als reine Luft. Denn da die Äthersubstanz von der Bewegung der Sonne gleichmäßig umgetrieben wird, strebt sie im Weltall gleichmäßig nach allen Seiten und hat darum keinerlei Schwere.

11. Wir sehen auch, daß eine kleine Bleikugel durch die Kraft der in einem Bronzerohr,[151] das man Windbüchse nennt, eingeschlossenen Luft in die Höhe geschleudert wird. [...] Ich hielte es gleich vielen für die Ursache dieses Sachverhalts, daß ein und dieselbe Luft im Rohr anfangs dünn wäre, dann durch das Hineinpressen von Außenluft verdichtet würde und sich, sobald ihr Auslaß gewährt wird, wieder verdünnte, wenn sich nur ausdenken ließe, daß ein und derselbe beständig volle Ort bald mehr, bald weniger Materie

---

[148] Statt »sind diejenigen schwerer zu nennen« in E »so folgt, daß wir schließen, daß diejenigen schwerer sind«.

[149] Das Archimedische Gesetz $(m_1 : m_2 = \rho_1 \times V_1 : \rho_2 \times V_2)$.

[150] Vgl. Kap. XXVI, Art. 5.

[151] E fügt hinzu »neuerer Erfindung«.

enthielte, also voller als voll wäre, oder wenn ich mir vorzustellen vermöchte, daß das Vollsein als solches Wirkursache
von Bewegung sein könnte. Aber beides ist unmöglich.
[...]
12. Entgegen der Gepflogenheit schwerer Körper steigt
auch das Wasser im Wetterglas[152] in die Höhe. Dies aber nur,
wenn die Luft kalt ist; erwärmt sie sich, so fällt es wieder.
[...]
13. Auch Lebewesen können sich, obwohl sie schwer sind,
durch Springen, Schwimmen und Fliegen doch bis zu einer gewissen Höhe erheben. Das aber nur, wenn sie sich auf
einen Körper aufstützen, der Widerstand leistet, etwa auf die
Erde, auf Wasser oder die Luft. Der Beginn ihrer Bewegungen
rührt nämlich von einer Zusammenziehung des belebten Körpers (mit Hilfe der Muskeln) her. Auf diese Zusammenziehung
folgt die Auseinanderdehnung des ganzen Körpers, wodurch
die Erde, das Wasser oder die Luft, worauf er sich stützt, zusammengedrückt werden; und von daher gewinnt das Lebewesen durch die Gegenwirkung des Gedrückten einen Bewegungsansatz nach oben, der sich aufgrund der Schwere seines
Körpers allerdings schnell wieder verliert. Darum wird das
Lebewesen beim Sprung zwar ein Stück in die Höhe gehoben,
erreicht damit aber nur wenig. Weit mehr dagegen beim
Schwimmen und Fliegen, und zwar deswegen, weil der Gegendruck dabei erneuert wird, bevor seine Wirkung von der
Schwere des eigenen Körpers völlig absorbiert wird.
Daß jemand seinen Körper je durch die Kraft seiner Seele
und ohne vorgängige Muskelzusammenziehung oder ohne
stützende Unterlage in die Höhe erhoben hätte,[153] ist ein kin-
discher Gedanke. Denn wenn dem so wäre, könnte der
Mensch sich so hoch erheben, wie er nur wollte.
14. Ums Auge herumliegendes Durchsichtiges ist unsichtbar, weshalb man weder in der Luft Luft sehen kann noch im
Wasser Wasser oder sonst etwas, das nicht undurchsichtiger
ist. Dagegen kann man an der Grenzscheide zweier durch-

---

[152] Vgl. Kap. XXVI, Art. 4.
[153] Die sog. Levitation, die manchen Heiligen zugeschrieben wird.

sichtiger Körper den einen vom andern unterscheiden. Deshalb ist es gar nicht so lächerlich, wenn einfache Leute glauben, der Raum, von dem wir sagen, es befinde sich Luft darin, sei leer. Um die Luft für etwas zu halten, bedarf es der Vernunft. Im Ausgang von welchem Sinn sollten wir denn urteilen, daß Luft besteht, da wir sie doch weder sehen noch hören noch schmecken noch riechen und auch nicht durch Tasten als ein Etwas erkennen können? Wenn wir Wärme fühlen, legen wir sie nicht der Luft bei, sondern dem Feuer, und die Kälte ist nicht die der Luft, sondern unsere eigene; und wenn wir Wind fühlen, glauben wir, daß etwas zu uns herkommt, aber nicht, daß es schon da war. Ebenso können wir das Gewicht des Wassers im Wasser nicht wahrnehmen und noch viel weniger das der Luft in der Luft. Aber durch einen Vernunftschluß können wir die Existenz des Körpers, den wir Luft nennen, erkennen, wenn auch nur durch den einen, daß nämlich ohne einen vermittelnden Körper in der Ferne gelegene Körper auf unsere Sinnesorgane nicht einzuwirken vermöchten und wir ansonsten lediglich das wahrnehmen würden, was uns direkt berührt. Die Sinne allein und ohne Schlußfolgerung aus den Wirkungen her sind also keine verläßlichen Zeugen für die körperliche Natur.

Tief in der Erde gibt es nämlich an Orten, wo Steinkohle gefördert wird, eine gewisse Natur, die, was ihre Wirkungen betrifft,[154] in etwa zwischen Wasser und Luft mitteninne zu liegen scheint und sich jedenfalls, gebraucht man nur seine Sinne, nicht von Luft unterscheiden läßt.[155] Denn sie ist durchsichtig ganz wie völlig reine Luft und, soweit sich das wahrnehmen läßt, genauso leicht durchdringbar wie diese. Berücksichtigt man aber ihre Wirkung, so ähnelt sie dem Wasser. Denn dieser aus dem Erdboden ausströmende Stoff füllt jene Kohlegruben ganz oder doch zumindest bis zu einer gewissen Höhe und ertötet einen hinabgelassenen Menschen oder auch Feuer fast ebenso schnell wie Wasser. [...] Einfah-

---

[154] »was ihre Wirkungen betrifft« ist Zusatz von *B.*
[155] Grubengas.

rende Bergleute pflegen daher, sobald sie nur die ersten Anzeichen von Übelkeit verspüren, an dem Seil zu rütteln, an
dem man sie hinabläßt, um ihre Übelkeit anzuzeigen und sich
herauszuziehen zu lassen. Zieht man jemanden später heraus als
erforderlich ist, so daß ihm deshalb Sinne und Bewegung
schon geschwunden sind, so legt man ihn mit dem Mund auf
frische, vom Grassoden befreite Erde, wodurch er, wenn er
nicht schon völlig tot ist, Sinn und Bewegung wiedererlangt.
Und so kommt er, indem ihm der schädliche Stoff, den er
unter der Erde eingesogen hatte, gewissermaßen zum Mund
hinausgeht, wieder zum Leben, nicht viel anders wie ein im
Wasser Erstickter, wenn er das Wasser wieder von sich gibt.
[...] Ich schreibe diese kleine Geschichte nur für diejenigen
auf, die ihre Wahrheit aus eigener Erfahrung kennen; denn
die Philosophie[156] durch fragwürdige Geschichten zu bestätigen, ist nicht meine Sache. [...]

15. Bezüglich der Natur des Schweren entspringen die
Hauptschwierigkeiten aus der Betrachtung derjenigen Dinge,
die Schweres zu sich emporheben, wie Gagat,[157] Bernstein
und Magnet. Vor allem aber sorgt der (auch »Stein des Herkules« genannte) Magnet für Probleme, ein ansonsten unansehnlicher Stein, aber von solchen Kräften, daß er aus dem
Schoß der Erde entnommenes Eisen in die Höhe hält wie
Herkules den Antäos.[158] Das ist indessen insofern erheblich
weniger verwunderlich, als auch der Gagatstein Spreu anzieht, die zwar weniger schwer ist als Eisen, aber immerhin
doch schwer. Im übrigen muß der Gagat, damit er das tut,
vorher erst durch Reiben, also durch Hin- und Herbewegung,
dazu angeregt werden. Der Magnet hat eine solche Anregung
aber von seiner Natur als Stein her, also von einem ihm eigenen inneren Prinzip bzw. einer ihm eigenen inneren Bewe-

---

[156] Statt »die Philosophie« in *E* »meine Philosophie«.

[157] Tiefschwarz glänzende harte Braunkohle, auch Pechkohle oder
Jet genannt, die ähnlich wie Bernstein Phänomene statischer Elektrizität
zeigt.

[158] Der Sage nach rang Herkules in Lybien mit dem Riesen Antäos,
einem Sohn der Erde, der jedesmal neue Kraft erhielt, wenn er die Erde
berührte; Herkules tötete ihn, indem er ihn in die Luft hob und erdrückte.

gung aus. Oben nun war bewiesen worden, daß, was sich bewegt, von einem Bewegten und Berührenden bewegt wird.[159] Daher steht fest, daß der erste Bewegungsansatz des Eisens zum Magnetstein hin von einer Bewegung der das Eisen berührenden Luft ausgeht; ebenso auch, daß die Bewegung dieser Luft durch die der nächstferneren entsteht, und so immerzu, bis man findet, daß die Bewegung der Luft insgesamt ihren Ursprung in irgendeiner Bewegung im Magneten selber hat, welche Bewegung (da der Magnet ja zu ruhen scheint) unsichtbar ist. Also steht fest, daß die Zugkraft des Magneten nichts anderes ist als eine Bewegung in seinen kleinsten Teilen. Unterstellt man also, daß die winzigen Körperchen, aus denen sich der Magnet im Erdinnern gebildet hat, von ihrer Natur aus eine Hin- und Herbewegung bzw. einen Ansatz dazu haben, und zwar auf einer ihrer Kürze wegen unsichtbaren Linie, wie wir das schon vom Gagat gesagt haben, so ist in beiden Gesteinsarten ein und dieselbe Ursache der Anziehung gegeben. [...]

Daß aber die Magnetkraft sich nicht nur durch die Luft, sondern durch jedweden, selbst den härtesten Körper fortpflanzt, braucht nicht zu verwundern, da keine Bewegung so schwach sein kann, daß sie sich nicht durch einen von Körpern beliebiger Härte erfüllten Raum ins Unendliche fortpflanzte.[160] In einem vollen Medium kann nämlich Bewegung nicht auftreten, ohne daß der nächstliegende Teil des Mediums weicht, danach der nächste und so immer weiter, so daß zu jeder Wirkung notwendig auch die jeweiligen Bewegungen der jeweiligen Dinge[161] irgendwie einen Beitrag leisten.

Bisher war von der Natur des Körpers im allgemeinen die Rede: was die Erste Abteilung der Elemente der Philosophie ausmacht. In ihrem ersten, zweiten und dritten Teil, wo die Ausgangspunkte des Schlußfolgerns ihren Sitz in unserem Verstand haben, also im korrekten Gebrauch der Wörter, den wir selber bewerkstelligen, sind, wenn ich nicht irre, alle Lehr-

---

159 Kap. IX, Art. 7.
160 Vgl. Kap. XV, Art. 7 und Kap. XXIX, Art. 10.
161 *E* fügt hinzu »die es in der Welt gibt«.

sätze korrekt bewiesen worden. Der vierte Teil hängt von Hypothesen ab, weshalb sich, da unbekannt bleibt, ob sie wahr sind, nicht beweisen läßt, daß die von mir zur Erklärung angeführten Ursachen auch wirklich die Ursachen der Dinge sind.[162] Da ich aber keine Hypothese angenommen habe, die nicht möglich und obendrein leichtfaßlich ist, und von den Annahmen aus korrekt geschlußfolgert habe, habe ich bewiesen, daß es sich so verhalten könnte, was ja das Ziel der physikalischen Betrachtung ist. Sollte nun jemand anders dasselbe oder noch mehr unter Zugrundelegung anderer Hypothesen beweisen, so werden wir ihm mehr Dank schulden, als ich meinerseits heische, daß man mir schulde:[163] wofern nur die Hypothesen, deren er sich bedient, denkbar sind. Denn wenn jemand sagen wollte, etwas werde durch sich selbst, durch Species, durch eine Potenz, eine substantiale Form, eine unkörperliche Substanz, vom Instinkt, der Antiperistasis,[164] Antipathie, Sympathie oder einer okkulten Qualität und wie diese leeren Worte der Scholastiker alle lauten, bewegt oder hervorgebracht, so ist damit rein gar nichts gesagt.

[162] *E* fügt hinzu »deren Hervorbringung ich davon abgeleitet habe«. – Vgl. Kap. XXV, Art. 1.

[163] Neuerliche Anspielung auf Seth Wards ironische Bemerkung über Hobbes in seinen 1654 anonym erschienenen *Vindiciae Academiarum* (zitiert oben in Anm. 20 zum Widmungsbrief).

[164] Aristotelischer Terminus (»entgegengesetzte Umgebung«) für ein in Physiologie (z.B. Schlaf und manche Krankheiten) und Physik (Meteore, Blitz und Donner) angewandtes Erklärungsmodell, demzufolge eine Qualität (z.B. Wärme), die von der ihr entgegengesetzten (Kälte) umgeben ist, sich in sich zusammenzieht, um schließlich mit desto größerem Druck nach außen auszubrechen.

Ich gehe nun zu den Phänomenen des menschlichen Körpers über. Dort werden wir (falls Gott mir solange das Leben schenkt) von der Optik[165] [handeln] sowie die Ursachen[166] der menschlichen Sinnesarten,[167] Affekte[168] und Sitten[169] darlegen.

[165] Vgl. *De Homine*, Kap. II-IX.

[166] Statt des unvollständigen »von der Optik sowie die Ursachen« (= *A*) in *B* grammatikalisch richtig, aber inhaltlich anfechtbar »die Ursachen der Optik sowie die«.

[167] Vgl. *De Homine*, Kap. XIII.

[168] Vgl. a. a. O., Kap. XII.

[169] Vgl. a. a. O., Kap. XIII.

PERSONENREGISTER

SACHREGISTER*

---

* Kursiv gestellte Ziffern verweisen auf Definitionen.

GEORGE BERKELEY

Eine Abhandlung über die Prinzipien der menschlichen Erkenntnis
PhB 20. verb. Nachdr. 1979. LXVI, 147 S. Kart.

Drei Dialoge zwischen Hylas und Philonous
PhB 102. 4., verb. Aufl. 1991. XL, 175 S. Kart.

Philosophisches Tagebuch
PhB 318. 1979. XXIII, 185 S. Kart.

Versuch über eine neue Theorie des Sehens
PhB 399. 1987. XLII, 193 S. Kart.

Alciphron oder der Kleine Philosoph
PhB 502. 1996. XXX, 447 S. 1307-9. Ln.

THOMAS HOBBES

Elemente der Philosophie. Erste Abteilung: Der Körper
PhB 501. 1997. LXXXVI, 336 S. Kart.

Vom Menschen. – Vom Bürger
(Elemente der Philosophie II u. III).
PhB 158. 3. Aufl. 1994. XXIX, 338 S. Kart.

Leviathan
PhB 491. 1996. LXXX, 674 S. Ln.

DAVID HUME

Eine Untersuchung über den menschlichen Verstand
PhB 35. 12. Aufl. 1993. LXX, 244 S. Kart.

Dialoge über natürliche Religion
PhB 36. 7. Aufl. 1993. XLVII, 126 S. Kart.

Eine Untersuchung über die Prinzipien der Moral
PhB 199. Nachdr. 1972. XXXI, 188 S. Kart.

Felix Meiner Verlag · D-22081 Hamburg

Meiner   Philosophische Bibliothek

DAVID HUME
Ein Traktat über die menschliche Natur
Band I: **Erstes Buch: Über den Verstand**
PhB 283a. 1989. LXVII, 386 S. Kart.
Band II: **Zweites Buch: Über die Affekte**
Drittes Buch: Über Moral
PhB 283b. 1978. X, 397 S. Kart.

Abriß eines neuen Buches, betitelt: Ein Traktat
über die menschliche Natur etc. (1740). –
Brief eines Edelmannes an seinen Freund in
Edinburgh (1745)
(An Abstract of a Book Lately Published;
Entituled, A Treatise of Human Nature, etc. ...
A Letter from a Gentleman to his Friend in
Edinburgh). Zwei Schriften zur Erklärung
und Verteidigung der Philosophie David Humes.
PhB 320. 1980. XXX, 149 S. Kart.

Die Naturgeschichte der Religion.
Über Aberglaube und Schwärmerei. Über die
Unsterblichkeit der Seele. Über Selbstmord
PhB 341. 1984. LVI, 145 S. Kart.

Politische und ökonomische Essays
Teilband. 1: PhB 405a. 1988. LXII, 173 S. Kart.
Teilband. 2: PhB 405b. 1988. VI, 195 S. Kart.

JOHN LOCKE
Versuch über den menschlichen Verstand
Band I: 1. und 2. Buch
PhB 75. 1981. VIII, 507 S. Kart.
Band II: 3. und 4. Buch
Mit Register für Bd. I und II und Bibliographie.
PhB 76. 1988. VIII, 482 S. Kart.

Ein Brief über Toleranz
PhB 289. 1996. LXIV, 140 S. Kart.

Felix Meiner Verlag · D-22081 Hamburg